谨以此书

献给我的硕士生导师中山大学周运源教授

博士生导师华南理工大学郑方辉教授

我的家人、朋友及其他一切有缘人

并为中华人民共和国成立七十周年献礼

本书系国家社会科学基金青年项目（17CGL068）阶段性成果

THE TRANSITION TO STATE GOVERNANCE PERFORMANCE ON THE RULE OF LAW:
EXPERIENCES IN CHINA
国家治理绩效转型的中国实践

卢扬帆 著

华南理工大学出版社
SOUTH CHINA UNIVERSITY OF TECHNOLOGY PRESS
·广州·

图书在版编目（CIP）数据

国家治理绩效转型的中国实践/卢扬帆著. —广州：华南理工大学出版社，2019.7
ISBN 978－7－5623－5998－2

Ⅰ. ①国… Ⅱ. ①卢… Ⅲ. ①中国经济－转型经济－研究 Ⅳ. ①F123.9

中国版本图书馆 CIP 数据核字（2019）第 139085 号

国家治理绩效转型的中国实践

卢扬帆　著

出 版 人：卢家明
出版发行：华南理工大学出版社
　　　　　（广州五山华南理工大学17号楼，邮编510640）
　　　　　http://www.scutpress.com.cn　E-mail：scutc13@scut.edu.cn
　　　　　营销部电话：020－87113487　87111048（传真）
策划编辑：王　磊
责任编辑：付爱萍　王　磊
印 刷 者：广州市人杰彩印厂
开　　本：787mm×1092mm　1/16　印张：16　字数：387 千
版　　次：2019 年 7 月第 1 版　2019 年 7 月第 1 次印刷
定　　价：58.00 元

版权所有　盗版必究　印装差错　负责调换

前　言

合法性是一个关系国家治理改革与长期稳定的重大问题，特别是对经济社会步入深度转型期的中国尤为重要。1949年以后中国经济的迅猛崛起与持续"高绩效"（即"中国模式"）引发全球关注。但"高绩效"背后催生了"高处不胜寒"的忧思，学者指出中国治理或存在典型的"绩效合法性"依赖。进一步对中华人民共和国发展历程的分阶段检视表明，这种作为合法性基础的"高绩效"，其类型特质是不断演变的。而针对其稳定及持续性、与经济模式的适配度和社会整合功能三个维度的考量结果，或因经济市场化与科技现代化造成传统社会结构以及绩效动因的瓦解，使当前中国正面临一种高绩效的动力减损或多元耗散的局面。如果一味固守"绩效合法性"，则其未来将面临风险。究其根源，这又是由于中国国家治理的传统绩效基因和现实绩效类型都缺少法治元素所致。为此，提出并讨论"推进国家治理绩效的法治化转型"这一核心命题十分必要。尤其基于市场机制与法治原则的内在契合性以及多元社会对法治整合力的迫切需求，应当把建设法治型绩效作为当前中国治理绩效转型的理想目标。因为法治对国家绩效治理存在价值导向、组织协调、制度规范和实践整合等多项功能，它将使国家治理合法性的根基得以超越传统的绩效依赖而向意识形态及程序民主等方面不断扩展。

本书主要融合理论与经验分析、规范与实证分析、案例与统计分析的方法，对国家治理绩效转型的动因、目标、路径、障碍和对策等关键问题逐步进行探讨。首先，基于绩效系统与行为动机两个方面的理论基础，采用政府与公众二元视角构建了一个绩效类型分析的理论模型，通过模型推演获得四种基本的国家治理绩效类型。其次，利用模型结构对中华人民共和国成立以来治理绩效转型的历程进行检视，可大体将1949—1977年归为愿景型绩效、1978—1992年归为功利型绩效，两者尽管"盛极一时"却都因其"不够法治"而不可持续；而到1993年尤其是进入21世纪以来，经济社会转型的冲击使中国进入了一个国家治理绩效的类型渐失与亟待法治化重建的阶段。再次，对作为转型目标的法治型国家治理绩效进行体系设计，其形式特征应包括政府与公众绩效目标的统合性、绩效行为的互促性与绩效分配的合理性，其实质标准体现为绩效导向的普适性、绩效决策的民主性、绩效执行的有效性、绩效结果的持续性、绩效分配的公平性和绩效沟通的流畅性。然而，中国现阶段治理绩效类型的实证分析显示，其在绩效决策、执行、分配及沟通等方面都与理想标准存在差距。广东省预算绩效治理法治化的案例进一步说明，法治与绩效的价值精神和实践要求本身存在互相干扰乃至冲突的特性，具体会导致诸如预算投向与其法定职能、预算过程规范与结果有效以及不同维度结果之间的背离。为此，要推进国家治理绩效的法治化转型，实现国家治理合法性的扩展，则需在加强绩效与法治两种导向价值的平衡、完善法治规范和引领国家治理绩效的组织机制、加快绩效基础性领域的法治化进程以及通过法治建设来强化国家治理绩效动因等方面重点努力。

本书所论兼具一定历史性与时代性，尝试结合不同学科理论经验，希望能给管理学、政治学、法学等相关专业本科及研究生提供拓展阅读的素材。同时，本书致力于政理互通、文史互证，如能为读者带来学习方法和研究路径的启发，不胜荣幸。

目 录

第一章 国家治理的绩效合法性审视 …………………………………………（1）
    第一节 国家治理绩效的研究背景与问题提出 …………………………（1）
    第二节 国家治理绩效与法治化的概念内涵 ……………………………（7）
    第三节 国家治理绩效转型的研究范畴 …………………………………（16）
    第四节 国内外对国家治理绩效转型的研究现状 ………………………（23）
    第五节 国家治理绩效及其法治化转型的研究思路 ……………………（34）
    第六节 国家治理绩效及其法治化转型的研究方法 ……………………（38）

第二章 国家治理绩效的类型分析框架 ………………………………………（42）
    第一节 嵌入绩效内涵的个体与组织行为方式 …………………………（42）
    第二节 政府与公众二元视角的国家治理绩效类型 ……………………（48）
    第三节 国家治理范畴的绩效类型实体构成 ……………………………（58）

第三章 中国国家治理绩效转型的过程梳理 …………………………………（71）
    第一节 绩效类型分析的中华人民共和国历史断代 ……………………（71）
    第二节 基于愿景感召和集体行动的绩效类型一（1949—1977）………（86）
    第三节 基于功利互比与个体自决的绩效类型二（1978—1992）………（94）
    第四节 社会多元化与绩效类型的渐失（1993— ）………………（101）
    第五节 国家治理绩效的类型总概与其他佐证 …………………………（114）

第四章 法治型国家治理绩效的体系设计 ……………………………………（120）
    第一节 绩效与法治的基本价值精神 ……………………………………（120）
    第二节 国家治理绩效化改革的理想 ……………………………………（126）
    第三节 国家治理法治化建设的规划 ……………………………………（131）
    第四节 法治型国家治理绩效的模型特征 ………………………………（136）
    第五节 法治型国家治理绩效的实质标准 ………………………………（139）

第五章 当前中国国家治理绩效转型的必要性 ………………………………（149）
    第一节 中国现阶段国家治理绩效类型的实证分析 ……………………（149）
    第二节 当前中国国家治理绩效类型的理想差距 ………………………（159）
    第三节 法治型绩效作为国家治理绩效转型目标的价值 ………………（163）

第六章　预算绩效治理的法治化实践 ……………………………………（168）
　第一节　预算治理在国家治理体系中的地位 ………………………………（168）
　第二节　中国预算治理的绩效化与法治化探索 ……………………………（173）
　第三节　绩效预算和法治预算价值导向的互相干扰：经验性描述…………（185）
　第四节　绩效预算和法治预算实践要求的互相冲突：技术性检验…………（191）

第七章　推进国家治理绩效转型与合法性扩张 ……………………………（211）
　第一节　国家治理绩效的法治之路：他国经验………………………………（211）
　第二节　正确处理绩效与法治价值导向的关系 ……………………………（221）
　第三节　不断完善法治规范和引领国家治理绩效的组织机制 ……………（225）
　第四节　加快推进国家治理绩效基础性领域的法治化建设 ………………（228）
　第五节　以法治建设来充实和扩展国家治理的合法性根基 ………………（233）

结束语 ……………………………………………………………………………（238）

参考文献 …………………………………………………………………………（239）

后记 ………………………………………………………………………………（244）

第一章　国家治理的绩效合法性审视

第一节　国家治理绩效的研究背景与问题提出

一、国家治理现代化的历史任务及其绩效要求

2013年11月，中共十八届三中全会通过《关于全面深化改革若干重大问题的决定》，提出将"完善和发展中国特色社会主义制度，推进国家治理体系和治理能力现代化"作为全面深化改革的总目标。这是在关系国家政治建设与战略发展的层面，以官方话语的形式，首次把国家治理问题与其现代化目标紧密联接起来；它作为一种新的政治理念，标志着中国共产党对社会政治运行规律又有了新的认识。[①] 自此，国内理论和实务界掀起了一场关于治理问题研究的热潮。

事实上，在中国进行国家治理现代化命题的研讨有着深厚的历史基础和实践渊源。早在20世纪中叶，根据毛泽东等人的有关论述，周恩来在1964年第三届全国人大第一次会议的《政府工作报告》中，代表中央正式提出："在不太长的历史时期内，把我国建设成为一个具有现代农业、现代工业、现代国防和现代科学技术的社会主义强国。"改革开放以后，邓小平更加重视"四化"建设问题，包括其在1979年会见日本首相大平正芳时第一次提出用于描述现代化发展目标的"小康社会"概念，并在1987年中共十三大上落实为著名的社会主义现代化建设"三步走"战略。[②] 时至今日，执政党再度提出"推进国家治理体系与治理能力现代化"，有学者认为可将它视为继工业、农业、国防、科技之后的"第五个现代化"构想。这是具有创造性的成果，它说明我国已将现代化建设的目光从以往的生产力或物质层面提升至思想文化和意识形态（上层建筑）的层面，所追求的是一种完整意义或更加侧重"软实力"（国家治理过程）的现代化。

推进国家治理现代化作为当前中国一个重要且紧迫的历史任务，其逻辑基点不外乎治理或现代化的治理，相对于传统国家管理模式而言是一个伟大的进步。1949年以来，中国现代化建设总体处于一个快速推进的状态，但是工业化、城镇化、信息化、市场化

[①] 许耀桐. 应提"国家治理现代化"[N]. 北京日报，2014-06-30（18）.
[②] 党的十三大报告关于社会主义现代化建设"三步走"战略的完整表述如下：第一步，实现国民生产总值翻一番，解决人民的温饱问题；第二步，到本世纪末，使国民生产总值再增长一倍，人民生活达到小康水平；第三步，到下个世纪（21世纪）中叶，人均国民生产总值达到中等发达国家水平，人民生活比较富裕，基本实现现代化。邓小平主导下提出的这一目标，关键在于为中国现代化建设进程确立了一个可量化的检验标准，包括明确的时间节点和数量目标（如小康水平即人均国民生产总值达到1000美元）。

国家治理绩效转型的中国实践

和经济全球化日益严酷地冲击着我国现有的国家治理体系及治理能力，经济社会的深度转型强烈呼唤着国家治理的现代化转变；这不仅是我国能更积极主动地应对各种挑战，亦是从整体上避免国家治理发生系统性风险或现代化进程遭遇障碍的根本之举。①

但在理论的视角下，国家治理其实是一个执行层面的、程序性或过程性而非结果性的范畴。基于治理概念的本源性理解，美国学者福山将其阐述为"政府制定或执行规则，提供服务的能力"，他认为应将治理的质量与治理所要达成的目标区分开来。② 全球治理委员会的规范定义与之相近，认为"治理是各种公私的个体和机构管理其共同事务的方式组合，它是使相互冲突或不同的利益得以调和并采取联合行动的持续性过程"。③ 著名发展经济学家罗森斯坦·罗丹亦指出要把作为一种执行的治理和作为传统目标的政府服务加以区别。④ 为此，衡量国家治理体系与治理能力现代化的基本标准常被归纳为四条：一是民主化，即掌握国家政权的人民通过合法渠道直接或间接参与决策、执行和监督等国家治理的全过程，并拥有追责的制度化手段；二是法治化，各类主体参与国家治理的行为都纳入法治化轨道，公权力运行受到宪法和法律的严格约束；三是文明化，通过协商同意、沟通合作及服务改善等优化治理过程，降低治理成本；四是科学化，治理主体具有专业化分工和高度自治性，可相互协作以增强治理能力。⑤ 可见，它们主要都是对治理过程（主体或程序）的要求。

然而在另一方面，学者亦认为治理存在失败的可能，进而提出"善治"（或"元治理"）作为国家治理的理想范式，它包括合法性、透明性、责任性、法治、回应和有效等衡量标准。责任性、回应性及有效性成为国家治理改革的目的性要求，尽管它们的本意仍限于对治理过程的描述。⑥ 在此基础上，本书试图提出并阐述"国家治理绩效"的概念，希望通过"绩效"来涵盖和解释国家治理过程及结果的有效性，以探讨国家治理模式的成功及其所依赖的条件。需要强调的是，"国家治理绩效"的内涵指向与前述"国家治理的有效性"形成区别：因为有效性单指治理过程的效率，判断的是治理本身的质量；绩效则不仅包括过程，还关注治理所达成的客观结果（相对其预定目标的实现程度），正是福山和罗森斯坦·罗丹所指的两面。虽然"有效性"也是"绩效"的固有内容，但后者外延显然更加广泛，并且对过程及结果有效的描述或比过程本身拥有更高的确定性和说明价值。

那么，"国家治理绩效"作为一个学术概念可否成立，或说国家治理是否存在绩效问题呢？在学理上，研究国家治理的绩效至少有三个方面理由。第一，国家治理涉及多种利益相互冲突的行为主体，其本质是一个多方博弈反复协商以致协调的动态过程，显然治理是有成本的；相对于资源总体稀缺的根本约束，应尽可能降低治理过程的内部交易成本，追求国家治理的经济性。第二，国家治理相对于不同的历史、区域、制度和文

---

① 何增科. 怎么理解国家治理及其现代化[J]. 时事报告，2014 (1).
② 福山. 什么是治理？[J]. 国家行政学院学报，2013 (6).
③ 俞可平. 治理与善治[M]. 北京：社会科学文献出版社，2000：4.
④ 福山. 什么是治理？[J]. 国家行政学院学报，2013 (6).
⑤ 何增科. 怎么理解国家治理及其现代化[J]. 时事报告，2014 (1).
⑥ 俞可平. 治理与善治[M]. 北京：社会科学文献出版社，2000：7-11.

化条件具有差别性内涵,形成特定的"治理模式",而治理模式的成功则是保证其存在性及可持续改善的前提,特别对落后国家或地区更是如此,即国家治理应追求一定的经济效率或客观效果。在某种程度上讲,考察治理的绩效提供了不同治理模式间可比的理论工具和技术规则。第三,即便从治理本身的质量要求出发,追寻国家善治理想(责任性、回应性、有效性等)的努力也将带来治理模式的成功,讨论国家治理绩效可能体现一种结果反观过程的确定逻辑(反之,若仅知道治理过程有效,其结果未必成功)。不仅如此,若把国家降格为公权力运行的组织(与政府同义),国家治理的绩效追求又对应20世纪下半叶全球"新公共管理"运动的原生要求,它强调公权力的行为边界、结果导向和顾客满意宗旨,只是"治理"相对于"管理"而言,其更注重权威来源的多向度、权力支配的受限性和过程参与的协商性,因此"国家治理绩效"的生成机制和评估主体显得更加多元。①

二、国家治理的绩效合法性依赖与类型反思

合法性不仅是国家治理的固有内涵,也是善治理想的衡量标准。② 从合法性的概念出发,对一个国家或地区的治理模式进行经验性反思,成为治理绩效研究的重要工作。以我国国家治理经验为例,回顾过去的历程,虽然几经挫折,但人们的生活发生了翻天覆地的变化,国家建设取得了令世界瞩目的成就(表1-1)。特别是1978年改革开放以来,中国GDP多年保持近两位数增速,占世界1/5人口的大国自此摆脱了逾百年饥寒交迫的梦魇。至2006年,全国人均国民收入超过2010美元,按世界银行的标准已迈入中等收入国家行列。中国经济的迅猛崛起与持续"高绩效"引发全球关注,学者纷纷以"中国模式""中国道路"乃至"中国奇迹"冠之,并就其原因展开深入研讨。如经济学通常把增长的源泉归结为制度贡献(市场化③、私营企业④和法律完善⑤)、人口红利或人力资本⑥、技术进步⑦、地方分权⑧与政府竞争⑨、比较优势⑩以及所谓"非正规实践"⑪等方面。政治学或社会学的理解可能更加宏观,如姚洋概括的"中国模式"四大

---

① 王焕祥,沈海霞. 西方政府绩效评价研究的最新进展[J]. 公共管理学报,2008(3).
② 法国学者辛西娅·阿尔坎塔拉认为治理的概念首先涉及政治秩序(包含效率及合法性)的基本问题,同时又与国家之间没有必然联系。阿尔坎塔拉. "治理"概念的运用与滥用[M]//俞可平. 治理与善治. 北京:社会科学文献出版社,2000:17.
③ 吴敬琏. 当代中国经济改革:战略与实施[M]. 上海:上海远东出版社,1999.
④ 科斯. 企业、市场和法律[M]. 盛洪,陈郁,译. 上海:格致出版社,上海三联书店,上海人民出版社,2009.
⑤ 诺思. 经济史上的结构与变革[M]. 厉以平,译. 北京:商务印书馆,1992.
⑥ 舒尔茨. 人力资本投资:教育和研究的作用[J]. 吴珠华,等译. 北京:商务印书馆,1990.
⑦ 李晓宁. 经济增长的技术进步效率研究:1978—2010[J]. 科技进步与对策,2012(7).
⑧ Qian Yingyi & Barry R. Weingast. Federalism as a Commitment to Preserving Market Incentives [J]. Journal of Economic Perspectives,1997,11(4):83-92.
⑨ 周黎安. 中国地方官员的晋升锦标赛模式研究[J]. 经济研究,2007(7).
⑩ 林毅夫,等. 中国的奇迹:发展战略与经济改革[M]. 上海:格致出版社,上海三联书店,上海人民出版社,1999.
⑪ 黄宗智. 中国发展经验的理论与实用含义——非正规经济实践[J]. 开放时代,2010(10).

国家治理绩效转型的中国实践

要素为社会平等、贤能体制、制度有效先于制度纯洁和中性政府。① 源自韦伯所创立的政治合法性基础分析框架,2012年底,芝加哥大学赵鼎新教授在《二十一世纪》上撰文指出,应从意识形态合法性、绩效合法性与程序合法性三个维度检视目前中国的经济发展和社会稳定,他认为我国长期过多地把绩效当成国家合法性基础,而在意识形态影响式微和程序民主不足的条件下,国家长治久安存在风险。② 显然,赵的文章并非给学者们对"奇迹"的热捧锦上添花,而是从另一视角提出了重要警醒,敦促人们要进行"冷思考"。

表1-1 1952—2018年我国重要宏观经济指标增长率

	统计值		增长率		
	1952年	2018年	名义(倍)	实际(倍)	年均(%)
国民总收入(亿元)	679.0	896 915	1321	124.9	7.6
人均国内生产总值(元)	119.4	64 644	542	51.2	6.1
工业劳动生产率(元)	60.7	159 338	2624	248.2	8.7
居民消费水平(元)	80	22 935	287	27.1	5.1
人均财政支出(元)	29.9	15 831	529	50.0	6.1

注:1. 资料来源:根据《新中国六十年统计资料汇编》与历年《中国统计年鉴》计算,中国统计出版社。
2. 工业劳动生产率统一采用历年工业总产值按总人口平均的方法计算。
3. 各指标实际增长率为按居民消费价格指数(1952年=100)平减结果,年均增长率为几何算法的年均实际增长率。

高绩效的背后催生"高处不胜寒"的忧思。这不仅源自古人居安思危的良训,也是执政者乃至普通民众的本性使然。归根到底,这种担忧不外乎两点:一是中国的治理高绩效还能持续多久;二是倘若没了高绩效会给国家稳定和人民生活带来怎样的影响。而依据赵鼎新的逻辑,后者如果成为现实,将首要面临主流价值导向缺位与民主程序诉求的压力。事实上,中国体制在表现出超高动员力和执行效率的同时,亦常因其强调"历史选择""核心领导""组织任命"等为人所诟病。因此若按西方标准,程序合法性在中国似乎是天然有失的。在这个意义上,当前中国国家稳定或政治合法性对于治理绩效而言,其依赖着实深入骨髓。③

---

① 姚洋. 中国道路的世界意义[J]. 国际经济评论, 2010(1).
② 赵鼎新. 当今中国会不会发生革命? [J]. 二十一世纪, 2012(12).
③ 事实上,中国经济之"高绩效"也非现代独有,贯穿整个封建时代,中国经济几乎一直处于世界领先地位。仅以历朝经济总量占全球比重推算,西汉时约为25%,南宋约50%,北宋和明朝万历年间都曾超过70%,截至清朝鸦片战争前仍占30%以上,所以学者常谓"宋是中国历史上最富有的朝代,而中国在世界的经济地位衰落以清末为界";加上李约瑟难题中言及的诸多科技文化成就,古代中国国家治理绩效之高令人喟叹(尽管此中难免存在经济测量方法的误差,并需考虑不同时期"中国"概念的范围有异)。进一步说,封建盛世的背后是人口、技术、制度和文化等因素,其结果亦是军事的强大和国家政权稳定,则古代中国的绩效合法性依赖及其反思也是个有趣/值得研讨的问题。但限于论域,本书确定以当代中国为研究范畴,故不拟对其再作深挖(后文有关于传统中国的国家治理绩效是一种伦理型绩效的简单分析)。参见:人大经济论坛. 中国古代朝代经济GDP排名[EB/OL]. http://bbs.pinggu.org/thread-733162-1-1.html;黄仁宇. 中国大历史[M]. 北京:生活·读书·新知三联书店, 2014.

如果承认了绩效合法性依赖的事实，则一直以来的"GDP 迷恋"顽固不破便成了理所当然。进一步地，在国家发展的不同阶段，这种作为合法性基础的治理绩效，其特质似乎迥然不同。中华人民共和国成立之初，人民在党和国家的号召下，鼓足干劲、不分彼此、争分夺秒地追求民族自立，广大人民基于翻身的喜悦和共产主义的美好愿景迸发出伟大的革命热情，这种热情短短几年就使中国从"一穷二白"到实现国民经济与国防科技跃升，屹立于世界。改革开放伴随家庭联产承包责任制和市场经济体制的落实，广大群众从发扬集体精神、强调克己为国，转向自力更生、自谋出路，这种"为自己干活"、多劳多得的物质激励再次焕发出强大的精神鼓动力，使国家迅速摆脱温饱问题，经济总量跃居世界前三。马克思主义经典理论把发展的成就归结于生产关系对生产力的适应和推动，每一阶段成功都仰赖多方面因素，对此不容否定。但若尝试从另一角度进行思考，国家治理绩效是一种基于特定目标的行为结果，而无论目标与行为都受到环境的重要影响，构成激励或约束。这一界说潜在假定了绩效主体的自为性，按此逻辑，则长期作为国家治理合法性基础的高绩效似乎有了新的描述。在并不严谨的语境下，从中华人民共和国成立到改革开放前的国家治理绩效可更多地概述为受意识形态影响的集体驱动，从改革开放到市场经济体制改革启动的国家治理绩效则更多是个体利益的自我驱动。这一视角把绩效当作整体，强调治理的过程机制与心理动机，从而与现有的发展理论产生区别。再按照类型学的思维，即追求绩效的动机与激励不同，其行为效果也不同，如此合成不同的绩效类型。上升到绩效类型学的层面，1949 年以来，我国已然经历了一次从最初的意识形态驱动绩效向后来的个体利益驱动绩效的成功转型。

但是，这种成功又是否完美无缺呢？或说此前的治理绩效类型在中国现阶段的延续（或演变）形态及其适应性如何？试以三个角度来作检视。一是其稳定和持续特征。① 意识形态驱动的治理绩效至少是不稳定的，其易受到意识形态极化的挟持而给国家带来深重灾难（已被"文革"史证）；而个体利益驱动治理绩效的延续性日益受到挑战；20 世纪 90 年代特别是 21 世纪以来，伴随中国经济转轨和社会转型的深化，不同阶层价值观念及利益诉求渐趋多样，虽然高绩效暂时保持，但直观看来其动因已不如此前的鲜明统一。近年来学界对中国模式可持续性的反思和担忧与日俱增，如经济学启动了关于人口红利消失②及"刘易斯拐点"何时到来③的研究，政治学更是探讨中国发生社会运动的可能性，等等。二是与经济模式的适配度。前一种治理绩效类型无疑适用于资源高度集中的计划经济体制，因其强大的意识形态动员能力和精神感召力能在短时间内达到"举国步调一致""集中力量办大事"的功效；后一种治理绩效则得益于个体自我追求与自主行动力的强大释放，这与长期计划模式下逐步放开的自由市场竞争机制高度契合；但如今，中国经济体制改革已步入深水区，市场体系基本成型并产生多种所有制（经济形态）共存的格局，那么前述两种治理绩效类型其整体性动因似乎仍有可用之处却又都无

---

① 所谓"稳定"即该绩效类型是否保持一贯状态而不至走向反面或极端；所谓"持续"即其绩效动因能否在不同社会条件下一如既往地产生和维持国家治理的高绩效。
② 王丰. 人口红利真的是取之不尽、用之不竭的吗？[J]. 人口研究，2007（6）.
③ 蔡昉. 人口转变、人口红利与刘易斯拐点 [J]. 经济研究，2010（4）.

法悉数收纳。三是社会整合功能。由于经济技术现代化对传统社会结构造成冲击，贫富差距拉大带来了人们思想和利益的分化，我国可能正在经历一种有如西方工业革命后的"社会原子化"状态。① 这一状态给国家治理绩效造成重大影响，如同此前那种强大的愿景性或功利性、集体性或个体性的绩效动因逐渐被多元化社会所逐渐消解，变得苍白无力。

三、国家治理绩效的转型压力及其法治化目标

意识形态和个体利益驱动的治理绩效类型都是有缺陷的，面对不同的历史阶段甚至表现出脆弱、不适应和无效的一面。进一步地，这种缺陷和无效正是由于两个时期的国家治理绩效都缺少法治元素或法治关怀所致。一方面，意识形态的感召作用即便强烈却是精神的，不能落实为相应的物质载体从而无法在社会层面凝成共识；② 利益驱动的个体行为具有确切物质形态却是因人而异（多元化）的，很难产生整体性自觉；但这种价值上的共识与行为上的自觉及其所衍生的社会秩序都是法治精神的本意和实践要求。另一方面，国家治理绩效其实可以视为不同层次主体治理动机与行为效果的叠加；那么国家整体的"不绩效"或绩效"不持续"某种程度即可解释为他们目标、行为及结果的不协调或相互抵触，而根本上讲这又是缺少一个科学（法治）的制度体系所致。③ 总之，"法治"应作为一种有效整合国家治理绩效各要素的理想结构或状态。

曾经辉煌的两种治理绩效形态都在经济改革与社会转轨的多重挑战下渐行褪色，而国家治理绩效的动力机制不明显或不系统已难以将当前这个时代归入某种确定的绩效类型。这种动力减损或动力耗散④更使人们不得不思考，是不是该迎来甚至推动中国在治理现代化之后的又一次治理绩效转型。但基于前述，这种转型不是单纯对个体或集体性绩效动因的回归，而应是基于当前时代特征与社会格局的一种绩效整合乃至类型重塑。显然，这是关系全面深化改革与国家治理合法性延续的重大课题。

那么该如何整合或重塑呢？其目标何在？路向如何？回顾中华人民共和国成立以来

---

① 这种现象常被冠以"转型期""风险社会""社会多元化"等各样名称，并作为现代化之经济对社会层面的一种必然影响或副产品，其表现包括社会纽带松弛与人际关系疏离、不信任，个体与公共世界的阻断和社会规范失效等，它是全球性的。参见：田毅鹏. 中国社会后单位时代来临？[N]. 社会科学报, 2010-08-26 (003)；安东尼·吉登斯. 现代性的后果 [M]. 田禾, 译. 南京：译林出版社, 2000.

② 赵鼎新. 当今中国会不会发生革命？[J]. 二十一世纪, 2012 (12).

③ 中华人民共和国成立至今我们有许多这方面的伤痕与记忆，当政府的目标与行为偏离了群众改善生活哪怕是解决温饱的基本追求以后，不仅给后者造成巨大阻碍，也给国家发展带来严重损伤。这样的描述广见于路遥、余华、莫言等当代现实主义作家的作品中。

④ 中国经济增长的动力不足或陷入"中等收入陷阱"近年已为多个学科所关注，本书试图从绩效的理论视角切入，另作分析。2010年7月《人民论坛》通过咨询国内50名专家罗列出了经济增速回落或停滞、贫富分化、公共服务短缺等10个方面基本特征，对其原因的探讨仍以经济学为主，一般归结为"经济和政治体制僵化—社会经济结构不匹配—经济发展方式转型困难—中等收入陷阱"的逻辑链条；但它或许不仅是经济问题，社会学认为其原因根植于社会结构或社会转型相对于经济转轨的滞后当中，包括专制的等级化社会、不平等的财富分配方式、民族主义情绪、缺少自由精神、政治权力对社会经济过度干预等因素；亦有从政治哲学角度对于等级身份、人治、家族、权本位和臣民观念的研究，等等。见：郑方辉, 卢扬帆, 覃雷. 公众幸福指数：为什么幸福感高于满意度？[J]. 公共管理学报, 2015 (2).

的历史，某些因素（如政策、教育、科技等）曾在特定的阶段作用显著，但从长远来看，成功的制度设计无疑更为关键。因此在考察现实治理绩效转型的思路中，制度设计就应作为根本来着眼。某种程度上讲，个体层面的绩效若是一种行为机制，国家层面的绩效则是一种治理结构；绩效转型本质上关系着市场经济条件下国家治理体系的重大转变——"在多元社会格局中，国家权力的中心化、客观化、媒介化以及治理结构转换势在必行"①，这不仅是经济市场化与社会多元化对依照规则管理公共事务（反现代性的社会规范重建）的内在要求，更是确立和稳固新的治理绩效动因的必然选择。另一方面，市场经济运行良好的国家几乎都以现代法治为基础。因为"现代法治的本质归结起来，就是用一元化的法律体系来支撑多元化的权力结构，使分权的制度设计能依照统一的法律规则来运转自如与协调自洽"②。基于市场机制与法治原则的内在契合性以及多元社会对法治整合力的迫切需求，我们这个时代真正需要的可能正是一种建立在现代法治基础上的绩效类型。换言之，法治型绩效应为当今中国治理绩效转型的崇高目标。③ 当然，法治型绩效也是对意识形态驱动绩效与个体利益驱动绩效的全面超越，它不仅修正了作为合法性基础的传统治理绩效动因的内在不稳定，更可通过法律价值与程序正义来消弭社会各阶层相异的价值判断和利益需求之间的相互对抗，使得国家治理合法性的根基大为扩展。

第二节 国家治理绩效与法治化的概念内涵

按照历史学家王子今先生的观点，对任一学术概念应至少从其基本内涵、历史特质和主体精神三个层面来把握。④ 本书的研究力图贯彻这一主张，在展开国家治理绩效及其法治化的论述之前，有必要先对其中若干重要概念作出解释。而我们以为，在可能的情况下，通过关联或者比照的方式对一组概念进行分析，将有助于更好地厘清其相互之间的逻辑关系。

一、治理与国家治理

"治理"对应的英文单词为 governance，最早在 14 世纪的法语中形成，表示"统治的行为或方式"。⑤ 现代意义的"治理"含有控制、引导和操纵之意，常与"统治"

---

① 季卫东. 通往法治的道路：社会多元化与权威体系［M］. 北京：法律出版社，2014：3.
② 季卫东. 通往法治的道路：社会多元化与权威体系［M］. 北京：法律出版社，2014：6.
③ 法治型绩效是本书提出并阐述的一个关键概念。事实上，市场经济的本质为法治经济已被学界所广泛研讨。但我们提出要建设"法治型国家治理绩效"而不直接使用"法治经济"一词，是因为这两者是有区别的。相对来讲"法治经济"的提法基本是中立的，它强调某种经济体制（模式）的确立、存在、运行和延续都遵循法治的逻辑或在法治的规范和保障下实现，却并未涉及该体制或模式实施成功或有效的内容；而"法治型国家治理绩效"即"有绩效的法治国家"，则在法治约束下、市场经济体制的基础上进一步要求其运作有效并取得成功结果，实现国家经济社会进步和人的全面发展。
④ 王子今. "忠"的观念的历史轨迹与社会价值［J］. 南都学坛，1998（4）；王子今. 《太平经》中的"和合"意识探讨［J］. 中共中央党校学报，2009（2）.
⑤ Online Etymology Dictionary［DB/OL］. http://www.etymonline.com/index.php? term = governance & allowed_in_frame = 0.

（government）混用，主要体现在国家政治或公共事务的相关管理活动中。20世纪90年代以来，西方学者开始将其广泛应用到社会经济领域，衍生了远超过传统"政治统治"的含义，以致如鲍勃·杰索普所言，"它在许多语境中大行其道，甚至成为可以指涉任何事物或毫无意义的时髦词汇"。① 治理理论的主要创始人之一罗西瑙将这一概念界定为"一系列活动领域里的管理机制，它们虽未得正式授权，却能发挥有效作用"。② 在对治理的各种理解中，全球治理委员会（Commission on Global Governance）的定义具有较强的代表性和权威性。他们认为治理是各种公共或私人的个体和机构管理其共同事务的诸多方式的总和，是使相互冲突的或不同的利益得以调和并且采取联合行动的持续性过程。它有四个基本特征：治理不是一整套规则，也不是一种活动，而是一个过程；治理过程的基础不是控制，而是协调；治理既涉及公共部门，也包括私人部门；治理不是一种正式的制度，而是持续的互动。③ 由此可见，治理区别于统治的最本质属性在于其权威来源不同，以及两者权力运行的向度不同——统治的权力总是自上而下运行的，它通过发号施令、制定和实施政策，对社会公共事务实行单一向度的管理，治理则是通过合作、协商、伙伴关系、确立认同和共同目标等方式来实现一个上下互动的管理过程。④

治理的内涵具有历史和国别的相对性。中国传统政治思想中的治理即指统治者的"治国理政"，追求的是国家社会的长期安定与繁荣发展。而基于西方特定的政治文化，其现代意义上的治理理论虽已经形成多个流派，但立足社会中心主义，主张去除或者弱化政府权威、取向社会自我管理等却是共同的政治主张。⑤ 由于治理主体和治理过程具有复杂性，讨论治理问题可进一步细分到经济、政治、社会、文化、生态、政党等多个领域以及基层、地方、全国乃至区域及全球治理等多个层次，其中最为核心的则是国家治理、政府治理和社会治理三者之间的关系。特别是中国特色社会主义背景下的国家治理含义，通俗来讲是将党的领导、人民当家做主和依法治国有机结合，它所追求的是一种国家治理、政府治理和社会治理"三位一体"的理想状态。

一般来说，国家治理的概念强调了转型社会国家发挥主导作用的重要性，同时也考虑到治理理念所强调的社会诉求，应该是一个更为宏观与均衡的理论视角。讨论国家治理问题不仅需涉及其价值目标，更要充分考虑其结构性的动态平衡。⑥ 具体而言，或可将国家治理的结构分成核心价值体系、权威决策体系、行政执行系统、经济发展体系、社会保证体系和政治互动机制等六个相互依存的部分，其中任何一者的重大混乱或失调都可导致国家治理的整体性崩溃。⑦ 政府治理是指专门将政府行政系统作为治理主体对社会公共事务的治理。就其治理对象和基本内容而言包括三个方面：一是优化政府组织结构，改进政府本身运行方式和流程，强化政府治理能力，从而提高行政管理的科学性、民主

---

① 杰索普. 治理的兴起及其失败的风险：以经济发展为例的论述［J］. 国际社会科学杂志（中文版），1999（2）.
② 罗西瑙. 没有政府统治的治理［M］. 张胜军，刘小林，等译. 南昌：江西人民出版社，2001：5.
③ 全球治理委员会. 我们的全球伙伴关系［M］. 牛津：牛津大学出版社，1995：23.
④ 梅理安. 治理问题与现代福利国家［J］. 国际社会科学（中文版），1999（2）.
⑤ 王浦劬. 国家治理、政府治理和社会治理的基本含义及其相互关系辨析［J］. 社会学评论，2014（6）.
⑥⑦ 徐湘林. "国家治理"的理论内涵［J］. 人民论坛，2014（10）.

性和有效性；二是通过转变政府职能、健全宏观调控等手段，更好地发挥政府调节经济与监管市场的作用；三是在党委领导、政府负责、社会协同、公众参与和法治保障的基本格局下，对社会公共事务进行管理。社会治理实际上即"治理社会"，它强调的是"以实现和维护群众权利为核心，发挥多元治理主体的作用，针对国家治理中的社会问题，即完善社会福利，确保民生改善，化解社会矛盾，促进社会公平，推动社会的有序和谐发展"。

可见，"三位一体"中的政府治理概念具有较强的涵盖性，这也是更多学者为界定方便倾向于对之讨论的理由。但是作为本书的论域，我们从一开始即触及关于政治合法性的研讨，这就进入到国家治理而不仅是政府治理的范畴——某种程度上讲，国家治理区别于政府治理的关键在于其囊括了政治秩序、统治安全和政党治理等根本性内容。特别是基于中国语境，后者成为不容回避的方面，甚至决定了其他领域的国家治理形态及其绩效。因此，本书选择使用"国家治理绩效"而非"政府治理绩效"作为命题的关键语词。

二、绩效与绩效类型

绩效一词从英文的 performance 翻译过来，其词根为 perform；performance 则首次在 17 世纪的法律文本中出现。① 时至今日，词典中该词的释义一般分为三类：一类作表演、演技（艺术行为），一类作履行、执行（延续其古典内涵），另一类作表现、性能、业绩（强调结果）；显然，后两类与我们的研究更相关。②

绩效为跨学科的研究范畴。经济学的绩效通常指经济发展（增长）的业绩和效果，并暗含个体为组织提供绩效以获得相应薪酬的交换与分配关系（或制度形态）。③ 社会学强调社会成员按其角色分工承担起相应的职责，即完成绩效为一种社会义务。④ 管理学是绩效研究和应用最多的学科。先是在企业管理领域，认为绩效是组织为实现其目标而展现在不同层面上的有效输出，且组织绩效建立在个人绩效的基础上；⑤ 此后引入到公共部门管理，则具体指公共部门或公职人员为实现经济社会管理目标，在其职能范围内采取系列行动所取得的成绩和效果，从外延上可分为经济性、效率性、效果性和公平性等维度。⑥ 理解管理学的绩效至少有三个关键点：一是主体在其职能范围内"可作为"的努力，二是这种努力所带来结果的"增量"，三是其形成与测量都依赖于一定"周期"。⑦

---

① 哈德. 牛津英语词源词典［M］. 上海：上海外语教育出版社，2000：346；Online Etymology Dictionary［DB/OL］. http://www.etymonline.com/index.php?term=perform&allowed_in_frame=0.
② 霍恩比. 牛津高阶英汉双解词典［M］. 6版. 北京：商务印书馆，2004：1275.
③ 诺思. 制度、制度变迁与经济绩效［M］. 杭行，译. 上海：格致出版社，上海三联书店，上海人民出版社，2008.
④ 佚名. 绩效的定义［EB/OL］. http://khb.wfec.cn/show.aspx?id=158&cid=4.
⑤ JENSEN M. C. & MURPHY K. J. Performance pay and top-management incentives［J］. Journal of Political Economy，1994，92（2）：225-264.
⑥ 波伊斯特. 公共与非营利组织绩效考评：方法与应用［M］. 肖鸣政，等译. 北京：中国人民大学出版社，2005.
⑦ 郑方辉，张文方，李文彬. 中国地方政府整体绩效评价：理论方法与"广东试验"［M］. 北京：中国经济出版社，2008：68-70.

归纳起来，各学科对"什么是绩效"的质的理解大致有五种，包括绩效是一种行为、一种结果、一种过程与结果的统一、一种完成工作的义务以及一种做了什么和能做什么（能力与潜能）的结合。① 这些理解分别源自和适用于不同场合，并无对错之分，从这些理解出发，才有了学者关于绩效评估或绩效管理构成一种"国家生产力"②、一种"市场责任机制"③ 或一种"管理信息系统"④ 的诸如此类的论述。

作为一次交叉学科的研究尝试，本书在不同部分对绩效的理解各有侧重。首先，在阐述国家经济发展与绩效合法性依赖时，主要是指经济绩效，这里仅借用绩效一词对其简单理解，视绩效为一种结果（暗含制度性原因）。其次，在探讨国家治理绩效及其法治化转型时，主要把绩效视作组织或个人的"职能行为及其结果"，它有许多特性。为更好地理解和运用这一概念，我们依据文献将其重新定义，视其为一种"自为主体基于特定目标的行为在多因素影响下的结果"；这一界定针对绩效的本质（即绩效是什么与其生成的逻辑），其要点一是假设绩效主体是能为特定目标自主行动的自为体，二是强调绩效行为的目标或动机与其结果的相互关联性，三是关注影响绩效行为及结果的各项因素（通常包括其他主体行为或环境等）；这一定义颇显形而上学，比之于具体学科来讲更为超越，由此我们得以概括出一个由"绩效目标——绩效行为——绩效结果"组成的相对统一的绩效分析框架（两个破折号所代表的逻辑链条可加入影响因素）。当然，该框架亦可能是偏于形式的，如果对应到内容层面，比如绩效目标即可衍生出绩效的价值导向和目标决策两个方面，绩效行为又可衍生绩效执行与绩效沟通，绩效结果则包括了结果的持续性以及绩效分配机制，藉此生成一个形式与内容相匹配的系统结构。

三、国家治理绩效与绩效治理

有了前述界定，则国家治理绩效可进一步理解为对应于参与国家治理过程的各层次各类型主体，他们由其绩效目标导向的绩效行为在各种因素影响下取得的绩效结果；因为是站在国家整体的层面，所以侧重强调各领域各层级治理绩效的相互叠加以呈现出来的综合效果。以此为基础，还可将国家治理的绩效目标、绩效行为以及多因素影响下的绩效结果对应不同层级与类别的治理主体进行分解，这样其子类之间的相互组合即构成了所谓的绩效类型。例如，假设作为整体的国家治理内含政府和公众两类治理主体，他们分别拥有多样的绩效目标藉此产生多种绩效行为，两个层面的"目标—行为"彼此相互影响（产生特点各异的绩效结果），那么其内在组合即形成政府与公众二元结构下国家治理绩效的不同类型；当然这些类型可能通过政府与公众绩效目标的一致性、政府对公众绩效行为的干预程度以及总体绩效结果在政府与公众间的分配三个维度来最终确定，

---

① BEHN. Why measure performance? Different purposes require different measures [J]. Public Administration Review, 2003, 63 (5): 586-606.
② 中国行政管理学会课题组. 政府部门绩效评估研究报告 [J]. 中国行政管理, 2006 (5).
③ 库珀. 二十一世纪的公共行政：挑战与改革 [M]. 北京：中国人民大学出版社, 2006.
④ MOYNIHAN. The dynamics of performance management [M]. Washington: Georgetown University Press, 2008: 5-7.

对此我们将在后文再作讨论。正所谓"分类既是科学研究的起点,也是科学研究的顶点"①,前者所言分解绩效类型是我们进一步认识绩效的基础,而有了这一基础反过来又使我们得以站在更高的层次思考我们所需要的绩效转型。

另外,本书在具体论述中还用到国家绩效治理的概念,区别于"国家治理绩效转型"的说法。这是因为"治理绩效转型"主要站在结果的层面描述,其背后自然源于治理过程或治理方式的转变;而在"治理"前面冠以"绩效",则是强调一种"以绩效为导向"的治理。比如在预算绩效治理这样一个具体组织场域下,我们渴望通过其追求绩效目标的治理过程的法治化改造,获得关于法治型绩效预算建设的动态经验。应该说,治理绩效的类型转变本质为绩效治理模式转型的结果,那么,国家绩效治理法治化跟国家治理绩效的法治转型之间的区别仅为观测和阐述角度的不同,实际上构成了"一枚硬币的两面"。针对国家绩效治理(不同于绩效管理)的关键内涵,可参照包国宪提出的以公共价值为基础的政府绩效治理模型相关论述。包国宪认为公共价值对政府绩效合法性具有本质的规定性,而只有源自社会的政府绩效才能获得合法性基础,故应推动政府绩效管理向政府绩效治理的模式转变,两者在其治理范围(主体多元化)、治理指向(体制外指向体制内)以及价值基础(公共价值)上有着根本差异。②

四、法治与法治化

法治一般翻译为 Rule of Law,亦有译作 Rule by Law,两者差异构成对法治理解的一个重要分歧。从字面来讲,后者是将法律视为一种维护统治的工具,有点类似于中国古代"治法"③的概念,而前者更强调基于法律及与之关联的宪政制度和市民共识等达成的一种权力结构或治理状态。④ 在这个意义上它又可写作 Nomocracy。⑤ Nomocracy 是 Nomothetic 的名词形式,其词根 Nomos 源自古希腊语表示惯例、习俗和法律等(有序规则),Nomothetic 则是"由这些有序规则所确立"的含义,-cracy 是拉丁语的名词后缀,意为"基于权威或规则的统治"。⑥ 可见,法治在 Rule of Law 层面的理解更为广泛,它强调一种"法律至上"的宪政观念,并力图将其贯彻到(公共)权力来源、权力行使和权力监督的各个环节。

---

① 哈维. 地理学中的解释[M]. 高泳源,等译. 北京:商务印书馆,1996:387.
② 包国宪,王学军. 以公共价值为基础的政府绩效治理——源起、架构与研究问题[J]. 公共管理学报,2012(2).
③ "有治人,无治法"出自《荀子·君道》,是指"法对于治理国家固然很重要,但其更为关键的却是人,因为'良法'也得靠人来掌握和贯彻"。它虽为儒家典语,却道出了中国古代社会将法律视为君王统治工具(人治之辅)的普遍思维;在这点上儒家和法家虽然观点侧重不同,其根本却是一致的。
④ 江平,季卫东. 对谈:现代法治的精神[J]. 交大法学,2010(1).
⑤ nomocracy 和 teleocracy 相对,分别译作"规则秩序"和"目标秩序"(哈耶克语);本书致力于探讨的国家绩效治理法治化,以及后面章节所涉及的绩效与法治精神在国家治理中的相互冲突,某种程度亦可纳入到这一组概念的关系范畴(意在将两者调和)。参见:哈耶克. 致命的自负:社会主义的谬误[M]. 冯克利,等译. 北京:中国社会科学出版社,2000.
⑥ Online Etymology Dictionary[DB/OL]. http://www.etymonline.com/index.php?term=nomothetic&allowed_in_frame=0; http://www.etymonline.com/index.php?term=-cracy&allowed_in_frame=0.

国家治理绩效转型的中国实践

  法治一词有着深刻的历史渊源和思想基础。不论是从"法治"与"人治"相对立还是从法治类型学及其现代性辨析①的角度看，关于法治的典范释义最早可追溯到亚里士多德，包括"制定良好的法律"及其"得到普遍遵守"两个方面。② 现代法治的范式基于韦伯所提出的"理想类型"，包含：一是人的权利义务得到某种普适、实证的法律原则（实在法）支配；二是这种法律具有鲜明的内在结构与外部特征，即其本身和外在都是通过精确解释的法律概念所组成的逻辑清晰、内在一贯的严密体系；三是法律受严格理性的控制。③ 显然，他所过分强调的是法律的"形式合理性"，并与一贯主张对法律进行"价值评估"的自然法传统形成对峙④，由此招来其后学者的广泛批评和补正，如哈贝马斯进行了"事实"与"规范"间的沟通。⑤ 公丕祥提醒人们需同样关注对法律的自由、平等、权利等"价值合理性"要求，"如果没有这些价值准则，现代法治实乃徒有虚名的空壳而已"⑥；进一步地，现代法治建设的核心更在于如何"规范和约束公权力"以"实现与保障私权利"的制度设计，如任强所述："法治现代化的实现不仅取决于价值理性和工具理性在文化整体意义上的关联性建构，而且取决于个人自由与政府权力之间的张力对社会空间的互动性拓展。"⑦ 藉此，包括徐忠明在内的一些学者开始尝试总结现代法治的框架性内涵，徐认为其应包括法律彰显普遍的价值准则、具有完善的形式功能、成为一种自觉实践精神和具备相应的开放体制。⑧ 在实质层面，石茂生认为法治包含良法之治、普遍守法、限制权力、民主理念与民主过程五项基本要素；⑨ 卢剑锋认为其包含依宪治国、保障人权、程序正义、司法独立和社会公正。⑩ 王人博、程燎原认为法治是由权力、自由、权利三项实体价值和普遍性、至上性、可操作性、程序正义和法律组织职业化五项形式原则所共同组成的。⑪ 当然，亦有学者反对将法治问题"私法化"，认为其本质为处理公权与私权关系的"宪政"问题而不能被降格为处理私人纠纷的道具。⑫

  这些论述固然不能告诉我们关于法治的统一或精准定义，却对我们全面解读其内涵提供了十分重要的基础。由此出发，我们对现代法治的理解便进入一种需要同时兼顾其

---

  ① 有学者认为探讨法治应建立在普遍的现代或西方标准之上，藉此断定中国古代只有"治法"而没有"法治"，参见：徐忠明. 法制现代化的法哲学与历史社会学解释［J］. 中山大学法学评论，2000（6）；另外的学者则更关注法治的特殊性要素，主张建立一种实践基础上的法治类型学，他们把中国法治分成了申韩式、诸葛式、民主式等若干类型，参见：武建敏，董伯壹. 法治类型研究［M］. 北京：人民出版社，2011.
  ② 亚里士多德. 政治学［M］. 吴寿彭，译. 北京：商务印书馆，1995：199.
  ③ 苏国勋. 理性化及其限制——韦伯思想引论［M］. 上海：上海人民出版社，1988：220-222.
  ④ 西方法律传统中的法律"价值合理性"是从终极价值"公理"推演而来，与中世纪基督教思想关联，而"形式合理性"源于罗马法的"形式主义"原则，两者各有渊源与侧重，但似乎从没有被绝对分开过。参见：任强. 西方法律传统的类型研究及其局限——韦伯法律思想述评［J］. 中山大学学报（社会科学版），1998（5）.
  ⑤ 哈贝马斯. 在事实与规范之间：关于法律和民主法治国的商谈理论［M］. 童世骏，译. 北京：生活·读书·新知三联书店，2014.
  ⑥ 公丕祥. 法制现代化的理论逻辑［M］. 北京：中国政法大学出版社，1999：105.
  ⑦ 任强. 现代理论视域中的中国法治［J］. 中外法学，2000（5）.
  ⑧ 徐忠明. 解读本土资源与中国法治建设［J］. 中外法学，2002（2）.
  ⑨ 石茂生. 论法治概念的实质要素——评亚里士多德的法治思想［J］. 法学杂志，2008（1）.
  ⑩ 卢剑锋. 行政决策法治化研究［D］. 兰州：兰州大学，2010.
  ⑪ 王人博，程燎原. 法治论［M］. 桂林：广西师范大学出版社，2014：282-396.
  ⑫ 龚刃韧. 中国大学目睹之怪现状［N］. 金融时报中文版，2015-06-03.

形式与实质、公法与私法、程序与状态、手段与目的、阶级性与普适性、价值理性和工具理性等多重对立属性的宏观视野。正如季卫东所言:"法治不会无视国家的目的,也不会放弃其手段式的思维,却一定要在目的、结果、实质与条件、过程、形式这几组成对的概念之间保持适当的平衡。"① 因此,我们所理解的法治可能是一个复合概念,既是手段亦是目的,并同时包括了对法律本身的要求、对制度与组织的要求以及对实践和人的要求。② 对法治构成影响的最为关键的是价值因素、程序因素和人的因素,我们需要上升到实践论和"人学"的层面来研究和运用法治;③ 特别是相对于本书的论题,我们期望能借助法治的整合作用来达成多元社会条件下不同治理主体绩效目标和绩效行为的相互一致,这就使得法治"处理人本身问题"的"人学"价值更加凸显。

有了对法治的充分理解,才可进一步明确法治化的定位。根据《现代汉语词典》,"化"用在名词或形容词之后表示向某种性质或状态的转变。④ 法治化即指向法治状态的转变。按前述逻辑,这种转变应是内含了基于法治之程序与达成法治所描述之社会权力结构或治理状态的目标(包括对法律、制度和人的多重要求),简言之即是建立一套形式合理且价值彰显的法律、制度与组织体系并将之落实于社会各成员(含其所构成之集体)的行为中以达成一种有序自觉的过程。

五、合法性与绩效合法性

一般认为,合法性所对应的英文语词有两个——legality 和 legitimacy,两者内涵差异似乎代表了合法性解释的两种截然不同的进路。legality 源自 legal,本意为法律(条文)允许或与法律保持相合;legitimacy 则源自拉丁语 legitimus,意为以法为依据或依法产生(授权)的。⑤ 从字面来看,"是否合法"带有(形式)评价的蕴味,而"依法诞生"则强调一种身份属性(统治的正当性)。基于"国家善治"的理想标准,合法性所描述的是一种社会秩序和政治权威被自觉认可和服从的性质或状态,它与法律规范没有直接联系(从法律的角度看是合法的东西未必具有合法性),统治者取得和增大合法性的基本途径是尽量增加公民的共识和政治认同感。⑥

自韦伯提出这一概念以来,合法性日益成为社会学和政治学研究的热门,但归结其不外乎两点:一为合法性的本质;二为合法性的来源或基础。前者说到底涉及统治者与被统治者的关系问题。李普赛特认为,合法性"包括一套制度(国家)有能力激发和保

---

① 季卫东. 通往法治的道路:社会多元化与权威体系 [M]. 北京:法律出版社,2014:29.
② 如包茂生概括的五项要素中,前两项基本将法治视为一种目标状态,后三项则视其为一种手段或程序;卢剑锋所述的依宪治国、保障人权和司法独立亦为手段,程序正义和社会公正则为目的;王人博、程燎原的理解中即同时包含了对法律本身、对制度建设以及对人的实践的要求。
③ 武建敏,董伯壹. 法治类型研究 [M]. 北京:人民出版社,2011.
④ 中国社会科学院语言研究所. 现代汉语词典 [M]. 北京:商务印书馆,2012:559.
⑤ 哈德. 牛津英语词源词典 [M]. 上海:上海外语教育出版社,2000:263;Online Etymology Dictionary [DB/OL]. http://www.etymonline.com/index.php?term=legal&allowed_in_frame=0;http://www.etymonline.com/index.php?term=legitimate&allowed_in_frame=0.
⑥ 俞可平. 治理与善治 [M]. 北京:社会科学文献出版社,2000:9.

国家治理绩效转型的中国实践

持民众的信任，使民众相信现行的政治制度是最适合当前社会的"。① 林兹将合法性定义为"尽管现行的政治体制存在缺点和失败之处，但它仍优于可能建立的其他制度，因此应当得到民众的服从"。② 弗雷德里希则指出合法性是"共识的一种特殊形式，它涉及统治的权利或者统治的名义"。③ 由此可见，合法性的本质似乎可看作一个国家建立共识信念的能力，它包含对该国现存政治体系或政治制度的信任、对其内在问题的看法及建立一个更美好未来的愿景三个维度，尽管这三者都可能源自虚假的意识。合法性的理解主要集中在政治学领域，解决的是政权稳定或统治延续性的问题，因此又称为政治或政权合法性。

进一步地，韦伯认为习惯、热爱与理性选择是人类服从的三项基础；藉此他提出国家政权合法性的三种理想类型，分别为传统型、魅力型（克里斯玛型）和法理型。④ 这无疑是个伟大的创造，但伴随日益复杂的政治发展现实却显得解释力不足。美国当代著名政治学家鲁恂·W. 派伊在分析发展中国家的政治不稳定因素时提出，合法性危机已构成所谓"六大危机"之一。⑤ 同时，因为发展中国家普遍实行威权政治，即使其经济发展绩效良好也不能确保政治统治的合法性，由此衍生出关于政治体制合法性及有效性的争议问题。⑥ 韦伯在其最初的理论中并未谈及政权合法性的政绩方面，正所谓"有效性主要是工具性的，合法性则是评价性的"。亨廷顿基于全球第三波民主浪潮的观察指出，尽管新兴工业化的韩国和中国台湾地区在经济上相当成功，但20世纪80年代以来它们的威权体制也遭到普遍反对，并终于走向民主体制。⑦ 在这个意义上，政治合法性的基础似乎以"韦伯三型"为原点发生了新的演变。如同赵鼎新等学者的主张，可用意识形态合法性代替传统合法性，增列以政府（经济发展）绩效为基础的合法性类型，并将克里斯玛合法性略去（因为它可视为意识形态合法性的一种极端表现）。这样修改后的政治合法性来源即包含了意识形态、政府绩效和法治规则（民主程序）三个方面，它实际上亦根植于韦伯及亨廷顿的分析框架。⑧

本书对合法性的界定依赖于合法性基础的探讨。不难发现，要推进当代中国从愿景

---

① LIPSET. Political man：the social bases of politics garden city [M]. New York：Doubleday，1981.
② LINZ J. Legitimacy of democracy and the socioeconomic system [M] //DOGAN. Comparing pluralist democracies. Boulder：Westview Press，1988：65-113.
③ FRIEDRICH. Man and his government：an empirical theory of politics [M]. New York：McCwaw-Hill press，1963：236.
④ 赵鼎新，龚瑞雪，胡婉."天命观"及政绩合法性在古代和当代中国的体现 [J]. 经济社会体制比较，2012 (1).
⑤ "六大危机"包括认同危机、参与危机、贯彻危机、分配危机、整合危机与合法性危机，它们密切关联、互为因果；合法性危机主要产生于发展中国家的现代化进程，即由于经济、社会和政治文化的剧烈变迁，很容易使传统社会与政治集团瓦解并削弱民众对传统权威的忠诚，故产生诸如内乱、起义、革命战争、政变等不稳定后果。参见：PYE L. W. Aspects of political development [M]. New Pelhi：Ameren Publishing Co.，1966.
⑥ 白钢，林广华. 论政治的合法性原理 [J]. 天津社会科学，2002 (4).
⑦ 亨廷顿. 第三波：二十世纪末的民主化浪潮 [M]. 刘军宁，译. 台北：五南图书出版公司，1994.
⑧ 亨廷顿认为一个牢固的政权应当具备三重合法性基础：其一为意识形态合法性，即政权所代表的价值主张被社会成员所普遍自愿认同；其二为程序合法性，即政权的产生、更迭和组成、运行方式得到选民以投票的方式来检验，统治权力有限并受到宪法法律和政治程序的约束；其三为政绩合法性，即获得民众支持的政权需有良好的政绩。进一步说，这三种合法性基础构成三根支柱的稳定结构，在民主政权里是独立的三权，即权力赋予、权力监督和权力实施，而专制政权在意识形态与程序合法上存在天然缺陷，故只剩下政绩合法性的唯一支柱。参见：刘军宁. 虚拟访谈：亨廷顿视野中的中国转型 [J]. 南风窗，2009 (2).

型和功利型治理绩效向法治型治理绩效转变①（如果对绩效类型的这种划分是合理的），那么我们所向往的合法性正是一种建立在法治型绩效基础上的、由现代法治之精神内核与法治所驱动之国家治理高绩效所共同确定的政治秩序稳定和民众自觉忠诚。进一步讲，它由法治合法性与绩效合法性这两个相互关联的部分组成，绩效合法性即建立在绩效基础上的合法性，而这种绩效是由现代法治所驱动（告别了以往愿景性或功利性驱动因素的不稳定及不可持续）；现代法治若在一个不那么严谨的语境下，我们可以将其定义为一种基于现代法律价值与完善法制功能的社会整合及有序治理状态；那么现代法律价值不仅是对法制功能完善的"应然"约束，更构成对多元社会行为的终极整合与治理规范。正是在这个意义上，法治合法性其实内含了价值合法性（这种价值是普适的、一贯的、甚至是永恒的）②与程序合法性。而法治与民主又存在着千丝万缕的联系；从某种程度上讲，法治是民主的保障，民主是法治的目的，但民主化的程序制度本身亦为法治的题中之义，故两者实为互相包含，构成"一枚硬币的两面"。这样由现代法治所驱动的绩效合法性便似乎囊括了亨廷顿所说的三种合法性来源，并且三者皆为内生的，而不需要像哈贝马斯那样借助社会文化生活的公共舆论作为媒介（具有沟通性或调和性）。实际上，它是立足于法治整合作用与高绩效福利所带来的政权稳定与民众认同，并试图对自然法原则或其价值要求进行一定的内化和彰显（具有统概性）（图1-1）。

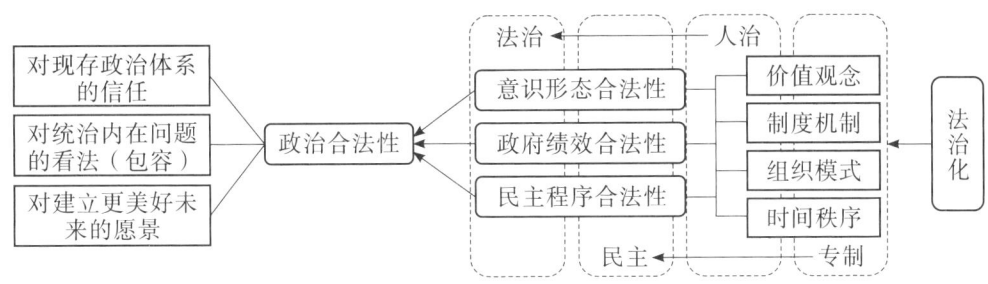

图 1-1　法治化与合法性的概念关系

以此为基础，仍有必要对本书所及的两个关键概念即法治化与合法性的关系作一界说，以辨明论述的逻辑。可以认为，合法性的要旨在于解决民众对现存政治制度及统治模式的认同（政权长期稳定性）问题，应作为政治统治所追求的根本目标，合法化自是导向于此的动态过程；而在该进程下，（国家治理）法治化可能是其中一种相对理想的路径或可行方式。尽管如前所述，法治既可被当作手段，亦可被当作目的；但相对于政治合法性这一更为本源的目的，它仍基本归入手段的范畴。所谓法治化不过是将原本不法治或不够法治的国家治理方式加以改造，它自然追寻充分法治的理想，并涵盖了十分广泛的操作性内涵（如关注价值导向、制度体系、组织模式和实践秩序等具体层面的优

---

① 事实上还有一种可称为"伦理型绩效"，大体上对应于中国古代开明盛世的治理绩效类型，关于这些类型的特征及其划分依据详见本书第三章。

② 法律价值准则一般包括正义、自由、秩序、平等、公平、公正、对人与客观环境的促进以及法律文本的头条价值等，虽然不同学者有不同论述，但其中前五者构成相对公认的基本法律价值，具有超历史的普适性。参见：卢扬帆. 法治政府绩效评价内容及指标设计［J］. 甘肃政法学院学报，2016（3）.

化重构）；但是客观地讲，获得（通往）政治合法性也可采取法治化以外的其他途径（比如人治、专制等），历史经验表明它们也在一定程度上提供了统治的合法性保证，因此合法性与法治本身并不必然绑定在一起。只是出于民主、人权、经济等现代政治文明的需要，法治才被确认为最受推崇的国家治理模式。归总起来，本书将反思当前中国国家治理的绩效合法性及其所依赖的绩效基础作为逻辑起点，国家治理模式的现代化转变构成一个宏观背景，法治化则是对治理过程（手段）本身进行改造的目标（现代化理想），但其终极目的是建立和保障一种法治（或法治型绩效）基础上的政绩合法性。

第三节 国家治理绩效转型的研究范畴

一、法治化何以成为一个研究问题

近年来，无论在官方还是学界，法治化都是一个极热的话题。截至2017年8月，我们以"法治化"为主题，在中国知网CSSCI期刊数据库检索论文2000余篇，在国家图书馆电子图书数据库检索专著达130余部。这些文献所研究的内容分属不同领域，几乎遍及从全球秩序、国家治理到地方政府、财政预算再到劳教、信访等各个层次和领域。但依此前界说，法治似乎应是一个超越具体"组织场域"[①]的国家乃至超国家层面的范畴。那么一个不容回避的问题自此产生，即我们所广泛言谈并热衷研讨的"法治"一词，究竟在学理层面该如何定位？"法治化"是否存在被滥用的嫌疑？这不仅是从整体上对现有海量文献之逻辑起点的根本拷问，亦是本书以国家治理绩效的法治化转型为题所必须处理的一个前置性问题。事实上，对"法治化何以成为一个研究问题"的回答或可分为以下两个层面。

（一）法治化作为研究问题可否成立

这是一个触及法治与国家治理之根本关系的法哲学问题。法治的核心在于法律，关于法律与国家的关系古往今来已有许多先哲进行过探讨。从逻辑上讲，如果法律和国家本为一物，即不存在所谓"化"的问题，因为法律的状态可以说就是国家（治理）的状态（要改变则是国家的整体改变）。但现实远非如此，它涉及我们对法律和国家本质的不同理解，以及由这些理解所衍生的关于两者目的、地位和属性的多元阐述。而限于笔者知识储备，要完全厘清其中的复杂头绪显然不可能，故此，我们仅在可及的范围内针对两者关系试作简单思考。

首先从法的理解来看，不同思想流派有着截然不同的观点。自然法学派始终坚持以自然法的标准来评估和调整实在法，虽然人们对自然法认识不断变化，但其关键有两点：第一，实在法是国家制定用以统治的依据；第二，实在法相对于自然法可能是有缺陷的。我们要讨论的当然是实在法层面的法治，那这两点即明确了法律对于国家的工具属性和

[①] 斯科特. 制度与组织——思想观念与物质利益 [M]. 3版. 姚伟，王黎芳，译. 北京：中国人民大学出版社，2010：189-198.

从属地位，并提供一种向自然法状态（"现代文明之成熟法律制度"①）转变的可能与必要。康德主义者强调人的先验独立于其感觉经验，而人在先验的世界里是"真实"自由的，道德和法律也被纳入这一世界，并且道德（伦理）上的自由即维持人的自主与自决性，法律上的自由则为个人对他人专断意志和控制的独立；这样他们就把法律定义成"那些能使人的专断意志按照一般的自由律与他人专断意志相协调的全部条件的综合"②（法律的目的是使"个人得到最大限度的张扬"③），相应地，国家则是"个人依据法律而组织起来的（自由人的）联合体"④，国家的唯一职能便是制定和执行法律。可见，他们不仅要求建立"最低限度"的国家和法律，并成功在法律与国家具有同一（目的）性的方向上迈出了关键一步。历史法学派主张从历史和传统中挖掘法律的产生及演变过程（因而反对从思辨的角度建立自然法），他们认为法律决不是可由立法者专断制定的东西，而是那些"植根于一个民族的历史当中，内在地、默默起作用的力量，其真正的源泉乃是普遍的信念、习惯和民族的共同意识"。⑤ 值得注意的是，尽管历史法学派也承认从习惯或惯例到成文法（被立法者采纳）的"法律化"过程，但他们几乎从未明确使用国家的概念，而都是在民族的视角下进行观察与阐述；由此，他们可能在潜意识里就觉得：立足于民族精神（文化层面）的法律本是一种超越国家（政治意义）的存在，在这点上，他们对国家和法律相互关系的看法似乎"走得更远"。功利主义的边沁、穆勒和耶林对国家和法律采取一种"目的趋向"的理解，他们认为国家的职责即通过避苦求乐来增进社会的幸福，在此过程中也可能通过立法来实施奖励或惩罚；特别是耶林对于"目的"的描述更为宽泛，他认为法律是国家为保护社会生活条件而实施的强制手段的总和。⑥ 然而我们可以看到，虽然功利主义者认可法律为国家所用，但在他们眼里法律和国家都只是"目的"的工具，或说由国家制定和使用仅是法律的形式要件，更为实质的要件则是"服务于目的"，因此法律与国家在存在的意义上似乎是并行的，谁也不高于谁。真正把法律与国家的同源性演绎到顶峰的应是分析实证主义法学派，他们只承认"由国家确立的实在法才是法律"，并致力于将一切价值考量排除出法理学的研究范畴，以致在其看来正义也仅变成了一种"合法条性"。⑦ 进一步地，主张"纯粹法学"的凯尔森更是强调一种法律的自适应和自繁衍性，他认为法律秩序是"一种由不同层次的法律规范所组成的等级体系"⑧，而一项法律规范的有效性获得仅在于其"得到另一项更高层次法律规范的认可"⑨，在解释了"国家制定"这一合法性渊源会通过宪法、法律、行政

---

① 博登海默. 法理学：法律哲学与法律方法 [M]. 邓正来，译. 北京：中国政法大学出版社，1998：74.
② 博登海默. 法理学：法律哲学与法律方法 [M]. 邓正来，译. 北京：中国政法大学出版社，1998：80.
③ POUND. The spirit of the common law [M]. Boston: Marshall Jones Co., 1921: 147-154.
④ 博登海默. 法理学：法律哲学与法律方法 [M]. 邓正来，译. 北京：中国政法大学出版社，1998：81.
⑤ 博登海默. 法理学：法律哲学与法律方法 [M]. 邓正来，译. 北京：中国政法大学出版社，1998：91-94.
⑥ 博登海默. 法理学：法律哲学与法律方法 [M]. 邓正来，译. 北京：中国政法大学出版社，1998：108-117.
⑦ 博登海默. 法理学：法律哲学与法律方法 [M]. 邓正来，译. 北京：中国政法大学出版社，1998：121-122.
⑧ KELSEN. The pure theory of law [M]. Berkeley: M. Knight Press, 1967: 221.
⑨ KELSEN. The pure theory of law [M]. Berkeley: M. Knight Press, 1967: 193.

国家治理绩效转型的中国实践

命令和司法审判等途径依序传播之后①,他得出"多数法律规范在适用于法律的同时也在创制法律"②的结论,因此"任何人的行为都可以成为法律规范的内容""法律这一机器能够保护任何政治的、经济的或社会的体制"③。正是在这一基础上,凯尔森宣布"法律与国家是同一的",国家作为一种政治组织就是法律秩序的总和,进而他认为"法治的政府"这种表述根本没必要存在,因为"国家和法律是共存的"。④ 凯尔森的这一宣称无疑有力地支援了我们此前的拷问。然而,当我们载入历史的纵深和跨学派的视野,却也可能不那么恰当地提出对其至少两个方面的质疑:第一,分析实证主义过分强调法律的形式与结构,可现实当中不仅这种形式与结构通常是不健全的,其所指望的法律自繁衍性与合法性传递亦会由于局部利益和非理性的干扰导致难以自洽,而这一过程的维持本身受限于国家的法律体制(法律事实上是一个开放而非封闭的系统);第二,尽管他们不考虑法律的道德与价值属性(所谓"恶法亦法"),但忽视价值与偏离社会的法律毕竟会带来严重的后果,使我们离开理想的"法治"状态越来越远。与实证主义相反的,马克思主义者可谓从根本上确立了法律相对于国家的从属位置和工具功能;马克思沿用了社会学法学派关于国家是一种"统治"组织的观点,并在更为本质的层面指出:法律作为经济发展的产物,是伴随阶级与国家产生的"由国家制定或认可、体现统治阶级意志并以国家强制力保证实施的社会规范的总称",它在未来亦会随阶级与国家的消失而逐渐消亡。⑤ 作为最具经典性的评语,我们一般认为马克思主义揭示了经济因素对于法律形成与发挥作用的决定性地位,虽然在其论述中法律与国家同为经济基础的上层建筑和统治工具,但他们显然更强调法律"一是在形式上源于并依附国家,二是在价值上体现阶级意志",这就与自然法学派主张法律应体现普适的价值形成了鲜明对比。正基于此,他们所认可的法律或在价值准则上是有偏的,并可能因其工具属性被用以维护不正当的目的,由此才产生了"法治"与"法治化"的诉求。⑥ 当然,未被我们言及的思想流派还有很多,限于篇幅我们只能关注其中的主流。⑦

其次从国家的认识来看,西方政治思想史关于国家形成的理解有多种,深嵌于(如

---

① 博登海默. 法理学:法律哲学与法律方法 [M]. 邓正来,译. 中国政法大学出版社,1998:131-134.
② EBENSTEIN. The Oure theory of law: demythologizing legal thought [J]. California Law Review, 1971 (59): 643.
③ KELSEN. The pure theory of law [M]. Berkeley: M. Knight Press, 1967: 198.
④ 博登海默. 法理学:法律哲学与法律方法 [M]. 邓正来,译. 北京:中国政法大学出版社,1998:135.
⑤ 博登海默. 法理学:法律哲学与法律方法 [M]. 邓正来,译. 北京:中国政法大学出版社,1998:102-103.
⑥ 这里涉及"法治"所要求的"良法"在价值上究竟应体现阶级意志还是普适原则,按这两类标准所期待与评估的法治现状可能截然不同;讨论这一话题也许触碰禁忌,但在特定的社会条件下阶级意志和普适价值亦可能是一致的。
⑦ 不同学派的观点是否存在高低与对错是个颇有争议的话题,我们总是习惯站在马克思主义的立场上批判其他学说,这无疑是戴上"有色眼镜"的做法;在此我们宁费篇幅地综述主流学派思想则欲表示一种中立的态度:尽管其认识深度与距离现实有别,但我们以为不同学派基于特定视点和逻辑的思想体系应具有同等价值,并无优劣之分。

前述的）不同学派界说中。① 若我们遵循一种概览而非剖析的眼光，或许能从中看到——法律在更多时候其实是被认为内含于国家范畴的（无论作为一种工具还是构成其部分内核）；即是说如果我们站在国家的视角，可能会更倾向于认为国家的概念大于法律，以至"只有在为强化某种特定逻辑时才故意标榜法律与国家同为一物"。因此，法律和国家是否同一、谁高于谁的判断亦会随着我们思考的出发点而转移；不过，那种"法律内含于国家"的一般归纳还是从总体上提供了它可以被替代以及不断完善的可能性。

再次从国家治理的内涵看，法治与国家治理体系和治理能力有着强烈的内在联系与外在契合。某种程度上讲，法治就是国家治理的基本方式；因为法治为国家治理注入了良法的基本价值（包括秩序、公正、人权、效率、和谐等），也为国家治理提供了善治的创新机制（包括以人为本、依法治理和公共治理）；法治的核心内容决定了推进国家治理现代化本体上和路径上就是推进国家治理法治化；法治化构成国家治理现代化的必由之路，治理体系法制化和治理能力法治化则是其两个基本面向。②

综此，无论从起源、存在或目的来看，并没有压倒性的理论表明法律与国家同为一物，反而多数学者所承认的是法律仅构成国家的一部分，即便两者在源、流、向等层面多有契合，它们在更大程度上仍是互相分离的，这就使法律始终存在着被替代和改善的空间。只要法律不是一国与生俱来或无从切割的部分，那它相对于一个更加完美的标准则有不断优化的必要，这不仅是对法律自身价值与形式功能的要求，也是对人们遵守及认同法律实践的期许。我们以为，正是基于这一假设，"法治化"的命题才得以在逻辑上成立，并在现实中焕发出强大的生命力。一言以蔽之，我们所做的一切关于法治化的研讨和努力，都应该在要么强调法律外生于国家的工具价值、要么将法治视为国家治理模式之理想状态的前提语境下进行。

（二）法治化应在何种层面进行研究

另一方面，如果法治是国家治理可供追求和可及的目标，那我们又该在哪一层面或以何种方式来着力？这一问题与前者一样，似乎没有明确答案。但作为经验事实，我们首先需要了解法治化目前主要在哪些层面上已被研究。为此，我们引入一种文献计量分析的方法，具体是以"法治化"为题，分别在 CSSCI 和 SSCI 数据库进行文献检索，通过设置相应的筛选条件并对所得结果进行统计分析。③ 我们的目的是获得国内外学者对于法治化问题关注和研究层次的系统数据。"所谓研究层次，是指研究者的主要关注对象为宏观现象还是微观现象，其区分的关键则是研究现象所涵盖的时间范围、空间范围或影响

---

① 西方政治思想史关于国家形成的代表性界说有神创论、家庭（父权制）的扩展、社会共同体、社会契约、暴力机器和地理要素等，相应地，法律亦被视为一种神意（自然法）、一种主权命令（语出霍布斯著作《利维坦》）、一种自由的人民意志（或公意）、一种阶级统治工具乃至一种文化或民族精神等。参见：麦克里兰. 西方政治思想史[M]. 彭淮栋，译. 北京：中信出版社，2014.
② 张文显. 法治与国家治理现代化[J]. 中国法学，2014（4）.
③ 文献计量分析是一种集数学、统计学与文献学于一体，对研究问题相关文献进行系统搜集、鉴别和分析，以获得对现有研究之定量、系统经验认识的科学方法；由于直接检索结果通常数量庞大，为进一步分析需要而进行筛选实际上是个统计抽样的过程。参见：邱均平，王曰芬，等. 文献计量内容分析法[M]. 北京：国家图书馆出版社，2008：1-9.

规模。"① 这一问题的背后,涉及我们究竟把"法治"看成一种"形而上"的整体或本源性存在,还是可被具体解构以及操作化的"实证主义"现象。② 关于研究层次的划分已有大量研究,在我们看来,法治化涉及对法律制度的重点讨论,故采用社会学制度主义的分析框架或较为适合;该学派对应制度的研究层次将其分成世界体系、国家社会、城市区域、组织场域、组织种群、组织系统和组织亚层共七个等级,并已得到研究者的广泛认可和应用(图1–2)。③

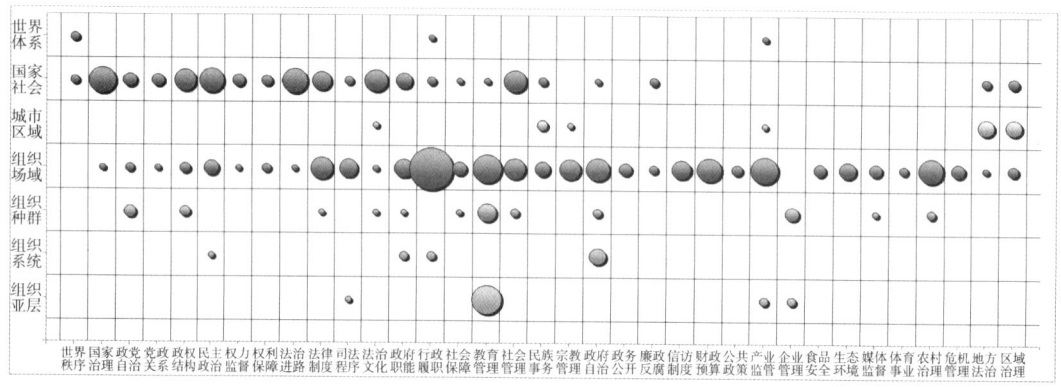

图1–2 法治化研究的CSSCI文献按层次与主题分类统计结果

基于这一框架,我们对2017年8月搜集到的中外文文献进行系统归类。在逐条甄别与删除不相关结果后,共得到包含"法治化"题名的CSSCI期刊论文498篇。这些论文分属于35个不同研究主题,其对应上述七个层次的统计结果如图1–2所示。可见,在国内法治化研究最多的是在组织场域层次(占文献总数的52%),其中又以行政履职、教育管理和产业监管3类主题最为集中;其次是在国家社会层次(占文献总数的28%),相对集中于国家治理、民主政治和法治进路3类主题;剩余各研究层次的文献占比均不超过7%。对外文文献研究层次的分析则有一定困难。一方面因为"法治化"在英文中没有直接对应的词汇及中英文词性不同,作为替代我们通过寻找与其内涵关联的语词,实际共采用 legislat*(法律化)、institutionaliz*(制度化)、legaliz*(合法化)、legitimat*(法律授权或批准)、nomocra* 和 rule*law(法治)等6个关键词进行题名搜索。另一方面以此获得的SSCI期刊论文共有16 185篇,这一数字对分类来讲无疑太庞大,为

---

① 斯科特. 制度与组织——思想观念与物质利益[M]. 3版. 姚伟,王黎芳,译. 北京:中国人民大学出版社,2010:95.

② "形而上学"专指针对于现实及人类知识的终极性质相关基本问题的系统研究,其世界观定位在整体(全部)和绝对(终极现实)的超经验层次;"实证主义"作为一种科学态度,则是反对先验的思辨、力图将其自身限制在给定事实的经验范围之内,并否定理解自然之本质的可能性。关于两者的解读和辨析,参见:博登海默. 法理学:法律哲学与法律方法[M]. 邓正来,译. 北京:中国政法大学出版社,1998:118–119.

③ 本书对制度主义各研究层次的命名做了稍微调整,但未改变其主旨内涵与结构关系;可以认为制度主义的一个重大贡献是提出和界定了"组织场域"的概念(是指一种提供类似产品或服务、彼此互动频繁且互为生存发展条件的组织共同体,如教育系统),这尤其给法治化研究层次的剖析带来了极大方便。当然,由于社会现象的极端复杂与多样性,无论何种划分亦只是相对而言。参见:斯科特. 制度与组织——思想观念与物质利益[M]. 3版. 姚伟,王黎芳,译. 北京:中国人民大学出版社,2010:95–97.

此我们按各关键词检索结果中最热门的 10 个人文社科类研究方向进行筛选，在进一步删除无关条目后，得到以"法治化"为题的英文文献样本 513 篇。① 如图 1-3 所示，6 个检索语词以 legislat * 涉及的文献最多，共 374 篇（占总样本的 73%），其余各词占比均不高于 10%；与中文文献类似，国外学者对法治化研究亦最多在国家社会和组织场域两个层次，但相对而言其对世界体系层次的关注度要比国内高，研究的主题则多集中于法治理论、法制建设、法律实践、社会管理、法律分析、法治文化和组织自治等类别。

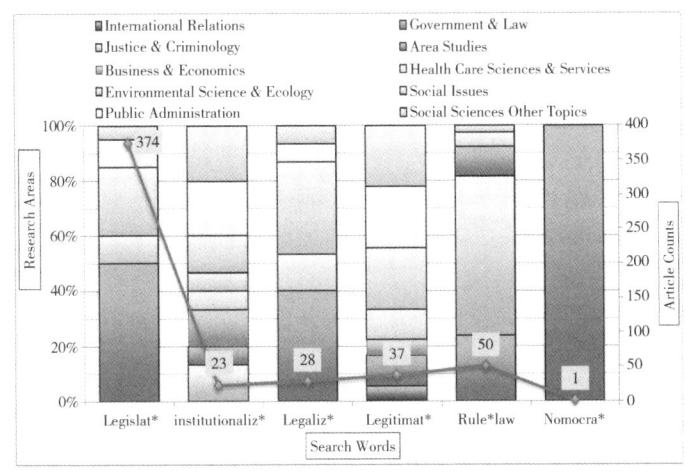

（a）按检索词与研究方向

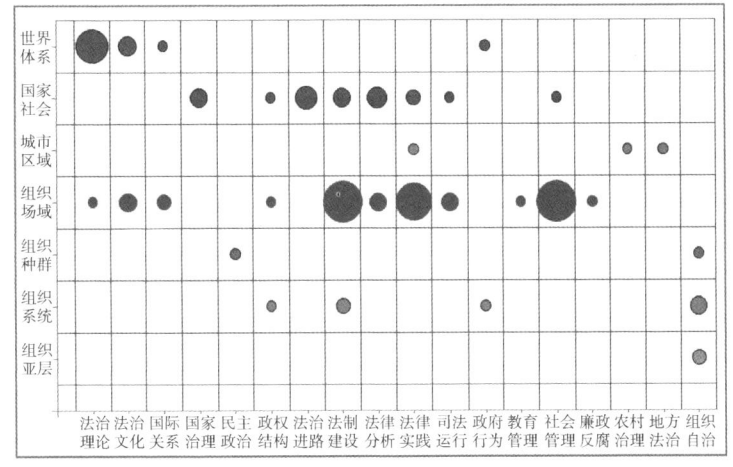

（b）按主题与研究层次

图 1-3　法治化研究的 SSCI 文献分类统计结果

---

① 直接检索结果中还有数量不多的以非英文发表的论文，限于研究能力只能暂时将之删去；事实上按前 10 个研究方向筛选的论文数量仍然较多，故我们对 legislat *、institutionaliz *、legaliz * 和 legitimat * 4 个检索语词在筛选结果的基础上还做了 5% ~10% 的分层随机抽样（为保证随机性先按第一作者姓名首字母排序，再根据序号进行区间分层）。

文献计量分析结果表明，无论中文还是外文对法治化研究层次的两极分化都十分明显。虽然基于主题和研究类型差异，同一篇文献亦可能被归入不同的研究层次，我们的分类只是在综合分析基础上选择其一以求合理，但这样的整体趋势不会因为个别文献划归而改变。正如法治目的性与手段性的二元对立一样，它们要么将法治化视为一种治理结构或状态的根本目标放在国家和社会的整体层面进行探讨，要么将其当作达成（某方面）治理目标的工具和路径；而后者通常对应某一具体范畴（组织场域）来进行分析和建构，以至"从总体上看，似乎构成了一张法治化'循序渐进'的理想蓝图"。以一种实用主义的态度来看，这样将整体的法治进程进行领域切割并逐个击破的思维似乎无可厚非，且对于离法治理想仍较遥远的多数国家和地区亦不失为现实有效的路径。毕竟相对法治化的巨大庞杂系统而言，我们需要在世界观层面进行的概念、理论、文化、方法等基本研究只是九牛一毛，这些并不能替代具体领域法治建设的实务操作。这一问题的提出，也只为提醒我们勿将事无巨细都冠以"法治化"的名号而致其滥用或庸俗化，以确保"法治"真正运行在其科学内涵与实践功能的正确轨道上。因为本质来讲，法治化仍是一种关系国家治理合法性与社会长治久安的整体及本源性存在，涉及对多元思想观念与利益诉求的整肃与统合；只是在应用上，它对应于不同的层次，如对应社会则为法治社会转型，对应政府为法治政府建设，对应到某一组织场域便是对该场域原本管理模式或治理结构的法治化改造。

二、国家治理绩效的法治化转型论域

法治化问题不仅需要在具体组织场域的实践及努力，亦需要在国家层面的总体关注和定位。我们以为，国家治理绩效的法治化在内涵上主要是指将国家内部诸行为主体（如政府和公众）追求绩效的导向及努力以一种法定的方式固定下来，包括对其绩效目标的设定与指引、绩效行为的激励和约束、绩效结果的分配和应用等，都应当在法律明确规定的基础上以科学完善的制度推进实施，并逐步在全社会形成共识；在更为根本的层面，它还涉及不同治理主体间权责与利益关系的理顺。因此，国家治理绩效的法治化转型是对现有国家管理模式或治理结构的优化，从研究层次来看，它是一个立足整体研究具体的典型问题。

进一步地，研究国家治理绩效转型是一个庞大而复杂的系统任务，为了有效开展，我们首先需要对其论域进行剖析（图1-4）。按照一般逻辑，一项研究至少应包含为什么要研究、研究什么及如何进行研究三个环节。针对本主题，我们从两个方面来梳理：第一，为什么要研究，包括为什么要研究国家治理绩效及为什么要将其法治化两部分，这在前文已有大致研讨；第二，如何研究，这实际上涉及了对研究问题是什么的内容解构以及此后各章节研究逻辑的铺开与推进。首先当然是国家绩效治理系统，依据现有文献和概念界定，其主要包括绩效目标决策、绩效执行保障和绩效沟通分配等子系统；其次是法治化系统，在笔者此前的研究中将其概括为法律价值、法制功能和法治实践三个（层面）子系统；再次是国家绩效治理的法治化系统，实际是将前两类系统的有机组合。本书对于国家治理绩效转型的理解和建构，即是按照国家绩效治理的各个子系统分别对应法治化三个层面的逻辑展开，可能包括现状、理想和路径的分析，以期形成一个完整的法治化的国家治理绩效类型。

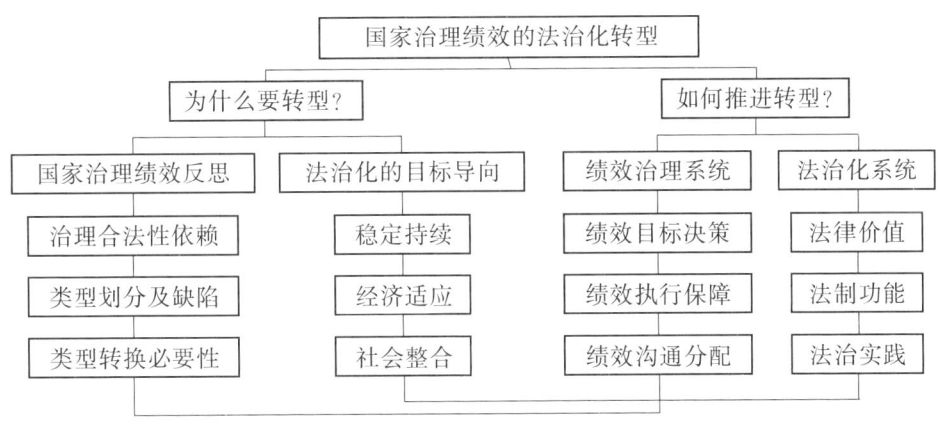

图1-4 国家治理绩效转型的论域构成

第四节 国内外对国家治理绩效转型的研究现状

针对本书主题,进行国内外研究现状的梳理是进一步论述的前提。从某种意义上讲,做好研究综述正是一项研究的起点,亦是研究问题得以确立和寻找突破口的关键。对应本书,急需了解前人是如何进行研究的。问题有三:第一,关于中国模式及其绩效特征的归纳与解释,这是本书的重要背景和立论依据;第二,关于绩效这一概念的研究视点和方向,这是本书的理论贡献与创新基点;第三,关于国家治理转型与其法治化的研究思路,这是本书的实践落脚和价值依归。而与其他文献或有不同,本书在研究现状描述中试图引入文献计量分析的方法,以形成对某一问题同时关于定量与定性(结构与内容)两个层面的总体性概览。

一、关于中国模式及其绩效特征的归纳

该问题在本书的背景部分已有提及,但有关研究文献却如汗牛充栋,若要将之穷尽或全面综述则是力所不能及的任务。为此,我们首先试图进行量化的结构分析。一是在CSSCI论文数据库中锁定"经济增长"为主题,分别以中国经济、中国奇迹、中国道路、中国模式和中国经验5个关键词进行题名检索,截至2017年8月检索时,去除重复及无关条目后共获得文献2562篇,其中"中国经济"有2498篇,占绝对多数,"中国模式"和"中国经验"各有27篇,"中国奇迹"和"中国道路"各有5篇。二是进一步考察学者研讨这一问题的视角和路径,由于对2562篇文献直接分析仍过于困难,我们的做法是专门挑选出其中的综述类文章(因为综述文章代表了该领域学者关注的重点,可作为分析文献结构的重要窗口),共127篇。

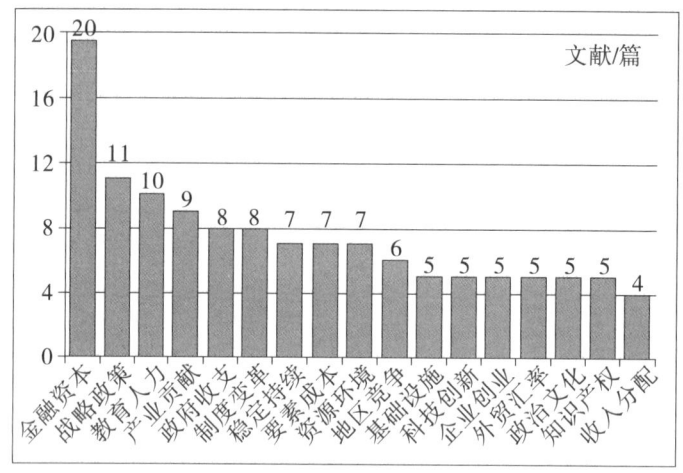

（a）按研究主题

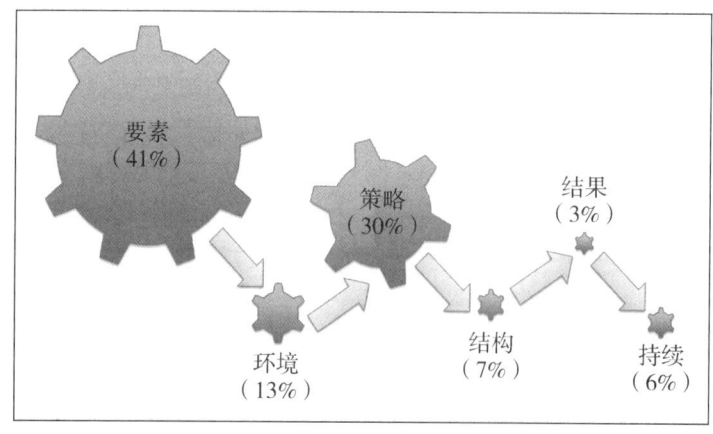

（b）按研究对象

图1-5 关于中国模式及其治理绩效研究的文献结构分析

分类结果显示：127篇综述文章共集中在17个研究主题（一般致力于探讨该主题与经济增长的关系），其中金融发展和资本累积方面的文献最多（共20篇，约占1/6），其次为国家战略或宏观政策、教育或人力资本两方面（10篇以上，各占1/10），较少讨论的知识产权和收入分配等方面的文章亦分别有4～5篇。如将这些论文从研究对象上作进一步划分，其结果更能说明问题。如图1-5所示，关于中国经济增长绩效及其动因的研究中，探讨生产或市场要素的论文最多，占比达到41%；其次为探讨不同主体采取或应当采取的策略，占30%；再次为探讨经济发展的环境或资源约束，占比亦有13%；另有少量论文关注经济绩效的（城乡、区域或产业）结构、（总量或分配）结果及其（周期或稳定）可持续性，占比不到8%。这些结果至少从量上反映了国内外学者研讨现代中国经济增长即所谓"中国模式"问题的结构特征（虽然检索的是中文文献，其中也有不少对国外研究的述评），作为本书从该项背景出发作进一步思考的重要起点。

在此基础上，仍有必要对学者论述的主要内容进行尝试性概括。首先即"中国模式"的存在性或边界问题。一般认为，"中国模式"引起广泛关注的最初动因是过去四十年中国经济的持续快速增长。[①]"中国模式"概念源起于2004年5月7日，美国《时代周刊》高级编辑乔舒亚·库珀·雷默在伦敦《金融时报》上发表文章，他在全面理性地总结中国二十余年经济改革成就的基础上，指出中国通过艰苦努力、主动创新和大胆实践，已成功探索出一个适合本国国情的发展模式；并称之为"北京共识"；[②] 自此，世界拉开了对"中国模式"高度关注的序幕。然而，学界对于"模式"概念的使用始终存在质疑。如周弘指出，我们冠以"某某模式"这一称谓至少包括了两层含义：一是其治理结构的独特性，二是该治理结构的可输出或可模仿性。[③] 于是，有学者便以"中国模式形成尚早"[④]或"没什么独特，不过是西方和人类普遍发展规律的一个注脚"[⑤]等观点为械，反对或要求谨慎使用这一词汇。当然，更多人对"中国模式"的存在持坚定态度，他们一方面致力于确定和维护中国特殊经验之于世界发展和国际局势的重要意义[⑥]，另一方面则又不断挖掘与完善"中国模式"的理论内涵及其要素特质。比如沈云锁定义的"中国模式"特指中国改革开放以来社会发展道路或发展经验，是从经济全球化视角与世界视野来看待中国的社会发展问题，也称"中国道路"或"中国经验"。[⑦] 宋林飞则为"中国模式"归纳出"经济体制改革、融入世界体系、持续快速增长和社会政治稳定"的特征，并与"迅速放弃贸易保护和国家干预政策"的"拉美模式"以及"实行休克疗法和政府角色最小化"的"俄罗斯模式"（它们都基于西方民主政体和新自由主义的"华盛顿共识"，要求快速实现国企私有化、金融自由化、贸易开放化和劳工市场化，但都带来一定程度的经济衰退与失业等社会问题）并称为20世纪90年代世界经济改革发展的"三大模式"。[⑧]

其次何为"中国模式"或"中国奇迹"，它究竟包含哪些重要内容？这一问题十分复杂，以至于从不同学科出发会得到迥异的结论。经济学作为其中的主流，程恩富带头概括了"中国模式"的若干经济属性，包括公有主体型的多种类产权制度、劳动主体型的多要素分配制度、国家主导型的多结构市场制度和自力主导型的多方位开放制度四个方面，它们与世界其他治理模式形成区别。[⑨] 多数学者对"中国模式"的经济域特征概述集中在公有制的主体地位与市场调节的有效性两个层面，并具体化成公有制为主体多

[①] 学界对中国经济增长主流的关注域是改革开放四十年来，亦有学者将视野放宽到中华人民共和国成立七十年来；如甘阳即认为不能将中华人民共和国成立之后"前三十年"与"后三十年"的历史延续性割裂开来，而应确立一种新的"整体性论述"。参见：甘阳. 中国道路——三十年与六十年 [J]. 读书，2007（6）.
[②] 中央党校科社部社会制度比较教研室. 2005年以来学术界关于"中国模式"问题研究综述 [J]. 科学社会主义，2010（3）.
[③] 周弘. 全球化背景下"中国道路"的世界意义 [J]. 中国社会科学，2009（5）.
[④] 范勇鹏，褚国飞. 中国道路任重遥远——王缉思教授专访 [J]. 国际社会科学杂志（中文版），2009（1）.
[⑤] 周弘. 全球化背景下"中国道路"的世界意义 [J]. 中国社会科学，2009（5）.
[⑥] 刘新玲，单洪鳃. "中国道路"的国内研究综述 [J]. 高校理论战线，2012（10）.
[⑦] 沈云锁，陈先奎. 中国模式论 [M]. 北京：人民出版社，2007：4.
[⑧] 宋林飞. "中国模式"的成功与未来 [J]. 社会科学战线，2006（2）.
[⑨] 程恩富. 中国模式的经济体制特征与内涵 [J]. 经济学动态，2009（12）.

国家治理绩效转型的中国实践

种所有制共同发展的财产关系系统、中央与地方政府及企业三位一体的经济决策系统、市场基础作用与政府有力调控相结合的协调系统和物质利益驱动的动力系统等要素。[①] 外国学者如雷默提出的"中国模式"三定理为：一是利用创新减少改革中的摩擦损失；二是建立可持续性和平等性为首要考虑而非奢谈的发展模式；三是自主理论，即"强调运用杠杆推动可能想要惹怒你的超级大国"。[②] 安德烈阿尼认为"中国模式"的六个特点分别是国有部门具有重要地位、股份制企业和混合所有制企业仍受国家监督、农村特殊的社会主义面貌、负债经济为主、计划尚未消失和基础公共事业有待完善。[③] 相对来讲，国外研究者似乎更关注"中国模式"的经济治理特点。[④] 亦有人将研究视点聚焦在某些具体的制度形态（如计生、户籍制度[⑤]等）或国家决策，他们对中国经济增长动因的解释归结成了技术创新说、制度变迁说、"三化"（工业化、市场化与国际化）推进说、发展战略说、市场需求说、劳动转移说和地方竞争说等不同路径。[⑥]

而更多的学者提出，"中国模式"应是一个内含了经济、政治、文化、社会、生态等不同领域"多位一体"的综合治理模式。[⑦] 蔡拓概述的"中国模式"内容即：一是积极应和参与全球化；二是计划经济向市场经济转型；三是强调经济政治文化社会生态等协调发展；四是以人的全面需求和发展为依归；五是开始关注社会功能，挖掘社会潜力和发挥社会作用；六是坚持社会主义，强调民族特色又力求不同社会制度及意识形态的"和平共处"。[⑧] 何自力等总结"中国模式"的政治治理特征有三点：一是强化政府的制度供给与确保正式制度构建，二是加强政治建设与确保安定团结，三是地方政府分权竞争；其文化域特征则主要是利用儒家文化与马克思主义意识形态合成的社会资本来塑造和谐社会；其社会域特征包括收入分配多元化格局的建立、就业机制的转变和社会保障体系的探索。[⑨] 高飞与罗湘衡专门综述了能够用以解释（中国）经济增长的政治学理论框架，主要有政策选择和政治条件两个维度，前者包括集体选择、理性选择与统合主义三大理论，后者包括政府派性、政权类型、政治稳定与分配公平四个要点。[⑩] 这与姚洋提出的"中国模式"的社会平等、贤能体制、制度有效先于制度纯洁及中性政府四大要素似有异曲同工之妙。[⑪] 海贝勒更具体地指出了中国发展的七项典型政治特征：一是执政党

[①] 何自力，乔晓楠，李菁. 中国模式与未来道路探索［J］. 社会科学研究，2009（2）.
[②] 雷默，等. 中国形象：外国学者眼里的中国［M］. 北京：社会科学文献出版社，2006.
[③] 安德烈阿尼. 中国融入世界市场是否意味着"中国模式"的必然终结？［J］. 赵越，译. 国外理论动态，2008（5）.
[④] 郑云天. 国内外关于"中国模式"研究述评［J］. 社会主义研究，2009（4）.
[⑤] 都阳，等. 延续中国奇迹：从户籍制度改革中收获红利［J］. 经济研究，2014（8）.
[⑥] 任保平，刘丽. 中国30年"经济增长奇迹"：描述、界定与理论解释［J］. 西北大学学报（哲学社会科学版），2008（1）.
[⑦] 中央党校科社部社会制度比较教研室. 2005年以来学术界关于"中国模式"问题研究综述［J］. 科学社会主义，2010（3）.
[⑧] 蔡拓. 探索中的"中国模式"［M］//俞可平，黄平，等. 中国模式与"北京共识"——超越"华盛顿共识". 北京：社会科学文献出版社，2006.
[⑨] 何自力，乔晓楠，李菁. 中国模式与未来道路探索［J］. 社会科学研究，2009（2）.
[⑩] 高飞，罗湘衡. 国外关于经济增长的政治学研究综述［J］. 北京行政学院学报，2012（4）.
[⑪] 姚洋. 中国道路的世界意义［J］. 国际经济评论，2010（1）.

已进入"适应阶段",二是分散或分权的威权体制,三是一个发展主义国家,四是显著的政治实用主义色彩,五是中央领导层与政权拥有合法性信任,六是民族主义或爱国主义日显其能,七是逐步迈向自治、法治和参与程度更高的开放社会。① 管理学对于中国经济增长的解释主要集中在企业治理领域,包括了企业发展所累积的社会资本、企业家精神、创业创新等基本元素。② 娄春杰进一步从社会文化的视角强调了中产阶级和政治民主的重要作用,他通过文献梳理和经验分析,认为中产阶级虽受其社会地位、经济利益及内部构成等制约,但仍在相当程度推动了社会民主化进程,并且他们可以通过消费、人力资本投资和创新活动等促进经济增长。③ 吴波认为我们更应当重视"中国道路"的社会形态及现代化发展问题,具体表现为民族或国家矛盾与社会形态矛盾的关系、民族独立与现代化之间的关系以及社会主义与现代化之间的关系三大方面。④ 甘阳则以更加长远的历史眼光,认为中国道路基于孔夫子、毛泽东和邓小平所代表的"三大传统",并且它们是同属中华文明一脉相承的"连续统",故应成为中国的"新改革共识"。⑤ 毫无疑问,这些研究从不同侧面界定和丰富了"中国模式"的内涵,亦给"中国奇迹"的动因解释提供了框架和思路的重要参考。

最后"中国模式"形成与存在依赖于其高绩效的持续,所以我们不容回避的一个问题即要对其稳定及延续性进行反思。庄俊举指出了"中国模式"存在的四大隐忧:一是经济发展高消耗低产出,二是整体环境不容乐观,三是金融系统风险,四是社会两极分化与城乡差距扩大。⑥ 张维为也提醒我们可能发生的例如政府干预过多造成市场发育不足、政治改革滞后导致行业垄断与寻租腐败、贫富差距扩大、生态环境破坏与基本公共服务缺失等系列问题。⑦ 燕继荣则进一步认为"中国经济成就某种意义上是以低民权、低福利与低保障降低交易成本换来的,这种威权体制下政府主导的是一种非均衡发展模式,它对完成经济累积和起飞可能有效,但所付出的沉重代价(如污染、腐败和对外依存等)却可能使民众的忍受度与经济可持续性不断降低,由此带来对(基于政策绩效的)国家政治合法性的妨碍"。⑧ 还有不少学者从社会、政治、文化等多个视角对续写"中国奇迹"的有利和不利因素进行了总结。总的来讲,中国经济持续增长的高绩效的确在新时期遭遇挑战,这与本书研究背景部分提到"中等收入陷阱"的风险大致相似。为此我们急需在新的发展阶段迎来中国经济"从要素驱动向创新驱动转变"的"二次转型"⑨,用本书的语言表述,即要推动现代中国治理的绩效转型与合法性扩展。

---

① 海贝勒. 中国是否可视为一种发展模式?——七个假设 [M] //俞可平,黄平,等. 中国模式与"北京共识"——超越"华盛顿共识". 北京:社会科学文献出版社,2006.
② 张晖明,张亮亮. 企业家资本与经济增长:一个文献综述 [J]. 上海经济研究,2011 (9);肖建忠,唐艳艳. 企业家精神与经济增长关系的理论与经验研究综述 [J]. 外国经济与管理,2004 (1).
③ 娄春杰. 中产阶级、政治民主与经济增长:一个文献综述 [J]. 社会主义研究,2014 (1).
④ 吴波. 社会形态与现代化双重视野中的中国道路 [J]. 马克思主义研究,2009 (7).
⑤ 甘阳. 中国道路——三十年与六十年 [J]. 读书,2007 (6).
⑥ 庄俊举,张西立. 近期有关"中国模式"研究观点综述 [J]. 红旗文稿,2009 (2).
⑦ 张维为. 中国触动全球 [M]. 北京:新华出版社,2008.
⑧ 燕继荣. "中国奇迹":成就与问题 [J]. 江苏行政学院学报,2012 (3).
⑨ 刘刚. 经济增长的新来源与中国经济的第二次转型 [J]. 南开学报(哲学社会科学版),2011 (5).

二、关于绩效的理解视点与研究方向

就现有研究来看,对绩效一词的理解无疑是多维复杂的。正如本书"概念解析"部分所述,经济学、管理学、行政学乃至社会学等都广泛使用的绩效概念,它们所指却并非同一回事。而本书是一次交叉学科的研究尝试,虽然基于特定理解和需要对绩效做了重新界定,但论述的各部分亦难免在不同学科之间穿插,互有侧重。因此,我们首先便要了解在当前文献中,学者对于绩效的内涵究竟有哪几种主流的理解,它们占比如何,以及基于某种特定理解的研究路向如何。

类似地,我们主要从 CSSCI 文献中寻找分析样本。我们知道,经济学的绩效通常指经济增长,(工商)管理学的绩效通常指企业经营业绩,行政学的绩效则指政府或公共部门职能履行的效果,还有其他领域对于绩效的多样化理解,包括组织管理效能、社会工作成绩、环境保护成效等。由此,在 CSSCI 论文数据库中锁定"绩效"一词,分别搭配各领域的关键语词(如经济、企业等)进行题名检索,截至 2017 年 8 月的检索结果如图 1-6 所示。总体来讲,从企业经营角度进行绩效理解的文章最多,占 54%;其次为从经济增长和公共治理(政府绩效)的视角,分别占 16% 和 11%;亦有少数从组织管理和社会工作的视角,占 6% 以下;除此之外,对绩效进行综合性或其他角度研讨的累计占 10%。这些领域所得文章总计超过 1.3 万篇,与直接以"绩效"为标题检索结果(1.41 万篇)接近,表明我们所概括的几个领域已是绩效研究当中的主流。然而,这一数量的研究样本显然过大,关于各分类占比只能是概数而无法进行检验。为解决这一问题,我们依旧采取对综述文章进行分析的方法,在 CSSCI 期刊共搜得以"绩效"为题名的综述性文章 165 篇,按照前述类别逐篇进行划分,可见:研究企业经营绩效(42%)、综合或其他类绩效(23%)与公共治理(政府)绩效(15%)的论文数量分别位居前三,研究经济增长、组织管理和社会工作等方面绩效的比例大致相当。这一结果与针对 1.3 万余篇文章的分类结果基本一致,且为精确数,故可作为判断国内绩效研究文献在不同领域分布状况的参考依据(图 1-6)。

在此基础上,进一步分析可发现,不同领域对于绩效研究的思维方向亦存在典型差异。按照并不严谨的说法,可将之大致分成应用型、建构型和解析型三类。一般来讲,关于企业经营与经济增长方面的绩效研究多数涉及变量间的相互关系或影响作用,学者们主要是借用绩效这一概念却不深究其内涵,或说对绩效探讨偏向一种应用型(约定俗成)的思维,这类文章占据多数(约 45%)。而在公共治理(政府履职)、组织管理与社会工作等领域的绩效研究则热衷于通过创设某种评价体系以对特定工作业绩进行考核或评估,学者们探讨绩效的思维总体为建构型,这类文章数量亦不少(约占 40%)。另有少数(约占 15%)专门针对绩效进行概念或理论研究的文章,或在经济领域进行特定(绩效类型)的经验分析,学者们研讨绩效的思维则属于解析型的。由此不难看出,目前国内学者对于绩效仍以建构性或应用性的研究为主,而就其概念内涵、基础理论与类型划分等解析性的探讨实为缺乏。当然,这或与绩效本身的跨学科性质及其在国内研究起步较晚不无关联。反观国外则情况似乎好些,学者们单纯研究绩效评估体系构建的文章发表已经不多,而对各领域绩效影响因子和理论经验的研讨正呈递增趋势。

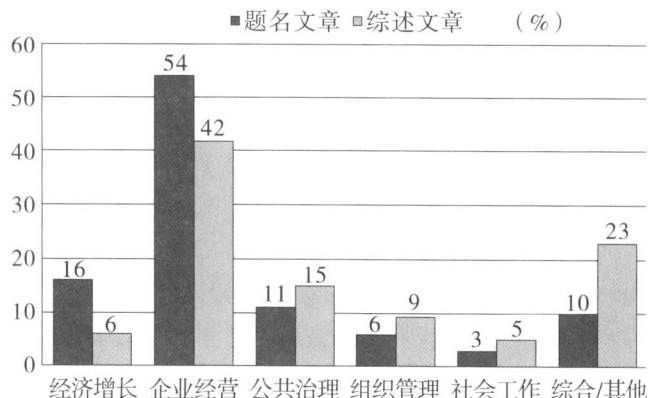

(a) 按研究领域

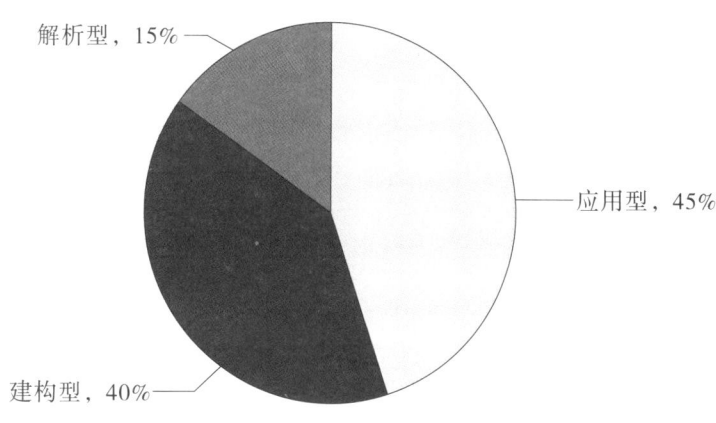

(b) 按思维方向

图 1-6 CSSCI 期刊论文对绩效概念的理解视点与研究思路

事实上，把绩效从一个建构性概念推向一个解析性概念是本书希望达成的一项重要目标。然而，无论中文还是外文文献，针对绩效进行基础理论研究的尝试并不多，特别是在经济发展和企业经营领域的绩效理解都相对单一。因此，我们只能挑选其中较有代表性的公共管理领域，对涉及（政府）绩效的理论研究试作概括。一方面，关于政府绩效评估的概念内涵。美国学者谢尔登·西尔弗（Sheldon Silver）与马蒂·卢斯特（Marty Luster）认为："绩效评估是一个适用于评价政府活动、增强为进展和结果负责的一切有系统的努力的术语。"[1] 这几乎仍是一个描述性的定义。进一步地，菲利普·库珀（Phillip J. Cooper）教授把政府绩效评估的理解为一种市场责任机制，其内容如下：一是"经济学的效率假设"；二是"采取成本—收益的分析方式"；三是"按投入和产出的模式来

---

[1] Sheldon Silver & Marty Luster. Reinventing Government Series: Performance Measurement and Budgeting [J]. World Policy Journal, 1995, 6 (2): 127.

确定绩效标准，注重对产出的评估"；四是"以顾客满意为基础，把公民视为消费者"。①唐纳德·莫伊尼汉（Donald Moynihan）则从管理信息系统的角度，认为政府绩效管理是"一个通过战略计划与绩效测量生成绩效信息的系统，它把绩效信息与决策过程联系起来，并以改善政府决策和管理能力为理想"。这一定义的成功在于它有效区分了绩效信息（评估结果）与政府决策（结果应用），因为后者可能是"政治性"的；换句话说，绩效高低与资源投入之间并没有必然的联系。②国内学者中，倪星所界定的地方政府绩效评估，是根据一定的目标、方法和尺度，对各级地方政府及其工作人员的绩效进行测量与考核，反映其工作的实际效果，从而奖优罚劣，促进政府改进工作，提升管理效率和服务质量；相应地，地方政府绩效评估具有以下特征：一是评估标准的多元性，二是产出衡量的复杂性，三是评价信息的稀缺性，四是认知的偏差性。③臧乃康认为政府绩效评估是从管理效率、服务质量、公共责任和公众满意等维度对政府公共管理的投入、产出及结果进行评定或认可，它在内涵上包括对结果本身的评价和对政府与公众关系的评价两个方面。④

另一方面，关于（中国）政府绩效管理的实践模式，高小平等指出中国政府绩效管理的宏观环境、制度基础、功能定位等与西方存在典型区别，导致两者在价值导向、指标体系和实施机制上也不尽相同；中国的政府绩效管理本质是一种"创效式管理"，即通过体制、机制和功能等方面的创新来实现行政运作的高效化与绩效管理的创效化，它不仅适应于中国的行政生态和行政实践，且体现了一定的中国特色与中国气派。⑤中国行政管理学会课题组则将中国政府绩效评估总结成六种最基本的模式：一是与目标责任制相结合的绩效评估，二是以改善政府及行业服务质量提升公民满意度为目的的绩效评估，三是专业职能部门开展的绩效评估，四是以效能监察为主要内容的绩效评估，五是与政务督查相结合的绩效评估，六是第三方专业评估机构开展的绩效评估。⑥而这些模式又以不同的省、市、县为典型（如目标责任制的"青岛模式"、第三方评估的"广东试验"等）进一步演化出多样化的具体形态，并且它们在时间上表现出一定的阶段特征（图1-7）。⑦

三、关于国家治理转型及法治化的路径

国家治理转型的研究得益于《中共中央关于全面深化改革若干重大问题的决定》的出台，国内学界形成一股治理问题研究的热风。首先，关于国家治理转型的战略与目标，肖滨提出中国国家治理现代化的战略定位体现在四个维度：一是顺应国家权力运行从国家专政到国家管理再到国家治理的发展趋势；二是回应现实挑战，确保在中国共产党统

---

① 库珀，等. 二十一世纪的公共行政：挑战与改革[M]. 王巧玲，李文钊，译. 北京：中国人民大学出版社，2006.
② MOYNIHAN. The dynamics of performance management[M]. Washington：Georgetown University Press，2008：5-7.
③ 倪星. 中国地方政府绩效评估创新研究[M]. 北京：人民出版社，2013：1-6.
④ 臧乃康. 政府绩效评估及其系统分析[J]. 江苏社会科学，2004（2）.
⑤ 高小平，盛明科，刘杰. 中国绩效管理的实践与理论[J]. 中国社会科学，2011（6）.
⑥ 中国行政管理学会课题组. 政府部门绩效评估研究报告[J]. 中国行政管理，2006（5）.
⑦ 蓝志勇，胡税根. 中国政府绩效评估：理论与实践[J]. 政治学研究，2008（3）.

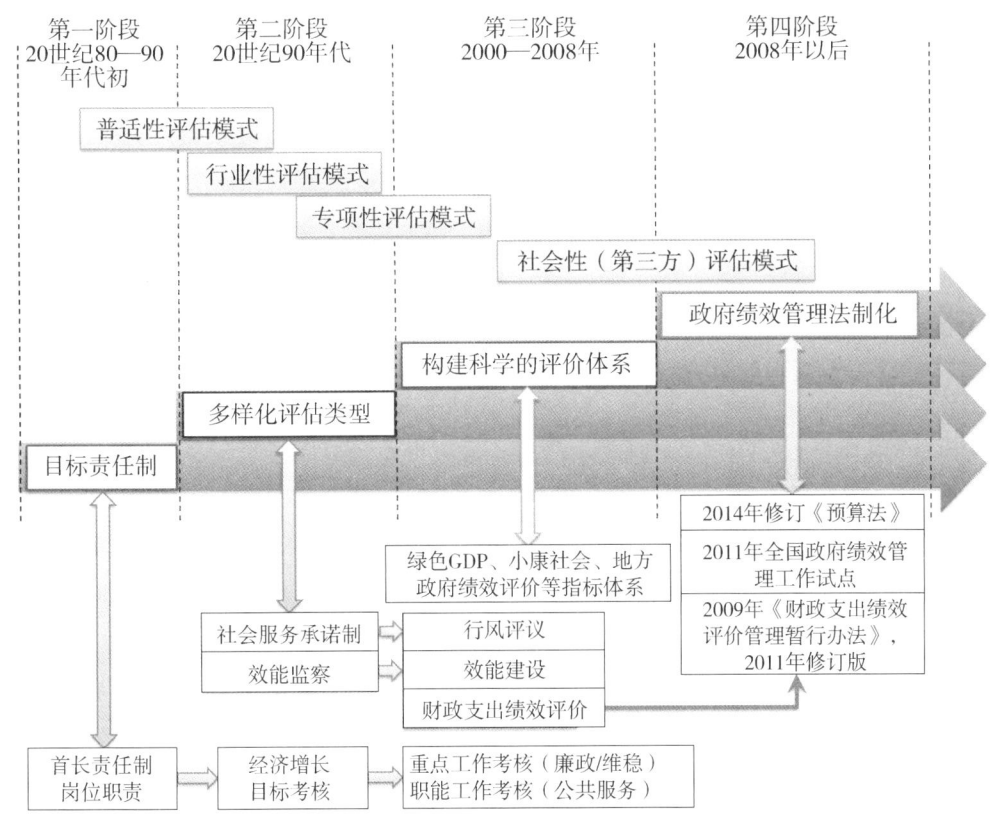

图 1-7 中国政府绩效评估模式划分与阶段进程

领格局下多元主体的有序协同治理，化解中央权威与地方自主间的紧张关系，实现国家治理的有效性和公正性；三是立足全球视野，为中国积极参与和提高全球治理中的话语权奠定坚实的内部基础；四是优化治权与重构执政合法性，从经济绩效合法性转向治理有效合法性。[①] 这篇文章的论述逻辑与本书立意不谋而合。张文显进一步指出：法治的核心内容决定了推进国家治理现代化在本体上和路径上就是推进国家治理法治化，法治化构成国家治理现代化的理想目标和必由之路；因为法治为国家治理注入了良法的基本价值，也提供了国家善治的创新机制，国家治理转型的背后是人治向法治、集权向分权、管理向服务的伟大转变，应该说法治就是国家治理的基本方式。[②]

其次，关于国家治理转型的战略与思路，薛澜和李宇环从行政体制的角度详细探讨了国家治理现代化进程中的政府职能转变，认为推动政府职能转变要与国家治理现代化的改革逻辑保持一致：一是在政府、市场、社会三者能力的权衡中动态调整政府职能边界；二是准确理解"服务型政府"的完整内涵，将政府职能转变的治理理念、治理方法和工具有机统一起来；三是力求政府治理方法和工具的应用创新，并考虑不同工具在实

---

① 肖滨. 中国国家治理现代化战略定位的四个维度 [J]. 中国人民大学学报, 2015 (2).
② 张文显. 法治与国家治理现代化 [J]. 中国法学, 2014 (4).

国家治理绩效转型的中国实践

现既定目标上的绩效表现。① 谢岳和党东升则提倡以草根动员作为国家治理的补充机制，他们力主以理性与和平的方式推进基层社会的治理，使之成为国家治理体系的一个重要的组成部分，以克服治理中的地方主义难题。②

再次，关于国家治理法治化的理想架构，江必新认为法治自身运行、系统社会发展和国家整体转型可构成中国法治社会建设的"三大维度"，其中从前者出发，法治社会是法治的深化与升级；从中者出发，法治建设是现代社会的基本诉求；从后者出发，法治是转型中国整合社会系统的核心共识；据此他还提出以法治的融贯性与社会的共治性作为法治社会的两大目标，并以增强法制社会化与司法社会化作为基本的建设战略。③ 倪斐在探讨地方治理法治化问题时，则以立法、行政、司法、主体、内容、形式作为相互分立的基本框架，进而提出一种"体制内回应型"的法治建设基本路径。④ 由此，我们讨论法治化问题似乎要先明确国家（包含经济、政治、社会多维度的）治理整体转型的宏观背景，其中法治对于体制和发展的回应及保障作用必须得到充分重视。刘敬东在讨论全球经济治理新模式的法治化路径中，先是分析了《国际经济合作宪章》及其法律原则，然后提出"国际经济合作组织"的基本架构以及国际经济争端的解决机制，显然他遵循了从立法到组织健全再到制度完善的思路进行法治化建构。⑤ 时延安在探讨如何实现中国保安处分制度法治化时指出，先要以法律确立的方式为之"正名"，然后以合理而有效的程序机制进行保障，最终实现其形式与实质的全面合法化。⑥ 杨晓军则针对中国信访制度中存在的问题，分别从功能、范围、规则、手段、处理程序与法律依据等方面提出法治化改革的具体思路，即调整信访的功能定位，限制信访事项的受理范围。⑦ 可以看出，后面两人对法治化的分解基本涉及了法律的价值、文本、程序及实践等不同层面。

若进入到具体领域（组织场域）治理的法治化建设，其一是在政治与行政学领域。杨勇萍认为行政组织法治化的基本内容应包括行政组织的设置与管理由法律规定并受法律严格制约、有关行政组织的法律规范促进经济发展与保障公民基本权利、行政机关严格依照行政组织法进行运作以及坚持职权法定与机构编制法定的原则；⑧ 邹志臣在政府行为法治化研究中提出：一要为政府"权力能力"及行为设定明确法律边界，二要完善并依法规范政府行为的事实过程，三要依法惩戒与矫正不法的政府行为；⑨ 秦祖伟在重大行政决策的法治化建构中提出既要明确主体的权限范围，又要规范发起、参与、审查、评估等有关程序，还要对其加强法律监督；⑩ 可见，相对于法学凸显对法律本身完善来讲，行政学的法治化研究更加强调两个方面，一是明确主体权责范围及其相互关系，二是规

---

① 薛澜，李宇环. 走向国家治理现代化的政府职能转变：系统思维与改革取向 [J]. 政治学研究，2014（5）.
② 谢岳，党东升. 草根动员：国家治理模式的新探索 [J]. 社会学研究，2015（3）.
③ 江必新. 法治社会建设论纲 [J]. 中国社会科学，2014（1）.
④ 倪斐. 地方先行法治化的基本路径及其法理限度 [J]. 法学研究，2013（5）.
⑤ 刘敬东. 全球经济治理新模式的法治化路径 [J]. 法学研究，2012（4）.
⑥ 时延安. 劳动教养制度的终止与保安处分的法治化 [J]. 中国法学，2013（1）.
⑦ 杨小军. 信访法治化改革与完善研究 [J]. 中国法学，2013（5）.
⑧ 杨勇萍. 行政组织法治化与政府机构改革 [J]. 江汉论坛，2001（10）.
⑨ 邹志臣. 政府行为法治化研究 [J]. 社会科学战线，2001（3）.
⑩ 秦祖伟. 论重大行政决策法治化的建构 [J]. 云南民族大学学报（哲学社会科学版），2013（6）.

范与强化在行为实践层面的要求。其二是在经济学或经济管理领域，赵忠龙认为中国区域经济合作与协调的法治化应从尊重社会多元利益、完善公共政策咨询制度、优化国有经济布局、健全区域经济治理机制以及完善相关立法与配套措施等方面展开；① 宋则认为应通过深化国有和非国有商贸企业的产权制度、零售企业的运行机制、商贸物流管理机制、公共财税与金融服务机制、农产品信息化调控机制及城乡一体化运行机制等方面改革，推进国内贸易流通体系与法治化营商环境建设；② 可见经济学的法治化研究更多深入到了具体制度形态层面，虽然亦涉及法律价值与法律文本、制度实践等基本要素，但他们似乎把法治化更多地看成是一种治理的手段或工具（一种外生变量或环境）。其三是在社会学领域，程关松指出中国社会管理创新的关键是培育公共责任，并按法治化的要求在社会多元主体间进行分配；③ 陈卓认为推进中国志愿服务保障机制的法治化应更多考虑保障主体的不同需求，从而制定有针对性、有特色的保障法规；④ 相对来讲，社会学的法治化研究似乎体现一种分析性进路，因而更能重视不同主体间关于法治需求、责任及服务的分配平衡。其四是在文化学领域，胡洪彬重点讨论了风险社会、社会资本与国家治理法治化的关系，他认为当下我们应通过强化法治教育、转变治理模式、完善相关机制、促进社会组织发展等途径，逐步奠定培育和践行社会主义核心价值观的坚实根基；⑤ 舒国滢从文化哲学的角度对大众化和法治化关系做了详细探讨，他认为文化大众化的进程也是法律传统的现代转型、法律精神与法律原则的嬗变以及新旧法律制度的更新过程，但二者又可能出现不同的走向并给法治化带来系列难题——包括法的合理性（正统性）危机、守法与执法的间离化等；⑥ 与社会学相似，文化学关于法治化的研究亦更多表现为分析性而非建构性思维，并且他们更加注重精神文明、文化传统及伦理教化等对法治建设的影响。

最后，关于国家治理绩效及其法治化诉求，李玉虎专门论述了中国经济发展的法治基础，他指出经济改革初期我们的发展成就是在法治水平较低的情况下取得的，而随着经济改革深入和发展水平不断提高，法治在其中越来越发挥着基础性作用；故从长远来看，实行法治是促进国家经济全面协调可持续发展的必由之路。⑦ 这也跟本书的立论视角与论说逻辑相近。肖金明具体研讨了经济发展的法治环境，其基本观点如下：第一，经济发展的法治环境的基本标尺是经济和社会秩序，即由法治为经济发展提供的井然经济秩序和社会稳定安全；第二，衡量经济发展法治环境的重要指标是公共效率，包括立法效率、行政效率和司法效率；第三，人是经济发展法治环境的第一要素，因此必须从精神及制度层面解决好人自身的问题。⑧ 朱容则在区域层面讨论了法治与经济发展的关系，

---

① 赵忠龙. 论中国区域经济合作与协调的法治化［J］. 甘肃社会科学，2011（3）.
② 宋则. 推进国内贸易流通体制改革建设法治化营商环境［J］. 中国流通经济，2014（1）.
③ 程关松. 社会管理创新领域的公共责任及其法治化［J］. 江西社会科学，2012（5）.
④ 陈卓. 志愿服务保障机制的法治化［J］. 国际关系学院学报，2009（1）.
⑤ 胡洪彬. 风险社会、社会资本与国家治理法治化——社会主义核心价值观的"现实境遇"与"成长阶梯"［J］. 青海社会科学，2015（2）.
⑥ 舒国滢. 大众化与法治化：一个文化——哲学的解释［J］. 政法论坛，1998（3）.
⑦ 李玉虎. 论中国经济发展的法治基础［J］. 现代经济探讨，2009（2）.
⑧ 肖金明. 论经济发展的法治环境［J］. 政治与法律，2002（4）.

其中法治对区域经济的作用体现在（作为治国方略）营造良好的社会环境、（作为制度安排）提高区域竞争力和（作为对市场主体的规制）促进经济协调及共同市场发展等方面，所以"区域经济发展不仅取决于法治化，而且受益于法治化"，应通过加强地方经济立法、建设法治政府和培育法治文化等手段着力推进区域法治化。[①] 史际春进一步认为经济发展方式转变需要法治保障，这对中国的法治尤其是经济法治提出了更高的要求，为此需充分把握好宏观调控监管、市场经济与法治之间的辩证关系，坚持以政府为主导，市场在资源配置中发挥基础性作用，并完善好规划和产业政策法、财税法、金融法、资源和环境法等主要的法律制度。[②]

四、简要评析

综上所述，通过对中国模式、绩效内涵和国家治理三个方面文献进行梳理，至少有以下发现：第一，中国模式内涵非常丰富，确有其独特的存在价值，但其中标志性的"高绩效"却随着内外环境变化面临可持续性风险；第二，不同学科对绩效的理解和研究已汗牛充栋，但它们总体以建构（评价体系）或应用（评价结果）为主，而较少将其当作一个分析性概念，并且专门针对中国现实语境的探讨十分缺乏；第三，国家治理转型的阐述尽管呈现多点开花的局面，但在国家整体乃至具体组织场域下对其法治化的内容结构或关键要旨描述仍显得框架不明或逻辑不清。这三个方面正是本书致力于取得突破的方向，具体如下：一是反思和解决中国模式及其绩效（合法性）的延续问题，二是把绩效从一个建构性概念推向一个解析性概念并提供针对中国语境的思考，三是将法治化问题置于国家治理转型的宏观视野下讨论，挖掘具体组织场域的实证或经验素材。

第五节 国家治理绩效及其法治化转型的研究思路

一、类型分析的基本理路

（一）类型分析的关键点

国家治理绩效类型及其转变作为本书首要探讨的一个内容重点，从逻辑上讲，必须先有类型的划分才有类型的转变。划分绩效类型实际上是借助于类型学的思维和研究方法，通过对绩效内涵的结构性探析，找出其中共性与个性的要素作为关键，以获得对当前绩效状态及其相邻处境的一种确定性描述。（绩效）类型学是一门特殊的方法论科学，有着固定的结构和思维范式，我们以为，在此有必要对其先作解析。

首先是在理论层面，关于类型学有若干基本问题。第一，何为类型？类型的概念源于代数或计算机语言，它被认为是"一系列满足特定约束条件的元素的集合"，更抽象的表达即把类型当作一种约束条件；显然，若我们规定的约束条件越好，相应被定义的

[①] 朱容. 论法治建设与区域经济发展 [J]. 经济体制改革, 2004（4）.
[②] 史际春. 转变经济发展方式的法治保障 [J]. 安徽大学学报（哲学社会科学版）, 2011（5）.

元素集合也就越精密。① 第二，为何要进行分类？基于科学研究的视角："分类大概是这样一种基本步骤，我们通过它将某种顺序性和一贯性强加于现实世界的巨大信息流上，即将感官感知的资料组合为各种类型或各种集合，以实现对大量信息杂乱无章状态的改造，使其能易于理解和被处理"②；"资料的排列和分类成为早期科研的主要活动，这样发展起来的分类可以有种微弱的解释作用，使我们得以深入研究现象的门纲与组群之间相互作用，从而揭示许多规律性"③。因此，分类不仅是一种以假说来探索现实的手段（构筑现实以验证假说），亦可看作是科学研究的起点或顶点。第三，分类的规则或条件。"为了保证分类系统的内在一致性和连贯性，我们必须规定支配其发展的逻辑规则。"④ 一般来讲，可以用普通逻辑或集合论的方法来描述分类，而集合又有枚举和定义两种确定方式。"一个分类系统应包括确定用于将对象分类时有意义的指标，甚至包括按某种重要性排序的这些指标。"⑤ 毫无疑问，确定分类的标志或维度对于建构分类系统而言是一项至关重要的工作。第四，分类的"类别"或目的。按照大卫·哈维的说法，分类应有一般或自然的与特殊或人为的两种目的，前者是基于"同类对象所能得出的一般命题比起它们可能归属的任何其他组群所能得出的命题更为重要"⑥，后者则是专门为了验证某一假说或处理特定问题而设计的。

其次是在应用层面，将类型学方法引入绩效分析是本书的一个创举。从文献调查结果看，现有学者对绩效研究以建构为主，分析较少，涉及对绩效类型的划分更是凤毛麟角。而我们所做的工作，正是想把绩效从一个建构性概念逐步向一个分析性概念转移的重要尝试。相比之下，在法学领域对法治类型的研究则比较丰富，当中许多经验可为我们提供重要参考。

第一，类型学作为一种思维方式，要求我们克服对问题的普遍化与绝对化认识。当我们在思考特定现象的时候，不再动辄把一种状态当作普遍的状态并用以指导分析所有问题。正如吉尔兹所言法律是种"地方性知识"，绩效似乎亦然，至少我们不能将目前所广为认识或讨论的绩效即轻率地当作其本貌，而应在更加深入其内涵结构与内在动因分析的基础上，以一种宽容及开放的态度来理解和运用。事实上，绩效这一概念本为西方现代化的产物，而将之用于中国问题的分析，我们更需要进一步发掘其特殊的内容逻辑与价值元素。换句话说，我们要建立起中国自身的绩效学（绩效类型），类型学的思维方法即可提供很大的方便与支持。

第二，类型学作为一门科学方法，要求分类必须源自普遍的结构并体现特殊的要素。所谓普遍结构，即所有被分类的对象首先应具有明确的共性或基于共同的分析逻辑。正如法治的类型可能通过立法、执法、司法和守法的四维结构来确定一样，绩效类型亦需基于绩效目标、绩效行为与绩效结果所组成的三维框架（事实上我们把它进一步演绎成

---

① 赵克力, 等. C#. NET 编程培训教程 [M]. 北京: 清华大学出版社, 2003: 9.
② 大卫·哈维. 地理学中的解释 [M]. 高泳源, 等译. 北京: 商务印书馆, 1996: 386.
③ 大卫·哈维. 地理学中的解释 [M]. 高泳源, 等译. 北京: 商务印书馆, 1996: 44–45.
④ 大卫·哈维. 地理学中的解释 [M]. 高泳源, 等译. 北京: 商务印书馆, 1996: 389.
⑤ 大卫·哈维. 地理学中的解释 [M]. 高泳源, 等译. 北京: 商务印书馆, 1996: 393.
⑥ MILL. Philosophy of scientific method [M]. New York: Hafner, 1950: 300.

了政府与公众绩效目标的一致性等三项关键指标以及六个方面的实体内容），因为这正是某一类型学得以确立的"共性"基础。同时，对由这些维度以不同方式组合所形成的每一种类型，更要就其强调的特殊价值或本质功能给予足够重视。如贺麟先生所提出中国古代的法治类型有申韩式、诸葛式和民主式之分①（乃至我们将要提出的若干绩效类型），应当充分尊重其中每一类所蕴含的固定时代特征与应用价值，挖掘并肯定其存在的内核逻辑。

第三，类型学基于实践论的价值取向，强调一种中介化思维与人自身的能动性。实践论作为马克思主义哲学的本质，始终体现认识源于实践并指导实践的思维。迁移到类型学领域，即每种类型都必有其依赖的实践背景，我们正是从这一背景出发寻找其得以存续的理由。它所体现的是一种中介化思维，要求以一种宽容态度来客观对待不同的类型（它们都有其存在的合理性并且无绝对正误），关注不同类型之间的相互吸收与转化。进一步地，基于实践论的类型学充分重视人的主体价值，把人当作类型建构、划分与转变中的关键因素（比如法治中的"人治"、绩效中的目标选定与执行等），它反映的是一种尊重人的尊严与弘扬人类精神、一种建立在人学意义上的类型学。实际上，实践论与人学应为类型学的两大价值基础，构成"一个硬币的两面"。

（二）类型分析应注意的问题

在厘清其基本要素与内涵结构的基础上，还应明确类型分析需要注意的问题：

一是要处理好实践论与形而上学的关系。实践论要求我们客观对待并充分重视对每一具体类型的深入研究，把我们的思维引向具体、局部或"地方性"的层面，这无疑是一种对实践有益的实用主义倾向。然而我们却不能仅限于此，也要对该类型学本身得以建立的普遍性基础寄予充分关注，这体现一种超类型或"形而上"的思维方式。我们应在两种思维当中随时切换，不可偏废。

二是要把握好中介思维与本质主义的尺度。这实际上是前一问题的另一面。中介思维要求我们采取宽容方式和平对待不同的类型，更加关注其存在的合理价值；虽然它也承认类型相互转化，但这种转化似乎是平等的。然而我们仍要注意的是相对于特定条件，各类型亦可能有合适度甚至优劣的差异，换句话说，不同类型间的转化通常应是有方向乃至有目的的。我们亦需以一种本质主义的求真态度，谨慎辨析在当前状态下真正适合的类型，并以之为目标，不倦地追求。

二、法治化研究进路的学科分野

按照我们的设想，法治化作为国家治理绩效转型的目标，构成本书讨论的一个重点。通过文献综述可发现，不同学科对于法治化的研究视点、思维框架与推进路径迥异。在此，有必要就关联学科的研究进路做一简析，以便为后续章节的开展提供参考。需要指出的是，本处所举法学等三个学科并非全属一个层次，但尤其是公共管理学，相对于研究的问题来讲至关重要，故仍将其并列（图1-8）。

---

① 贺麟. 文化与人生 [M]. 北京：商务印书馆, 1988: 46-47.

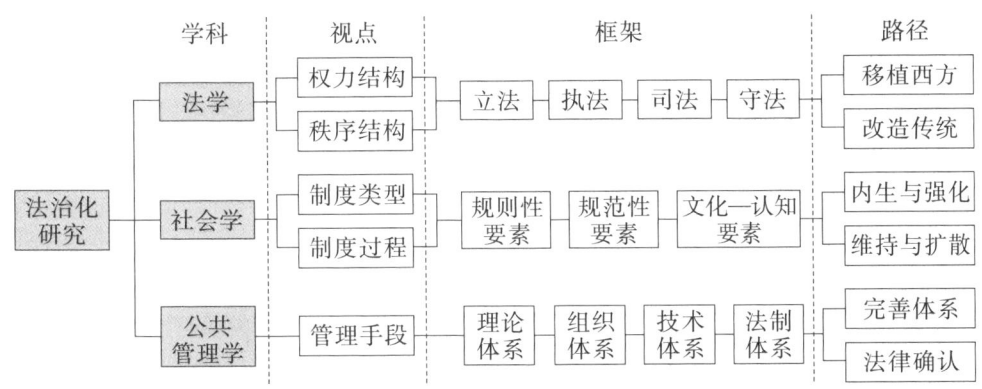

图 1-8　法治化研究进路的学科分野

（一）法学研究进路

法学是研究法治化的主流学科，在 CSSCI 文献中占比超过 60%。归纳其基本进路，首先，法学学者一般将法治视为理想的权力结构或治理形态，相应地法治化则是努力向该结构或形态转变的过程，并且这一过程可以是外生力量（人为）推动的；其次，学者关于法治化进程的分解习惯以立法、执法、司法、守法四个维度为经典框架，并涉及对逐层要素的梳理；最后，研究者公认的建设中国现代法治从总体上应包括移植西方与改造传统两条路径，两者争论在 20 世纪末已臻于白热化，当然也有为试图调和两者矛盾而提出的"中间路线"。① 我们应从中作出理性选择。

（二）社会学研究进路

社会学的研究视角相对其他学科而言较为独特，因为它总体上是分析性而非建构性的。尽管如此，它对我们关于法治化进程的解读仍可提供十分有益的启示。我们主要借用新制度主义的理论，它将法治化视为一种制度类型或制度过程，相应地跟所有其他制度形态一样可被分解为规制性、规范性及文化—认知性三个层面的基本要素。我们进行法治化建构的努力可分别针对这三者来着力。然而，新制度主义或社会学的主流却认为制度建立是一个内生和自强化的过程，"制度化的进程一旦开启，不需要进一步努力即可以自我维持"②，虽然亦有学者支持为维持制度稳定与持续而进行主观努力。③

（三）公共管理学研究进路

公共管理学也是法治化研究的一个热门学科。不同的是，它基于自身的理论逻辑，通常把法治化视为加强或改善组织管理的一种手段，而这种手段相对于别者可能更为理想或更有时代价值。公共管理学对于法治化的分解进路可从其在政府绩效评价领域的应

---

① 徐忠明. 中国百年变法运动的两种话语——一个概括性的评论 [J]. 法商研究，1999 年"法制变革与教育"专号.

② HERBERT A. Administrative behavior: A study of decision-making process in administrative organization [M]. New York: The Free Press, 1976: 106.

③ 斯科特. 制度与组织——思想观念与物质利益 [M]. 3 版. 姚伟，王黎芳，译. 北京：中国人民大学出版社，2010: 128-130.

用窥见一斑。政府绩效评价体系一般由理论体系、组织体系、技术体系和法制体系等若干部分共同组成，相应地，学者们所认可的法治化路径则是先将这些体系逐个健全完善，包括厘清其中的程序结构与权责关系，然后通过立法的形式加以确认，再以制度的办法推进实施，最终达成全社会的共识与自觉。[1]

三、国家治理绩效及其法治转型的研究思路

本书包括上中下三个部分。上部分基于特定背景提出的研究问题，从对长期构成中国治理合法性来源之绩效的反思出发，力图阐述现代中国治理绩效转型与其法治化的动因；进而以组织管理学中的目标设置与行为动机理论为基础，通过类型学的方法尝试构建绩效类型分析的基本框架，其中法治型绩效作为一种相对理想的设计；以此为标准，又对中华人民共和国成立以来的发展历史进行检视，从而确立当今中国又一次治理绩效转型的现实必要。该部分可视为绩效类型学（特别是针对中国进行）研究的一次尝试，并为后文提供逻辑基础，但由于未涉及西方经验的讨论，它仍有待于进一步的检验。中部分是本书的关键设想，作为检视历史的启示，从正反两个方面分别阐释现代中国治理绩效之法治化转型的理想目标和现实差距，也是对法治型国家治理绩效的体系构成与功能价值进行设计。在下部分，本书围绕现代中国治理绩效转型的路径，先是以预算治理为视角，就其绩效化与法治化改革的经验提供一个特定领域的示例；然后利用近年广东省省级预算绩效评价经验，针对预算治理绩效化与法治化的影响因素进行实证分析，从中发现绩效和法治精神在实践层面的互扰乃至冲突，这成为我们推进国家绩效治理法治化的关键障碍；最后提出解决该问题的若干建议。本书的一个特色是尝试融合多学科的视角与方法，比如通过公共管理学厘清国家绩效治理中的权责关系，再依靠法学构筑法治化的价值、制度及实践体系，进一步对应影响国家治理绩效之法治化转型的因素，我们还将基于特定的实务素材以数理统计方法实施量化检验，以此增强论证的逻辑性和可靠性。

本书的前后三部分在整体逻辑上不可分割，前者作为后者的基础与依据，后者作为前者的落脚和印证，而三者又可在各自的方向上进一步深挖和延展。具体来讲，本书尝试并力图解决的关键问题有三个：一是剖析学者提出及中国现实存在"绩效合法性"依赖的"绩效"，从特定的理论视域对中国经济发展高绩效的构成与动因进行解释性反思；二是以中国为现实背景进行绩效类型学建构，其要点包括理论基础、模型框架、关键维度、类型划分与历史经验等；三是分解现代中国治理绩效转型的理想目标与其法治化路径的具体内容，探讨其结构功能、建设步骤、阻力与对策等。

第六节　国家治理绩效及其法治化转型的研究方法

在社会科学领域，一本学术专著的研究问题往往具有系统性和复杂性，我们以为，要对其研究方法进行精确界分是一个较困难的任务。一般来讲，如果按照研究活动的特

---

[1] 廖鹏洲. 地方党政组织考评体系及其法制化研究［D］. 广州：华南理工大学，2015.

征与认识层次可有理论研究与经验研究的区别,按照研究的路径或目的则有规范研究与实证研究的差异,按照研究的手段又有定性研究和定量研究的不同,等等。本书作为跨学科研究的一次尝试,在论述的不同部分可能对这些方法都有涉及,构成一个立体的系统(图1-9)。在此,我们拟借助三组对立统一的概念来对本书所用研究方法作出说明。

图1-9 本书内容体系与技术路线

一、理论研究与经验研究相互印证

理论研究与经验研究严格来说不能称为研究方法,二者主要是从研究活动的特征及认识层次上得以区别,构成研究类型的差异。理论研究(theoretical research)是指理论创新,即在吸收与评价前人观点的基础上,提出对某一新的社会现象的解释或对早期社会现象提出更新的解释;[①] 经验研究(empirical research)则是运用已有的理论或模型来讨论某个具体问题,讨论中往往使用了数量分析的方法,也可以视作对已有理论和模型的检验。[②] 按照这一理解,本书在构建治理绩效类型以解释现代中国绩效合法性的研究中,借用了绩效学、类型学与管理学中的目标设置与行为动机等理论基础,并根据需要进行整合与创新(如将绩效概念整合为目标、行为、结果的三维结构,并分别对应政府与公众层面分析),形成政府与公众二元视角的国家治理绩效类型分析模型;在这个意义上,它属于理论研究的范畴。同时,基于所构建的模型,对中华人民共和国成立以来的发展历史(划分为不同时期)和当前现实进行检视,从中剖析国家治理绩效之法治化转型的必要,这又可看作是经验研究的尝试。

二、规范研究与实证研究相互配合

类似于前者,规范研究与实证研究是对研究路径或目的的典型区分。规范研究(normative research)指对社会现象"应该怎样"的分析,构成一种价值判断;实证研究(positive research)则是对社会现象"是怎样"的分析,作为一种描述和解释的方法。[③] 一般来讲,实证研究的目的是对可被检验或驳倒的、以经验为依据的假设的系统性表达;而规范研究致力于对实证研究的应用,其目的是就实际问题包括公共政策等提出建议。在本书中,我们提出现代中国治理绩效转型的目标是建立法治型国家治理绩效,这无疑是在规范研究的层面进行论述。另外基于现实条件和资源约束,以预算治理的绩效化与法治化改革为示例,并采用广东省省级预算绩效评价素材作经验分析,试图回答国家绩效治理法治化的进程及其影响因素"是什么",这又进入了实证研究的领域。

三、个案研究与统计研究相互补充

个案研究与统计研究是从研究范围(采纳证据的数量)角度区分的两种研究方法。个案研究(case study)是指针对特定的研究对象个体,采用观察、描述、测评、实验等手段对其不同方面特征进行挖掘与综合,从而达到认识事物本质或揭示其内在规律的目的;它着重对案例"质"的分析,并强调选择对象的典型性与研究的深入性。统计研究(statistical research)则是为探寻同类事物的共性或就其某方面规律进行推断和预测,通过选取相同或相近的一定数量个体并根据其特征信息来作归纳和演绎;它往往将研究问

---

① 杨小凯. 经济学原理 [M]. 北京:中国社会科学出版社, 1998: 11.
② 钱颖一. 理解现代经济学 [J]. 财经科学, 2002 (增刊).
③ 伊特韦尔,米尔盖特,纽曼. 新帕尔格雷夫经济学大辞典 [Z]. 北京:经济科学出版社, 1996 (3): 985 - 986.

题与现象转换为数量表示，以实现大量重复观测从而逼近客观真实的效果。在一项复杂的研究中，个案与统计研究方法可能被配合起来使用。本书针对国家治理绩效的法治化转型过程以预算绩效治理为案例做具体分析，同时就其影响因素探究采用了抽样调查和数理统计的技术方法，又属于统计研究的范畴。

四、资料收集与数据分析方法

此外，本书还采用了其他的研究方法。比如在国内外研究现状的分析中，为获得学者对于"中国模式"、绩效内涵以及国家治理等主题研讨的系统描述，我们引入了文献计量作为资料收集与分析的方法；它是一种集数学、统计学与文献学于一体，对研究问题相关文献进行系统搜集和分类整理，最终形成系统量化描述的技术。又如针对预算绩效治理法治化的影响因素分析中，基于科学遴选的案例和样本素材，我们采用特定函数结构（如 Ordered Logistic）的多元回归模型以对各项因素的影响方向及影响效力进行检验，形成具有说服力的实证结果。

第二章　国家治理绩效的类型分析框架

国家治理绩效转型作为本书提出并阐释的概念，亦是本书得以展开的主要线索。那么，有一个前置和关键的问题：（国家）治理绩效类型是如何构成的？有哪些基本的要素？本章借助绩效系统与行为动机两个方面的理论基础，在特定假设和"政府—公众"二元视角下进行绩效类型分析的模型建构，具体是从两者的绩效目标、绩效行为与绩效结果三个维度的相互作用入手，归纳了四种典型的国家治理绩效类型；并进一步地基于国家治理的具体内容解读，提供国家治理绩效类型的实体范畴，包括绩效价值导向、目标决策、执行保障、结果呈现、分配方式和沟通反馈六个维度。本章是全书的理论框架，也是后文论说得以进行的基础。

第一节　嵌入绩效内涵的个体与组织行为方式

一、关于绩效及其系统构成的理论

国家治理绩效的类型学研究首先涉及对绩效本义的理解，并且如前所述，这种理解应是超越了具体学科范畴的框架性界说。事实上，学者们关于绩效的本质（究竟是一种行为还是结果或是二者综合）已有复杂的论辩而无法形成统一结论。[1] 在此，我们以公共管理学对政府绩效及其评价体系的理解为例，试图通过对之分析，给一般性的绩效系统研究提供有效启示。首先，在内涵层面，政府绩效通常被认为是政府或公共部门为实现特定目标而履行其职能的行为所在一定时期内取得的成绩和效果，显然，这一概念同时包括了主体、目标、行为及结果四项基本要素。其次，20世纪60年代美国会计总署提出以经济性（economy）、效率性（efficiency）、效果性（effectiveness）为内容的政府绩效测量框架，并被1983年公布的英国《国家审计法》所沿用，确定为政府绩效结果的"3E"经典范式，新公共管理运动后又加入了公平性（equity）形成"4E"原则，这可以看作是（政府）绩效及其评价的一个内容框架。再次，在外延上，臧乃康将政府公共职能的不同领域跟绩效测量结合起来，他认为绩效不只是一个政绩层面的概念，还应包括政府成本、政府效率、政治稳定、社会进步、发展预期等方面，是政府治理能力及治理水平的综合体现，据此他提出了经济绩效、社会绩效与政治绩效的划分；[2] 郑方辉亦在政府整体绩效的测量体系中，将政府职能分成了促进经济发展、维护社会公正、保护生

---

[1] 李艺，钟柏昌. 绩效结构理论述评［J］. 技术与创新管理，2009（3）.
[2] 臧乃康. 政府绩效评估及其系统分析［J］. 江苏社会科学，2004（2）.

态环境、节约政府成本与实现公众满意五个维度,分别对应不同的具体指标。①

进一步地,吴建南等学者开始注意到政府绩效对于组织内部和外部的双重不同含义,他们提出一个用以区分有关术语并表现其逻辑关系的概念模型(图 2-1a),其中绩效测量作为起点,按照应用方向的不同可延伸为绩效评价和绩效管理,分别对应于组织外域和组织内域(评价是站在组织外看组织内,管理则是组织内部或自身行为),制度基础构成所有活动得以进行的综合保障;② 包国宪亦从类似的视角出发,归纳了政府绩效评价的第一方、第二方和第三方评估模式③,同时还指出中国地方政府绩效研究的视角应从管理向治理转变,包括扩大绩效治理的参与主体、坚持正确的公共价值导向以及完善有关制度环境等④。最后,郑方辉等基于广东省持续 8 年地方政府绩效评估的实践经验,总结出一个关于政府绩效评价系统的五维结构模型(图 2-1b);该模型从评价范畴、评价体系、评价导向、评价模式和研究类型五个角度对政府绩效的研究领域进行分解,并有效处理了相关概念间的关系(构成一个彼此联结的矩阵),比如他认为政府绩效评价体系应由理论体系、技术体系、组织体系、制度机制和信息化五大模块组成。⑤

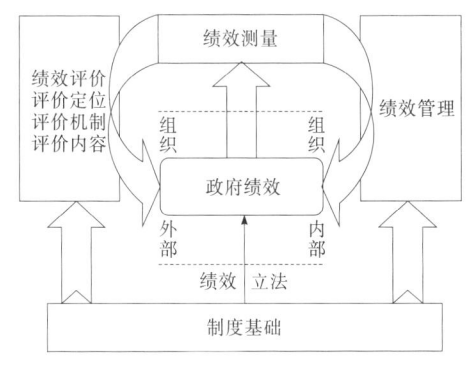 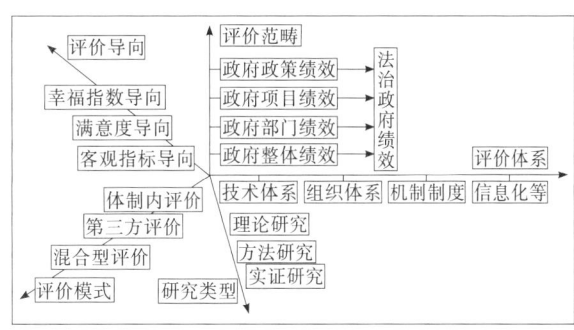

(a)概念测量模型　　　　　　　　(b)五维结构模型

图 2-1　政府绩效评价概念的系统模型

以上学者的论述给我们提供了关于绩效系统性研究的重要参考。归纳其中的关键:第一,绩效至少应由特定主体的目标、行为和结果三要素组成,并且这种行为不是无限的,它要受到主体的职能域及环境约束(体现可作为性);第二,绩效的外延与主体的职能域相关,构成绩效评估的主要内容;第三,对应特定的研究对象(个体或组织),绩效应有系统内和系统外两重视点,评价绩效正是从系统外指向系统内的环节。进一步说,这其实是给我们明确了绩效系统和绩效评价系统两个彼此独立但紧密关联的研究层面(子系统),对前者的解构有助于我们更好地理解绩效的本质及其生成机理,从而给

---

① 郑方辉,李振连. 论中国地方政府整体绩效评价[J]. 当代世界与社会主义,2010(1).
② 吴建南,阎波. 政府绩效:理论诠释、实践分析与行动策略[J]. 西安交通大学学报(社会科学版),2004(3).
③ 包国宪. 中国地方政府绩效评价的回顾与模式分析[J]. 兰州大学学报(社会科学版),2007(1).
④ 包国宪,等. 地方政府绩效研究视角的转变:从管理到治理[J]. 东北大学学报(社会科学版),2012(5).
⑤ 郑方辉. 2012 中国政府绩效评价红皮书[M]. 北京:新华出版社,2013:24.

后者的建构提供科学依据。由于当前文献中并无针对绩效系统研究的统一理论框架,我们将以上观点用图2-2进行描述。这相当于是对原有的绩效行为说、绩效结果说及综合绩效说进行了整合,并如学者所愿,不仅提供了从多维角度全面审视绩效的尝试,也在试图加强绩效行为与绩效结果之间的联系和向"个体绩效—组织绩效"相互作用的研究方向扩展上作出了努力(提供了开放性接口)。

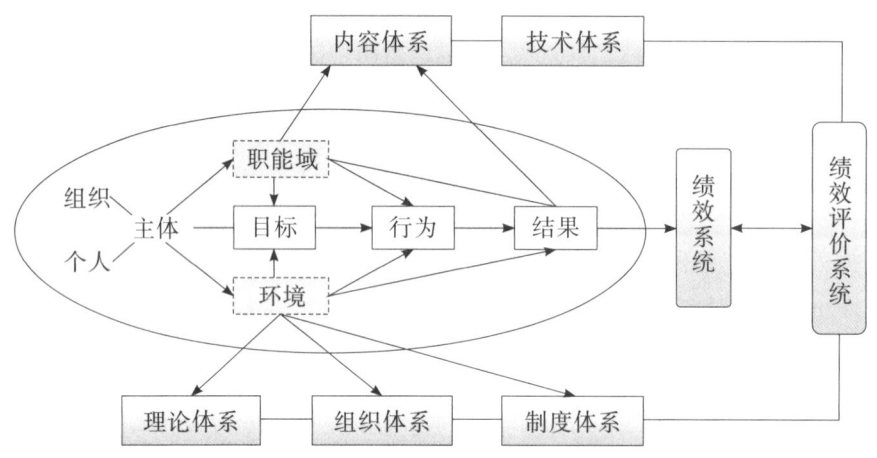

图2-2 绩效及其评价系统的构成

二、关于个体与组织行为动机的理论

我们要站在国家治理的层面研究绩效类型,就必然涉及个体与群体(组织)行为之间的相互作用,因而也有必要对这方面的理论基础先作说明。一般来讲,研究个体与组织行为机制及其联系的内容集中在管理学的组织行为学领域,主要包括需要和动机理论。当然这些理论又部分源自心理学的基础性成果,比如在个体层面对应于人格心理学的生理机制或人格倾向研究,在群体层面则对应社会心理学的社会思维或社会影响研究。如若扩展到专门针对公共组织及其成员行为的相互影响上,则政治社会学应是这方面研究的热门。奥尔森在《集体行动的逻辑》中揭示,一个具有共同利益的集体并非必然产生集体行动的根源在于集团内广泛存在的"搭便车"现象,因为集团的共同利益是种公共物品,即使成员不付出成本也能坐享其收益,因此理性人并不愿意耗费私人成本来参与共享收益的集体行动;而为了克服这一困境,他设计了一种强制和"选择性激励"的组织策略,前者是指依靠中央集权来迫使成员参与集体行动,后者则强调通过正反面的奖惩结合来达到目的。①

聚焦到组织行为学的视域,首先是需要理论,又称为早期动机理论。莫瑞把需要界定为一种内在的未满足状态,它是一种方向性的力量,决定着人们在环境中如何追求和面对客观事物的情境。② 更多学者认为,需要通过动机起作用,而动机则是一个过程,体

---

① 奥尔森. 集体行动的逻辑 [M]. 陈郁,等译. 上海:格致出版社,2014.
② MURRAY. Explorations in personality [M]. New York:Oxford University Press,1938:38-40.

现了个体为实现目标而付出努力的强度、方向和持续性。① 虽然一般的动机并不考虑个体究竟是为了实现怎样的目标，但实现组织目标还是受到了更多关注，以强调研究者对工作关联行为的兴趣。② 早期动机理论主要如下：一是需求层次理论，马斯洛假设每个人内心都存在五个层次需求，分别是生理需求、安全需求、社会需求、尊重需求和自我实现需求，当任何一个层次的需求基本得到满足后，下一层次的需求就会变成主导，也就是说，人的需求是逐级上升的；③ 二是 X 理论和 Y 理论，麦格雷戈提出了关于人性的积极和消极两种假设，前者认为员工生来就是懒惰的，从而必须被指导甚至强迫工作，后者认为员工会主动承担甚至寻求责任；④ 三是双因素理论，赫茨伯格在对影响人们工作满意度的因素进行研究后指出，管理者致力于消除导致工作不满意的因素（如管理质量、薪酬水平、工作环境、人际关系等）并不能产生激励作用，为了提升员工积极性，管理者必须重视与工作本身或工作结果直接有关的因素（如晋升机会、个人成长、成就认可等）并加以改善，前者称为保健因素，后者称为激励因素；⑤ 四是成就激励理论，麦考利兰认为应该关注人的成就需求、权力需求和归属需求三个层次，它们会对工作绩效产生重要影响，比如高成就需求者更喜欢承担挑战性的工作并追求成功，而优秀的管理者更倾向于拥有高权力需求和低归属需求。⑥

其次是当代动机理论，内容如下：一是自我决定理论，它指的是人们喜欢感受到自身能控制自己的行动，特别是当其追求目标的理由与自己的兴趣及核心价值观保持较高一致性时，目标实现的可能性更大；⑦ 二是目标设置理论，它揭示了目标的具体性、挑战性和反馈对员工绩效的影响，比如明确而具体的目标更能提高员工绩效，困难的目标一旦被接受将带来更高的工作积极性，有反馈比无反馈的工作绩效更好，并且如果员工能够参与设置自己的目标，他们可能会更加努力；⑧ 三是自我效能理论，它认为自我效能是个体对自己能够完成某项任务的信念，特别是在困难的情境中，高自我效能的人会加倍努力迎接挑战，而我们可以从过去的成功经验、替代榜样、口头说服和唤醒四个方面来提高自我效能；⑨ 四是强化理论，与目标设置理论相对，它并不关注什么激发了行为，而是认为个体采取行动后带来的结果会反过来影响该行动被重复或改变的可能性，比如奖

---

① MITCHELL. Matching motivational strategies with organizational contexts [C] //CUMMINGS & STAW. Research in organizational behavior. Greenwich：JAI Press，1997，19：60 – 62.
② 罗宾斯，贾奇. 组织行为学 [M]. 14 版. 孙键敏，等译. 北京：中国人民大学出版社，2012：171.
③ MASLOW，Motivation and personality [M]. 3rd ed. Upper Saddle River：Pearson Education Inc.，1997.
④ MCGREGOR. The human side of enterprise [M]. New York：MeGraw-Hill，1960.
⑤ HERZBERG，MAUSNER，SNYDERMAN. The motivation to work [M]. New York：Wiley，1959.
⑥ MCCLELLAND. The Achieving society [M]. New York：Van Nostrand Reinhold，1961；MCCLELLAND. The inner Experience [M]. New York：Irvington，1975.
⑦ DECI & RYAN. Handbook of self-determination research [M]. Rochester：University of Rochester Press，2002；BONO & JUDGE. Self-concordance at work：Towards understanding the motivational effects of transformational leaders [J]. Academy of Management Journal，2003，46 (5)：554 – 571.
⑧ TUBBS. Goals setting：a meta-analytic examination of the empirical evidence [J]. Journal of Applied Psychology，1998，8：474 – 483；HARKINS & LOWE. The effects of self-set goals on task performance [J]. Journal of Applied Social Psychology，2000，1：1 – 40.
⑨ BANDURA. Self-efficacy：the exercise of control [M]. New York：Freeman，1997；STAJKOVIC & LUTHANS. Self-efficacy and work related performance：a meta-analysis [J]. Psychological Bullein，1998，9：240 – 261.

励紧跟在行为之后最为有效;① 五是公平理论,员工会把自己的投入和产出与相关人员的投入—产出进行比较,如果认为两者比率相同就会感到自己所处环境是公平的,否则即会因为愤怒或内疚而激发纠正性的行为,近年的研究已将公平的含义扩展为包含分配公平、程序公平与互动公平在内的多个维度;② 六是期望理论,它认为人们行动意愿的强度取决于对该行为结果及其吸引力的期望,并主要关注努力和绩效、绩效和奖励以及奖励和个人目标等三种关系。③

再次,图2-3尝试对当代动机理论进行整合。④ 作为其核心的链条,期望理论预测:当一个员工感到自身的努力和绩效之间、绩效和奖励之间、奖励和个人目标满足之间存在密切联系,就会努力工作。反过来,此中的每一段联系又会受到多重因素的影响,比如:个体的绩效水平除了取决于其努力和能力,还取决于组织在衡量员工绩效时有无客观公正的评估标准;若个体认为自己是因为绩效而不是其他因素受到奖励的,则其绩效与奖励之间的关系就会更强;若个体由于工作绩效而获得的奖励满足与其目标相一致的主导需求,则会表现出更高的动机水平和工作积极性。另外,整合模型还考虑了成就需求、工作设计、强化和组织公平等理论的关系。比如高成就需求者受到的激励不是来自组织对其绩效的评估或提供的奖励,对他们来说,努力和个人目标之间有着最直接的联系;而如果员工认为奖励体系是对其高绩效的补偿,则这种奖励会进一步"强化"持续的高绩效水平。

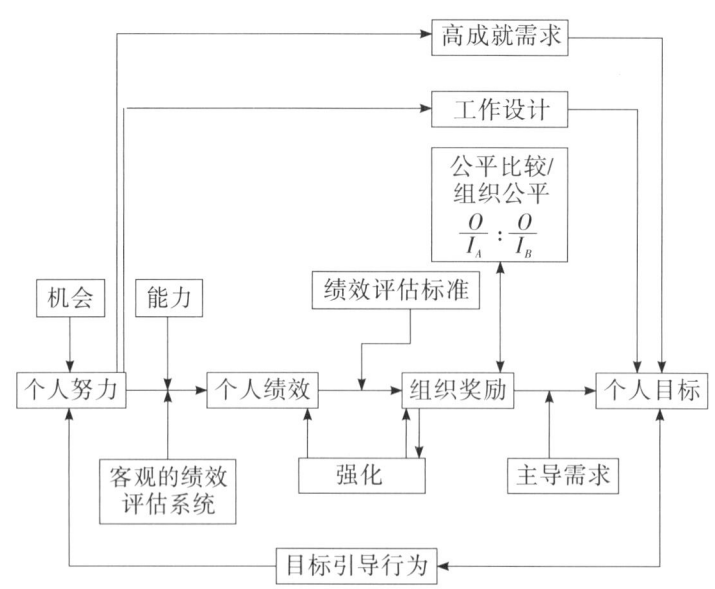

图2-3 当代行为动机理论的整合

---

① KOMAKI, COOMBS, SCHEPMAN. Motivational implications of reinforcement theory [M] //Steers, et al. Motivation and work behoavior. 6th ed. New York: McGraw-Hill, 1996: 87-107; SKINNER. Contingencies of reinforcement [M]. East Norwalk: Appleton-Century-Crofts, 1971.
② 罗宾斯, 贾奇. 组织行为学 [M]. 14版. 孙健敏, 等译. 北京: 中国人民大学出版社, 2012: 186-187.
③ 罗宾斯, 贾奇. 组织行为学 [M]. 14版. 孙健敏, 等译. 北京: 中国人民大学出版社, 2012: 189-190.
④ 罗宾斯, 贾奇. 组织行为学 [M]. 14版. 孙健敏, 等译. 北京: 中国人民大学出版社, 2012: 190-191.

三、绩效视域的个体与组织行为逻辑

将以上两个方面的理论基础进行综合，或说引入绩效的结构系统来看待个体与组织行为，我们提出所谓"绩效视域的个体与组织行为逻辑"。首先，在个体层面，上述理论给我们提供了丰富的启示：第一，每个个体都可能是自为的行动体，都希望按照自身的主导需求来自主设置绩效目标并引导其绩效行为；第二，个体是组织中的个体，个体绩效目标设置会受到组织层面或外部环境影响，甚至在组织（管理者）的指导下设定或直接给定；第三，个体追求绩效目标的自主行为除了受其自我效能水平影响，亦会受制于组织行为的干预或外生条件约束，构成明确的激励机制；第四，个体努力所获得的绩效结果会以一定方式在组织（其他成员）和自己之间分配，每个人都关注自己直接所得的部分是否与付出的努力程度相匹配，藉此引发对组织公平的感知并反馈于其随后的绩效目标设置与绩效行为倾向。其次，在组织层面情形类似：一是组织绩效目标虽不能完全由其成员的个体目标组成，亦需将其作为重要的考虑因素，或反过来说，要考量组织的整体目标是否能恰当地分解为个体目标，以使之与每个人的主导性需求尽量贴近；二是组织追求绩效的行为（或采取的措施，如评估、奖惩等）若能与个体绩效行为方向一致，即构成对其正向强化，反之，则反之；三是组织整体绩效结果在相当程度上是其成员个体绩效结果的叠加，但对结果的再分配过程（组织拿走的部分）会极大地反作用于个体下一阶段的绩效目标和绩效行为。

透过这一梳理，我们对个体和组织两个层面的绩效行为逻辑便有了新的解读，这对于进一步设计国家治理绩效的类型分析模型十分重要。但仍需强调：第一，在此逻辑下，个体都是自为的行动体。个体从绩效目标到绩效行为再到绩效结果的链条是相互衔接、彼此嵌套的，构成了所谓绩效行为及其结果的"连续统"，并且关于绩效结果的分配机制会反馈于绩效目标制定，由此形成完整的闭环。第二，个体绩效行为追求的结果一定是基于其主导需求所设定的绩效目标，即绩效结果一定是自己想要并最大程度渴望拥有的。换言之，追求绩效是一种功利（或自利）性行为，所以关于绩效结果在个体和组织间的分配机制才显得极为重要。第三，个体和组织绩效行为互相影响，特别是将组织行为视作对个体行为的一种外部激励，虽然个体追求绩效亦存在多种内部激励（比如主导需求、自我效能、结果期望等），但我们并不重点考虑或已将其融入绩效行为连续统的结构中，这一看法实际上假设了个体所在的组织亦是自为的行动体（图2-4）。

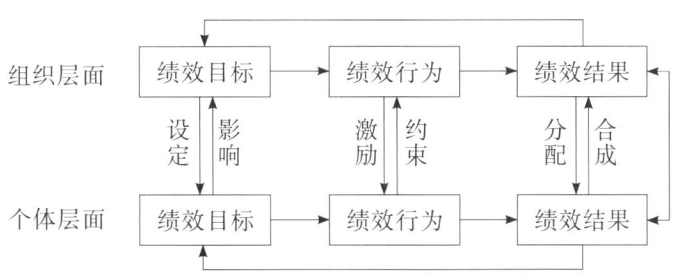

图2-4 绩效视域的个体与组织行为逻辑

第二节　政府与公众二元视角的国家治理绩效类型

在融合了绩效系统与行为动机两方面的理论基础之后，进一步探讨绩效类型学的模型建构。首先从方法论上讲，何为模型？乔利和哈格特强调了科学研究中模型所起的多种作用，比如作为一种描写的手段可使复杂的相互作用具体化，作为一种标准手段可用来进行广泛的比较，作为一种组织手段可以收集和处理资料以及作为一种直接解释、探索和扩充理论的建设手段等。[1] "由于使用范围太广及其功能的多重性，我们不管对它下任何定义都会觉得困难。"[2] 阿科夫的说法似乎具有较好的包容性，他认为：科学模型是一种积累和联结我们所具有的不同方面的知识并用于揭示现实、解释过去和现在以及预测和掌握未来的工具。[3] 其次在形式上，模型有哪些类别？模型可以使理论和经验、经验和想象、理论和其他理论、想象力创造和形式理论等联系起来，因而具有一定的实体因素和结构特征；模型有先验和后验之分，对应于不同的实践功能。[4] 如果按其表现形式，则又可分成物理模型（实体模型，包括实物和类比两种）、数学模型（以数学语言描述系统的行为特征而非实体结构）、结构模型（主要反映系统的结构特点与因果联系）和仿真模型（通过计算机程序模拟表达）等类别。[5] 再次，根据以上说法，我们进行国家治理绩效类型的模型建构，则主要目的是对历史和现实作出更为有效的解释，它在一定程度上是对已有理论及研究视角的扩充，并对我们掌握和预测未来提供有益启示；在结构层面，我们基于现有理论基础的打碎和再连接，分别从基本假设、主体关系、结构要素和类型特质四个方面进行阐述，重点反映政府与公众二元视角的国家治理绩效类型，因而走的是一条将理论和经验联结起来的图式，所形成的结论必然是先验的，有待于利用实际资料的进一步解释和验证。

一、基本假设

作为模型建构的基本假设，主要包括以下几个方面（其中部分观点已在前文论及，在此一并整理重述）：

第一，将绩效视为一个从绩效目标到绩效行为再到绩效结果的系统整体。绩效的不同环节之间自行衔接彼此嵌套，形成闭合循环；这种对绩效的界定超越了具体学科范畴，因而是种框架性的描述；当然，在我们笼统地谈及国家治理绩效（类型）时，这里的绩效则在一定程度上专指经济的成功或经济增长。

第二，假设作为整体的国家由政府和公众两类行动主体组成。作为国家治理范畴的治理主体无疑是多元混杂的，这正是治理概念得以形成的关键所在。一般来讲，国家治

---

[1] CHORLEY & HAGGETT. Models in geography [M]. London: Methuen Publishing Ltd, 1967: 24.
[2] 哈维. 地理学的解释 [M]. 高泳源，等译. 北京: 商务印书馆, 1996: 171-172.
[3] ACKOFF, GUPTA, MINAS. Scientific method: optimizing applied research decisions [M]. New York: Wiley, 1962: 109-109.
[4] 哈维. 地理学的解释 [M]. 高泳源，等译. 北京: 商务印书馆, 1996, 第172-188.
[5] 赵萍萍, 刘恩山. 科学教育中模型定义及其分类研究述评 [J]. 教育学报, 2015 (1).

理的主体大致包括中国共产党（民主党派）、国务院及各级地方政府、混合型市场企业（国有/私有，内资/外资，跨国/本土等）、各类社会组织（科技型/公益型/服务型/全球型/本土型等）、广大人民群众、各类媒体（传统/新型）等类别，相应即形成政党治理、政府治理、市场治理、社会治理及经济、政治、文化、社会、生态等不同治理范畴。而在这些主体中，最基本的可归纳为政府系统和公众系统两类，它们分别代表公共领域和私人（社会）领域的治理分层。从某种程度上讲，政党所追求的是集团利益或公共利益，特别在中国特定政治体制下，执政党与政府高度合成，而企业、社会组织、媒体又可视为公众的典型（集合或专业性公众）。① 因此，我们为了简化国家治理绩效的类型划分，将多元治理主体归结成政府和公众两类，亦可说抓住了其中的重点。不仅如此，国家与社会二元对立是政治社会学研究的惯常思路，常用于分析集体行动、社会运动乃至社会革命；② 这与法律研究中时常强调"大传统"与"小传统"的对立思维几乎一致。③ 尽管徐忠明认为这一对立是从西方近代历史经验中抽象出来的理念，将它以分析中国的社会现实并不适合，可能会使我们不自觉地落入"西方陷阱"；④ 实际上它与西方19世纪20世纪之交渐次炽盛的"国家主义"密切相关，代表一种"国家对市民社会的侵蚀"。⑤ 哈贝马斯正是在此基础上尝试将代表国家的政治经济系统与代表市民的社会文化系统进行沟通，他提出了"公共领域"的概念，并由此引发后续学者研究"市民社会"和"第三部门"（所谓超越"二元模式"）的热潮。⑥ 毫无疑问，模型毕竟是对现实世界的抽象化，为简化研究和加强解释的需要，我们只能舍繁取简；同时，亦为避免逻辑上的混淆，我们还借用行政学范式将政府和公众置于相对位置，这样就使国家解脱成为囊括两者的一个总体性概念。

第三，假设政府和公众都是自为的行动体。政府和公众分别对应组织和个体层面，他们都会依据特定需求自主设定绩效目标并引导其绩效行为；因为自治性作为国家治理的内在价值与现代标准，这一假定符合国家治理绩效（类型判断）的基本特质；⑦ 同时，

---

① 汪习根等学者提出，在法治视野下分析和构建国家治理体系应从公共领域、私人领域和社会领域三个基本维度入手。本书这一假设实际是将私人领域和社会领域做了合并（一定程度忽略后者），这样做的理由是国家治理绩效的类型分析（模型建构）必须依赖于一定的维度，而维度越多则模型越复杂，相应的类型就越丰富，这可能导致分析冗余且更难以直观反映现实。理论模型对客观世界的信息保留和抽象简化是一个两难取舍，本书的处理方式并非最好而充其量只是现实和次优的选择。参见：汪习根."全面推进依法治国"笔谈之三：国家治理体系的三个维度[J].改革，2014（9）.
② 赵鼎新甚至认为集体行动与社会运动、社会革命是同一范畴的三个概念，它们发生与否取决于体制内维持政权稳定的国家力量与体制外夺取政权的社会力量之间的对比。参见：赵鼎新.社会与政治运动讲义[M].北京：社会科学文献出版社，2006：2-4.
③ 徐忠明.法律与文学之间[M].北京：中国政法大学出版社，2000.
④ 徐忠明.清代民事审判与"第三领域"及其他——黄宗智《民事审判与民间调解》评议[M]//徐忠明.思考与批评：解读中国法律文化.北京：法律出版社，2000.
⑤ 邓正来.导论：国家与市民社会——一种社会理论的研究路径[M]//亚历山大.国家与市民社会——一种社会理论的研究路径.北京：中央编译出版社，1999.
⑥ 强世功.法律移植、公共领域与合法性——国家转型中的法律（1840—1949）[D].北京：北京大学，1996.
⑦ 何增科.怎么理解国家治理及其现代化[J].时事报告，2014（1）.

虽然从语义上看两者为集合概念，但在此我们并不考虑政府的内在结构，即强调其整体属性，亦不考虑公众之间的互动，强调其个体属性。

第四，正是在自为体假设下，政府与公众两个层面的绩效系统存在相互影响，互为激励。一方面，政府与公众的绩效目标都是多元的，他们基于目标导向的绩效行为及其结果会以某种方式叠加，共同构成整体的国家治理绩效；另一方面，两者绩效目标的一致性、绩效行为朝向以及绩效结果分配机制等都是对彼此产生重大影响的外部因素，会对其绩效结果形成激励或约束。

二、主体关系

基于以上前提假设，国家治理绩效的类型分析主要涉及政府与公众两类行动主体，它们之间的相互关系又可进一步从绩效目标、绩效行为和绩效结果三个方面来探讨。

（一）绩效目标方面

对政府绩效目标的解构是一个复杂的问题，甚至可以上升到政治哲学的层面。首先从国家与公民的关系视角谈起，根植于古典经济学的幸福最大化原理，"一切人类努力的伟大目标都在于获得幸福"[①]。古希腊哲学将个体幸福的源泉设定为"欲望满足的快乐"和"挖掘潜能的自我完善"两种[②]，相应地，国家存在似乎即要帮助人们达成"善"的生活。这一逻辑在近代功利主义者眼中达到极致，他们认为政府的唯一职责是通过避苦求乐来增进最大多数人的幸福，为此甚至可能采取强制的干预措施。[③] 事实上，从中世纪到现代的整个西方历史，统治者几乎都被要求在自然法的引导下进行统治；这与中国古代君主长期兼受于儒道教化一样。孔子最早教育统治者要施行仁政，所谓"为政以德""齐之以礼"，即要通过修养自身和传播伦理来达到"王天下"的目的；[④] 孟子进一步论及国家统治的理想，包括弃利、尚贤、安民、息战、慎刑等具体内容；[⑤] 及至董仲舒，他强调人君当"法天而行""布施仁德"，以最终完成"天人合一"的政治设想。[⑥] 虽然儒学的教导总倾向于德治、礼治和人治等文化而非制度的层面，道学又鼓励国家应该"无为"，但这些对封建社会"君—臣""国—民"关系的研讨至少从理论上提供了政府（君主）绩效目标设定的重要原则（从内容看似乎以反面劝谏为主，构成国家职权定位所不能逾越的规矩）。

其次，在实践层面，现实政府职责体现在多个领域，决定了其绩效目标具有多重性。中国宪法和组织法将政府基本职责界定为政治、经济、社会、文化四个方面，分别对应

---

① 休谟. 人性的高贵与卑劣：休谟散文集 [M]. 杨适，等译. 上海：上海三联书店，1988：81.
② 郑方辉，卢扬帆，覃雷. 公众幸福指数：为什么幸福感高于满意度 [J]. 公共管理学报，2015 (2).
③ 博登海默. 法理学：法律哲学与法律方法 [M]. 邓正来，译. 北京：中国政法大学出版社，1998：108 - 116.
④ 论语 [M]. 张海婴，译注. 北京：中华书局，2006：12 - 23.
⑤ 孟子 [M]. 万丽华，蓝旭，译注. 北京：中华书局，2006：1 - 21.
⑥ 儒学宗教化作为中国法律文化传统的一个重要内容，有人说这一过程是由董仲舒完成的，因为正是他提出的"君权神授""天人合一"思想，成功将此前儒家修身治国的伦理教义扩展至世界观层面。参见：张晋藩. 中国法制史 [M]. 北京：商务印书馆，2010：93 - 94；陈翠芳. 试论董仲舒思想对儒学的双重含义 [J]. 厦门大学学报（哲学社会科学版），1998 (3).

不同的目标要求。臧乃康认为政府绩效的系统内容应包括政治稳定、经济发展、社会进步、政府效率等维度，依次体现为政治绩效、经济绩效和社会绩效；① 郑方辉亦将政府整体绩效测量分成促进经济发展、维护社会公正、保护生态环境、节约政府成本和实现公众满意五个领域层。② 从逻辑上讲，政府绩效目标设定与其具体职责相对，分别有经济性、政治性、社会性、文化性的不同层面；不仅如此，还可分成短期与长期、物质与精神、进取与保守等类别考虑，并在各个历史阶段体现为某一方面的主导。若我们观察每年国务院和各级地方政府工作报告，会发现其对次年政府目标的设定基本遵循这一脉络。显然，我们从目标角度对绩效类型的研究亦需认真考虑这些因素。

再次，对公众绩效目标的分析同样具有复杂性。如前所述，源自古希腊与近代功利主义思想，追求幸福构成每个人生存和发展的终极目的。马克思、恩格斯亦在《共产党宣言》中强调，实现人的自由全面发展是未来社会（共产主义）的要求。③ 现实条件下，每个人基于所处生活状态与人格倾向不同，其绩效目标的构成及优先次序都可能存在差异。一般来讲，最为紧缺但又不能满足的需要则是行为动机的根源。马斯洛提出了关于个体需求结构的生理、安全、社交等五个层级。国内外实证研究表明，对公众幸福感产生影响的因素包括经济增长、个人收入、工作就业、生态环境、社会公平、政府质量、政治参与、社会交往和互信、婚姻家庭以及人口学背景等，归纳起来主要是宏观经济、个人及家庭生活、社会生活、自然环境与政府表现五个方面。④ 在追逐幸福的自为行动体假设下，不断寻求这些（物质与精神、内在和外在、个体与社交等）因素的改善无疑成为每个人设定其绩效目标的备选序列，亦是我们进行绩效类型分析的重要依据。

（二）绩效行为方面

首先是政府应当发挥的功能，柏拉图认为国家缘起于社会分工及其发展的需要，其最基本功能在于"维持一种合理的社会分工（即正义）"，为此他专门区分了一国中应存在的三个等级，分别是作为统治者的哲学家王者、作为护国者的军人和作为衣食父母的生产者，而统治者首要的两项任务便是设计和维护政治体制以及进行教育和优生的督导。⑤ 亚里士多德比柏拉图较为现实，他相信人和制度都是有缺陷的，故应通过加强法律统治来进行克服，即"以法律为基础的国家是达成'善生活'的唯一可行手段"，他所界定的政府功能主要在军事、司法和决策三个方面。⑥ 近代以来，洛克从人生而平等的自然状态出发认为，政府是人们通过订立契约和让渡权力所组成，其目的则是实现对人身自由与私有财产的保护；⑦ 但其没能为这种保护（政府组织形态）提供有效的制度保障，该问题的完整回答与实践尝试要等到孟德斯鸠（三权分立）和卢梭（议会至上）以

---

① 臧乃康. 政府绩效评估及其系统分析[J]. 江苏社会科学，2004（2）.
② 郑方辉，李振连. 论中国地方政府整体绩效评价[J]. 当代世界与社会主义，2010（1）.
③ 马克思，恩格斯. 共产党宣言[M]. 中共中央编译局，译. 北京：中央编译出版社，2005.
④ 卢扬帆. 区域经济发展中的基础设施水平与国民幸福感研究[D]. 广州：中山大学，2013.
⑤ 柏拉图. 理想国[M]. 郭斌和，张竹明，译. 北京：商务印书馆，1986.
⑥ 亚里士多德. 政治学[M]. 吴寿彭，译. 北京：商务印书馆，1995.
⑦ 洛克. 政府论[M]. 叶启芳，瞿菊农，译. 北京：商务印书馆，2008.

后。① 可见，无论中西方、古代或近代，政府存在的一个重要功能都是处理公共事务和维护公共利益的需要，其差别仅在于采用手段及其行为限度的不同。现代经济学思想从亚当·斯密开始蔓延，并逐步被引导至政治领域。公共选择学派首次将理性经济假设应用于政府行为分析，他们认为政府也是理性经济人，旨在追求经济利益，故而在提供公共服务的行动上屡现"失灵"；② 新公共管理理论也借助市场经济的原则来要求政府行为体现经济性、效率性和效果性；③ 这两者几乎将政府活动的经济目的演绎到极致。随后的新公共服务理论重新强调政府行为的公平性，才使政府应专注于公共利益的思想得以回归。④ 实际上，我们以为政府行动的主旨同时包括了取得经济收入和维护公共利益两个方面；正如新制度经济学派所云：国家的存在有两项根本功能，一是通过设计产权结构以实现收入最大化，二是提供公共服务以实现社会福利最大化。⑤

其次，关于政府职权行为的分析，在狭义的行政行为层面，依据不同的分类标准可有多种划分。如按其是否指向特定对象分成抽象行政行为与具体行政行为，前者基于自主意愿的差异又可分为自主性、执行性和补充性三种；按其自由裁量程度可分为羁束行政行为和自由裁量行政行为；按行政权作用的具体方式可分为行政合同、行政指导、行政征收、行政许可、行政处罚、行政强制、行政裁决、行政给付、行政奖励与行政确认。⑥ 赵玲在对政府行为的系统论述中，强调它是一种"人格化"的过程（具有显著的主体性），并从硬件和软件两个维度对之进行划分，其中政府的硬件行为包括政治行为、经济行为、文化行为、社会行为与法制行为，软件行为则包括决策、规划、沟通、协调和监督。⑦ 应该说，在绩效的视域以及自为体假设下，这些行为都具有明确的目的性。进一步地，绩效类型研究更要求我们从政府与公众互动（相互关系）的角度来理解绩效行为，由此可能牵扯到政府行为的外部性问题。陈平和李梦甶指出：政府行为的外部性包括提供公共物品带来的外部性、市场条件或政府失灵带来的外部性、地方保护或竞争带来的外部性、政策或政府内部调整带来的外部性等类别；这些无疑会给公众绩效行为造成重要影响。⑧ 基于政府到公众的特定指向（从政府在公众绩效行为中发挥何种作用的视角），简单来看，政府绩效行为可有管制性（表现为集中式要求，如组织和限定）、服务性（表现为创造条件或提供帮助，如物质、精神和制度）、协调性（表现为平等协商或沟通）与自治性（表现为政府自身管理）的区别，它们分别对公众（个体层面）绩效行为产生激励或约束的不同效力。

再次，对公众的绩效行为进行研讨，在自为体假设下，公众个体行为都是其绩效目

---

① 博登海默. 法理学：法律哲学与法律方法 [M]. 邓正来，译. 北京：中国政法大学出版社，1998：57 – 74.
② 布坎南. 公共物品的需求与供给 [M]. 马珺，译. 上海：上海人民出版社，2009.
③ 奥斯本，盖布勒. 改革政府：企业家精神如何改革着公共部门 [M]. 周敦仁，等译. 上海：上海译文出版社，2013.
④ 登哈特. 新公共服务：服务，而不是掌舵 [M]. 方兴，丁煌，译. 北京：中国人民大学出版社，2010.
⑤ 诺思. 制度、制度变迁与经济绩效 [M]. 杭行，译. 上海：格致出版社，2008.
⑥ 解志勇. 法学基础教程 [M]. 北京：中国法制出版社，2008：150 – 162.
⑦ 赵玲. 论政府行为 [J]. 中共沈阳市委党校学报，2002（5）.
⑧ 陈平，李梦甶. 政府行为外部性的界定和分类探讨 [J]. 广东外语外贸大学学报，2007（11）.

标导向的自主选择。经济学通常将每个人视为追求物质私利的理性人；管理学的Y理论则认为个人也会出于荣誉和关系需要主动承担组织的公共责任，为此可将其绩效行为区分成任务型和关系型两种；麦考利兰进一步强调每个人都有成就、权力和归属三种需要，对应马斯洛所说的较高层次需求，这些都是驱动公众绩效行为的关键因素。当然，基于人格倾向与需求结构等不同，个体在特定阶段甚至同一时期内的绩效行为往往是多维复合的；与此前相似，我们亦从公众指向政府（考察个体对国家所起的作用）的角度，将其大致分成贡献型、遵守型、反对型和边缘型四种①，作为后续研究的基础。

（三）绩效结果方面

这一问题考察的是绩效结果在政府与公众之间的分配方式。从理论上讲，国家由个人组成，因此国家治理绩效在最根本的层面都是个人绩效（累加而成）；并且政府存在的主要目的是公共利益，绩效结果归属政府亦终将反馈于公众（作为一种再分配机制）。然而，在主导性需求与自为体行动假设下，每个人都倾向于追求与自身直接关联（迫切所需）的绩效结果，换句话说，个人能从结果中直接占有的份额越高，其绩效行为就越有动力。基于绩效分配的视域，政府在公众绩效结果中取走的部分可称为一次分配，通常表现为税收与其他行政征收机制；而将之返还给公众的方式则为二次分配，表现为财政支出的导向和结构。一般来讲，政府在一次分配中索取的比例越高，可能会使公众对其个体绩效目标设定与绩效行为选择越趋保守（因为追求的绩效结果将在更大程度上与自己无关）；同时，政府在二次分配中返还比例越高，又会给个体的绩效目标设定及行为选择带来积极动力（相当于政府为个人绩效追求提供了更好的起点基础和机会条件）②。这也是我们在后文选择对预算绩效治理作重点研讨的一个理由，即考察政府关于绩效结果的分配计划能否给公众绩效行为带来有效激励。任艳在对经济发达、经济转轨和新兴工业化三类国家的收入分配制度的研究中指出：虽然经济发达国家以市场为分配机制的主体，但它们在分配重点上十分关注劳动者（人力资本投资）和社会底层成员（社会保障机制）的福利，强调收入的公平性；经济转轨国家一方面致力于提高个人收入以刺激劳动者积极性，另一方面亦强调政府在重大投资、产业结构调节、经济增长和体制转轨等方面的组织与计划；新兴工业国家则更凸显政府在经济发展战略、资本和技术密集投资与人力资本普及等领域发挥主导作用，甚至通过拉开收入差距以"适度的不平衡"来促进增长。③ 可见，不同国家倾向于将其治理绩效结果在政府和公众间分配的方式（特别是归政府集中掌握的比例）变得迥然有别。进一步地，我们可从不同的角度尝试对这一方式进行类型分析，比如：按政府对公众绩效结果的要求可分为高索取型、高返还型与相对适中型三种，按公众对该要求的态度亦可分为主动捐献型、同意接受型与消极自

---

① 公共关系学按照公众对组织的态度将其分为顺意公众、逆意公众和独立公众三类。参见：赵宏忠，等. 公共关系学（修订本）[M]. 武汉：武汉理工大学出版社，2003：93-94.

② 研究表明，政府基本公共服务（基础设施）供给状况会给居民幸福感造成显著的正向影响。参见：郑方辉，卢扬帆. 基础设施供给如何影响居民幸福——基于2010—2014年广东省的实证研究[C]//广东经济学会. 市场经济与供给侧结构性改革——2016年岭南经济论坛论文集，2016.

③ 任艳. 三种类型国家收入分配制度改革对中国的启示[C]."财富的生产和分配：中外理论与政策"理论研讨会暨中国经济规律研究会第22届年会论文集，2012.

私型三种（前面已讨论组织中个体的态度有顺意、逆意和独立的区别）；相应地，按绩效结果在国家整体层面的分配结构则有集中型、分散型与均衡型三种，由此带来国家治理绩效的增长形态或增长动因亦可分为高福利型、高投资型、高积累（储蓄）型或高消费型等类别（图2-5）。

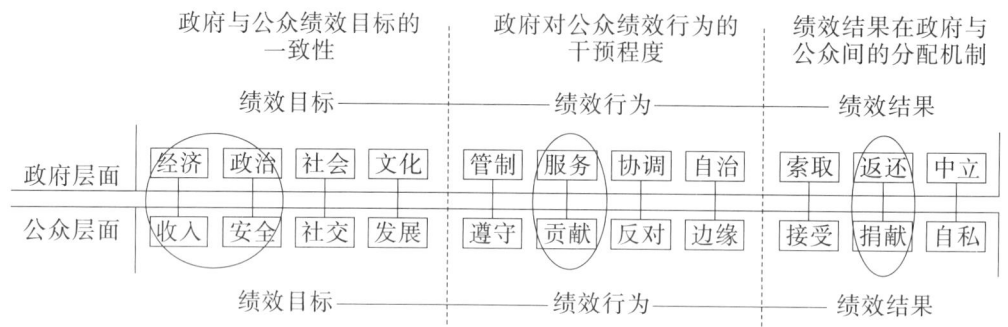

图2-5 绩效类型理论模型的主体关系

三、结构要素

在以上对政府和公众两类行动主体绩效目标、绩效行为与绩效结果分别解析的基础上，针对绩效类型划分的最终目的，我们可将两者在目标、行为、结果层面的相互关系（相互作用）进一步归纳成三个基本维度，由此产生本章理论模型的关键结构。

（一）政府与公众绩效目标的一致性

政府与公众绩效目标的一致性是指在特定历史阶段、社会条件或研究视域下，政府所重点追求的绩效目标/工作方向（一般为国家迫切所需）与作为个体公众的普遍追求（一般为其最短缺部分）是否一致，或两者相互作用的方向及程度。通过前述分析，我们认为政府与公众绩效目标的一致性越高，将使政府和公众两个层面的绩效行为更倾向于形成合力，故能产生更加强大而稳定的国家治理绩效。具体地，若将政府层面（主导性）的绩效目标视为由经济、政治、社会、文化四个维度组成，公众绩效目标亦分成收入、安全、社交、发展四类；那么可以看到，假设在某一时期政府的中心工作是追求经济增长，而公众普遍最为急需的亦是个人或家庭收入增加，抑或政府着力点在追求国家安全与政治稳定，而公众其时正饱受战乱威胁之苦（渴望和平安定），则可以说两者所向正好契合。政府与公众绩效目标的高度一致无疑会在国家整体层面形成强大的绩效合力，相当于每个人都会主动将政府的号召及其组织措施内化成自身的行为自觉，产生家国一体的心理逻辑和行为秩序，由此推动国家治理绩效目标的迅速达成。

就如中华人民共和国成立之初，广大人民刚从战争与饥苦中解脱出来，这时在政府层面的目标无非攘外安内使新生政权屹立于世，在公众层面亦急需维护这种久违的安定并使生活水平得到提升，于是举国上下尽在党和政府的号召下争分夺秒地进行经济恢复与国防建设，表现出一种身先士卒不计个人私利的伟大热情，其结果则在短时期内取得了伟大的成就。在我们看来，产生这种绩效的动因（学者或称为政治合法性的基础）

决不仅仅是所谓意识形态的强力号召,因为单纯意识形态(乃至对领袖个人魅力的信任与追随)并不足以激发和延续如此空前的集体一致的绩效行为;[①] 这乃是个体切身利益与国家整体目标高度契合彼此相融(以至于为自己就是为国家),而在自为的心理机制和行动逻辑作用下才迸射出来的巨大能量(此时绩效目标的一致性给公众绩效行为带来强烈的正向激励)。当然,这只是从目标层面对该段历史的宏观解读,但无论政府和公众的绩效目标都会随着时代变迁及社会生活条件不断改变;不过仍可以说,在我们对两者所作的四个维度划分中,若其能依次对应(在不同的历史范畴),则基本认为政府与公众的目标是一致的,否则即判定为彼此偏离(互相摩擦),其程度有所差异。从模型设计与治理绩效类型划分的角度讲,为对这种差异的程度进行描述,我们采用高、中、低三个等级来稍作衡量。

(二)政府对公众绩效行为的干预程度

政府对公众绩效行为的干预程度是指从政府采取行动的方向和力度以及公众对此感知和反应的视角来看,政府追求绩效目标的绩效行为是否给公众个体目标导向的绩效行为造成了较大的影响(如构成管制/限制或提供自由/协助等)。这种影响包括了两者方向一致(或相对)则互为激励、两者方向偏离(或相反)则互相抵触两种情形——具体地,若将政府(指向公众)的绩效行为大致分成管制、服务、协调和自治四类,公众(指向政府或对之反馈)的绩效行为亦相应分成遵守、贡献、反对和边缘四种——可以看出:一方面如果政府对于公众绩效追求所采取的措施以提供服务和创造便利为主(如通过前述二次分配中的高返还),恰好公众对政府绩效追求中所要求的集体行动亦表现出积极贡献的姿态,则两者正好匹配,这无疑是绩效行为视角下政府与公众相互关系的最佳理想,同时由于两者都处在自愿付出的立场,这种情况亦不会使公众感觉其行为受到强大的政府干预或限制,总体上我们可以将其干预程度等级归为较低或适中;另一方面如果政府是以一种管制的姿态面向公众并提供诸多行为要求,那么相应地,公众充其量便只能出于畏惧或不惹麻烦而选择遵守,这种关系形态往往使公众感到政府对其绩效行为产生了较强干预,显然其互动作用将不如前者理想;除此之外,不管政府是以一种协商的姿态相应于公众的反对性态度,或以一种自治的立场相应于公众的边缘化取向,都不利于两者形成积极的良性互动关系,这不仅使公众倾向于感到政府对自身行为干预较高,而且无益于国家治理绩效的整体追求。类似地,我们基于模型设计与绩效类型划分的视角,亦采用高、中、低三个等级来大致描述这一干预程度——不同程度可分别对应政府与公众层面的绩效行为类别及其互相作用。当然我们也知道,政府与公众绩效行为的互动关系形态不仅会随着时代与社会生活条件发生变化,且在特定研究视域下它可能是多种共存甚至多维复合的,因此由它所确定的干预程度等级亦只源自有限逻辑,其解释力具有相对性。

(三)绩效结果在政府与公众间的分配

绩效结果在政府与公众间的分配是指从国家整体的角度看,无论政府或公众绩效行

[①] 赵鼎新. 当今中国会不会发生革命?[J]. 二十一世纪,2012(12).

为所产生的结果最终归二者占有（或由其支配）的结构或比例，按照此前描述，它可能包括公众个体绩效结果在一次分配中被政府取走的部分和政府以提供公共服务和社会福利等方式在二次分配中返还的部分。在政府层面，从其对公众绩效结果要求的程度可分为高索取型、高返还型与相对适中型三种，而按公众对该要求的姿态及行为反应又可分为主动捐献型、同意接受型和消极自私型三类。那么可以看到，假设政府对于绩效结果采取的行动总体属于高返还型（多数用以提供公共服务和社会福利而非其他投资①），相应的公众态度又属于主动捐献型（对政府索取的容忍度较高），则政府与公众在关于绩效结果的分配机制上达成了一种良性互动，由此公众所感知的政府对绩效结果的占有程度将不至过高，这对维持一个稳定持续的国家治理绩效（动因）而言无疑是种理想状态。除此之外，倘若政府是采取一种高索取（低返还）的姿态对应公众仅为同意或被动接受的意愿，或者政府以一种中立的立场对应公众的自私心理，都不利于两者在绩效结果分配上形成健康关系，这对提升国家治理绩效来讲显无增益。同样地，基于模型设计和绩效类型划分的需要，我们亦试图按高、中、低三个等级来对该分配机制（主要是政府对绩效结果的支配程度）进行描述，尽管这种描述的精确性会受到两个层面态度和行为类型的一定影响。

四、类型划分

进一步将以上三个基本维度组合到一起，若我们暂时忽略其中的具体内容信息，只考虑三者程度上的差异，则三个维度分取不同值即可合成不同的绩效类型。具体来讲，是将政府与公众绩效目标的一致性、政府对公众绩效行为的干预程度和绩效结果在政府与公众间的分配机制（由政府支配比例）固定为3个坐标轴，作为国家治理绩效类型分析的逻辑视域；这样，每个坐标轴便同时拥有质与数双重含义，质量所反映的是该维度对政府与公众两类主体行为及态度的要求（如目标维度蕴含两者绩效目标的类型分解及其互动关系），数量则体现其要求被满足的程度；再分别从3个坐标轴上各取一点，连成平面即可表示一种确定的国家治理绩效类型。然而，坐标轴的取值本身具有无限性，为使之变得可研究我们必须将其可数化，所采用的办法则是对三个维度的数量含义统一抽象成高、中、低三个等级；尽管如此，三维组合后的类型仍然较多（部分可能并无实际含义），那么配合解释历史与分析现实的需要，我们仅筛选出其中的四种典型进行重点关注和探讨②，它们在三个维度的分别取值如图2-6所示。第一种绩效类型用平面E表示，其政府与公众绩效目标的一致性、政府对公众绩效行为的干预程度和绩效结果由政府支配比例均处在较高等级；第二种绩效类型用平面V表示，其政府与公众绩效目标的一致性处于较低等级，而政府对公众绩效行为的干预程度和绩效结果由政府支配比例均属较高；第三种绩效类型用平面U表示，其政府与公众绩效目标的一致性表现为较高，政府对公众绩效行为的干预程度和绩效结果由政府支配比例均表现为较低；第四种绩效类型

---

① 有点类似于西方典型的高税收与高福利国家，如加拿大、瑞典等。参见：亚诺斯基，希克斯. 福利国家的比较政治经济学 [M]. 姜辉，等译. 重庆：重庆出版社，2003.

② 不是说由别的取值等级所合成的绩效类型都不存在，只是在此基于篇幅、论域等限制，暂不作具体分析。

用平面 N 表示，其政府与公众绩效目标的一致性、政府对公众绩效行为的干预程度和绩效结果由政府支配比例均为适中。

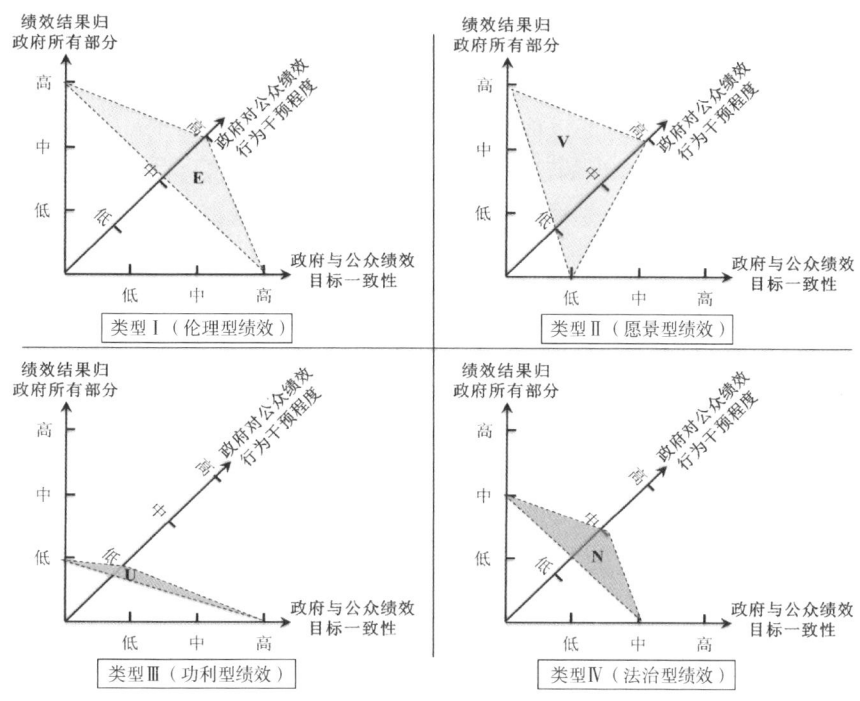

图 2-6　政府与公众二元视角的国家治理绩效类型划分

至此，我们已经搭建了国家治理绩效类型分析的模型框架，并产生以上四种典型的分类，但是对于这些分类的现实内涵乃至其命名都未及探讨。事实上，类型解读以及对之命名又是一个十分复杂的问题，因为需要找到明确的实践依据。尽管如此，我们简单地从构成这些分类的基本维度来看，相对于国家治理整体绩效的要求，它们其实在程度（等级）上已有了一定的偏好或优劣之别。① 比如说政府与公众绩效目标的一致性，一般来讲，若要取得国家治理的高绩效，则两者目标一致度更高自然为好，唯限于特定社会形态无法达到最优只能退而求其次；政府对公众绩效行为的干预程度以适中为佳，因为过高和过低都将造成两个层面绩效追求的互为干扰（负向激励）；类似地，绩效结果在政府与公众之间的分配比例亦当适度合理，既能满足二者的行为保障又不至衍生相互剥夺感。照此标准，则我们所关注的四种绩效类型中，由平面 N 表示的类型Ⅳ无疑是相对理想的一类，它的三个坐标维度取值等级均为适中。而考虑到前文所述法治对于国家内部各主体绩效目标、绩效行为与绩效结果的调适及整合作用（将使其达到一种总体合理、彼此适中的状态），我们暂且把它称为法治型绩效（nomocratic performance）；类似地，也将平面 E 表示的类型Ⅰ暂称为伦理型绩效（ethical performance），因为伦理支配的国家治

---

① 源自黑格尔的"存在即合理"论断，应该说任何绩效类型都是基于特定历史的必然选择，在这个意义上它们又具有一定的不可比性。

理绩效类型在目标上呈现一种家国同构（一体）性、在行为上呈现一种忠君信仰性、在结果上呈现一种国重己微性；将平面V表示的类型Ⅱ暂称为愿景型绩效（visionary performance），因为政府通过对公众的愿景感召、计划组织与集中分配所催生的国家治理绩效类型将在二者目标（一致性）、行为（干预度）与结果（集体化）维度上依次表现出较低、较高和较高的形态（政府在设定整体目标时并不倾向于把公众独立诉求纳入重点考量）；将平面U表示的类型Ⅲ暂称为功利型绩效（utilitarian performance），因为功利（也即是个体自利驱动）所产生的国家治理绩效自然以政府对公众的行为干预及结果占有程度较低为前提，且在获取最大经济收入方面两者目标达成高度一致。①

第三节　国家治理范畴的绩效类型实体构成

以上从模型推演角度对国家治理绩效类型所做的结构分析，其基本是通过政府与公众绩效目标的一致性、政府对公众绩效行为的干预程度以及绩效结果在政府与公众之间的分配（由政府占有的比重）三个维度，按照一定等级划分（或进行量化）并加以组合所成。但是从某种程度上讲，这些维度都是形式的而非实质的；换句话说，依据这些分析我们仍不清楚作为特定或不同类型的国家治理绩效究竟包括哪些内容，该如何理解和进行其理想形态的建构。为了解决这一问题，即要进一步梳理出若干个用以描述和解析国家治理绩效类型的实体（内容）维度，并提供其与形式结构之间的契合关系描述。当然，因为本章只是理论模型，故这些维度仅作为一种框架性说明，使它们具有超类型的价值，而对应到某一具体绩效类型的阐述将有待后文研讨。

一、国家治理及其绩效的测量指标

（一）代表性的治理测量指标体系

国家治理绩效类型本质上是对国家治理绩效的类型化建构，而国家治理绩效又是对国家治理之各环节质量的综合反映。因此，要获得关于国家治理绩效类型解析的实体维度，自然应从国家治理本身的内涵结构出发。自治理问题研究在学界风靡以来，国内外学者基于对治理内容的不同理解构建了形式多样的治理测量指标。从理论上讲，无论国家治理、政府治理还是社会治理都可采用若干维度的关键指标进行分解与测量；那么对这些指标间的逻辑关系或共性维度进行提炼，或许便能给我们提供有关治理及其绩效内容的一定启发。但正如福山所指，治理的本意应当是过程性而非结果性的，即便是对其效率或有效性进行评价，也只针对过程本身而非治理目标的实现。提出"治理绩效"的概念则作为本书的一个创见，应该说，"治理绩效"是对治理从过程到结果质量的整体

---

① 关于这些命名的现实基础，我们将在本书第三章"历史经验"中再作详细分析，其中类型Ⅱ、Ⅲ、Ⅳ都以现代中国为例，类型Ⅰ仅以古代中国为总概略作探讨（不是本书重点）——影射中国传统社会并将其称为伦理型社会尽管具有学理依据，但其跨越千年、朝代更替必不能一论统之，其绩效类型是更为复杂的问题，只能另文研讨。参见：费孝通. 乡土中国[M]. 北京：人民出版社，2013；龚鹏程. 中国传统文化十五讲[M]. 北京：北京大学出版社，2012.

性描述，它不仅针对治理本身的程序（制度）合理、过程有效，还包括对治理目标实现的评价。

事实上，国内外目前进行的治理测量多数既包括过程指标，也包括结果指标。比如福山本人提出可以通过程序性测量（主要符合韦伯的官僚制理想型，如职务等级/权限固定、管理权与所有权分离、接受严格纪律监督等）、能力测量（如征税水平、政府官员教育和专业化水平）、产出测量（如政府提供学校教育、公共卫生、公共安全和国防建设等服务质量）和官僚自主性测量（如行政运作中的政治干预或依附程度）四个维度来描述政府治理水平，尽管他并不倾向于使用产出性指标，而是建议通过国家能力与自主性的二元框架进行综合测量。① 聚焦到国家（而非政府或社会）治理的层次，世界银行、联合国人居署等国际组织及台湾地区所创建的测量原则及其指标体系可谓具有代表性（表2-1）。

表2-1 国际及台湾地区代表性治理评估体系比较

评价项目	评价原则/维度	评价内容/指标	评价方法/数源
世界银行治理指数	1. 话语权和问责制； 2. 政局稳定和暴力避免； 3. 政府的有效性； 4. 管制质量； 5. 法治； 6. 防治腐败	专家评估： 1. 公民自由和政治权利是否受到尊重； 2. 政治暴力威胁对政府的影响； 3. 公共机关或公共服务的质量； 4. 不公平竞争现象是否普遍； 5. 司法程序是否迅速和公正； 6. 政治人物介入腐败和任人唯亲的程度 企业或个人调查： 1. 选举是否公平； 2. 恐怖主义是否给企业造成损失； 3. 公共服务是否受到政治干预； 4. 开办商业活动是否容易； 5. 司法活动是否受到政治干预； 6. 非正式支出在销售额中所占比例	主观性感觉评价，针对公众、企业及专家采用相同指标结构进行抽样调查

---

① 福山. 什么是治理？[J]. 郑寰，译. 国家行政学院学报，2013（6）.

续上表

评价项目	评价原则/维度	评价内容/指标	评价方法/数源
联合国治理指标	1. 政治过程中的公民参与； 2. 政治过程中的利益表达； 3. 作为整体的政府保护系统； 4. 政策执行系统； 5. 国家与市场关系； 6. 争议处理	对应左序： 1. 公民言论/集会/结社自由，政治生活歧视，政府决策咨询，公众对社会规则的尊重； 2. 议员代表性，政治权利竞争度，政策制定过程反映公众偏好，立法影响决策的程度，议会对公众回应； 3. 政府保障公民个人安全，政府对提高公民生活水平的贡献，领导决策考虑国家长远利益，军队接受文人政府领导，政府对处理国内冲突和矛盾的贡献； 4. 高级公务员参与政策制定，公务员任人唯贤，公务员对其行为负责，公共服务决策清晰，公众或群体公平享受公共服务； 5. 政府尊重财产权，政府规定平等适用于所有企业，商业执照获取中的腐败，经济政策变化中的咨询沟通，政府出台政策对全球新规则的考虑； 6. 公民平等享受司法服务，司法判决过程清晰，司法官员对其行为负责，国家体制对人权国际法规范的合作，非司法程序解决冲突的作用	主观性感觉评价，源自跨界社会精英的抽样调查
台湾地区公共治理指标体系	1. 法治化程度； 2. 政府效能； 3. 政府回应力； 4. 透明化程度； 5. 防治贪腐； 6. 课责程度； 7. 公共参与程度	对应左序： 1. 法规管制、司法体系、警政治安； 2. 个别施政项目、整体施政； 3. 个别施政项目、整体施政； 4. 透明化基本资料、咨询透明化、政治透明化、财政透明化； 5. 贪腐印象、伦理基础建设； 6. 审计、预算控制、政府采购、行为准则、代议课责； 7. 政治参与、媒体自由与言论自由	采用相同指标结构的主客观指标，客观指标源自公开统计数据，主观指标源自跨界精英调查，加权合成最终结果

资料来源：①马得勇，张蕾. 测量治理：国外的研究及其对中国的启示［J］. 公共管理学报，2008（4）；②卢扬帆. 法治政府绩效评价内容及指标设计［J］. 甘肃政法学院学报，2016（3）.

联合国发展署认为："治理是一套价值、政策和制度合成的系统。"相应的治理测度即可由制度（institution）和过程（process）两部分组成（因为价值因素在某种程度上具有不可测量性，其一般作为治理测量背后的理念和导向）。世界银行学者考夫曼（Daniel Kaufmann）提出，（一个国家的）政府治理应包括三个方面内容：一是政府被选择、监督和替换的过程,二是政府有效制定和执行正当政策的能力,三是公民对公民和国家之间经济社会互动关系的尊重。① 以此为基础,他们开发的世界银行治理指标体系将治理划分为六个维度,分别是话语权和问责制、政局稳定和暴力避免、政府的有效性、管制质量、法治以及防治腐败;对这六者又分别设置若干具体指标进行测量,比如话语权和问责制即下设了公民自由和政治权利是否受到尊重、选举是否公平等指标。② 需要指出的是,世界银行的国家治理测量所依赖的不是诸如 GDP、国家宪法等客观性的"硬指标",而是以专家、企业和民众对相关领域的主观感觉评价为基础,即采用"软指标";只是根据指标内涵及判断所需的专业化知识不同,分别采取专家评估和公众(企业)调查。

联合国也组织专家对如何评估各国治理水平进行了研究。该项目名为"世界治理调查"(World Governance Survey),专家们将治理指标区分为治理过程指标和治理绩效指标两类,前者从治理产出是如何达成的角度来评价,后者则关注治理的规范性结果,如腐败的水平等。藉此,专家们设计的国家治理测量指标体系包括六个部分共 30 个问题。这六个部分分别是政治过程中公民的参与程度、政治过程中社会各利益方的意见整合方式、作为整体的政府保护系统、(政府)政策执行系统、国家与市场关系以及(司法)争议处理。③ 与世界银行治理指标的数据收集方法不同,"世界治理调查"将访问对象局限在拥有相关经验或专业知识、对评价信息掌握较为充分的特定人群上,包括高级公务员、长期任职的国会议员、企业家、资深法官和律师、专家学者、资深媒体从业者等,以尽量避免结果失真。目前该指标体系已应用到 4 年一次的全球国家治理水平测量中。

在区域(地方)治理的层次,联合国人居署开发的测量体系则是迄今为止涵盖范围最广、指标设计最具普遍性的方案(表 2-2)。他们自 1999 年即开始研发,通过邀请城市治理的主要行为主体参与,包括官方和半官方组织、学术机构、社会组织、私人部门和非正式部门代表,他们确认了城市治理的五个核心原则,并从 66 个初选指标中确定了 26 个关键指标。④ 这五个原则分别是治理的有效性(effectiveness)、平等性(equity)、参与度(participation)、责任度(accountability)和安全性(security),其下对应的具体测量问题如表 2-2 所示。台湾地区公共治理指标体系的构成与此近似,它是由台湾地区"行政院研究发展考核委员会"自 2008 年起委托台湾地区公共治理研究中心承担研发,他们梳理了公共治理的概念内涵及参考国际同类权威研究,采用法治化程度、政府效能、政府回应力、透明化程度、防治贪腐、课责程度、公共参与程度 7 项一级指标、20 项二级指标组成的评价指标体系。⑤ 关于评价的技术路径,则通过同一指标结构下并行的主观与客观两类指标实现互补及互证,其中客观指标取自世界范围内的公开统计数源和相关研究结果,主观指标亦参考同类权威研究设计量表并用于跨越学者、政府、企业和公众

---

① UN. Governance indicators: a users' guide [EB/OL]. 2008-04-20. http://www.undp.org/oslocentre/docs07/undp_users_guide_online_version.pdf.
② Kaufmannn, Daniel, Aartkraay, et al. Governance Matters (Policy Research Working Paper 2196) [R]. The World Bank, 1999, 1.
③④ 马得勇,张蕾. 测量治理:国外的研究及其对中国的启示 [J]. 公共管理学报, 2008 (4).
⑤ 台湾"行政院研究发展考核委员会". 100 年度台湾公共治理指标调查研究 [R]. 2011.

国家治理绩效转型的中国实践

多个界别的社会精英调查[①],加权合成最终结果。

表 2-2 联合国人居署开发的城市治理测量指标体系

原则	含义	指标
有效	用于测定现存的机制和社会政治环境下在财经管理和计划、提供服务和对公民社会关注事项的反应等方面的制度效率	1. 地方政府收入的主要来源(细分为4个方面) 2. 地方政府预算的转移支付的可预见性 3. 制定出版了达成绩效的标准的出版物 4. 顾客(居民)对政府提供服务的满意度 5. 城市发展前景目标(是否存在、如何制定、是否为参与式的)
平等	用于衡量在城市生活的基本需要方面(营养、教育、就业、健康饮水安全、卫生等)对弱势群体(贫困、妇女、老弱病残、少数群体)所具有的包容性和无歧视	6. 居民在享受基本服务方面的权利(是否出版类似《公民宪章》之类的正式文件) 7. 地方政府中女性官员的比例(包括两个小指标) 8. 基础性服务上存在有利于穷人的价格政策(住房等方面) 9. 非正式商业的刺激(在主要零售区允许摆摊)
参与	通过包容、自由和公平的选举促进地方代议民主机制。同时包括参与式决策过程,以便识别在何处存在公民性资本(civic capital)、和议(consensus)、公民权(citizenship)	10. 是否以民主的程序选举产生市议会 11. 选举产生市长 12. 参与投票的性别状况(2个小指标) 13. 公共论坛(应包括人民议会、城市咨询会、邻里顾问委员会、市镇会议等形式) 14. 每万人市民组织数
责任	以透明和可预见的方式,有效及时运转地方政府职能、向上级地方政府的负责、对当地民怨做出反应、制定公务人员的专业性和个人诚实的评价标准,衡量法治水平及制定公共政策	15. 存在有关合同、编制、预算、会计的正式公开出版物 16. 来自上级政府的控制 17. 有无官员、公务员行为准则的出版物 18. 民怨处理机构(有无、是否便利) 19. 反贪委员会(监督、报告腐败事件) 20. 官员及家属收入、财产的公开情况 21. 审计的独立性(是否制度化、审计结果广泛公开)
安全	为了确保公民的人身安全和健康、环境安全,存在充分的机制、过程、系统。同时强调,通过制定实施适宜的环境、健康、安全方面的地方政策来确保冲突化解机制的存在	22. 预防犯罪情况(预防犯罪的政策) 23. 每万人的警力 24. 冲突解决(有无调解机构) 25. 反对针对妇女的暴力行为 26. 艾滋病政策

注:实际调查中的问题要比上述指标更为详细。

---

① 如2011年受调查者共有251人,包括学术界119人、政府59人、产业界高管39人、公民社会(非政府组织/媒体等)34人,问卷采用十级评分量表。

从学术研究的视角来看，国内学者亦构建了针对不同治理（绩效）内涵的测量指标体系。比如谢永珍等基于公司治理的场域，为研究其治理行为与治理绩效的关系，所采用的框架将公司治理行为分成战略行为和控制行为，相应的治理绩效即分成战略行为绩效和控制行为绩效两个方面，其中战略行为绩效通过财务绩效与公司价值、社会责任、市场竞争能力以及创新来测量，控制行为绩效则通过违规行为、代理成本、信息披露及风险控制衡量。① 该研究的亮点还在于它提供了一个关于公司治理的"治理主体—治理结构—治理行为—治理绩效"的综合分析框架。马德勇所构建的乡镇治理绩效评估指标体系则是以当地居民和乡镇干部的主观评价为基础，分别从乡镇政府的民主建设、政府对公民要求的回应、政策执行力、经济发展、公共服务提供、治理能力提升以及制度和政策透明度、对政府总体评价等方面进行评估。② 范逢春基于对社会质量理论的价值性与工具性剖析，认为在终极性价值层面应借鉴社会质量的"社会性"与"整体品格"，而在工具性价值层面则将其构成维度和因素作为（县级政府）社会治理质量的价值取向（坐标轴），将"条件性因素"的四个维度视为社会质量的测量领域和指标体系；他所构建的社会治理质量测评体系包括社会保障、社会公平、社会互动与社会成长四个基本模块，其中社会保障进一步细化为生存、安全、福利共下设30个指标，社会公平细化为公民权利和公共资源共下设18个指标，社会互动细化为社会信任、公民参与、社会融合共下设21个指标，社会成长细化为政府有效、民主制约、信息化共下设18个指标。③ 毫无疑问，这形成了一个庞大的测量系统。

（二）归纳与启示

将以上国际组织和学者构建的国家治理测量指标及其应用实践进行归纳，可以发现其中共同的特点：一是测量导向明确，对治理内在范畴的定位以及边界截取清晰，测量指向具体；二是测量指标设计内涵清楚、结构简洁，覆盖全面；三是以主观评价为主，评价者包括公众及专业人士，或采用国际权威结果作为基础数源；四是评价主体独立，均为政府系统外的第三方评价，具有较高的社会公信力。但是本书的目的并不是要生成一套科学完善的国家治理评价体系，而是想借助于测量指标的分析，从中提取可用于进行国家治理绩效之类型分析的若干实体维度。那么在这种目的下对上述经验进行观察，我们有以下发现：

第一，凡是对国家治理的测量，其背后都嵌入了国家治理所蕴含的价值理想。这些价值原则都是实体而非形式的，它们具有清晰、简洁的特征。比如联合国城市治理测量中的有效、平等、参与、责任、安全等五个一级维度，所反映的既是治理的本质属性，又可为进一步生成具体测量指标提供指导。当然，对于究竟应当把哪些价值理想纳入到国家治理测量的范畴，如领导力、参与、平等这些要素是否应该被考虑进来，无论学者还是实务界都还存在争议。一般来讲，国家治理测量的价值导向应向善治的理想目标看

---

① 谢永珍，赵琳，王维祝. 治理行为、治理绩效：内涵、传导机理与测量［J］. 山东大学学报（哲学社会科学版），2013（6）.
② 马德勇. 测量乡镇治理——基于10省市20个乡镇的实证分析［J］. 中国行政管理，2013（1）.
③ 范逢春. 县级政府社会治理质量价值取向及其测评指标构建——基于社会质量理论的视角［J］. 云南财经大学学报，2014（3）.

齐。国内学者俞可平把善治的标准归纳成六个方面：一是合法性（legitimacy），指社会秩序及权威被自觉认可和服从的性质或状态；二是透明性（transparency），指政治信息的公开性；三是责任性（accountability），指人们（尤其与特定职位和责任相联系的公职人员）应当对自己的行为负责；四是法治（rule of law），指法律作为公共政治管理和公民行为的最高准则，法律面前人人平等；五是回应（responsiveness），公共管理机构和人员需对公民的要求做出及时的、负责任的反应，包括定期、主动向公民征询意见、解释政策和回答问题；六是有效（effectiveness），主要指管理的效率，包括管理机构设置合理、程序科学、活动灵活以及最大限度降低管理成本。① 善治代表着国家与社会或政府与公民之间已经建立起良好的合作关系，以及公民对权威产生了自觉的认同感，即是让国家统治拥有了可靠的合法性来源。

第二，国家治理测量强调治理内涵的综合性，即采用过程与结果相匹配的测量指标。尽管学者对治理的本意应当作为一种执行过程表示出较高的共识度，但在实际测量中，往往亦将其结果纳入一并考虑。某种程度上讲，治理的结果或治理绩效是反观治理能力或治理过程质量的一个重要窗口。要注重国家治理测量指标选取的综合性，如将输入、过程和输出的不同环节一起纳入，避免使治理指标成为单纯的过程性或结果性指标。"只有这样才能全面反映治理的内涵，才有助于分析治理各个要素（主体行为）之间可能存在的关系。"② 与此同时，也要避免收集测量资料过分集中于某类利益相关者，即应尽可能让政府、企业、市民组织等都参与测量，以全面反映国家治理的绩效现状和发展脉络。

第三，现有对国家治理及其绩效的测量指标体系，都遵循了一定的设计纲领或主旨结构。无论设计者是否在文献中报告其指标推导的中间过程，我们都可从最终成型的版本中反观以得一二。这里所说的纲领不是指简单的测量维度或一级指标构成，而是指隐藏在指标体系背后的各项指标间的逻辑关系；或者说，它就是我们所要寻找的国家治理绩效类型的实体内容。笔者在一篇文章中提出了法治政府绩效评价指标体系构建（或指标遴选）的三个基本维度，分别是法律价值、法制功能与法治实践。③ 而法治本为国家治理转型的目标，故这些维度对国家治理及其绩效测量亦形成参考。许多学者对国家治理体系的结构或其组成要素进行了阐述，比如郑吉峰认为现代国家治理体系是由价值、制度和行动三个层面构成的一种橄榄型结构，三者合成一个循环往复、相互回应的闭合系统。显然，这与笔者的认识不谋而合。④

类似地，高小平和刘杰亦认为国家治理体系是由价值、制度与行动三要素组成的系统，而国家治理的基本层次则是国家治理、政府治理、社会治理、社区治理的梯次系统，其政治—行政体系的层次又是意识形态、政治纲领、法制规则、政治监督、组织人事、政府责任、管理绩效、机构编制、组织职能等按逻辑组成的多层治理系统。⑤ 吕志奎也指

---

① 俞可平. 治理与善治 [M]. 北京：社会科学文献出版社，2000：8-11.
② 马得勇，张蕾. 测量治理：国外的研究及其对中国的启示 [J]. 公共管理学报，2008（4）.
③ 卢扬帆. 法治政府绩效评价内容及指标设计 [J]. 甘肃政法学院学报，2016（3）.
④ 郑吉峰. 国家治理体系的基本结构与层次 [J]. 重庆社会科学，2014（4）.
⑤ 高小平，刘杰. 试论中国国家治理体系的价值目标、结构及层次 [J]. 工程研究——跨学科视野中的工程，2015（2）.

出,国家治理体系的结构包括价值、角色、制度、技术和财政等基本要素,国家治理现代化意味着国家治理的价值理念、制度结构、组织机构、主体结构和技术工具是符合现代潮流的,其内部各要素功能协调,能有效地处理国家发展所面临的各项挑战,并能最大限度地降低国家治理成本。① 丁志刚进一步认为,任何类型的国家治理都是由治理主体、治理客体、治理目标、治理方式和治理效果等要素构成的完整体系。② 许耀桐与刘祺提出的国家治理体系又是由政治权力系统、社会组织系统、市场经济系统、宪法法律系统、思想文化系统等构成的有机整体,他们认为这一有机整体包括了治理理念、治理制度、治理组织和治理方式四个基本层次。③ 刘建军则认为现代国家治理体系存在"三重属性",其一般属性包括关于政治合法性的治理体系、关于国家能力的治理体系和关于主体结构的治理体系三种要素;其国别属性需要对应特定国家的历史—社会—文化条件、对应其国际交往程度和国际压力来具体分析;其任务属性则包含资本逻辑、民主逻辑与发展逻辑三个方面。④ 总而言之,这些关于国家治理体系的层次及结构划分,既有形式的方面,也有实质(内容)的方面,既有要素的方面,也有逻辑的方面;换句话说,若我们通过一定方式将其形式与内容剥离,即可在一定程度上获得关于国家治理体系构成的实体维度。图2-7与图2-8便是基于这一思路对上述文献的归纳梳理。

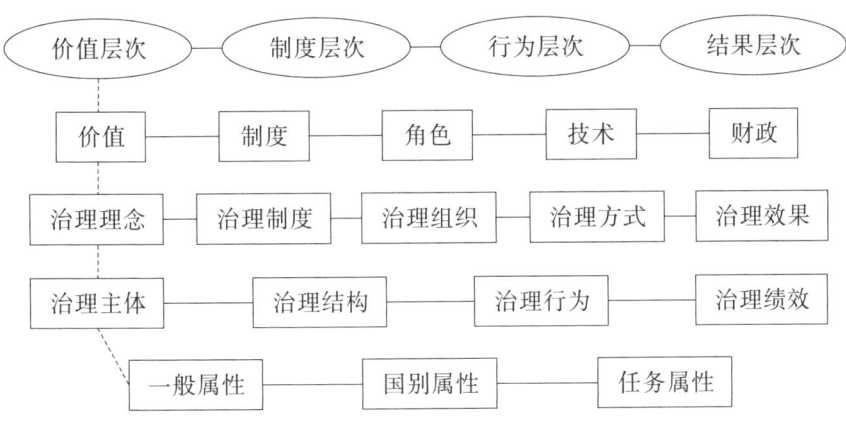

图2-7 国家治理及其绩效系统的形式逻辑

---

① 吕志奎. 国家治理体系构建的基本框架[N]. 学习时报,2014-04-21(6).
② 丁志刚. 如何理解国家治理与国家治理体系[J]. 学术界,2014(2).
③ 许耀桐,刘祺. 当代中国国家治理体系分析[J]. 理论探索,2014(1).
④ 刘建军. 和而不同:现代国家治理体系的三重属性[J]. 复旦学报(社会科学版),2014(3).

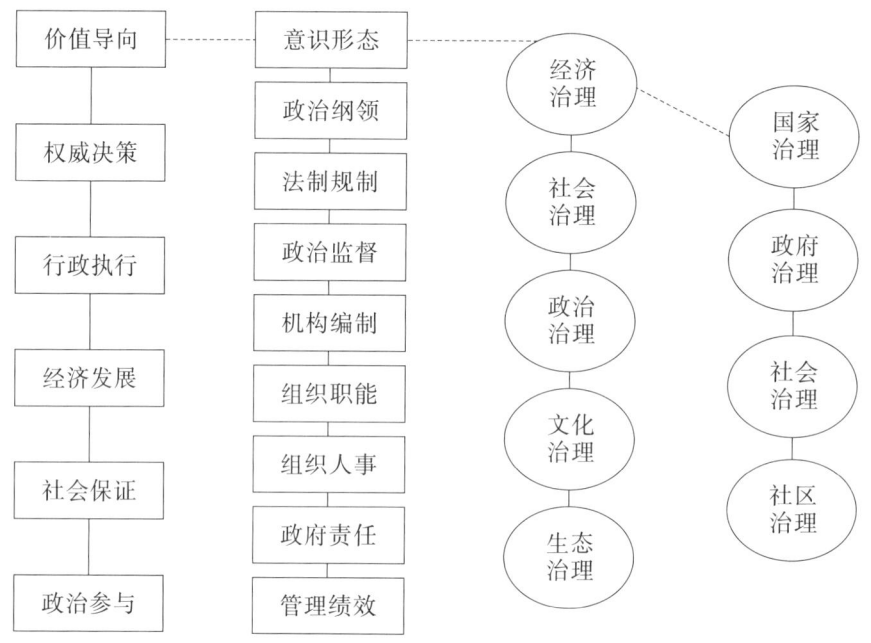

图 2-8 国家治理及其绩效系统的实体结构

二、国家治理绩效类型的实体内容

徐湘林通过对国家治理理论内涵的分析，提出国家治理结构可分成六个相互依存的部分，分别是核心价值体系、权威决策体系、行政执行系统、经济发展体系、社会保证体系和政治互动机制。[①] 特别地，王浦劬认为推进国家治理现代化的认识基础，应当基于中国共产党治国理政的理论和中国的特殊国情，充分理解国家治理、政府治理和社会治理"三位一体"的基本含义及其相互关系。[②] 另外的学者如燕继荣等，则具体指出社区治理应作为社会治理的基础，他们主张由国家治理、政府治理、社会治理和社区治理构成"四位一体"的治理格局。[③] 基于这些讨论，从实体内容的角度进行国家治理绩效的类型分析，其必须包含的要素至少有：一是国家治理的价值精神标准，二是国家治理的层次结构划分，三是国家治理的动态过程分解，四是国家治理的目标实现评价，五是国家治理的能力保障要求，六是国家治理的参与协商机制。为此，我们选择以徐湘林提出的六个维度为基础，通过对其与绩效概念关联后的规范表述，形成以下六个方面作为国家治理绩效类型解析的实质性框架。尤需指出的是，这六者相对于国家治理过程与其绩效而言都是超类型的，即有了这六者（与形式模型相匹配），我们便可对应不同的国家治理绩效类型进行具体特征的差异化描述（图 2-9）。

---

① 徐湘林. "国家治理"的理论内涵 [J]. 人民论坛，2014（10）.
② 王浦劬. 国家治理、政府治理和社会治理的基本含义及其相互关系辨析 [J]. 社会学评论，2014（6）.
③ 燕继荣. 社区治理与社会资本投资——中国社区治理创新的理论解释 [J]. 天津社会科学，2010（3）.

第二章 国家治理绩效的类型分析框架

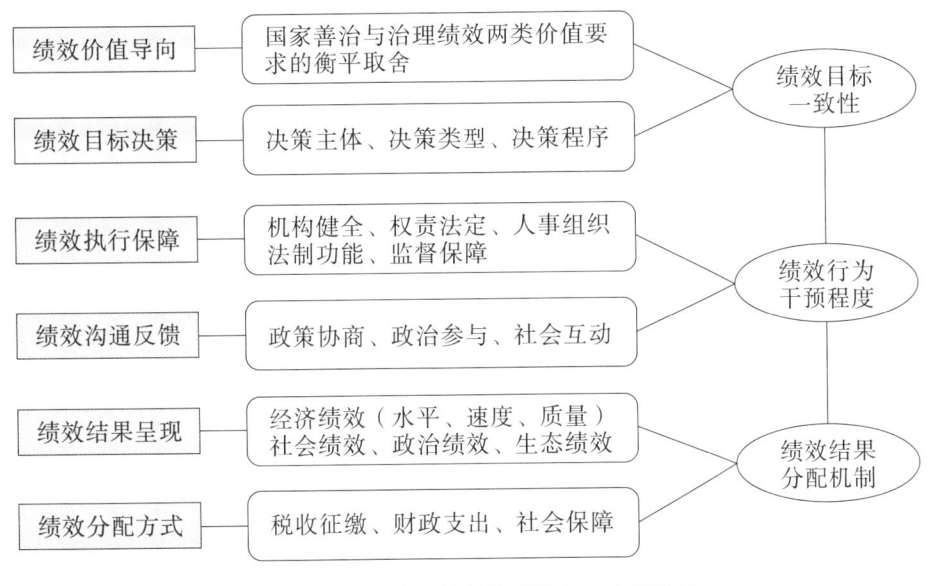

图 2-9 国家治理绩效类型的内容分析维度

（一）绩效价值导向

国家治理绩效类型的价值导向，是指在某一特定绩效类型中，国家治理的基本过程与其绩效追求究竟遵循怎样的价值原则，或说奉行怎样的价值标准。一般来讲，国家治理绩效的价值导向既包含治理的价值要求，又包含绩效的价值精神。源自国家善治的目的，国家治理的价值导向可能包括追求治理过程的合法性、透明性、责任性、法治性、回应性及有效性（可能还有其他未列出的善治标准，比如民主性、平等性、科学性等）；而治理的绩效又以结果为导向，追求整个国家治理模式是成功的，具体可能包括其治理体系与治理过程运作是经济的、效率的、有效的以及公平的。国家治理现代化要求以法治化作为终极目标，自然地，国家治理的价值导向即蕴含了国家法治的根本理想。从实质层面看，国家法治的价值精神力求国家治理过程及其结果体现正义、平等与公平、自由与秩序、人的权利和尊严保护、促进客观环境改善以及符合法律条文规定等。国家治理的绩效价值精神在实质层面亦可具体为促进经济发展、维护社会公正、保护生态环境、节约政府成本与实现公众满意等。可以看出，国家治理（善治或法治）与治理绩效的价值导向在其内含的若干原则构成上既有相互契合、又有相互矛盾之处。那么，站在类型学的视角讨论国家治理绩效的价值导向，即需观察的是在具体绩效类型存续中，其对国家治理与治理绩效两个维度两套价值体系的遵守和奉行情况；甚至简单而言，其究竟贯彻治理的价值导向多些，还是贯彻绩效的价值导向多些，或说可以通过善治或法治理想改造后的绩效价值精神被遵循的程度来衡量（因为它是作为治理绩效的类型而不是治理的类型被研究）——当其追求绩效的价值目标超过追求法治的价值目标达到某一状态（或反过来，或两者适度匹配），即可作为将之判断或归入某一特定绩效类型的重要表征。价值导向应当位于国家治理绩效类型实体结构的顶端，因为它是其他各项实体内容产生和运行的指导理念。①

（二）绩效目标决策

国家治理绩效的目标决策，是指由国家治理体系内各有关主体参与、遵循各自法定职权和规范程序、共同确定其治理行动的目的或整体发展规划以及协商行动方案的综合方式。把握这一内容维度至少需明确三个方面的要点：一是国家治理的视域，即涉及公共与私人领域、社会领域等多元复杂的治理主体；二是以绩效为导向，无论站在治理主体自身还是国家整体的角度，其必须是以一定目标、规划或结果为追求，通常当我们考虑国家治理及其绩效类型时，更倾向于讨论的是各类治理主体综合以后的整体绩效；三是为实现整体意义上的国家治理绩效，要求各有关主体在遵守其职权与法定程序的基础上积极参与有效协商，以达成合理的一致行动方案。或许在现代化与多元风险社会的条件下这有点不切实际，故我们更多期望的可能是各类主体自行治理决策的程序规范性及过程公平性，即以不损害其他治理主体利益为前提，并尽量减少不同主体治理决策之间相互摩擦甚至对抗的情形，增强对国家整体目标一致性的追求。

站在国家治理的层次上研讨绩效目标决策，必须充分厘清其内部结构即各要素之间的相互关系。简单来讲即：一是绩效决策主体，与国家治理绩效关联的决策主体大致包括公共部门（当中又有立法/行政/司法或决策动议/审查/决定/监督等职权划分）、私人部门（作为市场主体的企业和个人等）、社会组织、新闻媒体、一般公众等类别，他们在国家治理决策中的地位互有区别；二是绩效决策范畴，如按决策涉及范围可分成公共决策、联合决策与独立决策，按决策效力等级可分成国家战略、公共政策、重大决定、行动方案、过程步骤等，按决策内容指向可分为经济决策、政治决策、社会决策、文化决策、生态决策等，不同的绩效决策类别决定了各类治理主体参与的角色和方式有所不同；三是绩效决策方式，它包括静态的制度程序和动态的过程运行两个方面，所反映的正是各类治理主体相应于不同的决策范畴所采取的行动特征及其达成效果。

国家治理和治理绩效的价值导向分别都对目标决策系统的三个维度提出了理想期望。若从治理（善治）的角度看，则要求各级各类治理主体对应不同的决策范畴严格遵守其角色定位和职能边界，遵循法定程序机制，并积极参与民主协商，它所强调的更多是决策过程本身的效率及质量。若从绩效的角度看，则不仅要求治理主体的职能定位和参与协商的方式是科学的，且需达成预期的决策目的，即能取得一致、共同或无害的决策效果，它所强调的是决策结果的有效性。那么，启用类型学的思维，似乎可通过特定国家治理绩效决策的经验观察，判断其对法治导向要求和绩效导向要求分别符合的程度以及两者对比，藉此作为不同治理绩效类型划分的又一表征。

（三）绩效执行保障

国家治理绩效的执行保障，是指国家治理范畴内各有关主体为落实相应的绩效决策，按照其角色定位与职权归属，组织必要的人力物力财力，并依据法制规范要求努力达成预定绩效目标的整体运作过程。与绩效目标决策近似，国家治理绩效的执行保障本应包含主体、目的和过程三个要素。但有所区别的是，绩效执行本质为落实绩效决策而生，

---

① 郑吉峰.国家治理体系的基本结构与层次［J］.重庆社会科学，2014（4）.

相对来讲其目的要素是固定的；然而为了达成这一固定的绩效目的，便要对其执行过程的详细构造以及运作状态加以分析。国家治理绩效的执行保障背后无疑是关于治理主体及其权责体系的划分，而执行过程的表象则包括了静态的程序机制与动态的运行方式两方面。进一步地，为更好地对应绩效执行之内涵，我们通过借鉴前述学者的思路，亦将国家治理绩效的执行保障具体分解为五个维度：一是组织机构，是指负责承接有关绩效决策的治理主体及其层级构成，它可能涉及同一层级不同主体乃至上下级关联主体所合成的系统；二是职责权限，是指各级各类治理主体相应于特定绩效决策执行所享有的权限及职责；三是人事组织，是指各治理主体在其职权之内安排人员及财力为完成决策目标而发生的活动；四是法制规范，是指为落实绩效决策确保绩效执行而设计的约束有关治理主体行为的法律法规与程序制度；五是监督保障，是指为实现绩效执行过程延续及其规范运作、处理违规情形而另外安排的权力资源。

国家治理过程的绩效化自然要求各有关治理主体都能做到组织健全、权责明确、专人负责、资源充分、运作规范及监督有效；在这个意义上，关于绩效执行保障的法治导向与绩效导向表现出相对一致性，只是前者可能更加侧重对既有规制的严格遵守，后者还需要求这些规制本身是科学的以及它们被有效率地执行。由此，国家治理绩效的执行保障与理想标准的差距，以及它对法治和绩效两个方向要求满足程度的偏向，亦可作为划归和分析治理绩效类型的一个依据。

（四）绩效结果呈现

国家治理绩效的结果呈现，是指在（前述）国家治理各环节（分系统）运作基础上所产生的治理结果，也即是对应国家治理绩效决策所设定目标的完成度评估，亦可直称为国家治理的绩效。需要说明的是，国家治理绩效应有两个层次的含义：一是对应各级各类治理主体自主执行其绩效决策所达成的绩效结果；二是这些结果在国家整体的层面进行叠加（包括其可能相互抵消）所呈现出来的综合形态。一般而言，对应国家治理内涵我们更关注的是后者。

基于本书对绩效的定义及其外延取舍，若在笼统语境下讨论国家治理绩效结果，我们可将其认为是仅对应经济绩效，即特定国家治理模式所催生的经济发展成果，进一步又可具体为经济发展水平、发展速度、发展质量或结构、人民生活水平等维度。当然，在更多情况下国家治理绩效的结果呈现还包括更广泛的内容，诸如维护社会公正绩效、保护生态环境绩效、提升政府质量绩效以及实现公众幸福绩效等。这些绩效都需要通过具体的测量指标来反映。那么采用类型学的视角，在特定国家治理状态下通过其绩效结果呈现的多维结构特征——比如更偏向于取得哪个维度的绩效及其高低水平，即可将其作为归入某一治理绩效类型的重要标识。

（五）绩效分配方式

国家治理绩效的分配方式，是指对应上一维度的国家治理绩效结果，考察其究竟以一种怎样的方式在各级各类治理主体之间实现分配，包括这种分配机制是如何确定的。仅以经济绩效为例试作分析，国家治理的经济成果（国家财富）在不同主体间进行分配的机制不外乎三种：一是税收征缴，方向为公共部门从私人部门手中抽取或拿走其部分绩效结果；二是财政支出，方向为通过公共资源配置实现不同治理主体之间绩效结果的转移和配平;三是社会保障,方向为公共部门向私人部门(一般为特定群体如困难群众)返还或补充其绩效结果。无论是作为国家善治还是治理绩效的理想都对这三种机制提出了目标要求:如税收征缴往往追求的是法定性及科学性,财政支出追求的是公共性及有效性,社会保障追求的是福利性和稳定性。如果进入到具体组织场域,这两个方面的要求之间则可能发生矛盾。那么,通过考察国家治理的绩效结果(资源)在各类主体中的流向及其比例相对关系,我们便获得又一个治理绩效类型划分及解读的重要依据。

(六) 绩效沟通反馈

绩效沟通反馈的本意是作为绩效管理的落脚,指的是绩效考评者、被考评者以及利益相关者之间就绩效考评结果或考评机制本身存在的问题展开实质性的信息交换及意见商谈,并着力于寻求应对之策的活动。绩效沟通有广义和狭义之分。广义是指为了治理绩效改善而进行的所有信息交流活动,它贯穿了绩效决策、执行、分配和反馈的全过程;狭义仅指针对绩效结果及其分配机制的沟通。[①] 基于国家治理的范畴,这种绩效沟通可能有着更为宏观的价值:第一,它作为不同治理主体之间关于绩效决策(公共政策)的一种协商机制,有助于达成更加科学合意的国家治理方案及带来更好的整体治理绩效;第二,它作为有关治理主体的一项政治参与渠道,有助于扩充民意表达的空间,扩展国家治理的合法性基础;第三,它作为各级各类治理主体之间进行社会互动的方式,有助于促进社会交往、增加社会流动和提升社会互信。然后,国家法治以及治理绩效的导向共同要求其绩效沟通的机制通畅有效并受法律保护。那么在现实条件下,关于国家治理的各类绩效沟通是否能被允许、是否流通顺畅、是否有固定渠道及由法律保障、是否倾向于达成有效结果等,也可作为特定治理绩效类型解析的一个维度。

---

① 包国宪,曹西安. 论政府绩效管理中的绩效沟通 [J]. 经济体制改革, 2007 (1).

第三章 中国国家治理绩效转型的过程梳理

基于上章所构建的绩效类型学分析框架，本章进行一种应用性的循证及解释。从逻辑上讲，这不仅是考验理论模型之现实解释力的必要步骤，也是回答本书开篇提出的"绩效转型"究竟是历史客观存在还是突发奇想（是否伪概念）的必然。本章主要以当代中国为研究视点（部分涉及中国传统社会，作为旁证），首先通过绩效指标、政策导向、法治建设和领袖风格四个角度的分析，试图对中华人民共和国成立以来的历史进行绩效类型学的阶段划分（划分为三个阶段），以此确定国家治理绩效类型研讨的具体场域；然后针对每一阶段（场域）进行绩效和法治史实的重组分析，归纳其典型特质进而验证其绩效类型，并由此揭示其转变的轨迹。需要指出的是，尽管对历史的研究不能抱有先入为主的态度和选择性目光，但国家治理绩效的类型构建本身是个挖掘和重解的尝试性过程；为此，我们的工作亦只能在尊重客观的基础上力求做到有理有据，尤其本章，将尽可能贯彻社会学"实证"和"解析"的思维，并恪守历史学的严谨真实。

第一节 绩效类型分析的中华人民共和国历史断代

要进行不同绩效类型的具体分析，首先必须明确其所处的历史阶段（即各类型起止时间），但这种时间的分割却非突变的而应是渐变的过程。进一步说，从绩效类型角度对当代中国史的断代，不是随心所欲或为了行文需要而有意构筑的结果，必须是根据客观经验事实来综合研讨和判定的过程。在此，我们以绩效和法治作为主题词（基于其特定视角），分别从以下四个层面进行历史分析，以期获得一种相对合理的描述。

一、以绩效指标为依据

本书所言绩效类型中的绩效简单即指国家经济的持续快速增长，而从宏观上讲，衡量一国经济发展状况大致涉及增速、结构、质量或效益等维度；结合此前对国家治理绩效内涵及其类型要素的理解，它还包括了个体与组织（国家）之间的劳动付出与成果分配关系。也就是说，判断中华人民共和国成立以来的历史是否存在明显的阶段划分或类型转变，我们首先要从这些方面来着眼。

（一）经济增速与波动

分别采用国民总收入、国内生产总值和人均国内生产总值三项指标来考察中国宏观经济增速，同时为体现对经济波动（周期）的关注，统一以增长率作为分析口径。由图

3-1 可见：一是三项指标在 60 多年间（截至 2018 年，下同）[①] 的变化趋势高度一致，其中人均 GDP（增速）曲线略低于前两者（总量增速）；二是三项指标在不同时期呈现截然不同的变动特征，总的来看中华人民共和国初期为"增速高但波动较大（不稳定）"，其间国民经济增长率最高达到 20% 以上，但经历了 1960—1962 年、1967—1968 年和 1976 年三个增长率为负的古典经济周期，这种状况一直持续到了 1976 年，随后转入"持续增长但增速小幅波动"的状态并延续至 1992 年（其间未再出现增长率为负的年份），在此之后"经济增速进一步保持稳定（绝对值维持在 10% 上下）"。仅从经济增速与波动情况看，当代中国历史可大致划为 1952—1976 年、1977—1992 年以及 1993 年后三个阶段，三者经济绩效（增长特征）具有典型差异，折射出其背后的影响因素或关键动因可能发生了重要转折与类型变化。

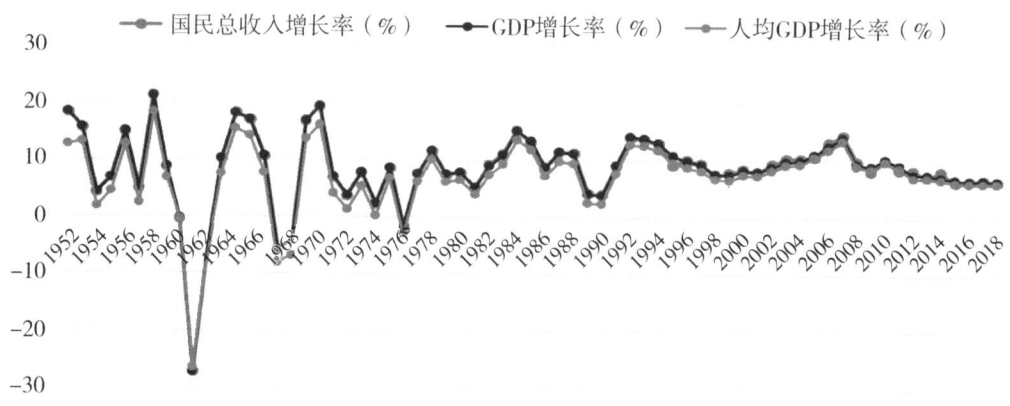

注：国民总收入增长率曲线与个人 GDP 增长率曲线基本重合。

图 3-1　1952—2018 年中国宏观经济增速与波动趋势

（二）经济结构与效益

类似地，采用第三产业国内生产总值比重来考察宏观经济（产业）的结构，采用按人口平均的工业总产值实际增长率来考察国民经济效益，可见两者在不同时期亦表现出不同的趋势特点（图 3-2）。从产业结构看，1952—1962 年间中国第三产业国内生产总值比重在波动中基本保持稳定，但在 1963 年进入逐步下降的区间，1983 年以后又开始在波动中不断上升；从经济效益来看，按人口平均的工业总产值增速似乎在 1952—1969 年间呈大幅波动态势（其间也经过三段增速为负的年份，与宏观经济周期相近），但在 1970—1992 年间波动明显减缓且未出现负增长，1993 年以后波动又有所增大（总体仍小于 1952—1969 年间波动）。一般而言，国民经济的结构和效益指标是国家发展战略以及宏观经济政策最为直接（及时）的反映，我们提取的两项关键指标在 60 多年间表现出典型的阶段特征（大致有三个阶段），折射其中以国家为导向的经济（产业）发展方向或发展重点可能发生了不止一次的较大转变，这或成为绩效类型存在的重要佐证（图 3-2）。

---

① 由于 1949—1951 年宏观经济数据不完整，选择从 1952 年开始分析，实际研究视域为 1952—2018 年。

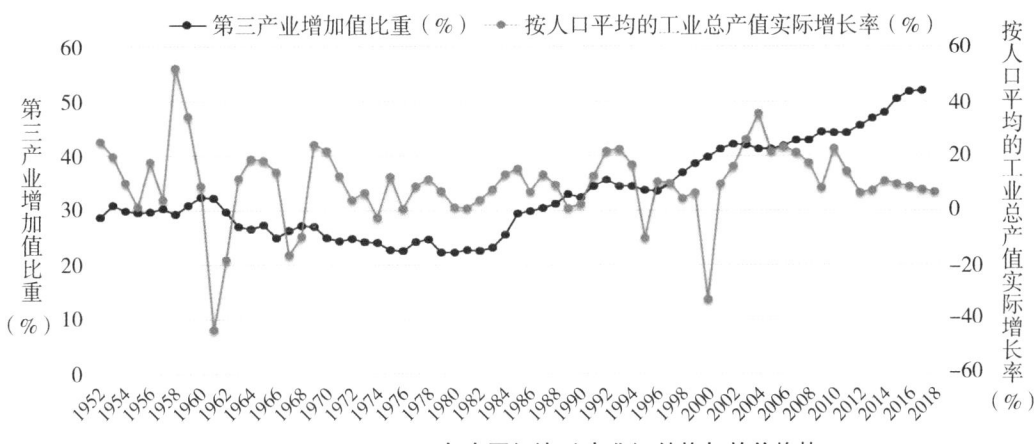

图 3-2 1952—2018 年中国经济（产业）结构与效益趋势

（三）人民生活水平

因为城镇居民可支配收入和农村居民纯收入的统计数据在 1978 年以后才得以公布，对中华人民共和国成立以来人民生活水平的完整变化只能采用居民消费水平来间接反映。由图 3-3 可见，居民消费水平在数据所及的 66 年间总体呈上升趋势（绝大多数年份指数大于 100%），但亦呈现一定的阶段属性。比如：1952—1974 年指数波动较大（与宏观经济周期类似，其上升趋势并不稳定，1974 年最后一次比上年有所下降），1975—1992 年指数都在 100% 均线以上（居民消费水平持续提高），1993 年后增幅进一步趋于稳定。人民生活水平指标作为国家发展方向与宏观经济政策的末端表现，它的阶段变化也是我们进行绩效类型论证的重要考量。

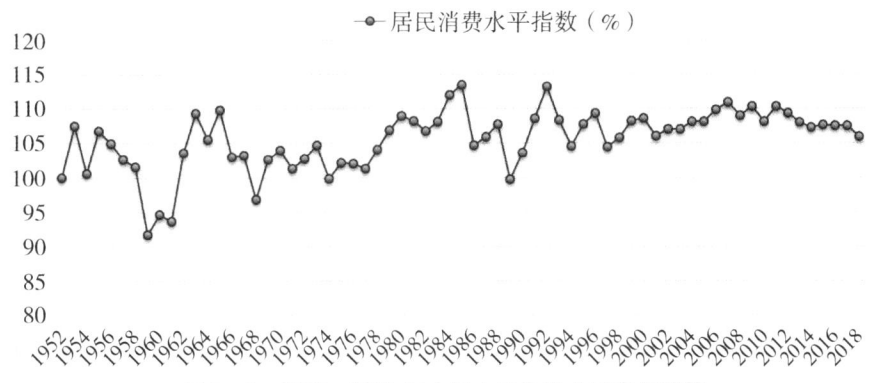

图 3-3 1952—2018 年中国人民生活水平变化趋势

（四）税负与福利分配

绩效在相当程度上可视为投入和产出的对比，站在国家治理的层面则需考虑每个个体所负担的（物质或经济的）发展成本与其享受发展成果之间的关系（作为绩效结果的

国家治理绩效转型的中国实践

分配机制，会对后续绩效投入带来重要影响）。① 分别采用人均税收占人均GDP的比重和人均财政支出增长率来近似反映公众个人投入与获得的成果回报，可见亦具有较明显的阶段特征。从人均税负（成本）来看，1952—1977年间它在小幅波动中基本保持稳定，然后在1978—1995年间突然大幅提升又逐步回落，1996年后则保持稳定上升的趋势；② 从人均财政支出（福利）来看，它在1982年以前都处于增速大幅波动的状态（其中有4个较明显的负增长区间），此后则保持了相对稳定的正向增幅。这两项指标分别从投入和产出的角度提供了个体与国家绩效分配关系（贡献比例）的量化模拟，其变动趋势的阶段分野亦可能揭示了国家整体经济组织形态（所有制或发展战略）以及分配模式的重要转变，故为绩效类型视角下的历史断代研究所不容忽略的因素（图3-4）。

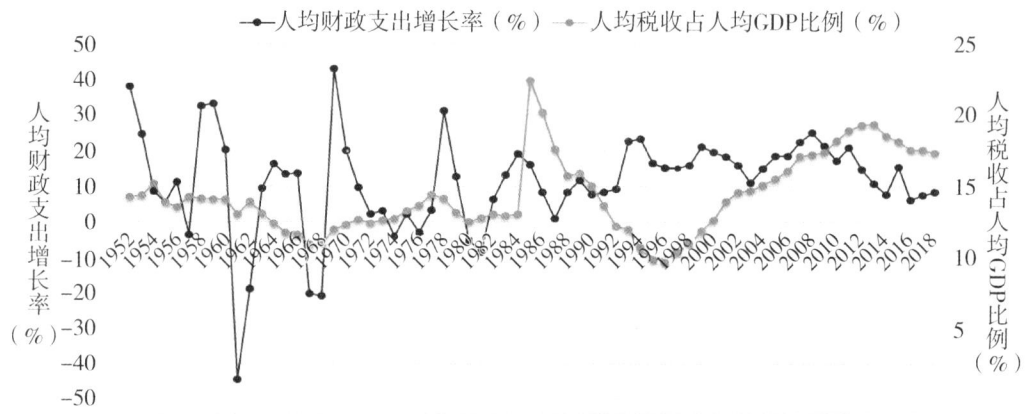

图3-4 1952—2018年中国人均税负及福利享受趋势

由上图可知，无论从增速、结构、效益还是分配的角度看，衡量国民经济发展绩效的关键指标在60多年间都表现出明显的阶段变化特征。归纳起来，有点类似于赵德馨教授所概括中国经济50年的"之"字型发展路径，即呈三阶段的否定之否定与螺旋式上升态势（每个阶段起止时间在不同指标中略显差异）。③ 当然，促成每一个阶段整体转变的背后必然都有复杂原因乃至特定历史事件，这正是我们所欲重点关注和挖掘研讨的影响国家治理绩效类型及其变迁的关键动因。

---

① 在经济学上分析国家经济职能的模型包括无为之手、扶持之手和掠夺之手三种，无为之手以亚当·斯密的自由竞争理论为基础，扶持之手以福利经济学为基础，掠夺之手以公共选择学派和制度经济学为基础，其实质则是国家出于自身绩效目标的考量对社会成员之绩效追求所采取的不同姿态以及国家和社会在经济成果分配结构上的差异。参见：罗小芳，卢现祥. 国外"掠夺之手"的国家理论述评［J］. 国外社会科学，2010（3）.

② 影响中国人均税收占人均GDP比重的因素是多方面的，其中1984年该指标大幅提升的一项原因或为当年实施的工商税制改革（"利改税"），它使原来适应产品经济的单一税制转向适应社会主义计划商品经济发展需要的多税种、多层次、多环节发挥调节作用的复税制；但这并不是我们研究的重点。

③ 赵德馨认为1949—1998年间中国宏观经济发展基本为"之"型路径，包括增速的"快—慢—快"、波动的"高位平缓—大起大落—高位平缓"、质量的"高—低—高"、所有制的"混合—单一—混合"以及结构的"比较协调—不协调—协调"等方面，即后一阶段依次是对前一阶段的修正或完善。参见：赵德馨. 中国经济50年发展的路径、阶段与基本经验［J］. 中国经济史研究，2000（1）.

二、以政策导向为依据

中华人民共和国成立以来,基于各种复杂的原因,宏观经济政策导向发生了多次大幅度转变,这些转变或具有相对明确的时间节点和事件契机(可从不同时期党和政府的工作文件中得证),亦成为我们进行国家治理绩效类型之阶段论证的重要依据。从理论上讲,宏观经济政策作为一个复杂的系统,要具体分析需对其进一步分类。比如:根据调控的目标可分为综合发展战略、产业政策、收入分配政策、价格政策、物资流通政策等;根据调整的手段或媒介可分为财政政策、货币政策、收入分配政策以及对外经济政策。在此我们主要以后者为讨论视点(对外经济政策与所论问题关联不大,暂不涉及)。

(一)财政政策

1949年后中国财政政策的演变历程如表3-1所示。可见,因为不同时期的政治历史背景、宏观经济形势以及决策者认知等多项因素,它大致发生了两次重大变化,即可较明显地分成三个阶段,依次为1949—1977年的国家(集权)财政、1978—2003年的公共(分权)财政与2004年以后的绩效(民主)财政。这样划分的理由主要是各阶段财政政策方向、重点以及特征都存在较大差异(可归为不同分类的典型)。当然,若就某一阶段确立的时间节点来讲,亦只能作为特定角度的一家之言。

表3-1 1949年后中国财政政策演变历程与其阶段划分

阶段	时期	主要内容	典型特征
国家财政 (1949—1977)	经济恢复与发展 (1949—1952)	统一全国财政收支,建立基本管理体制;调节各阶层收入关系,稳定金融物价;支持抗美援朝	以农村为基础的分散管理转到以城市为中心的集中统一管理;国民收入的30%以上由国家财政集中支配;以保障财力供给为目的、以统收统支为基本手段
	"一五"计划 (1953—1957)	通过税收杠杆调节和贯彻社会主义改造;集中大量资金支持工业化建设;实行分类分成的财税体制改革;坚持财政收支和社会总供需平衡	
	"大跃进"及调整 (1958—1962)	财政支出及赤字额急剧增加,宏观调控能力涣散;倾斜支持农业恢复和发展;完善管理体制增强财政调控职能;压缩基建和重工业投资,调整经济结构;消灭赤字,力求财政收支平衡	
	"文化大革命" (1966—1977)	财政收入锐减,调控能力衰弱;投资结构畸形,资源浪费;预算管理体制随意变动	
公共财政 (1978—2003)	国企改革与财政放权让利 (1978—1992)	国家向企业放权让利,解放生产力;中央与地方"分灶吃饭"的财政包干体制;加强经济主管部门的财务自主权;鼓励技术进步,支持价格与工资改革;经济与社会事业协调发展	集权型财政向分权型财政转变,直接干预向间接引导转变;财权与事权相匹配,调控工具多元化;财政体制完善优化,经济社会协调发展
	市场经济建设与财政制度创新 (1992—1997)	划分财权与事权的分税制改革;调整和优化税收征管体制;财政职能转变与优化支出结构;国有资产管理和运营体制改革;国债发行管理向市场化转轨;经济与社会事业协调发展	
	积极调节和有效干预 (1998—2003)	积极的财政政策应对亚洲金融危机和拉动内需;支持国家各项重大改革与社会事业发展;加强灾害应急保障,确保可持续发展	

续上表

阶段	时期	主要内容	典型特征
绩效财政 （2004— ）①	财政民主透明 与绩效化改革 （2004—2017）	健全科学的财政管理体制；建立财政支出绩效评价体系，各地试点并逐步推行绩效预算改革；预算编制引入多元民主监督，推动政府和财政信息公开	预算民主化、收支绩效化、管理透明化，加强各级财政的公共服务与民生保障职能，推进国家治理现代化
	预算全面实施 绩效管理 （2018至今）	预算全面实施绩效管理服务于国家治理现代化；加快建成全方位、全过程、全覆盖的预算绩效管理体系，实施政策和项目预算绩效管理，强化绩效目标管理；重点关注财政收入结构、征收效率和优惠政策实施效果，硬化预算绩效约束	

注：本表部分参考：李圣君. 中国财政货币政策研究 [D]. 大连：东北财经大学，2002。笔者进行了梳理。

（二）货币政策

1949 年后中国货币政策的演变历程如表 3-2 所示。类似地，它亦发生了两次重大变化，依次可分为 1949—1984 年的有名无实阶段、1985—1997 年的逐步健全阶段与 1998 年以后的渐趋成熟阶段。三者作为特定类型的区分主要在其政策内容的方向或重点、关键特征、单一性与多样性、多变性与稳定性以及所取得效果等方面。

表 3-2 1949 年后中国货币政策演变历程与其阶段划分

阶段	时期	主要内容	典型特征
有名无实 （1949—1984）	1949—1978 年	高度集中的计划经济体制，以实物生产和分配为管理对象，货币是"消极货币"，基本不对物价和产量起作用；中国人民银行集中央银行与专业银行、银行金融机构与非银行金融机构的职能于一身，总金融资产的 93% 是由其控制；把贷款作为信贷资金分配的唯一方式，实行"统收统支，统存统贷"的计划指标管理	金融仅为财政和计划的附属工具，没有在真正意义上采用货币政策来进行宏观经济调控
	1979—1984 年	适当调整和扩大信贷规模，增加市场商品的有效供给，特别加强对日用消费品、农民生产资料和建筑材料等的生产支持，促进国民经济和产业结构优化；开始注意货币政策松紧结合以抑制通货膨胀	

---

① 之所以将 2004 年作为新阶段起点，是因为 2003 年 10 月党的十六届三中全会通过的《中共中央关于完善社会主义市场经济体制若干问题的决定》首次提出要"建立预算绩效评价体系"，进而 2004 年 11 月财政部制定并印发了《中央经济建设部门项目绩效考评管理办法（试行）》，要求各地采取先行试点、由易到难、分步实施的原则，有效开展绩效评价工作，故 2004 年又被有关学者称为中国的"绩效元年"；2017 年党的十九大报告对于预算"全面实施绩效管理"的阐述，2018 年《中共中央国务院关于全面实施预算绩效管理的意见》以及贯彻落实《意见》的通知等，把中国财政政策带入了一个全面绩效导向的"新时代"。当然，这样划分并不意味着所谓的绩效（民主）财政已经建成，而是开启了朝这一目标不断努力的过程。参见：郑方辉，尚虎平. 2011 中国地方政府绩效评价红皮书 [M]. 北京：新华出版社，2012：188；李波，张洪林. 财政支出绩效评价法制化建设 [J]. 华南理工大学学报（社会科学版），2015（1）；以及《中国行政管理》2018 年第 4 期、第 11 期关于预算（全面实施）绩效管理的理论诠释和政策解读主题文章。

续上表

阶段	时期	主要内容	典型特征
逐步健全 （1985—1997）	1985—1988 年	中国人民银行独立行使央行职能，建立二级银行体制；前期以反通胀为目标，主要采取行政手段，实行紧缩政策；后期逐步放松"紧中有活"，取消贷款限额指标，改进信贷管理制度	逐步建立市场化的货币金融体系，货币政策以调控国内经济冷热为主，政策力度及其稳定性仍欠成熟
	1988—1992 年	前期以控制通货膨胀的"治理、整顿"为主，收缩银根控制货币信贷增长，加强信贷结构调整；后期为扭转经济滑坡转为放松银根，增加基础货币投放和信贷规模，放宽对其他金融机构控制	
	1992—1997 年	适应市场经济和各地发展需要加快金融改革，积极培育金融市场，发展多种金融机构，加强货币供应增加信贷规模；同时注意总量调控，稳定金融秩序和严肃金融纪律；建立健全商业银行体制	
渐趋成熟 （1998— ）	1998—2002 年	应对亚洲金融危机采取积极稳健的货币政策：取消贷款规模限制，降低存贷款基准利率和法定存款准备金率，保持货币供应量适度增长；增强商业银行的自主权与资金实力，改善企业资金流通环境；稳定汇率坚持人民币不贬值；等等	已形成相对健全的货币金融体系，政策工具运用渐趋成熟，强调"渐进式"的宏观调控，保持经济平稳增长效果明显
	2003 年至今	根据宏观经济形势需要及时调整货币政策倾向，包括调整金融机构存贷款基准利率，调整法定存款准备金率，灵活运用公开市场业务，优化信贷资金投向等	

注：本表部分参考：李圣君. 中国财政货币政策研究［D］. 大连：东北财经大学，2002。笔者进行了梳理。

（三）收入分配政策

1949 年之后中国收入分配政策的演变历程如表 3-3 所示。它在 60 多年间所发生转变的时间节点与国家整体发展导向（政治经济体制）乃至宏观经济周期的变迁高度一致，依次可分为计划经济下的单一分配方式（1949—1977 年）、改革开放以来的多种分配方式（1978—1992 年）以及市场经济下的灵活分配方式（1993 年以后）三个阶段。

国家治理绩效转型的中国实践

表3-3 1949年后中国收入分配政策演变历程与其阶段划分

阶段	时期	主要内容	典型特征
计划经济与单一分配（1949—1977）	1949—1952年	在多种经济成分并存的基础上，实行"公私兼顾、劳资两利""低工资、多就业"和"劳动致富"的收入分配政策	实行公有制基础上的按劳分配，分配方式单一化和平均化，扼杀劳动积极性与工作创造性
	1953—1977年	经"三大改造"过渡到单一公有制的计划经济体制。在城市，建立了以国营和集体经济为主体包含少量个体经济的所有制结构，绝大多数居民变成国家企事业单位或集体企业职工，其收入完全纳入统一的工资体系，并存在廉价房租与公费医疗等隐性收入和福利，亦无失业之忧；在农村，以家庭经营为特征的个体农民经合作化与人民公社化形成了"三级所有、队为基础"的集体经济，农民作为集体经济成员实行以按劳分配为主、兼顾平等的分配体制，社员在集体经济内实行大体平均的分配和有限的社会保障	
改革开放与多种分配（1978—1992）	1978—1984年	以农村家庭联产承包责任制为突破口，切实贯彻按劳分配原则，打破平均主义，农民获得经济的"剩余索取权"	建立多种形式的经济责任制，科学贯彻按劳分配原则，实现"责、权、利相结合，国家、集体、个人利益相统一，劳动与所得成果相联系"
	1984—1987年	经济体制改革从农村转向城市，建立以承包为主多种形式并存的经济责任制，进一步贯彻按劳分配原则，国家机关和企事业单位员工工资与劳绩挂钩，允许一部分人先富起来	
	1987—1992年	实行"按劳分配为主体、其他分配方式为补充"的分配方式，允许合法的非劳动收入，在促进效率的前提下体现社会公平	
市场经济与灵活分配（1993— ）	1993—1997年	建立社会主义市场经济体制及与之相匹配的收入分配政策，包括坚持以按劳分配为主体、多种分配方式并存，坚持效率优先、兼顾公平的原则，引入竞争合理拉开劳动报酬差距，鼓励先富带后富，建立公务员和企业职工工资的正常增长机制，建立最低工资标准和多层次社会保障体系	按劳分配为主体、多种分配方式并存，强调劳动、资本、技术、管理等生产要素按贡献参与分配，实现分配机制与市场经济相互融合、相互促进
	1997年至今	把按劳分配和按生产要素分配结合起来，允许和鼓励资本、技术等生产要素参与收益分配；整顿不合理收入，控制收入差距，规范分配秩序，完善社会保障体系	

注：本表资料参考：魏凤娟. 中国收入分配政策研究[D]. 郑州：郑州大学，2007。笔者在其基础上自行整理。

三、以法治发展为依据

既然是以法治化为目标讨论国家治理绩效转型的历史过程,则不仅是绩效方面,法治方面也是我们需要考虑的一个重点。以中华人民共和国的法治进程为依据进行历史断代,法治作为一个复杂系统亦可细分为很多维度,比如立法、执法、司法、守法,比如价值、制度、实践,等等。简单地说,我们在此通过立法体制、法制建设和司法实践三个方面来具体考察,分别解析其在当代中国发展史中的形态变迁。

(一) 立法体制

中华人民共和国成立后立法体制的演变历程如表3-4所示。它在60多年间的变化可分为三个阶段,依次为1949—1954年的分散立法体制、1955—1978年的中央集权立法体制和1979年以后立法集权的分权体制。三者在享有立法权的主体范围及其职权行使特点(约束条件)等方面存在显著差异。

表3-4　1949年后中国立法体制演变历程与其阶段划分

阶段	立法体制	具体内容
分散立法体制 (1949—1954)	县以上各级人民政府都或多或少地享有立法职权,在其职权范围内对所辖行政区域内的部分或者全部事务依法行使立法职权来进行管理	在全国人大召开以前,由中国人民政治协商会议的全体会议行使全国人大的职权,由中央人民政府委员会行使国家最高政权机关的职权,由地方各界人民代表会议代行地方人民代表大会的职权。实际享有立法权的主体包括中国人民政治协商会议、中央人民政府委员会、政务院(国家政务的最高执行机关)、政务院的各部/会/院/署/行(自身权限内)、大行政区人民政府(地方政务有关)、省/市/县/民族自治区人民政府(报上级人民政府批准)
中央集权 立法体制 (1955—1978)	全国人大是国家最高权力机关,也是行使国家立法权的唯一机关;后在1975年和1978年对1954年宪法的两次大的修改中,删去了"全国人大是行使国家立法权的唯一机关"的规定	1954年宪法规定全国人大的立法职权包括修改宪法、制定法律和监督宪法的实施,1955年授权全国人大常委会制定单行法规、1959年授权其修改已不适用法律条文;其他享有类似立法权的主体包括国务院(行政立法)、国务院的各部部长和各委员会主任(自身权限内发布命令和指示)、地方各级人民代表大会(决议和命令)、民族自治区的自治机关(自治条例和单行条例)

续上表

阶段	立法体制	具体内容
立法集权的分权体制（1979— ）	立法集权的分权体制，自1979年特别是1982年宪法颁布以来，逐步确立了从中央到地方、从权力机关到行政机关使立法职权的立法体制，其特点是在中央对立法的集中统一领导的前提下，适当地赋予地方以一定的立法职权，以作为对中央立法的补充和具体化	1979年通过的地方各级人大和政府组织法把立法权的主体范围由中央的全国人大及其常委会扩大到省级人大及其常委会；1982年宪法规定享有立法权的主体包括全国人大及其常委会、省级人大及其常委会、民族自治区人大；1986年修改组织法规定省会和较大的市人大及其常委会可制定地方性法规，1988年开始授权经济特区人大及其常委会制定地方性法规；2000年颁布《立法法》；2015年《立法法》修订赋予设区的市地方立法权

注：本表部分参考：李林. 新中国立法60年［M］//李林. 新中国法治建设与法学发展60年. 北京：社会科学文献出版社，2010：7－19。笔者进行了梳理。

（二）法制建设

中国人民共和国成立后的法制建设历程如表3－5所示。或由于立法体制以及政治社会生活变迁的影响，它在60多年间所发生的变化亦可分成三个阶段，依次为1950—1978年的法制探索时期、1979—1992年的加快建设时期和1993年后的法制成型时期。三者区别主要在其立法效率、法制特点（法制成型与体系化程度）和所依据的经济社会现实等方面。

表3－5 1949年后中国法制建设历程与其阶段划分

阶段	时期	主要内容
法制探索（1950—1978）	初步建章立制（1950—1954）	分散立法体制提高了立法效率，从中央到地方的立法速度大大加快。1950—1953年中央立法共435件（年均109件），地方立法无详细统计；其中浙江（1950—1953年）共制定暂行法令条例和单行法规653件（年均163件），内蒙古（1950—1954年）制定各种条例和规范性文件368件（年均73.5件），上海（1950—1954年）制定暂行法令条例和单行法规799件（年均159件）
	集中统一立法（1954—1978）	中央集权立法体制保证了中央对全国各项事业的集中统一领导，但也在相当程度上影响了地方积极性，阻碍了社会主义法制的全面快速发展。1954—1979年包括各种意见、办法、命令、决议、决定、通知、报告、答复、办法等在内的中央立法共1115件，年均59件，地方立法无详细统计。

续上表

阶段	时期	主要内容
加快建设 （1979—1992）	法制全面 恢复 （1979—1982）	1979年第五届全国人大第二次会议审议通过刑法、刑事诉讼法、地方各级人大和政府组织法、全国和地方各级人大选举法、法院组织法、检察院组织法、中外合资经营企业法等7个重要法律；这一时期除全面修改颁布了1982年宪法以外，还制定颁布了现行有效的法律22件
	计划商品 经济 （1983—1992）	1983年提出立法以经济建设为中心，必须适应并作用于以计划经济为主、市场调节为辅的经济体制改革需要；1987年宣布中国以宪法为基础的社会主义法律体系初步形成；这一时期全国人大及其常委会通过了宪法修正案和59个法律、27个关于法律问题的决定，全国人大常委会制定了有关经济方面的法律21个，对民事诉讼法（试行）、土地管理法、中外合资经营企业法、环境保护法、专利法、商标法等作了修改
法制成型 （1993— ）	市场经济 立法 （1993—2002）	1992年提出要建立和完善社会主义市场经济法律体系，特别是抓紧制定与完善保障改革开放、加强宏观经济管理、规范微观经济行为的法律和法规；1993年宪法修正案载入了中国正处于社会主义初级阶段、建设有中国特色社会主义的理论和坚持改革开放等内容；1997年党的第十五次全国代表大会确立了依法治国与建设社会主义法治国家的治国方略，并提出到2010年要形成一整套中国特色的社会主义法律体系；1999年宪法修正案载入了依法治国基本方略、国家现阶段基本经济制度和分配制度以及非公有制经济的重要作用等内容；这一时期立法步伐明显加快，全国人大及其常委会制定颁布了现行有效的法律98件，覆盖各个法律部门
	科学发展 立法 （2003— ）	2004年宪法修正案载入了以"三个代表"重要思想为指导、国家尊重和保障人权等内容；逐步明确以法律的方式体现、保障和落实科学发展观要求的立法工作指导思想；截至2010年底，全国已制定现行有效法律236件、行政法规690多件、地方性法规8600多件，2011年吴邦国委员长在第十一届全国人大第四次会议中宣布中国特色社会主义法律体系已经形成；2014年十八届四中全会通过《中共中央关于全面推进依法治国若干重大问题的决定》，提出全面推进依法治国的总目标是建设中国特色社会主义法治体系和社会主义法治国家；2018年宪法修正案增加习近平新时代中国特色社会主义思想作为社会主义法治建设的指导思想，并在国家机构权责与国家领导人任期等方面作了与时俱进的规范和完善

注：本表部分参考：李林. 新中国立法60年［M］//李林. 新中国法治建设与法学发展60年. 北京：社会科学文献出版社，2010：7-19。笔者进行了梳理。

（三）司法实践

中华人民共和国成立后的司法实践演变历程如表3-6所示。相应地，它在60多年间变化亦可大致分成三段，依次为1950—1977年的司法创建与挫折、1978—1998年的司法恢复与发展、1999年以后的司法现代化建设时期。然而，因为实践工作本身并不如体制（制度）建设那么容易模式化（相反它是一个渐进的过程），这种阶段划分尽管有据却存在一定相对性，即其边界可能不明显。

表3-6 1949年后中国司法实践演变历程与其阶段划分

阶段	时期	主要内容
建立与挫折（1950—1977）	司法创建（1950—1956）	1949—1950年创建全国司法机关组织体系；1951—1953年清除旧法观念，确立基本司法制度（包括审判、检查、司法行政制度），其间全国共审判了900多万件刑/民事案件，各级法院在土改、镇反、"三反""五反"中共判处104万件反革命案；1954年宪法专门规定司法机关的基本原则和工作制度，通过了各类司法机关组织法，开始建立调解、律师、公证等制度，至1957年6月全国有19个省/市/区成立了律师协会筹备会，共有法律顾问处817个、律师2878人
	遭遇顿挫（1957—1977）	"反右"斗争扩大化和"文革"期间，司法组织制度遭到严重破坏，包括律师打成"右派"，1957年铁路与水上运输法院被撤销，1959年取消司法部、监察部，1960年最高人民法院、最高人民检察院和公安部合署办公并由公安部党组领导等，全国基本处于一种无法制状态，基本人权受到践踏
恢复与发展（1978—1998）	恢复确立（1978—1984）	1978年第八次全国司法工作会议进行思想、组织、制度上的拨乱反正，恢复（建立）全国各级各类法院和司法行政机关工作体系，其中司法行政机关主管劳改、劳教、律师、公证、司法干部培训、法学教育、人民调解、法制宣传、司法外事和司法建设的理论研究等工作；其中1979—1984年间全国共平反和纠正冤假错案40万余件，审判了"四人帮"特别案件
	全面发展（1984—1998）	司法制度进一步健全，司法实践有序开展并不断规范化，包括制定和修改了法官法（1995年）、检察官法（1995年）、律师法（1996年）、刑事诉讼法（1996年修正）等，司法工作更加有法可依；同时充实了司法队伍，建立了四级两审终审制的普通法院体系，建立铁路运输、海事、军事等专门法院；检察机关、公安机关的建设也得到了长足的发展
现代化建设（1999— ）	公正司法（1999— ）	1999年宪法修正案载入了依法治国基本方略，在其纲领指导下不断完善了民事、行政和刑事三大审判体系，形成符合建设社会主义法治国家要求的现代司法制度；2003年启动中央领导下的全国司法体制改革工作，逐步探讨了党的领导与司法独立的关系、司法腐败治理、树立法院权威和公正形象以及公检法机关分工配合等重要问题，从制度和实践上推动了司法公正的真正落实

注：本表部分参考：李青. 新中国司法制度60年［J］. 国家行政学院学报，2009（3）；陈根发. 新中国的司法成就与展望［J］. 河南省政法管理干部学院学报，2008（5）。笔者进行了梳理。

四、以领袖风格为依据

尽管马克思主义否认个体英雄(领导人物)对历史发展所起的决定作用,但在特定历史条件与社会背景下,他们的确发挥了关键的影响。管理学早已验证了领导力是推动组织治理取得高绩效的重要因素;而对中国这种习惯于威权主义的文化与体制传统而言,核心人物的作用似乎更显一斑。仅就当代中国而言,由于领导人变动所带来国家整体发展导向乃至其治理绩效形态的改头换面早已镌刻在我们的记忆里。为此,领袖风格亦构成我们进行绩效类型的历史断代时必须考量的一项因素。

(一)以毛泽东为核心的第一代中央集体领导时期

关于毛泽东的领导风格研究文献已是汗牛充栋。相对来讲,我们更关注其个性特征对国家治理绩效类型的影响。概括起来,毛的个性主要有以下几个方面:第一,他是一位依赖自身超凡魅力的领导,其领导权威得益于在重大历史转折关头所具有的远见卓识与特殊才能;第二,他是具有诗人气质的伟大政治家,"他的思想就像天上的云彩飘浮,人们与他谈话常常感到是在跟一位哲人对话",与此相应的是他的某些唯意志论倾向,以致在某些国家大事上亦显得急于求成,夸大了主观努力的效能;第三,他善于古为今用,常通过引经据典来阐明他的理论和启迪大家的思维,以达到统一思想;第四,他的晚年由于多种原因,在相当程度上把个体领导凌驾于党中央的集体领导之上,这种倾向结合了他当时至高无上的影响力被放大到党和国家的大政方针(乃至各项具体工作)当中,造成了很大的现实损害。① 特别地,就如罗斯·特里尔在毛的传记中所言:他极擅长于人的"思想改造运动",他把"真理和权力融合在一起",试图"将一切私人价值观都纳入大同世界",他反复告诫人们"不要离开已有的共识,因为在新中国没有地方、也没有空间留给那些对真理有自己理解的人"。② 需要指出的是,这些是毛泽东作为普通人格的自我品性,却由于特殊的历史背景被深嵌入国家治理的政治经济决策(绩效行为选择)领域,其结果则是使得较长一段时期的政府和人民似乎都在诗意的激情裹挟中一路向前狂奔(带来正面和负面的双重极端),由此形成了一种极具特色的国家治理绩效类型。换言之,正是这样一种领导风格和国家体制的共同作用,使中华人民共和国从成立到毛逝世都被研究者称为"他的时代",这种状况直至邓小平上台后才得以逐步改变。

(二)以邓小平为核心的第二代中央集体领导时期

邓小平作为中华人民共和国成立后第二代中央领导集体的核心,亦是推动当代中国历史转折的关键人物。在笔者看来,他开创了一种不同于之前的国家治理绩效类型,而这又与他的个性以及领导风格密切关联。第一,他似乎拥有一种法理型的领导权威,正是(基于其自身经历)对前一时期的深刻反思和扬弃,他更加信奉以法治代替人治,这是他着力进行政治体制改革的重要动因以及目标;第二,他的领导行为充满务实的色彩,他并不热衷于统一人们的思想,而是鼓励每个人充分发挥其自身才智、创造有利条件以解决现实困难(获得成功),同时国家允许和保障个体的合法劳动成果以形成一种物质激励;第三,他始终坚持以国家利益为准则,不搞意识形态的争论,作为领导者他十分注意摆正个人与集体的关系,强调发挥集体领导的作用,并通过修正宪法和推动改革从

---

① 袁南生,伍国用. 毛泽东与邓小平领导风格比较[N]. 作家文摘,2014-08-29(1).
② 特里尔. 毛泽东传[M]. 何宇光,刘加英,译. 北京:中国人民大学出版社,2010:272-275.

国家治理绩效转型的中国实践

制度上杜绝了个人凌驾于集体之上的情况。正如傅高义所总结的那样,邓小平首先着手解决的问题是制度的缺陷,"这种政治体系控制到每家每户的做法过了头,造成恐惧和主动精神的丧失,对经济体系的控制也过了头,导致失去活力的僵化";"他要给人们希望,但又不能像毛在 1958 年那样使人产生不切实际的预期"。① 实践证明,他的确做到了,以至于整个这一时期政府和人民都在一种相对宽松和自由的政治气氛中努力为经济改善而奋斗,他所建立的是一个每个人自负盈亏、多劳多得并依靠功利逻辑与社会比较来维持延续的新秩序,这给国家带来了翻天覆地的变化。

(三) 巩固和发展中国特色社会主义时期

一般认为,以邓小平为核心的党的第二代中央领导集体开创了中国特色社会主义,以江泽民为核心的党的第三代中央领导集体坚定捍卫了中国特色社会主义,以胡锦涛为总书记的党中央坚持和发展了中国特色社会主义,三者是一脉相承,继往开来的。② 以至于许多媒体把邓小平之后的一段历史称为"后邓小平时代",③ 因为在某种程度上讲,这似乎是在继承他所开启的事业以及延续他所开创的国家治理形态(政治经济导向与人民生活诉求)。首先,自 1992 年提出号召以来,中国开始步入社会主义市场经济蓬勃发展的阶段,不仅实现了政治稳定和经济的持续增长,而且由于经济与科技现代化带来社会的多元化程度迅速提升,类似毛、邓领导时期那种全国上下目标明确步调一致的景象一去不复返。其次,邓小平所提出的有关中国长远未来的两项系统任务——"一是推进政治体制改革,提高政治民主化程度;二是深化经济体制改革,实现共同富裕"——在此后得到延续,尽管经历不止一次的领导集体换届,但他们都在这一共同的方向上进行了艰辛探索。再次,就邓小平之后的三代中央领导集体来讲,虽然面临的任务迥异,但都一致地继承和发展了中国特色社会主义理论,并表现出稳健务实、与时俱进的领导特征。比如以江泽民同志为核心的党中央更加强调党的集体领导和科学领导,着力提升领导干部的政治素质与党性修养,在经济上则鼓励创业和个人自谋出路,整体领导风格偏于从紧(这可能与 20 世纪 90 年代初特定的对我国不利的世界政治局势有关);④ 以胡锦涛为总书记的党中央延续了其中庸和韬光养晦的思维,且突出强调对社会弱势群体的关心和保障,彰显亲民与务实的特点;⑤ 以习近平同志为核心的党中央则在继续保持亲民与务实的基础上略为增加一些硬朗,体现在大力整治干部作风(反腐倡廉)与规范市场经济秩序等方面,并由于其个性的魅力显得刚柔并济与自信自如;⑥ 总体上中国正在走向领导科学、政治开明与经济开放的新时代,更加坚定于中国特色社会主义道路自信、理论自信、制度自信和文化自信。针对本书所论的问题,可以发现的是,"后邓时代"的三代领导集体风格尽管略有差异,但也一脉相承,而且从国家整体的政治经济状态来看并未发生明显的阶段变化,因此基于绩效类型学的视角或将其暂时归并(事实上这一阶段能否构成一个明确的国家治理绩效类型仍有争议,详见后文分析)。

---

① 傅高义. 邓小平时代 [M]. 冯克利,译. 北京:生活·读书·新知三联书店,2012:18 – 19.
② 新华网. 习近平谈历代中央领导集体的传承 [N/oL]. 习近平在中共中央举行学习《胡锦涛文选》报告会上的讲话,2016 – 09 – 29.
③ 佚名. 后邓小平时代 [N]. 经济观察报,2004 – 8 – 21.
④ 陈大明. 试论江泽民的领导观 [J]. 学习论坛,2001 (4).
⑤ 冯胜瑜. 胡锦涛同志领导风格浅析 [J]. 领导科学,2003 (23).
⑥ 文秀. 习近平的领导风格及特点 [J]. 当代社科视野,2014 (7).

综合以上分析，无论从绩效指标、政策导向、法治发展还是领袖风格来看，中华人民共和国的历史似乎都经历了较为明显的三个阶段变化，分别如表3-7所示。虽然不同因素（指标）所发生阶段转变的具体时间节点略有差异，但可以确定其存在类型（风格）切换的事实。

表3-7 绩效类型分析的中华人民共和国历史断代时间节点

断代依据		节点一	节点二	节点三
绩效指标	增速与波动	1952	1976	1993
	结构与效益	1952	1969	1992
	人民生活水平	1952	1974	1992
	税负与福利分配	1952	1977	1995
政策导向	财政政策	1949	1977	2003
	货币政策	1949	1984	1997
	收入分配政策	1949	1977	1992
法治发展	立法体制	1949	1954	1978
	法制建设	1950	1978	1992
	司法实践	1950	1978	1999
领袖风格		1949	1977	1992

基于绩效的理论逻辑，末端指标通常为一种结果或表象，政策倾向则是其中的行为（传导）机制，领袖风格或在一定程度上触及动因，这三者组合亦可模拟国家治理绩效类型的大致框架。进一步地，三个方面内容或特征随时间所呈现的阶段变化，则可作为国家治理绩效类型转变的重要标志。但是，要以此推算国家治理绩效类型转变的时间节点，只能采取一种近似归纳的方法。其具体逻辑：第一，中华人民共和国的历史正式始于1949年，虽然此后3年为政权巩固与经济恢复时期，主要的国民经济指标在此期间仍无法统计，但毫无疑问它将作为国家治理绩效类型划分的首个时间端点；第二，判定绩效类型转变有赖于其构成之关键因素（可从绩效目标、绩效行为与绩效结果三个维度考量，实际应包括国家政治经济发展导向亦即党和政府的工作重心以及广大群众的心理行为诉求两个层面）的整体变迁，以前文所列11个方面（11项依据）为参照，可见其中至少有7项的阶段转变节点出现在1977年前后，再下个转变节点出现在1992或1993年，占据多数（个别项目所体现的阶段节点与之存在几年的差距，主要因为从公共政策传导至经济指标需要一定的时间周期）；第三，考虑到影响当代中国历史进程的重大转折事件，1977年前后结束了十年浩劫的"文革"并决定改革开放，1992年前后正式提出建设社会主义市场经济，这两个节点的确标示了国家整体发展目标、发展思路乃至发展状态的迥异变化，若以之来划分历史阶段（绩效类型）不仅符合多数人基于常识的经验判断，亦跟绩效指标、政策导向和领袖风格三方面所梳理结果中的大多数保持吻合。综此，我们基本可以确定中华人民共和国治理绩效转型的两个时间节点，以此划分的第一个国家治理绩效构成类型为1949年到1977年，第二个国家治理绩效类型从1978年持续到1992年，此后进入国家治理绩效类型的第三阶段（1993年至今）。当然，必须承认的是，绩效类型学本身是个挖掘与重述历史的尝试，这里的断代也只是一家之言，甚至可能带

有些武断;而所谓的类型划分则是为了更好地进行绩效特质归纳、寻找其中的变化规律以及未来发展的目标,不同类型之间的差异具有相对性,即便是同一类型下的各项国家治理绩效要素也不是一成不变的。

第二节 基于愿景感召和集体行动的绩效类型一(1949—1977)

一、绩效表现

1949—1977年作为所划分国家治理绩效类型的第一阶段(类型一),首先,从关键指标的绩效表现来看:一是作为国民经济的总量和效益指标,国民总收入在此期间(剔除物价变动后)的实际增幅为3.8倍,人均GDP实际增幅为2.3倍,按人口平均的工业总产值实际增幅为5.2倍,年均增长率分别达到5.5%、3.4%和6.8%,但是三者在不同年度的增长率均有正有负(个别年度负增长率甚至达到40%以上),可见其即便总体趋势是上升的,但期间的波动(振幅)十分明显;二是作为国民经济的结构指标,第三产业国内生产总值比重在此期间呈波动下降趋势,从波峰到波谷的距离(最大降幅)约为10个百分点,其背后则是由于国家整体倾向重工业的发展思路致使第二产业比重不断上升;三是作为间接反映人民生活的指标,居民消费水平在此期间实际增幅亦达到1.8倍,同样,其不同年度的增幅有正有负;四是作为体现经济成果以及成本分配的指标,人均财政支出在此期间亦呈波动增长态势(增幅达到2.4倍,年均增长3.5%),人均税收占人均GDP比重的变化则体现为扁U型,即期末与期初的绝对值大致持平。总体上,这一阶段的国民经济发展绩效十分显著,包括总量、结构、效益和人民生活在内的各项指标都有了大幅增长或改善;然而这些指标在这一历史时期内变动的趋势特征也十分明显——都呈波动增长形态,并与其在此后年份的变化产生区别。因此,波动变化(绩效不稳定)成为这一时期国家治理绩效类型的典型表象(表3-8)。

表3-8 国家治理绩效转型第一阶段的关键指标绩效表现

	变化				波动(%)		
	期初值(1952)	期末值(1977)	实际增幅(倍)	趋势形态	最大增幅/最大值	最小增幅/最小值	年均增幅
国民总收入(亿元)	679.0	3221.1	3.8	波动增长	21.3	-27.3	5.5
人均GDP(元)	119	341	2.3	波动增长	18.3	-26.6	3.4
按人口平均的工业总产值(元)	61	392	5.2	波动增长	52.1	-43.9	6.8
居民消费水平(元)	80	175	1.8	波动增长	9.8	-8.3	2.3
人均财政支出(元)	30	89	2.4	波动增长	43.1	-44.4	3.5
第三产业国内生产总值比重(%)	28.2	23.6	—	波动下降	31.9	21.9	—
人均税收占人均GDP的比重(%)	14.2	14.4	—	扁U型	15.2	10.9	—

二、绩效构成：基于绩效系统的动因解读

作为一种特定的绩效类型，这一阶段必然有区别于其他绩效类型的若干典型特质。基于前文所述，可先从生成绩效的目标、行为和结果三个方面来分别进行梳理，而每一方面为了更好地展示，又将借助政治社会学的常用视角——分成国家与公民（政府与公众）两个层面来观察，以便进一步理解它们之间的相互关系。需要指出的是，本章在这一部分以及对此后两个阶段的分析中，主要遵循历史和实证的原则，即通过广泛搜集表现相应历史时期政府和普通公众绩效目标设定、绩效行为选择（相互作用）以及绩效结果生成（分配）的实证素材，包括直接和间接的、质性与量化的、官方与民间的、自述与他评的等等，并经筛选和整理后用以对国家治理绩效类型的印证。特别地，依据社会科学研究结论"应尽可能寻找大样本调查证据，其次为实验或个案经验，再次为其他质性间证"的规则[1]，以及陈寅恪先生提出"文史互证"的思路[2]，为一项不容易找到核心证据的尝试性研究（几乎没有针对本阶段的抽样调查数据），在此我们所囊括的参考资料包括了政府工作文件、历史经济著作、国内外权威社会调查、重要人物传记乃至经典文学作品[3]。

（一）绩效目标方面

表3-9是对应这一阶段政府和公众两个层面绩效目标的基本描述，为归纳该类型国家治理绩效特征的一个重要方面。从政府层面看：一是尽管其目标集中在经济领域，但是以快速发展重工业和工农业产品大幅增产等国家或集体业绩为主，并未直接聚焦到人民生活的长期改善方面；二是目标值设定偏高（如年均增速15.5%、产量增幅超过100倍等），尽管基数小但实现亦有困难，本应作为长期（远景）目标却要求在短期内完成，特别在"大跃进"时变得更加不切实际；三是目标描述的措辞具有激进的号召色彩，比如多出现"集中力量""尽可能""大幅增加""提前完成"等用语（贯穿于五年计划及其调整的要求中）。而从公众层面看，一方面最大的现实难题在于普遍生活贫困（以及饱受多年战争的安定需求），由此激发出改善物质条件的强烈愿望；另一方面受高度集中的国家体制与大起大落的经济形势影响，贯穿整个这一时期普通公众的生活境况都未发生实质性改变（个体或家庭的绩效目标仍像现实主义小说中描写的那么单一而真实，就是为了解决最起码的温饱问题）。这些无疑都是特定阶段国家整体发展思路、倾向以及风格（国家治理绩效类型）的典型反映。我们以为，通过宏大而远景目标的感召更有助于激发全体公众的革命和建设热情，这不仅与当时意识形态主导的执政风格相匹配，也在事实上发挥了重要的动员和鼓舞作用；但总的来讲，从绩效目标角度看这一时期的政府

---

[1] 杨国枢，等. 社会及行为科学研究法[M]. 重庆：重庆大学出版社，2005：40-52.

[2] 徐忠明. 法律与文学之间[M]. 北京：中国政法大学出版社，2000.

[3] 把文学作品与学术研究关联或针对文学作品进行学术问题的研讨是不少前辈学者躬身探索过的可行路径，典型的有法制史学者徐忠明先生所开拓的中国古典文学作品中的法律问题研讨；他认为以中国传统学术而言，"文史一家"乃是人们的共识，虽然历史与文学的真实并不等同（前者为客观已然，后者为逻辑自洽），但二者亦能互相支持、弥补和释证，通过两种叙事模式之间的关联可以增加研究的理论深度和学术价值。显然，这对于同样涉及历史分析的本书来讲不无启发。参见：徐忠明. 法律与文学之间[M]. 北京：中国政法大学出版社，2000：1-9.

国家治理绩效转型的中国实践

与公众绩效目标并不具有高度一致性,尽管前期相对集中于经济改善,却主要关注重工业和国防科技等集体事业而非普通公众的真实生活,到后期因为意识形态极化,政府的关注重心更是转向政治运动,偏离了广大群众最为迫切的物质需求。[①]

表3-9 国家治理绩效第一阶段类型特征之政府与公众的绩效目标

	绩效目标与任务	参考资料来源
政府层面	"一五"计划:采取积极的工业化政策即<u>优先发展重工业</u>,<u>集中力量</u>进行苏联援建的近千个工业单位建设,奠定社会主义工业化的初步基础;发展农业和手工业生产合作社,把资本主义工商业纳入国家资本主义轨道;肃清暗藏的反革命分子,<u>工业总产值每年递增15.5%</u>,主要工业品产量大幅增加<u>(1.1~189倍)</u>,建立巩固的国防和满足人民需要的物质基础 "大跃进":粮食产量1959年达到<u>8000~10 000亿斤</u>,1960年达到13 000亿斤左右,1962年达到或高于15 000亿斤;钢产量1959年达到<u>2700万吨</u>,1960年达到5000万吨,1962年达到8000万至1亿吨;其他<u>主要工业产品产量超过英国,主要科技部门赶上世界先进水平</u>,在"二五"期间把中国<u>提前建成</u>一个具有现代工业、现代农业和现代科学文化的伟大社会主义国家 两年调整计划:<u>在尽可能多生产</u>粮食和煤炭的基础上,有步骤地恢复和发展整个工农业生产,进一步活跃城乡交流,安定人民生活,改进国民经济各部门之间的比例关系 "三五"计划:大力发展农业,加强国防建设,努力突破尖端技术;加强基础工业建设,提高产品产量和质量,实现工农业总产值<u>平均每年递增8.1%~9.5%</u>;发展交通运输、科教文卫事业,实现国民经济<u>有重点、按比例的发展</u>	编制第一个五年计划应注意的问题(1953年9月15日,李富春) 关于第一个五年计划的几点说明(1954年6月30日,陈云) 中华人民共和国发展国民经济的第一个五年计划(1953—1957年) 中共中央关于一九五九年计划和第二个五年计划问题的决定(1958年8月28日) 中共中央批转国家计委党组关于第二个五年计划后两年补充计划(控制数字)的报告(1961年10月6日) 关于第二个五年计划后两年的调整计划和计划执行情况的报告(1963年7月3日,李富春) 中共中央关于印发第三个五年计划的三个文件的通知(1964年5月2日) 毛泽东在国家计委领导小组汇报第三个五年计划设想时的插话(节录)(1964年5月10—11日) 关于第三个五年计划安排情况的汇报提纲(草稿)(1965年9月2日)

---

① 不可否认,在特定的历史时期必须采取特定的国家治理模式,即要以历史的眼光来看待历史问题(不能以现代标准去评价历史),这里仅作为所论国家绩效类型之某方面特征的一个基本描述,不带有孰优孰劣的评价色彩。

续上表

	绩效目标与任务	参考资料来源
公众层面	"各地在压力之下，罔顾现实做出了粮食生产的承诺，来年只好动用库存来兑现，而不顾当地百姓正在忍饥挨饿；大型新建工程用光了水泥，使计划更周全的项目无水泥可用" "从1958年到1977年的20年间，有16个年头社员平均口粮都不足350斤，去年仅有315斤，而其中300斤以下的就有241个大队，占全县人口的1/3；1949年人均生产油品9斤2两，去年下降为1斤9两；社员收入低微、负债累累，缺吃少穿；农村既然已经贫困至极，人们就得想办法维持自己的生存" "这必定是一个穷小子，他不仅吃这最差的主食，而且连五分钱的丙菜也买不起一份……各班的甲菜只是在小脸盆里盛一点，看来吃得起肉菜的学生没有几个……他愿自己每天排在买饭的队伍里，也能和别人一样领一份乙菜，并且每顿饭能搭配一个白馍或者黄馍"	傅高义. 邓小平时代 [M]. 冯克利, 译. 北京：生活·读书·新知三联书店, 2012：57. 路遥. 平凡的世界 [M]. 北京：华夏出版社, 1998：2, 6, 10, 527. 古华. 芙蓉镇 [M]. 北京：人民文学出版社, 2013. 余华. 活着 [M]. 北京：作家出版社, 2012.

（二）绩效行为方面

类似地，表3-10整理了对应该阶段政府与公众两个层面绩效行为的基本描述。从政府层面看：一是强调国家统筹，包括层层计划分配与集中统一组织两个特点；二是强调全党全民运动，并通过严格的纪律加以约束，通过竞争和攀比提升产量；三是强调个人对自身的克勤克俭与对国家的无私奉献。从公众层面看：农民出于改善生活目的而采取的自谋出路的一切行为（比如小商贩、个体经营乃至扩大耕种等）都被宣布为不合法，并受到严厉制裁；即便是在私人生活领域（比如探亲、就医等），因为特殊的政治历史背景亦要受到政府（党组织）的严格管制。总体而言，这一时期的国家治理绩效行为表现出政府对普通公众的政治经济生活实施强大约束或干预的特点，几乎扼杀了公众个体在国家计划以外的任何绩效追求，并力图达到全国人民步调行动高度一致的效果。当然，积极的方面为这种全面动员集体行动的逻辑似乎更有利于集中资源（举全国之力）迅速完成国家的重点任务；而消极的方面则为过分扼杀了个人的自主权利以及生活空间，造成了一个不鼓励个性（缺乏绩效激励）的时代。

表 3-10 国家治理绩效第一阶段类型特征之政府与公众的绩效行为

	绩效行为与措施	参考资料来源
政府层面	"一五"计划：按照国家统筹安排的方针，加强中央与地方、城市与农村、各级各部门的计划分配和统一组织；经常性提高广大群众的思想政治觉悟，巩固劳动纪律 "大跃进"：计划必须统一，集中全民的意志，坚持党的一元化领导，实行分级管理，保证重点建设，调动一切积极因素；各地区立即把主要力量转到工业战线，全党办工业、全民办工业，并开展评比竞赛运动，按照多快好省的要求，对生产建设事业进行统筹安排；群众的共产主义思想觉悟得到空前提高 两年调整计划：为了有效进行调整，必须集中领导，把全国人力物力财力进行统一安排，有关计划、物资分配、工业和劳动管理、财政金融的主要权力更多集中到中央一级；缩短重工业战线，降低发展速度，加强人力物力财力对农业和轻工业的安排；调整城乡关系，降低城市对农村的压力 "三五"计划：贯彻执行艰苦奋斗、勤俭建国的方针，农业建设充分发扬大寨精神，坚持以社、队自力更生为主，国家支援为辅，依靠集体力量兴修水利工程，实现农田稳产丰产	编制第一个五年计划应注意的问题（1953年9月15日，李富春） 关于第一个五年计划的几点说明（1954年6月30日，陈云） 中华人民共和国发展国民经济的第一个五年计划（1953—1957） 中共中央关于一九五九年计划和第二个五年计划问题的决定（1958年8月28日） 中共中央批转国家计委党组关于第二个五年计划后两年补充计划（控制数字）的报告（1961年10月6日） 关于第二个五年计划后两年的调整计划和计划执行情况的报告（1963年7月3日，李富春） 中共中央关于印发第三个五年计划的三个文件的通知（1964年5月2日） 毛泽东在国家计委领导小组汇报第三个五年计划设想时的插话（节录）（1964年5月10—11日） 关于第三个五年计划安排情况的汇报提纲（草稿）（1965年9月2日）
公众层面	"（他们）在公社武装专干的带领下，在集市上没收农民的猪肉、粮食和一切当时禁卖的东西，把农村扩大了几尺自留地或犯了点其他'资本主义'禁忌的老百姓，统统集中在公社的农田基建会战工地上，强迫这些人接受劳教" "队里几乎所有的社员，都常抱怨他把他们扣得太紧，简直到了残酷的程度" "这一切不幸都是一村人在一个锅里搅稀造成的；说句反动话，如果让他单干种庄稼，他就不相信一家人连饭也吃不饱" 农民被组织成公社后，公社能够使更多的农民参加草率上马的建设项目或在田间干活，但是看到不干活的人跟着别人吃得一样好，这让他们失去了劳动热情 邓小平在江西写的大多数信件都是为了请求允许孩子回家探亲，安排他们在附近工作，或者得到必要的治疗 当三年困难时期结束，农村经济开始复苏时，胡玉青在粮站主任谷燕山和大队书记黎满庚支持下，在镇上摆起了米豆腐摊子，生意兴隆；1964年春她用积攒的钱盖了一座楼屋，落成时正值"四清"开始，就被作为走资本主义道路的罪证查封，胡玉青被打成"新富农"，丈夫自杀，黎满庚撤职，谷燕山被停职反省	路遥. 平凡的世界［M］. 北京：华夏出版社，1998：38，211，519. 傅高义. 邓小平时代［M］. 冯克利，译. 北京：生活·读书·新知三联书店，2012：57，71. 古华. 芙蓉镇［M］. 北京：人民文学出版社，2013. 余华. 活着［M］. 北京：作家出版社，2012.

(三) 绩效结果方面

表 3-11 整理了对应该阶段政府与公众两个层面绩效结果及其分配的基本描述。从政府层面看主要表现为：一是强调扩大国家资金积累和政府的统一调配；二是强调个人在分配中尽可能少地占有，即提倡勤俭建国、敬业奉献；三是片面地追求平均主义，抹杀城乡和工农业差距。从公众层面看，无论是个体在生产队（合作社）中的劳动还是以户为单位的农畜饲养都强调国家对产品的优先取得权（事实上每年都有严格的提前计划和落实分配到户，必须按量完成），这种情况下，政府实际上并未充分考虑个人或家庭对剩余劳动产品的占有权利（以及它是否能满足基本生活需求），更毋谈通过分配的物质激励来增强个体绩效追求的动因。总体而言，这一时期的政府和公众在绩效结果分配上明显呈现以前者为先（占有绝大部分）的特点，这种片面强化个人对集体无私奉献的后果，不仅使广大群众的生活在 1949 年以后相当长的时期（将近 30 年）内依然停留在贫困线以下（哪怕国家的集体建设如国防科技和重工业等发展已取得令世界瞩目的成就），而且按照绩效结果对于绩效目标与行为的反馈机制，（个人努力与所获得的物质回报不相匹配）便无法有效地激发出作为个体的普通公众积极投身国家建设（绩效追求）的强大热情（以致在集体劳动中自觉不自觉地产生"磨洋工"等现象）；换言之，这一时期主要是一种建立在愿景感召和集体行动基础上的国家治理绩效类型，正因如此，它的动力机制从某种程度来讲具有不可持续性。

表 3-11 国家治理绩效第一阶段类型特征之政府与公众的绩效结果

	绩效结果与分配	参考资料来源
政府层面	"一五"计划：全国人民应服从党的领导加强团结，提倡艰苦朴素，<u>克勤克俭，敬业奉献</u>的精神；<u>注意扩大国家资金积累</u>，保证集体建设 "大跃进"：重要的原材料和技术设备由<u>中央统一调拨分配</u>，规定超产部分的分成比例；人民公社成为社会基层的主要形式，<u>逐步消灭城乡界限</u>，<u>全国经济走向均衡发展的共产主义要求</u> 两年调整计划：贯彻按劳分配促进生产的原则，克服平均主义的缺点，实行计件或计时工资制 "三五"计划：教育农民群众，耕种自留地仍要以粮食作物为主	编制第一个五年计划应注意的问题（1953 年 9 月 15 日，李富春） 关于第一个五年计划的几点说明（1954 年 6 月 30 日，陈云） 中华人民共和国发展国民经济的第一个五年计划（1953—1957 年） 中共中央关于一九五九年计划和第二个五年计划问题的决定（1958 年 8 月 28 日） 中共中央批转国家计委党组关于第二个五年计划后两年补充计划（控制数字）的报告（1961 年 10 月 6 日） 关于第二个五年计划后两年的调整计划和计划执行情况的报告（1963 年 7 月 3 日，李富春） 中共中央关于印发第三个五年计划的三个文件的通知（1964 年 5 月 2 日） 毛泽东在国家计委领导小组汇报第三个五年计划设想时的插话（节录）（1964 年 5 月 10—11 日） 关于第三个五年计划安排情况的汇报提纲（草稿）（1965 年 9 月 2 日）

续上表

	绩效结果与分配	参考资料来源
公众层面	邓小平担任财政部长的第一年，他主导着与各省进行协商的政治过程，以确定他们上缴多少粮食和税，以及中央政府向他们分配多少 公社每年根据国家要求，给每个大队硬行分配生猪交售任务，到年底平均两户按标准交售一口肥猪；国家要拿猪肉支援集体建设，每年的任务非完成不行……收购标准又提高了，只好把所有省下的高粱一颗不剩全给猪补贴了……这年头人都没粮吃，怎能有猪吃的粮食呢？ 他年轻力壮，一年四季在山里挣命劳动，从来也没有亏过土地，可到头来却常常是两手空空；村里的其他人家，除过少数几户，大部分也都不比他们的光景强多少	傅高义. 邓小平时代［M］. 冯克利，译. 北京：生活·读书·新知三联书店，2012：54. 路遥. 平凡的世界［M］. 北京：华夏出版社，1998：212，214，519. 古华. 芙蓉镇［M］. 北京：人民文学出版社，2013. 余华. 活着［M］. 北京：作家出版社，2012.

三、法治形态：基于法治系统的进程检视

在法治的视角下对这一阶段的国家治理绩效类型进行检阅，即判断驱动该绩效类型（政府与公众绩效行为）存续的关键因素是否为法治，或是其他什么因素？我们主要从这一时期社会的价值观念、组织制度与实践秩序的法治化进程来考察。因为前文历史断代时已就国家法治系统的立法体制、法制建设与司法实践三个维度作了梳理，为避免重复在此分析从简。

（一）价值观念方面

崔自立在分析中华人民共和国法治建设中法治理念的变迁时，将这一时期划分为法律工具主义（1949—1957年）和法律虚无主义（1958—1976年）两个阶段。从前者来看，其特点是把法律当作控制社会（阶级斗争和巩固专政）的工具而非维护人民权利的行为准则与社会生活的调整器，法律主要是替政治服务，并对传统和西方法治文明优秀成果（如国民党《六法全书》）一概排斥；从后者来看，"反右"和"文革"以来在国家领导人中普遍存在诸如"依靠（党内）开会和决议而不靠民法、刑法来维持秩序，每个决议都是法，开会也是法（毛泽东语）""统治还是靠人，法律只是办事的参考（刘少奇语）"等漠视法制思想，法律完全被最高指示、政策所取代。① 这是在政府（公共权力）的层面。而在公众（公民权利）的层面，迫于当时的政治环境，个人利益被看作是个人主义、自私自利、资产阶级法权的同义语，人们的自主、自强和利益意识不断受到

---

① 崔自力. 从人治走向法治——新中国法治建设中法治理念的变迁［J］. 改革与开放，2009（6）.

压抑。① 从本质上讲，这其实是一种执政党的（核心）价值观念上升为社会（核心）价值观念的过程，以至于广大劳动人民将集体利益视为高于个人利益，个人服从于集体都凝成了一种自觉，并且该过程又是通过军事（抗日战争和解放战争的胜利/清除残余势力）、政治（阶级斗争/反帝反封/消灭土匪）和经济（三大改造）上的三重胜利来完成的。②

归纳这一时期社会价值观念的特点，可以看出：一是人们的法律信仰意识和法律权威观念基本没有，法律及其价值不能成为政治乃至社会生活运行的规则，也未对法律制度创设发挥引领作用；二是掌权者缺少理性和有限行使权力的精神，人们的权利观念和权利本位意识从根本上缺失，更谈不上实现以权利制约和规范权力的制度设计；三是尽管这一阶段的个别时期（比如"一五计划"和"文革"中几个整顿的环节）法治观念水平有所提升，但总体上法治价值尚未在社会中找到其根基与形成体系，与法治国家的标准差距甚远。

（二）组织制度方面

相应地，这一时期中国在法治的组织制度上亦呈现重大缺陷。前期（1949—1957年）所制定法律的调整范围不够全面系统，形式不够规范，刑法、民法、诉讼法等许多基本法律都没有制定；并且由于否定法治的普遍性价值，导致一系列重要的法律制度无法确立，比如"公民在法律上一律平等"被批判为"敌我不分"、"法院独立审判"和"反对党政代法"被认为"企图篡夺党的领导"、"法律继承性"认为是"为反动法律招魂"、"完善人大制度"成为"吹捧资产阶级的议会制度"等；后期（1958—1976年）更是使全国的立法工作、人民代表大会制度以及司法制度基本陷入瘫痪，比如第三届全国人大10年间仅召开一次会议，仅通过一部法律性文件《1958—1967年全国农业发展纲要》和一部存在严重错误的宪法（1975年宪法），代表任期远超宪法规定；等等。③

与法治的理想标准相比，则这一时期的制度情况可以描述为：一是从形式上看，法制本身远不能达至结构完备、功能完善与逻辑自洽的理性要求，不能使政府和公众事事有法可依；二是从内容上看，公共权力缺少其运行、限制、责任与监督等方面的制度规定，公民权利也缺少其内容、实现与救济等方面的制度保障；三是国家内部各类组织（主要是党政组织）不能有效地履行法定职能和依靠法律规则运转，从而不能保持社会生活的组织化以及有序治理状态。事实上，由于缺乏权力规制和权利保护的组织制度所带来的历史教训是极为深刻且惨痛的："反胡风运动""反右斗争扩大化"中被迫害而自杀、因劳改而折磨致死的知识分子和干部不计其数，仅以甘肃酒泉戈壁滩里的夹边沟劳改农场为例，从1957年10月至1960年年底该处关押了甘肃省近3000名"右派"，短短三年间在吃尽能吃的和一切不能吃的之后，只剩下三四百人；而"文革"中仅1966年的"红八月"，红卫兵小将就打死1772人。④

---

① 陈立旭. 当代中国人价值观的变迁[J]. 当代社科视野，2009（10）.
② 邱仁富. 新中国60年社会核心价值观念变迁探要[J]. 江西师范大学学报（哲学社会科学版），2009（5）.
③ 本段论述参见：崔自力. 从人治走向法治——新中国法治建设中法治理念的变迁[J]. 改革与开放，2009（6）.
④ 转引自：郭道晖. 人权六十年：从否定到回归[J]. 炎黄春秋，2011（4）.

(三) 实践秩序方面

作为观念和制度的结果,这一时期的社会生活(实践)秩序相对于法治要求也更为直接地表现为:一是在前期,干部与群众普遍缺少法律自觉,不尊重法律、有法不依的现象经常发生,比如1954年宪法颁布才几个月,"胡风事件"的处理过程(因言获罪、思想定罪、未经合法程序宣判为反革命等)就在违宪方面开了极不好的先例;在后期,全国司法体制与司法运作更是遭到了毁灭性破坏,比如司法部、国务院法制局被撤销,最高人民法院、最高人民检察院被命令与公安部合署办公并受其党组领导,辩护制度、律师制度基本被废除,公证制度名存实亡,人民调解组织陷入瘫痪,与此同时"红卫兵"夺权浪潮席卷全国,群众互相揭发、举报和批斗的社会风气愈演愈烈。[①] 从数据来看,据不完全统计,到1982年底"文革"大规模平反工作结束时,被平反的干部冤假错案多达300万起,47万余名共产党员恢复了党籍,因与这些干部有亲属或工作关系而受到株连的群众数以千万计。[②] 总的来讲,这一时期中国的法治建设是成绩与失误并存交织,尽管国家治理在该期间一度取得了经济上的高绩效,但这种高绩效显然不靠法治而主要是靠政治(意识形态)的力量来完成。

第三节 基于功利互比与个体自决的绩效类型二(1978—1992)

一、绩效表现

1978—1992年是所划分国家治理绩效类型的第二阶段(类型二),从关键指标的绩效表现来看:作为国民经济总量指标的国民总收入在此期间实际增幅为3.1倍,年均增长率达到4.6%;作为国民经济效益指标的人均GDP实际增幅为2.5倍,按人口平均的工业总产值实际增幅为3.0倍,年均增长率分别达到3.8%和4.5%;作为人民生活间接指标的居民消费水平在此期间实际增幅为2.5倍,年均增长率达到3.8%。与前一阶段不同的是,这些指标几乎在每个年度的增长率都为正数(最小增幅为0),可见其不仅总体趋势是上升的,而且年度之间的增长具有稳定性和持续性。此外,反映国民经济结构的指标第三产业国内生产总值比重在此期间呈波动上升趋势,从波谷到波峰的距离(最大增幅)约为13个百分点,这体现了国民经济质量与结构正在得到优化;而反映经济成果以及成本分配的指标,人均财政支出在此期间虽然保持波动增长的趋势,但其振幅比前一阶段明显缩小(年度最小增幅为-8.6%),人均税收占人均GDP的比重则表现为倒V型变化,即中途有大幅拉升后又逐步下降。总体上,这一阶段的国民经济发展绩效延续了此前的良好势头,包括总量、结构、效益和人民生活在内的各项指标的增长或改善幅度不仅不逊此前,而且其中的年度变化更趋稳定(震荡显著减小);由此,稳定增长(持续改善)便成为这一时期国家治理绩效类型的典型表象(表3-12)。

---

① 崔自力. 从人治走向法治——新中国法治建设中法治理念的变迁 [J]. 改革与开放, 2009 (6).
② 李爱军. 平反干部冤假错案的历史考察及历史贡献 [J]. 学习月刊, 2012 (10).

表 3-12　国家治理绩效转型第二阶段的关键指标绩效表现

	变化				波动（%）		
	期初值（1978）	期末值（1992）	实际增幅（倍）	趋势形态	最大增幅/最大值	最小增幅/最小值	年均增幅
国民总收入（亿元）	3645.2	26937.3	3.1	稳定增长	15.3	4.1	4.6
人均GDP（元）	381	2311	2.5	稳定增长	13.7	2.3	3.8
按人口平均的工业总产值（元）	440	3163	3.0	稳定增长	21.9	0.9	4.5
居民消费水平（元）	184	1116	2.5	稳定增长	13.5	0.0	3.8
人均财政支出（元）	117	319	1.1	波动增长	31.2	-8.6	0.6
第三产业国内生产总值比重（%）	23.9	34.8	—	波动上升	34.8	21.6	—
人均税收占人均GDP的比重（%）	14.2	12.2	—	倒V型	22.5	12.2	—

二、绩效构成：基于绩效系统的动因解读

（一）绩效目标方面

表 3-13 是对应这一阶段政府和公众两个层面绩效目标的基本描述。从政府层面看：一是其主要目标仍集中在经济领域，呈现以改善群众物质生活条件与推进国家经济现代化为中心的特点，但与前一阶段不同，已体现出对科教文卫事业和精神文明建设等的关注；二是目标值设定更趋于务实，表现为工农业总产值与居民消费水平的增速要求放缓，即更加强调发展的稳定性；三是力求国民经济不同领域的整体平衡，着重提升经济效益，即要正确处理效益和速度、质量和数量的关系；四是这一时期中国开始从计划经济向商品经济的体制转轨，表现在目标层面即要逐步搞活经济，包括对内放活和对外开放两个方面，特别要优先放宽对中小企业管制。从公众层面看，经历了中华人民共和国成立之初近30年的生活积贫积弱与严格的政治约束之后，人们变得更加渴望能够自由自主地创家立业，一时间"发家致富成为所有农民的生活主题"，因为这不仅是改善自家生活条件的要求，亦是依靠自己力量赢得社会地位（尊重）的必要。总的来讲，这一时期国家治理绩效类型的特征从目标角度可视为政府与公众的绩效目标具有高度一致性——仍为经济状况改善（尽管无论政府和公众都开始逐步重视其他方面的协调发展），并且尤为体现对普通民众生活质量提升的实质性关注。

表 3-13 国家治理绩效第二阶段类型特征之政府与公众的绩效目标

	绩效目标与任务	参考资料来源
政府层面	社会主义现代化建设"三步走"战略：一是从 1981 年开始，用 10 年时间使国民生产总值翻一番，解决人民生活的温饱问题；二是再用 10 年时间再翻一番，反映到人民生活上，叫小康水平，就是虽不富裕，但日子好过；三是到下个世纪，再用 30 到 50 年时间，接近（中等）发达国家的水平，基本实现现代化 "六五"计划：<u>工农业总产值年均递增 4%</u>，兴建一批具有现代水平的新工厂，在部分重点企业中实行重大技术改造，用于发展科教文卫事业的经费同比增长 68%，<u>居民消费水平年均递增 2.2%</u>，保持国家财政、信贷收支的基本平衡与物价基本稳定，使人民生活持续得到改善 "七五"计划：国内生产总值和工农业总产值分别年均增长 7.5% 和 6.7%，居民消费水平年均增长 5%；建设有中国特色的社会主义，对内搞活经济，对外实行开放，继续推进经济发展战略和经济管理体制由旧模式向新模式转变，<u>坚持社会总需求与总供给的基本平衡，保持国家财政、信贷、物资、外汇的各自平衡与综合平衡，正确处理效益和速度、质量和数量的关系</u>；合理调整投资结构，突出发展科学和教育事业；加强精神文明建设，<u>改善城乡人民的物质文化生活</u>	关于第六个五年计划的报告（1982 年 11 月 30 日，赵紫阳） 关于制定"七五"计划建议的说明（1985 年 9 月 18 日，赵紫阳） 中共中央关于制定国民经济和社会发展第七个五年计划的建议（1985 年 9 月 23 日） 中华人民共和国国民经济和社会发展第七个五年计划（摘要）（1986—1990 年） 关于第七个五年计划的报告（1986 年 3 月 25 日，赵紫阳）
公众层面	他的确是渴望独立地寻找自己的生活啊！这并不是说他要做一个安分守己的农民，眼下这社会正是创家立业的好时候，他还奢想着进一步改变自己的地位和处境……发家致富，成为所有农民现在的生活主题 人们的观念在迅速地发生变化，过去尊敬的是各种运动产生的积极分子，现在却把仰慕的目光投照到这些腰里装着人民币的人物身上了；在社会还普遍贫穷的状况下，这些发达起来的农民受到了人们的尊敬 作为一个已经意识到自己男性尊严的人，最使他辱闷的是不能按照自己的意愿去安排自己的生活	路遥. 平凡的世界 [M]. 北京：华夏出版社，1998：638，811.

第三章 中国国家治理绩效转型的过程梳理

（二）绩效行为方面

表3-14整理了对应该阶段政府与公众两个层面绩效行为的基本描述。从政府层面看：一是强调经济增长的质量和效益，特别是提高产品质量以及品种满足市场需要的程度；二是作为重点的，实行社会主义商品经济改革，包括整体上在大的方面管住、小的方面放开，通过减少指令计划、完善市场机制与增强企业活力，特别是在城市把实行市场调节的小企业和小商品放活；三是在农村，扩大和完善以家庭为主的多种联产承包责任制，充分放松以家庭为单位的农民生产经营自主权，调动其积极性。从公众层面看，趁着政策允许和国家鼓励，广大农民一方面在包产到户的土地上加倍努力地开展生产劳动，另一方面大胆开拓了长途贩运、个体经营乃至兴办实业等多种营生手段，其目的无疑是希望在最短的时间内依靠自身力量实现增产增收，以在巨变的社会中得以立足。我们以为，这一时期全社会的重心在于通过改革经济体制放松管制，提高企业和个人的自主权，释放以个人（家庭）为单位的生产力和创造性，并适当拉开收入差距来促进效率提升。这种模式（无论在政府和公众层面）都呈现一定的功利主义色彩，却是使国家能在短时期内摆脱贫困局面和积累物质财富的有效路径。总体而言，本阶段的国家治理绩效行为表现出政府对普通公众的政治经济生活采取较低干预的特点，即鼓励个体在法律和政策允许的范围内自主开展绩效追求，以达成贫富自决的社会竞争秩序。

表3-14 国家治理绩效第二阶段类型特征之政府与公众的绩效行为

	绩效行为与措施	参考资料来源
政府层面	"六五"计划：<u>要求发展速度低一些，但要以较高的经济效益为前提</u>，实现产品质量不断改善；促进工业技术升级改造，加强重大科技攻关，提高全体人民受教育程度和科技文化水平；改革经济体制，贯彻执行计划经济为主、市场调节为辅的原则，发展国营经济、集体经济和个体经济，<u>实现大的方面管住、小的方面放开</u>，特别把实行市场调节的<u>小企业和小商品放活</u>；进行国有企业和税制改革，以税代利，实行企业经济责任制并扩大其自主权；<u>推行以家庭为主的多种联产承包责任制，充分调动农民积极性</u>，加强生产前后的经济组织联合，提高城乡居民收入以及生活水平；开辟国家财源与控制开支，严格管控货币发行，稳定物价 "七五"计划：有重点地开发知识密集和技术密集型产品，<u>加快为生产和生活服务的第三产业发展</u>；<u>完善各种形式的联产承包责任制</u>，发展多种合作与联合经营，改革农产品统购派购制度；进一步<u>发展社会主义商品市场，逐步完善市场体系</u>，减少指令性计划的品种和数量，发挥价格调节作用，拉开产品质量和种类的价格差距；加快能源、交通、通信和原材料工业的建设，<u>赋予企业经营管理权</u>并实行严格的质量管理责任制，加紧先进技术的引进、开发和改造，<u>增强企业活力</u>，促进专业化协作；鼓励东部沿海率先发展，加强区域间的合作交流，加强国家对老少边穷地区的资金支持与对口支援，减轻其税收负担；健全与发展多个层次的国民教育体系，加强教师队伍和教育监督制度	关于第六个五年计划的报告（1982年11月30日，赵紫阳） 关于制定"七五"计划建议的说明（1985年9月18日，赵紫阳） 中共中央关于制定国民经济和社会发展第七个五年计划的建议（1985年9月23日） 中华人民共和国国民经济和社会发展第七个五年计划（摘要）（1986—1990年） 关于第七个五年计划的报告（1986年3月25日，赵紫阳）

续上表

	绩效行为与措施	参考资料来源
公众层面	现在到处的集市都开放了，有的人还跑起了长途贩运，公社和大队一再强调要尊重生产队的自主权，提倡人发家致富 最使大伙畅快的是，农活忙完人就自由了，想干啥就能干啥；而不必像生产队那样，一年四季把手脚捆在土地上，一天一天磨洋工，混几个不值钱的工分……责任组的农活要是没什么可做了，他又一头扑在了自留地里做起圪塄帮畔，想多整出一块平地来明年扩大蔬菜种植 从今往后，自己的命运就要靠自己掌握，哪个人再敢耍奸溜滑不好好劳动！谁也没心思再管旁人的闲事，而一头扎在自己的土地上拼起了命	路遥. 平凡的世界[M]. 北京：华夏出版社，1998：579，588，591.

（三）绩效结果方面

表3-15整理了对应该阶段政府与公众两个层面绩效结果及其分配的基本描述。从政府层面看：一是打破原有的"大锅饭"模式，克服分配上的平均主义，实行多劳多得、少劳少得、不劳不得；二是完善以市场为主的宏观调控机制，在城市实现企业自负盈亏，在农村则保证农民生产经营自由；三是加强国家对农业基础设施建设的投入，扩大农业自身的积累，同时有步骤地减少国家计划分配物资种类，降低国家占有和支配量在社会总资源中的比重；四是改革价格与工资体系，鼓励一部分地区、企业和个人先富起来，强调收入分配的效率与竞争规则。从公众层面看，区别于前一阶段，国家已充分重视个人在社会产品（绩效结果）分配中的占有权利，简言之即使个体努力（在上缴完国家计划任务如税收和公粮之后）与获得的物质回报相匹配、自负盈亏多劳多得；而经过若干年的艰苦创业，广大群众的生活条件已有了大幅改善，包括农民有了储蓄、家庭财产有所增加等。总体来讲，这一时期的政府和公众在绩效结果及其分配上呈现以后者为主的特点，虽然亦需上缴国家但其比重已大幅减少，并且剩余部分（无论多少）完全由自己支配。按照我们的理解，这种个人在绩效结果拥有方面上的自决性将有力地反馈于其绩效目标设定以及绩效行为投入，并构成强大的正向激励。由此，这一时期似乎可看作是一种建立在功利互比与个体自决基础上的国家治理绩效类型，也正因如此，国家才得以在短短的几年内实现物质财富的迅速积累。

表 3-15 国家治理绩效第二阶段类型特征之政府与公众的绩效结果

	绩效结果与分配	参考资料来源
政府层面	"六五"计划：打破"大锅饭"和"铁饭碗"，克服分配上的平均主义，包括在城市逐步实现企业自负盈亏和在农村保证农民生产经营的自主权两个层面，真正实行多劳多得、少劳少得、不劳不得 "七五"计划：国家对企业的管理逐步由直接控制转为间接控制为主；配套地搞好计划体制、价格体系、财政体制、金融体制和劳动工资制度等方面的改革，特别是财政支出要支持价格体系改革和工资制度改革；加强国家对农业的基础设施建设，扩大农业自身的积累；有步骤地减少国家计划分配物资的种类，降低国家分配量占社会总资源的比重；鼓励一部分地区、企业和个人先富起来，强调收入分配的效率原则，同时健全社会保障管理体制	关于第六个五年计划的报告（1982年11月30日，赵紫阳） 关于制定"七五"计划建议的说明（1985年9月18日，赵紫阳） 中共中央关于制定国民经济和社会发展第七个五年计划的建议（1985年9月23日） 中华人民共和国国民经济和社会发展第七个五年计划（摘要）（1986—1990） 关于第七个五年计划的报告（1986年3月25日，赵紫阳）
公众层面	麦田整得像棉花包一般松软，所有的秋田不仅锄了三遍草，还又多施了一次化肥！不得了！这样干下去，用不了几年，许多人家要发得流油了 他现在手里破天荒有了一大笔积蓄，去年拉砖除过运输费、房租和牲口草料钱，净赚了两千元 眼下似乎农民发了财，动不动就把电视机抱回了家，新政策的优越性不到两年内就把少数人变成大富翁 调动积极性不能没有经济手段，少数先进分子可以响应号召，但这种方法只能短时间内有效；通过提拔和改善生活条件，奖励那些促进科技和生产力发展的人，才能让他们发挥主动精神	路遥.平凡的世界［M］.北京：华夏出版社，1998：585，632，1035. 傅高义.邓小平时代［M］.冯克利，译.北京：生活·读书·新知三联书店，2012：244.

三、法治形态：基于法治系统的进程检视

与前一阶段一样，也采用价值观念、组织制度和实践秩序三个维度来对该时期国家治理的法治化状态进行检视。

（一）价值观念方面

崔自力将这一时期社会的法治理念概括为法律功利主义。它表现在：一是全面总结此前依靠"人治"所带来的严重后果，认为制度才是治理成功的决定因素，强调法制建设的根本性、全面性、稳定性和长期性；二是强化法律服务于经济建设的目的，"社会主义法治也当以解放和发展生产力为目的，以谋取最大多数人的利益和幸福、最终实现共同富裕为价值目标"；三是法律借鉴人类一切优秀成果，不唯意识形态论。这无疑也是从

国家治理绩效转型的中国实践

政府（权力）角度的看法。① 而基于公众（权利）的视角，改革开放把人们从"左"的思想禁锢中逐步解放出来，在坚持集体主义的同时亦肯定个体需求和利益的合理性，由此公民的利益意识得到强化；并且市场经济本质上是一种求利经济，加强了人们的自立、自主、自强和竞争的意识，并为个体利益追求提供了制度保障。② 这其实是重新树立和弘扬了"解放思想、实事求是"的社会核心价值观念。③ 按照国家法治的标准来看，尽管这一时期将法律视为经济建设的帮助仍不免狭隘，脱离不了"法律工具主义"的思想；但全社会对法律的信任与弘扬意识（法律至上及法律权威观念）已有了较大的提升，特别是在一定程度上建立了权力理性行使和权利明确保障的思维，使国家整体的"规则之治"和"有序治理"有了初步的观念基础。

（二）组织制度方面

这一时期是国家各级各类法律制度（法律组织）快速健全和发展的阶段。从理念上看，立法已注重贯彻符合人类普遍需求的价值原则（比如平等秩序、人权保障等）。从过程来看，因为恰好伴随中国改革开放与经济体制转轨（从计划经济到有计划的商品经济再到全面市场经济）的实施，其面临的许多状态和问题因没有可供参考的先例而只能"摸着石头过河"，即在立法中十分重视经验积累，通过把一些成熟的经验上升为法律制度，用法律方式固定下来。④ 1979—1999 年间，主要制定了一部新的宪法（1982 年宪法）和 351 个法律及法律性决定（其中法律 246 个），许多基本法典如刑法、民法通则、刑事诉讼法、民事诉讼法、行政诉讼法以及一大批适应市场经济改革的经济民事单行法律也陆续制定。相对于法治的理想标准，尽管距离一套完整的贯彻科学法治精神并可供实证的中国特色社会主义法律体系仍然较远（在结构完备、功能完善、内在一贯等方面仍有缺陷），但通过这一时期较为有序的"井喷式"立法，全国法制体系在权利义务的覆盖范围、各部门法律关系的平衡等方面已有了很大改善，初步实现了国家政治运行与公民生活的组织化和法治化。

（三）实践秩序方面

随着法治观念与法律制度在社会各领域的建立，这一时期中国法治的实践秩序亦开始形成，主要表现在：一是政府执法上，基本做到了依法执法，依照不断健全的法律法规执行处罚的实践占大多数；二是法制宣传上，全国普及法律常识的宣传取得了重大成果，公民的法律意识得到了较大提升；三是法律教育上，多数高校开设了法律专业课程，形成了各个层次法律教育体系；四是公民守法上，依法规范自身言行、力求他人权益不受侵犯以及依法维护受损权益的自觉和行动逐步增强，社会治安与和谐稳定总体得到保障。⑤ 但与此同时，跟国家法治的理想相比仍有较大差距。比如：一方面囿于法律为经济服务的思维，少数干部以权欺法大搞地方保护主义和本位主义，特别在法律薄弱和空白之处公民权利依然受到践踏；另一方面公民普法教育重形式轻实质、重义务轻权利，法

---

① 崔自力. 从人治走向法治——新中国法治建设中法治理念的变迁［J］. 改革与开放，2009（6）.
② 陈立旭. 当代中国人价值观的变迁［J］. 当代社科视野，2009（10）.
③ 邱仁富. 新中国 60 年社会核心价值观念变迁探要［J］. 江西师范大学学报（哲学社会科学版），2009（5）.
④ 崔自力. 从人治走向法治——新中国法治建设中法治理念的变迁［J］. 改革与开放，2009（6）.
⑤ 何勤华. 法律秩序的历史考察以及模式选择［J］. 中南政法学院学报，1993（3）.

第三章　中国国家治理绩效转型的过程梳理

律教育难于学以致用；等等。从根本上讲，当时社会的权利本位自觉以及主动维权行动都还较弱，以权利限制权力（法律主治）的核心机制尚未建立（图3-5）。

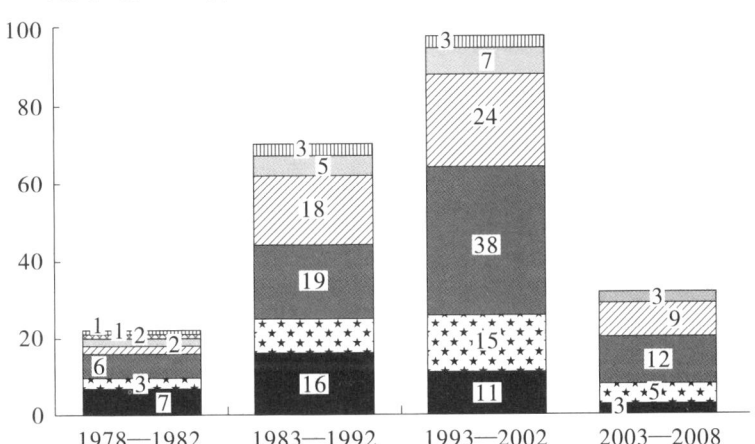

图3-5　改革开放以来中国各阶段立法及其结构情况

图中数据来源：李林.新中国立法60年［M］//李林.新中国法治建设与法学发展60年.北京：社会科学文献出版社，2010：7-19.

第四节　社会多元化与绩效类型的渐失（1993—　）

1992年1月，时已88岁高龄的邓小平同志怀着对党和人民伟大事业的深切期待，先后赴武昌、深圳、珠海等地视察并发表重要谈话，其核心在敦促我们坚持走中国特色的社会主义道路，特别是要"抓住当前有利时机，加快改革开放的步伐，集中精力把经济建设搞上去"。应该说，邓小平的这次历史性谈话及时、深刻地回答了中国改革开放中如同"什么是社会主义、怎样建设社会主义"等重大问题，极大地解放了人们的思想、坚定了人们的信念。由此出发，党的十四大确立了进一步深化改革、加快开放和建设社会主义市场经济的宏伟目标。中国开始进入市场经济蓬勃发展的崭新阶段，国家政治经济体制在深入转型中走向现代化，人民生活与社会面貌再一次发生翻天覆地的改变。

一、绩效表现

1993年以后为所划分绩效类型的第三阶段。在特定的语境下，它未必能与前两者一样构成一种特定的国家治理绩效类型（因为绩效类型主要是按其动因命名的，见本章第五节），但从关键的绩效指标表现来看，亦延续了此前的良好发展势头。比如：作为国民经济总量指标的国民总收入在此期间实际增幅为7.4倍，年均增长率达到8.3%；作为国民经济效益指标的人均GDP实际增幅为6.4倍，按人口平均的工业总产值实际增幅为7.8倍，年均增长率分别达到7.7%和8.6%；作为人民生活间接指标的居民消费水平在此期间实际增幅为 5.2 倍,年均增长率达到 6.8%;作为社会经济成果分配指标的人均财政支出实际增幅为 12.1 倍,年均增长率达到 10.5%。可见,与前面阶段相比,这一时期的国民经济总量、效益以及分配指标增幅都已大大加速,并且多数指标的每个年度增长率都保持为正,其增长趋势进一步走向稳定。需要指出的是:反映国民经济结构的指标——第三产业国内生产总值比重在此期间延续了波动上升的趋势,最大增幅达到 14 个百分点,但按人口平均的工业总产值指标并未继续稳定上升(个别年度出现负增长,且震荡幅度有所扩大);其背后的原理可能是随着产业转型升级与经济现代化,第三产业对经济发展的贡献度趋于增加(甚至开始挤占第二产业空间),同样,这标示的是国民经济结构已得到进一步改善。另外,人均税收占人均 GDP 的比重在此期间呈波动上升,最大增幅约为 10%,由此引发关于这一阶段经济成本负担以及分配机制等更为复杂的问题的思考。总体而言,这一阶段的国家治理绩效指标主要是在延续增长的基础上进行结构调整与优化,虽然其增速大幅提高,但似乎并未表现出新的趋势形态。特别地,由于它们都已保持较高的增速"熊熊燃烧"了将近 40 年,其间国内外经济社会已趋多元化(传统增长所依赖的条件皆已改变),这正是本书所提出对治理绩效延续性的担忧所在(表 3-16)。

表 3-16 国家治理绩效转型第三阶段的关键指标绩效表现

	变化				波动(%)		
	期初值(1993)	期末值(2013)	实际增幅(倍)	趋势形态	最大增幅/最大值	最小增幅/最小值	年均增幅
国民总收入(亿元)	35 260.0	566 130.2	7.4	稳定增长	14.6	7.3	8.3
人均 GDP(元)	2998	41 908	6.4	稳定增长	13.6	6.7	7.7
按人口平均的工业总产值(元)	4446	75 633	7.8	波动增长	35.7	-32.7	8.6
居民消费水平(元)	1393	15 632	5.2	稳定增长	10.9	4.5	6.8
人均财政支出(元)	392	10 304	12.1	稳定增长	25.1	10.8	10.5
第三产业国内生产总值比重(%)	33.7	46.1	—	波动上升	46.1	32.8	—
人均税收占人均 GDP 的比重(%)	12.0	19.4	—	波动上升	19.4	9.7	—

二、绩效构成:基于绩效系统的动因检查

(一)绩效目标方面

更为具体地,从绩效目标来看,在政府层面:一是在经济领域,虽然延续了一贯的高速增长和人民生活改善(达到小康水平)要求,但已越来越凸显对于发展稳定性与结构协调的重视;二是更关键的,在职能范畴,伴随经济与社会的多元化,政府职能也开

始走向多元化,主要表现为由前两个阶段的聚焦或重点推动经济发展转向包含经济、科技、教育、环保、社会建设与民主法制等多个方面的综合协调。而在公众层面,相应地,根据"世界价值观调查"(World Values Surey,简称 WVS)在近 20 年(截至 2014 年)内针对中国的延续调查结果,认为"未来 10 年内国家的首要目标"应为经济增长和维护秩序的公众比例都呈不断下降趋势,城乡建设、平抑物价和言行自由的公众比例则不断上升;同时,工作、政治和宗教"在人们生活中的重要程度"不断下降,家庭、朋友和休闲的重要程度不断提升。[①] 这似乎意味着作为普通公众的绩效目标亦从原来集中追求物质生活改善变得更加多维,特别是提升了对生活质量/条件(如城乡建设)与人际交往(如家庭/朋友)、精神享受(如休闲)以及社会自由度等方面的要求。可见,无论是政府还是普通民众,他们在这一时代的价值导向(或目标期望)都已变得多元化和多向度,如同此前阶段那种官方和民间诉求相对一致(共同谋求生活改善)的形态早已一去不返。公众的这种多元化需求随着其民主意识的日趋觉醒,还将进一步投射到国家层面,构成对政府职能履行的更高期望。但从结果来看(一般来讲,目标单一便容易实现,复杂则难以调和),笔者参与完成的 2011 年针对全国 7 个省份的大样本调查显示,公众对于政府整体绩效的 10 个方面满意度评分并不高,按 10 分制度量仅介于 4.29～6.39 分之间(略高于中位值),尤其对政策公平、执法公正、人员廉洁等直接反映政府职能履行质量的方面评价更低(最高值不超过 5.75 分),这与郑方辉等针对广东省持续 8 年的同类研究结果近似。[②]

理论上,满意度为公众接受政府公共服务之后的感知质量与其心理期望相比较的结果,满意度不高则表明相对于多元变化的公众预期(绩效目标)而言,政府即便努力平衡其工作重心而总体表现依然不尽如人意(存在短板)。换句话说,对政府信心缺失与对自身需求难以满足的堪忧似乎成了中国经济社会转型与现代化进程中的两大副产品;其背后的隐喻,尽管国家的经济发展保持了长达数十年的高绩效,但仅从绩效目标的角度看,政府与公众两个层面的诉求变得越发难以协调则是这个时代特有的状况,由此导致的后果是政府或将更加难以满足公众的期望(实现公众满意),公众亦将更加难以满足自身的期望(难以感到幸福),在总体上的社会整合(形成统一或有序的绩效合力)更会变得难以企及(表 3-17)。

---

① 造成这种变化的其中一项原因可能在于全国普遍贫穷的状态已得到较大改善,并且收入差距与社会分层扩大带来不同人群主导性需求不断异化。
② 郑方辉. 2012 中国政府绩效评价红皮书[M]. 北京:新华出版社,2013:61-65;郑方辉,卢扬帆,卞潇. 2014 中国政府整体绩效评价红皮书[M]. 北京:新华出版社,2014:117-129.

国家治理绩效转型的中国实践

表3-17 国家治理绩效第三阶段类型特征之政府与公众的绩效目标

	绩效目标与任务	参考资料来源
政府层面	"九五"计划：到2000年，人口控制在13亿以内，实现人均国民生产总值比1980年翻两番；城镇居民人均生活费收入年均增长5%，农村人均纯收入年均增长4.5%，基本消除贫困现象，人民生活达到小康水平；初步建立社会主义市场经济体制，市场在国家宏观调控下对资源配置起基础性作用，以公有制为主体，多种经济成分共同发展的格局得到巩固，以按劳分配为主体，多种分配方式并存的分配制度进一步完善；大多数国有大中型骨干企业初步建立现代企业制度，统一开放、竞争有序的市场体系初步形成，适应社会主义市场经济体制的宏观调控体系和法律体系基本确立；产业结构进一步改善，有效供给能力增强；科教文卫事业全面进步 2010年目标：实现国民生产总值比2000年翻一番，人口控制在14亿以内，人民的小康生活更加宽裕，形成比较完善的社会主义市场经济体制；产生一批具有较强国际竞争力的大企业、大集团，商品市场发达，要素市场比较完善，资源配置更加优化；收入分配制度较为完善，宏观调控制度和手段比较健全，经济管理法制化达到较高水平；产业结构进一步优化，改善宏观调控，保持经济稳定增长与区域经济协调发展，国民经济技术水平和全民族科学文化素质显著提高 "十二五"规划：经济平稳较快发展，国内生产总值年均增长7%，城镇登记失业率控制在5%以内；结构调整取得重大进展，服务业和战略性新兴产业比重提升，城乡发展协调；科技教育水平明显提升，九年义务教育巩固率达到93%；资源节约环境保护成效显著，耕地保有量保持在18.18亿亩，森林覆盖率提高；人民生活持续改善，城镇居民人均可支配收入和农村居民人均纯收入分别年均增长7%以上；社会建设明显加强，覆盖城乡居民的基本公共服务体系逐步完善，全民思想道德素质、科学文化素质和健康素质不断提高；社会主义民主法制更加健全，改革开放程度不断深化 "十三五"规划：经济保持中高速增长，国内生产总值年均增速大于6.5%，在提高发展平衡性、包容性、可持续性的基础上，到2020年GDP和城乡居民人均收入比2010年翻一番，产业迈向中高端水平，消费对经济增长贡献明显增大；户籍人口城镇化率加快提高，农业现代化取得明显进展，人民生活水平和质量普遍提高；我国现行标准下农村贫困人口实现脱贫，贫困县全部摘帽；生态环境质量总体改善，国民素质和社会文明程度显著提高；国家治理体系与治理能力现代化取得重大进展	陈锡添．东方风来满眼春——邓小平同志在深圳纪实［N］．深圳特区报，1992年3月26日． 中共中央关于制定国民经济和社会发展第九个五年计划和二〇一〇年远景目标的建议（1995年9月28日） 中共中央、国务院关于"九五"时期和今年农村工作的主要任务和政策措施（1996年1月21日） 关于国民经济和社会发展"九五"计划和二〇一〇年远景目标纲要的报告（1996年3月5日，李鹏） 中华人民共和国国民经济和社会发展"九五"计划和二〇一〇年远景目标纲要（1996年3月17日） 国务院关于"九五"期间深化科学技术体制改革的决定（1996年9月15日） 关于制定第十一个五年规划建议的说明（2005年10月8日，温家宝） 中共中央关于制定国民经济和社会发展第十一个五年规划的建议（2005年10月11日） 国民经济和社会发展第十一个五年规划纲要（2006年3月17日） 关于制定国民经济和社会发展第十二个五年规划建议的说明（2010年10月15日，温家宝） 中华人民共和国国民经济与社会发展第十三个五年规划纲要（2016—2020年）

续上表

	绩效目标与任务	参考资料来源
公众层面	根据"世界价值观调查"分别在1995、2000、2005和2012年针对中国调查后得出的结果,认为"未来10年内国家的首要目标"应为经济增长(57.3%→26.4%)和维护秩序(69.2%→27.2%)的公众比例都呈不断下降趋势,认为应是城乡建设(8.1%→22.0%)、平抑物价(22%→52.1%)和言行自由(5.4%→14.2%)的公众比例则不断上升;同时按照"人们认为其在个人生活中的重要性"排序(5分制),工作(3.50→3.06)、政治(2.63→2.20)和宗教(1.52→1.33)的重要程度不断下降,而家庭(3.55→3.82)、朋友(2.96→3.33)和休闲(2.45→2.81)的重要程度不断提升,相对来讲,1995年个人生活目标的重要性为"家庭＞工作＞朋友＞政治＞休闲＞宗教",在2012年则变成了"家庭＞朋友＞工作＞休闲＞政治＞宗教" "北京的模样完全不是我们当初预想的那般美好……在时代和土地的变迁中,似乎每个人都不可避免地走向了自己的反面"	The World Values Survey Association. World Value Survey Wave Documentation(1995—1998、1999—2004、2005—2009、2010—2014)[R]. http://www.worldvaluessurvey.org/WVSContents.jsp. 李佩甫. 生命册[M]. 北京:作家出版社,2012.

(二)绩效行为方面

再从绩效行为方面来看,在政府层面:一是强调体制改革的深化,首先要建立完善的社会主义市场经济体制,加强通过市场化的手段进行产业、经济与社会宏观调控,其次要健全所有制结构、收入分配制度、现代企业制度以及宏观调控的法律体系等;二是强调综合利用多种政策工具,实现政府行为在多个职能领域的平衡;三是强调政府职能转变与建设服务型政府,即要更加尊重企业和基层(个体)经济的自主权,鼓励创新与扩大政府对社会的反馈、支持以及服务范围;四是强调政府自身的治理与管控,包括落实责任政府、法治政府与绩效政府等,推进全面深化改革与国家治理现代化。可见,一方面,与此前阶段不同,政府不再片面强调对普通公众政治经济生活(绩效行为追求)的干预或放任,而是注重运用科学的手段和机制对社会进行有序规范,并强化有针对性的服务和保障(离目标无疑还有距离);另一方面,受制于政府自身职能的现代化转变以及来自社会的多样化期望,当前政府越来越难以像此前那样将绝大部分精力投入到某一具体领域。特别地,比如经济发展与社会公正或环境保护即是一组矛盾;已有研究表明社会不公与环境污染对社会福利的负影响远超过了经济发展所产生的正面效应,这就迫使地方政府必须站在全局的高度(以整体绩效为导向),力求其经济、社会与环保等

国家治理绩效转型的中国实践

职能在有限的资源与复杂需求下保持均衡。[①]

同样在公众层面,据"世界价值观调查"针对中国的延续调查结果,人们对"增强社会权威崇拜"和"更加重视技术发展"的认同度不断下降,然而却对"增加政府对经济和产业掌控或监管程度"的认同度有所上升。伴随经济市场化与社会现代化所产生社会阶层进一步分化,在不同人群中出现多元的价值观、目标需求乃至行为选择已是这个时代的重要表征;尤其社会对权威、规则、秩序等的认识更为复合,这将给群体性的社会治理带来巨大挑战。进一步说,因为不同个体(出于自身目的、受他人影响或是政府号召等)的绩效行为呈现异化乃至相左,驱动这一时期国家治理绩效的整体性动因似乎已很难再达到聚合,这可能意味着国家已不容易通过全面的社会动员或统一的目标引导来形成强大的绩效合力,故只能将其暂定为一个绩效类型渐失与亟待重建的阶段(表3-18)。

表3-18 国家治理绩效第三阶段类型特征之政府与公众的绩效行为

	绩效行为与措施	参考资料来源
政府层面	"九五"计划:实现经济总量基本平衡,促进经济结构优化,提高农业对国民经济发展的支撑能力;加强重要商品储备、风险基金和价格调节基金制度的建设,建立以价格法为核心,由不同层次法规构成的价格法律体系;运用多种货币政策工具,根据产业政策和信贷原则优化信贷结构,同时加强金融监管,防范金融风险;严格贯彻执行计划生育,5年向非农产业转移4000万农业劳动力,建立规范的劳动力市场;积极发展第三产业,重视国防科技研究,实施科教兴国战略;转变政府职能,建立计划、金融、财政之间相互配合与制约的完善的宏观调控体系,健全投融资市场体系;实施可持续发展战略,加强社会主义精神文明和民主法制建设,促进祖国和平统一 "十一五"规划:加快电子信息、生物、航空航天等高技术产业发展,振兴重大技术装备制造业,加快生产和消费性服务业发展;推进西部大开发,振兴东北地区等老工业基地,促进中部地区崛起,鼓励东部地区率先发展,健全区间协调互动机制;统筹考虑人口分布、经济布局、国土利用和城镇化格局,划分为优化开发、重点开发、限制开发和禁止开发四类主体功能区规范有序开发;加强城市规划建设管理,形成合理的城镇化空间格局;健全民主决策机制,推进政府职能转变,加快建设服务政府、责任政府、法治政府;健全国有资产监管体制,深化垄断行业改革,鼓励非公有制经济发展;加强基层自治组织建设,规范引导民间组织有序发展	陈锡添. 东方风来满眼春——邓小平同志在深圳纪实[N]. 深圳特区报, 1992年3月26日. 中共中央关于制定国民经济和社会发展第九个五年计划和二○一○年远景目标的建议(1995年9月28日) 中共中央、国务院关于"九五"时期和今年农村工作的主要任务和政策措施(1996年1月21日) 关于国民经济和社会发展"九五"计划和二○一○年远景目标纲要的报告(1996年3月5日,李鹏)

---

① 郑方辉,李燕. 经济发展、社会公正与环境保护:基于政府整体绩效的视野[J]. 公共管理学报, 2013(1).

续上表

	绩效行为与措施	参考资料来源
政府层面	"十二五"规划：完善农村土地法规和基本经营政策，健全城乡发展一体化制度，扩大<u>县域发展自主权</u>，增强县域经济发展活力；完善<u>中小企业</u>政策法规体系。促进中小企业加快转变发展方式，培育发展<u>战略性新兴产业</u>；构建综合交通运输体系，建设城际快速网络，提高运输服务水平；加大对革命老区、民族地区、边疆地区和贫困地区扶持力度，基本形成适应主体功能区要求的法律法规和政策，完善<u>利益补偿机制</u>并实行各有侧重的<u>绩效评价</u>；加快建立以企业为主体的<u>技术创新</u>体系，推进重大科学技术突破；深化<u>教育体制</u>改革，促进教育公平 "十三五"规划：坚持两个"毫不动摇"完善基本经济制度，强化<u>企业</u>创新<u>主体地位</u>和主导作用，推进<u>大众创业万众创新</u>，实施人才优先发展战略，加快构建现代产业新体系，健全现代产权制度，提高金融服务实体经济效率和支持经济转型的能力，促进资本市场健康发展；进一步精简规范行政审批及其前置中介服务，降低实体经济成本；完善现代基础设施网络和现代能源体系，加快建设数字中国和网络强国；加强生态环境保护，塑造<u>要素有序自由流动</u>、基本公共服务均等、资源环境可承载的<u>城乡区域协调发展</u>新格局；推进"一带一路"建设，深化内地与港澳台合作，<u>积极参与全球治理</u>，构建全方位开放新格局；加强和创新社会治理，积极应对人口老龄化，构建<u>全民共建共享</u>的社会治理格局	中华人民共和国国民经济和社会发展"九五"计划和二〇一〇年远景目标纲要（1996年3月17日） 国务院关于"九五"期间深化科学技术体制改革的决定（1996年9月15日） 关于制定第十一个五年规划建议的说明（2005年10月8日，温家宝） 中共中央关于制定国民经济和社会发展第十一个五年规划的建议（2005年10月11日） 国民经济和社会发展第十一个五年规划纲要（2006年3月17日） 关于制定国民经济和社会发展第十二个五年规划建议的说明（2010年10月15日，温家宝） 中华人民共和国国民经济与社会发展第十三个五年规划纲要（2016—2020）
公众层面	根据"世界价值观调查"分别在1995、2000、2005和2012年针对中国调查后得出的结果，人们对"增强社会权威崇拜"（53.2%→41.9%）和"更加重视技术发展"（92.1%→77.6%）的认同度不断下降；但与此同时"增加政府对经济和产业掌控或监管程度"的认同度（10分制）却有所上升（5.70→6.79） "要想顺利地在城市里生活，你必须拥有三要素：身份、单位、关系；这三者缺一不可。如果你没有身份，也没有单位，再没有关系，你就成了一个漂泊者。城市就像是一个迷魂阵，随时都会有危险"	The World Values Survey Association. World Value Survey Wave Documentation（1995—1998、1999—2004、2005—2009、2010—2014）[R]. http://www.worldvaluessurvey.org/WVSContents.jsp. 李佩甫. 生命册[M]. 北京：作家出版社，2012：5.

（三）绩效结果方面

在绩效结果及其分配上，从政府层面看：一是强调税收、工资等收入分配机制的健全完善，包括建立行政机关和企事业单位的正常工资增长机制，规范土地、资本、知识产权等生产要素公平参与收益分配；二是强调协调城乡、地区、行业以及群体之间的分配关系,强调"五个统筹""三位一体",建立规范的社会分配秩序,包括在初次分配和再分配都要体现效率和公平,再分配更注重公平;三是更加突出政府对农民、低收入者和弱势群体的投入、补贴与保障,包括增加对农业的投入,完善对农民的补贴和减负政策,加大扶贫支出与完善城市居民最低生活保障制度。与此前阶段不同,这一时期主要凸显政府对社会的服务和反馈,其目的在于提高居民收入在国民收入分配中所占的比重;按照本书的理解,这相当于通过增加私人的实际收入(福利)并将提升公众对"个体努力与获得回报相匹配程度"的感知,再通过绩效的自反馈系统实现对其绩效目标与行为投入的正向激励。然而事实上,从公众层面看,"世界价值观调查"的延续性结果表明:人们在过去20年间对"收入差距急需被控制"和"政府应增加公共服务供给"的认可度呈上升趋势,且更为典型的,认为"个体努力与获得回报相匹配"的公众比例趋于不断减少。这从另外的侧面或者反证了收入差距急剧扩大正是我们目前所处阶段的重要现实,尽管政府在绩效结果分配的政策倾向上作出了关键努力,公众的感受却未必那么直接。不仅如此,经济市场化还带来传统社会链条的进一步解散,每个人必须为自己和家庭的生存彻底负责,而劳动力素质提升又引发社会竞争的日益加剧,因为个体禀赋的差距以及社会失范所导致的起点和机会公平难以保障,特别是弱势群体的生存状况每况愈下,由此产生的个体迷茫、失落乃至价值观陷落或扭曲可能成为当前一个重要的亚文化特点。[1] 因此,仅从绩效结果的角度讲,要通过收入分配机制的完善和有针对性地加强政府公共服务(社会保障)来达成对多数社会成员个体绩效行为的正向激励,进而重建推动国家治理绩效发展的合力,无疑还将任重道远(表3-19)。

表3-19 国家治理绩效第三阶段类型特征之政府与公众的绩效结果

	绩效结果与分配	参考资料来源
政府层面	"九五"计划:调整国民收入分配格局,<u>提高财政收入占国民生产总值的比重</u>以及中央财政收入占全国财政收入的比重;完善分税制,合理划分中央与地方的事权,划清支出范围。建立规范的转移支付制度;中央和地方各级政府<u>增加对农业的投入</u>,提高农民收入;建立行政机关和企事业单位的<u>正常工资增长机制</u>。规范土地、资本、知识产权等<u>生产要素公平参与收益分配</u>,协调城乡之间、地区之间、行业之间、不同社会群体之间的分配关系,形成社会保险、社会救济、社会福利、优抚安置和社会互助、个人储蓄积累保障相结合的多层次<u>社会保障制度</u>	陈锡添. 东方风来满眼春——邓小平同志在深圳纪实[N]. 深圳特区报,1992年3月26日. 中共中央关于制定国民经济和社会发展第九个五年计划和二○一○年远景目标的建议(1995年9月28日) 中共中央、国务院关于"九五"时期和今年农村工作的主要任务和政策措施(1996年1月21日)

---

[1] 吉登斯. 现代性的后果[M]. 田禾,译. 南京:译林出版社,2000.

续上表

	绩效结果与分配	参考资料来源
政府层面	"十一五"规划：加强农村基础设施与农业服务体系建设，完善对农民的直接补贴与税收减负政策，加快农村义务教育和劳动力技能培训，引导富余劳动力向非农产业和城镇有序转移，健全对被征地农民的合理补偿机制；坚持各种生产要素按贡献参与分配，强化对分配结果的监管，着力提高低收入者收入水平，逐步扩大中等收入者比重，有效调节过高收入；完善城市居民最低生活保障制度，逐步提高保障标准，加大扶贫投入，提高城乡居民收入水平，增强居民特别是农村居民和城镇低收入者的消费能力 "十二五"规划：建立健全基本公共服务体系，发挥政府、工会和企业作用，努力形成企业和职工利益共享机制；初次分配和再分配都要处理好效率和公平的关系，再分配更加注重公平，努力提高居民收入在国民收入分配中的比重，提高劳动报酬在初次分配中的比重；健全资本、技术、管理等要素参与分配制度，加快完善以税收、社会保障、转移支付为主要手段的再分配调节机制；加快推进覆盖城乡居民的社会保障体系建设，稳步提高保障水平 "十三五"规划：推动政府职能从管理向服务转变，完善成果转化与收益分配机制，构建普惠性的政策支持体系；进一步理顺中央和地方收入划分，适度加强中央事权和支出责任，完善中央对地方转移支付制度；稳定宏观税负，将财政赤字和政府债务控制在可承受范围内；正确处理公平和效率关系，坚持居民收入增长和经济增长同步、劳动报酬提高和劳动生产率提高同步，持续增加城乡居民收入，调整优化国民收入分配格局，努力缩小全社会收入差距；构建以政府为主提供基本保障、以市场为主满足多层次需求的住房供应体系，优化住房供需结构，稳步提高居民住房水平；贯彻精准扶贫、精准脱贫基本方略，采取超常规措施，坚决打赢脱贫攻坚战；全面提高教育水平，健全全民医疗保障体系，增强人民科学文化和健康素质	关于国民经济和社会发展"九五"计划和二〇一〇年远景目标纲要的报告（1996年3月5日，李鹏） 中华人民共和国国民经济和社会发展"九五"计划和二〇一〇年远景目标纲要（1996年3月17日） 国务院关于"九五"期间深化科学技术体制改革的决定（1996年9月15日） 关于制定第十一个五年规划建议的说明（2005年10月8日，温家宝） 中共中央关于制定国民经济和社会发展第十一个五年规划的建议（2005年10月11日） 国民经济和社会发展第十一个五年规划纲要（2006年3月17日） 关于制定国民经济和社会发展第十二个五年规划建议的说明（2010年10月15日，温家宝） 中华人民共和国国民经济与社会发展第十三个五年规划纲要（2016—2020年）

续上表

	绩效结果与分配	参考资料来源
公众层面	根据"世界价值观调查"分别在1995、2000、2005和2012年针对中国调查得出的结果,人们对"收入差距急需被控制"(4.45→6.26)和"政府应增加公共服务供给"(4.65→5.84)的认同度(10分制)呈不断上升趋势,而认为"个体努力与获得回报相匹配"的认同度则呈下降趋势(4.71→3.62) 骤烈的社会改革,已经使中国的农村和城市再不是各自封闭的天地了,它们还将会在更大的程度上交叉在一起,而且在未来的某个时候,它们的界线甚至会变得模糊不清 改革开放30余年中国已进入经济社会转型的"深水区",面临"中等收入陷阱",传统的粗放型高速发展模式难以为继;与此同时面对体制变革、利益分化、道德下沉与价值重构等现实矛盾,社会充满不适应乃至迷茫感,个人理性趋弱,感性与盲从增强,产生群体情绪管控的难题	The World Values Survey Association. World Value Survey Wave Documentation(1995—1998、1999—2004、2005—2009、2010—2014)[R]. http://www.worldvaluessurvey.org/WVSContents.jsp. 路遥. 平凡的世界[M]. 北京:华夏出版社,1998:1645. 郑方辉,卢扬帆,覃雷. 公众幸福指数:为什么幸福感高于满意度[J]. 公共管理学报,2015(2).

三、法治形态:当前中国法治建设的努力

通过对应绩效目标、绩效行为与绩效结果三个维度以及政府和公众两个层面的分析,可以认为中国在1993年以后开始进入到一个绩效类型渐失的阶段。这并不是说分析的思路不兼容或不正确,恰是按照已有思路的推理,至此即发现一种支配国家治理绩效运行的逻辑(或延续性动机)正在走向缺失,亟待重建。那么进一步地,我们又想了解这个渐失和重建的过程究竟是如何发生或说已进展到哪一步,因为从某种程度上讲,它也构成本书所探讨绩效类型学的客观旁证。如前所述,造成该现状的部分原因正是经济多元化与社会现代化的现实背景,由此可见,进行国家治理绩效类型重建的努力需以整合多元社会利益格局、规范相异(相左)群体行动为方向,最终达至推进国家健康发展(绩效延续)的观念和行为共识——就是要塑造一个基于法律自觉与秩序自由的(法治型)绩效类型。

事实上,自20世纪末市场经济与现代化加速发展以来,国家似乎已着手考虑该问题;无论是政府还是公众的层面,这种以法治为基础保障和推动经济发展的努力一直都不缺乏。表3-20整理了20年来(1993—2014)中国(特别是与市场经济有关的)法治建设的基本情况:1992年,党的十四大确定进行市场经济体制改革的同时,亦要求建立与之相适应的法律制度体系;1997年,党的十五大进一步把"依法治国,建设社会主义法治国家"确定为治国的基本方略,并提出到2010年形成中国特色社会主义法律体系的立法工作目标;20年间,尽管中央领导集体经过了两次整体性变换,但健全法治以服务

于经济发展的力度不仅未曾中断,反而不断加强,诸如科学发展观、社会主义核心价值体系以及加快推进全面依法治国的意见等,都分别从价值导向、制度文本与实践规范的角度提出并落实了许多具体要求。据统计,截至 2010 年底全国已共修改行政法规 107 件、地方性法规 1417 件,废止行政法规 7 件、地方性法规 455 件,全面完成了对现行法规的集中清理任务,保证了党的十五大提出的法制建设目标如期实现。这些材料,可谓在相当程度上印证了——我们在国家层面确已意识到法治相对于当前经济社会的重要性,特别是其规制多元社会行为以及整合国家发展(绩效延续)动因所具有的功能;换句话说,无论在政府和公众层面,重塑一个以法治来驱动和保障的(法治型)国家治理绩效类型的努力都可见一斑(表 3-20)。

表 3-20 1993 年以来中国建设法治型国家治理绩效的努力及表现

法治维度		内容要点	资料来源
价值观念	宏观层面	1992 年党的十四大报告提出要抓紧制定与完善保障改革开放、加强宏观经济管理、规范微观经济行为的法律和法规,这是建立社会主义市场经济体制的迫切要求 1996 年 2 月,江泽民在中央法制讲座上首次提出"坚持依法治国",最初在国家正式文件中的表述是:"依法治国,建设社会主义法制国家";1997 年党的十五大正式把"依法治国,建设社会主义法治国家"确定为治国的基本方略,并提出到 2010 年形成中国特色社会主义法律体系的立法工作目标 以胡锦涛为总书记的中央领导集体通过"科学发展观"提出了对中国法制建设的新要求,体现在法律价值层面:一是要坚持以人为本,即在法的各个领域和各个环节都坚持权利本位,把维护人的尊严、自由和权利作为法的终极目标;二是要坚持可持续发展观,不仅从一代人的需要和利益出发思考法律问题,还要考虑不同代人之间的利益与价值冲突;三是要坚持协调发展观,包括法律治理系统内部各部分之间的协调发展以及法律与非法律治理系统之间的协调发展 2006 年党的十六届六中全会提出建设社会主义核心价值体系的战略任务,其主要内容包括马克思主义指导思想、中国特色社会主义共同理想、以爱国主义为核心的民族精神和以改革创新为核心的时代精神以及社会主义荣辱观。2012 年党的十八大进一步提出"倡导建设富强、民主、文明、和谐、自由、平等、公正、法治、爱国、敬业、诚信、友善"的社会主义核心价值观,其中前四者作为国家层面的价值目标,中四者为社会层面的价值取向,后四者为公民个人层面的价值准则	江泽民在中国共产党第十四次全国代表大会上的报告(1992 年 10 月 12 日) 江泽民在中国共产党第十五次全国代表大会上的报告(1997 年 9 月 12 日) 邱本,丁一. 科学发展观与法制建设研讨会综述[J]. 法学研究,2005(4). 中国共产党第十六届中央委员会第六次全体会议公报(2006 年 10 月 11 日) 关于培育和践行社会主义核心价值观的意见(中共中央办公厅,2013 年 12 月 23 日) 中共中央关于全面推进依法治国若干重大问题的决定(党的十八届四中全会,2014 年 10 月 20 日)

续上表

法治维度		内容要点	资料来源
	宏观层面	2014年10月党的十八届四中全会通过《中共中央关于全面推进依法治国若干重大问题的决定》，明确提出建设中国特色社会主义法治体系与法治国家的总目标，包括贯彻中国特色社会主义法治理论，形成完备的法律规范体系、高效的法治实施体系、严密的法治监督体系、有力的法治保障体系，形成完善的党内法规体系，坚持依法治国、依法执政、依法行政共同推进，坚持法治国家、法治政府、法治社会一体建设，实现科学立法、严格执法、公正司法、全民守法，促进国家治理体系和治理能力现代化	
价值观念	经济领域	建立和维持一个健康发展的市场经济法律秩序即公正自由的竞争秩序，包括市场的统一性、自由性、公正性、竞争性等条件；与此相适应的法律体系应包含财产所有权一体保护、合同自由、自己责任、公平竞争、经济民主、诚实信用、保护弱者、维护社会正义和违法行为法定等原则 1990年代中期以后中国经济体制改革的主要内容是健全法制，即依法保护产权并强调正当竞争，要求正确处理政府、市场与社会的关系，以此建立与社会主义市场经济相适应的法律价值观 科学发展观对于中国法治建设的要求具体而言，在经济法层面要求政府对社会经济生活进行干预以协调政府公共权力与个人基本人权，平衡社会利益与私人利益、维护社会经济秩序以及促进社会整体利益；在社会保障法层面要求建立针对全体公民的一元化的社会保障体系，同时，基于城乡差别、阶层和个体差异，在某些保障项目上适当区别对待；在环境资源法层面则要求建立人与自然相和谐的秩序，把传统的人与人之间、人与自然之间对立的发展机制改造成为人与人、人与自然双重和谐的发展机制	中国社会科学院法学所课题组. 建立社会主义市场经济法律体系的理论思考和对策建议［J］. 法学研究，1993（6）. 莫于川. 市场经济发展引起的法律价值观变化与行政法回应［J］. 河南财经政法大学学报，2012（3）. 邱本，丁一. 科学发展观与法制建设研讨会综述［J］. 法学研究，2005（4）.

续上表

法治维度		内容要点	资料来源
组织制度	法律健全	1999年3月15日，第九届全国人大第二次会议通过宪法修正案，把"依法治国"正式写入宪法，规定"中华人民共和国实行依法治国，建设社会主义法治国家" 社会主义市场经济的法制基础大致包括确认市场主体资格、尊重和保护财产权、维护合同自由、国家对市场适度干预以及完善的社会保障等方面的法律与制度；就其具体的法律形式（从法律对经济作用的角度）应包括规范市场主体的法律（公司法、合伙企业法、独资企业法、合作社法）、规范市场主体行为的法律（物权法、债权法、票据法、保险法、证券交易法、动产担保交易法、房地产交易法、期货交易法）、规范市场秩序的法律（反垄断法、反不正当竞争法、消费者权益保护法、广告法、反倾销法）、规范宏观调控的法律（预算法、银行法、税法、计划法、物价法、国民经济稳定增长法、国有资产法）以及规范劳动与社会保障的法律（劳动法、劳动就业法、工资法、公证法）等类别 2011年3月，全国人大常委会委员长吴邦国在第十一届全国人大第四次会议上指出：到2010年底，中国已共修改行政法规107件、地方性法规1417件，废止行政法规7件、地方性法规455件，全面完成了对现行法规的集中清理任务，保证了中国特色社会主义法律体系如期形成	中华人民共和国宪法修正案（1999年） 中国社会科学院法学所课题组. 建立社会主义市场经济法律体系的理论思考和对策建议[J]. 法学研究, 1993(6). 中国新闻网. 吴邦国: 2010年中国特色社会主义法律体系如期形成[EB/OL]. 2011-03-10. http://www.chinanews.com/gn/2011/03-10/2895683.shtml.
	制度完善	从市场经济与法治的辩证关系角度，转变中国经济发展方式所依托的主要法律制度有规划和产业政策法（从计划到规划并加强问责制）、财税法（依循公共利益发挥经济调节，含土地使用、经济刺激、民生保障与财政补贴等方面制度）、金融法（政策性银行与资本市场监管）、资源与环境法（稀缺资源保护与鼓励新能源开发机制）、质量监督与市场监管法、对外贸易法（积极和优化利用外资，维护国家经济安全）、劳动与社会保障法（劳动力与最低工资、劳动监察社会保障与仲裁机制）、职业教育法以及非讼机制等	史际春. 转变经济发展方式的法治保障[J]. 安徽大学学报（哲学社会科学版）, 2011(5).

续上表

法治维度		内容要点	资料来源
实践秩序	执法	社会主义核心价值观的要求体现在法治实践的层面，即要用法律的权威来增强人们培育和践行社会主义核心价值观的自觉性，厉行法治，严格执法，公正司法，捍卫宪法和法律尊严，维护社会公平正义，同时加强法制宣传教育，培育社会主义法治文化，弘扬社会主义法治精神	关于培育和践行社会主义核心价值观的意见（中共中央办公厅，2013年12月23日） 冯向辉. 法治中国：中国梦的法治内涵［J］. 奋斗，2014（3）.
	司法	解读"法治中国"的具体内涵应旨在强调法治国家、法治政府和法治社会的三元并立与一体化建设，其中：在法治国家的层面要求国家权力必须法治化，努力达成人权保障、良法之治、人民主权、民权保证和司法独立等标志；在法治政府的层面要求将政府决策、执行及监督过程都纳入法制化轨道，建立有限政府、责任政府、诚信政府、服务政府和阳光政府；在法治社会的层面则要求政党和其他社会共同体行使社会公权力的法治化，包括践行法律信仰、守法自觉、社会自治、社会监督和社会安定等规则	
	守法		

第五节　国家治理绩效的类型总概与其他佐证

一、四种典型的国家治理绩效及其类型特质

至此，我们已利用绩效和法治的模型框架对中华人民共和国的发展作了检阅，按其特点可大致分为1949—1977年、1978—1992年与1993年至今三个阶段，三者绩效特征与其背后成因都有着深厚的历史根基和典型差异，本章的后半部分试图对之作一总概。这不仅是基于以上历史检视结果的再度归纳，也是为了回应本书第二章所遗留的一个尚未解决的问题——当时依照模型推演对绩效类型的命名只是暂时或结构性的，而在这里已经找到了它们相应的实体内涵与学理逻辑。

配合这一目的，再次借助社会学制度主义的思维视角，它们在对社会制度的三大基础性要素的解析中，采用了遵守基础、秩序基础、扩散机制、心理逻辑、系列指标、情绪反应及合法性基础七个方面作为描述的基本维度，作为类似的研讨，这提供了关于绩效类型解构视点的重要参考。[①] 结合本书命题和解释需要，笔者对上述七个维度稍微做了调整，以使之相互区别更加明晰、逻辑更加完备；调整后的七个维度分别为遵守依据、秩序基础、扩散机制、心理逻辑、典型指标、情感行为及合法性保障。可以想见，以上基于绩效和法治两个维度检视历史的各种所得，都可对应这七个维度分别再作提炼，这

---

① 斯科特. 制度与组织——思想观念与物质利益［M］. 3版. 姚伟，王黎芳，译. 北京：中国人民大学出版社，2010：50-51.

样便可更好地廓清不同绩效类型的内涵边界,并且找到其得以确立和存在的独特理由。此外,考虑到类型的命名,已有研究中关于分类的命名有众多规则,比如依据其最典型特质、最直接表象、最关键指标、最核心价值或最中肯评价等等;从本书的角度看,为体现作为一种国家治理"绩效类型"是从目标到行为再到结果的整体串联,以及回应观察和解释国家治理合法性的初衷,选择按照该类型得以存续和扩散的根本动因来冠名或具有更强的代表性。这样,即将1949—1977年所对应的阶段归纳为愿景型绩效,将1978—1992年归纳为功利型绩效,将我们所认为国家治理绩效的理想类型归纳为法治型绩效,将模型推导的另一典型归纳为伦理型绩效;它们相互独立的内涵边界与基础性要素如表3-21所示。

表3-21 四种国家治理绩效类型的基础性要素

	愿景型绩效 (1949—1977)	功利型绩效 (1978—1992)	法治型绩效 (类型目标/1993)	伦理型绩效 (古代/传统中国)
遵守依据	目标/远景感召	贫富自决	价值/程序/自觉	仁/德/礼/刑
秩序基础	意识形态/政治正确	经济利益/多劳多得	整合/规制/共识	伦理教化
扩散机制	政府号召、计划组织 集体主义、一致行为	社会比较	自由秩序	家国同构、差序同步
心理逻辑	工具性	自利性	共识性	正当性
典型指标	国家处境、集体事业 先进、表彰	财富、尊重 物质享受、生活自由	共同信念、公平程序 行为自觉	功业、仕途 家族荣耀、福泽
情感行为	克己为公、模范典型/ 无功无过、从众自保	自强、自豪/ 自弃、自耻	清白、坦荡/ 惶恐、自认	忠孝、荣誉/ 懒怯、内疚
合法性 保障	政治制裁	社会评价	法律规范	道德支配

(一)愿景型绩效

1949—1977年的国家治理绩效被称为愿景型绩效。其模型特征是政府与公众绩效目标的一致性处于较低等级,而政府对公众绩效行为的干预程度和绩效结果由政府支配的比例均属较高。这是一种以宏伟目标(或远景)感召作为个体行为遵守依据的绩效类型,而维持个体行为自觉性或良好社会秩序的手段则是基于意识形态和政治正确的判断,它表现为通过国家号召或政府的计划组织、强调集体主义的一致行为作为其存续和扩散的动力机制,所形成的个体心理逻辑则是工具性的。因此需要指出一点,我们在理论模型中将其政府与公众绩效目标的一致性程度标记为低,主要基于一种普遍的考虑,即在该绩效类型中,作为号召和组织者的政府通常倾向将绩效目标设定得偏于宏大和长远,虽然它相对国家整体或统治者而言可能是重要且必须的,亦或由此激发部分群众强烈的革命热情,但它在更大程度上往往偏离了个体所期待的最为紧迫又能达成的现实目标

国家治理绩效转型的中国实践

（所谓"志存高远，难抵饥肠辘辘"）。其结果则在普通公众的心理和行为层面产生了两类典型分歧：一类积极响应国家号召，衡量其个人理想与行为绩效甚至可以国家处境的改善、集体事业的成功等作为关键指标，他们亦将克己为公、争当模范以获表彰作为自己一贯的行为表现，这类个体一般不倾向于感到政府对其绩效行为的较大干预，同时也对绩效结果归政府支配的比例保持较高容忍度；另一类则恰好相反，他们可能倾向于追求自己认为更加迫切的现实目标，却囿于集体行动的限制无法自主，故其相应的情感及行为表现即无功无过、从众以自保，当然这类个体会感到政府对其绩效行为的强烈干预，同时也对绩效结果归政府支配的比例保留抵制。事实上，这两类分歧不仅是共存的，而且随着时间推移将会互相转化，因为在以后者为事实前提的条件下，前者显然具有不可持续性。总的来讲，保障这一绩效类型合法性的根本手段是政治制裁，因此整体上愿景型绩效的稳定延续性并不高。

（二）功利型绩效

1978—1992年的国家治理绩效被称为功利型绩效。这是一种相对直观也较容易理解的绩效类型。它似乎根植于现代经济学的"理性经济人"假设，又如孟德斯鸠所言："当每个人为自身的利益而奔走的时候，它实际上是在朝公共的利益迈进。"① 绩效类型的理论模型特征为政府与公众绩效目标的一致性较高，政府对公众绩效行为的干预程度和绩效结果由政府支配的比例均属较低。在这一绩效形态下，作为社会成员所普遍遵守的规则和依据是一种贫富自决的自主与功利性逻辑，而促成个体行为自觉与良好社会秩序的基础则是一种多劳多得的经济利益或物质性激励。因此，每个社会成员都通过自身（家庭）与他人的比较来自觉获取行为动力，换言之，每个人的绩效目标都是依靠自主劳动来尽量获得更多的物质财富、生活享受以及自由，因为这将带来自己比他人更显优越的社会地位并受到尊重，这种自利和比较的心理逻辑恰好成为该绩效类型得以存续和扩散的动力机制。同时，它又与国家（政府）层面追求经济增长及人民生活改善的整体目标达成一致，并且基于个体自利和自决的社会共识，政府并不倾向于对公众绩效行为实施较大干预或将其绩效结果的较大部分收为集中支配（但会进行必要的计划组织、规则限定以及服务提供）。相应地，个体在这一绩效类型当中的情感表现通常包括自强与自豪（若其通过自主致富取得优势的社会地位）或自弃与自耻（若其因为懒惰而被社会竞争所淘汰）两类。总体来看，保障这一绩效类型合法性的根本手段是社会评价，相对而言它是一种比较稳定的绩效类型。

（三）法治型绩效

在此基础上，法治型绩效作为我们所崇尚的国家治理绩效转型的理想目标，其具体内涵对应以上七个方面的表现如下。在该绩效类型中，社会成员所应遵守的规则和依据是普遍的法律价值、完善的法制程序以及建立在此之上的自觉的实践精神；藉此，它所期望的良好社会秩序的构成基础体现为一种法治的整合作用（所谓"现代法治的本质是以一元的法律体系来整合多元的社会权力结构"②）、一种法制的规制效力和一种共识的

---

① 孟德斯鸠. 论法的精神［M］. 彭盛，译. 北京：当代世界出版社，2008：18.
② 季卫东. 通往法治的道路：社会多元化与权威体系［M］. 北京：法律出版社，2014：6.

行为自觉。该绩效类型正是在每个个体都依法行使权利自觉履行义务（在法治的引导及约束下实施绩效行为）以达成的全社会的有序自由状态中得以成立和维持，所形成的社会成员的普遍心理逻辑是共识性的。由此，或可采用诸如共同信念、公平程序以及行为自觉之类的典型指标来描述其整体的运行状态，因为每个人都是在这样的软环境下实现自主的绩效追求；如果个体的成功符合了这些环境要求，则他们无疑将表现出一种清白、坦荡的积极情感，反之，若个体追求绩效结果的行为逾越了这些规矩，即便其达成目标也会产生惶恐的情绪；其根本原因即在于法治的要求已经内化成了每个社会成员的信仰和自觉。从根源上讲，保障这一绩效类型合法性的手段是法律规范，其中无论政府和公众或是其他社会行动主体都在法治的框架下支配行动并达成自觉，从而无需担心过分的彼此僭越和无理的互相干预，其目标的一致性、行为的干预程度和结果的分配机制都处于适中等级。法治型绩效是一种更加符合社会多元结构特征的绩效类型，故应成为当代中国治理绩效转型的目标。

（四）伦理型绩效

这一绩效类型并未在前述历史检视中出现，那是因为限定了当代中国作为研究视域的缘故。但它也是从理论模型中演绎所得的一个典型，按照我们的理解，它其实可以古代/传统中国为背景加以分析。先就确立（与其他三种绩效类型一致）的七个方面特质来看，西方近代启蒙思想家指出，每种政体存在都有其固定的原则或基本动因；如孟德斯鸠认为君主政体的推动力是荣誉，共和政体的推动力是政治美德。① 类比到所讨论的国家治理绩效类型，之所以将之命名为伦理型绩效，是因为支撑这一国家治理绩效类型存续及扩散的核心动力就在于社会的伦理道德。作为一种典型的绩效形态，伦理型绩效的模型特征显示为政府与公众绩效目标的一致性、政府对公众绩效行为的干预程度和绩效结果由政府支配的比例都处于较高等级。具体来讲（若以中国传统社会为例）：首先，该类型中社会成员得以普遍遵守的规则和依据主要是仁、德、礼这些（由国家或统治者设定的）伦理性要求，当然需以刑罚作为超乎其外的辅助措施（所谓"出礼则入刑"）；其次，为了让个体达成特定的行为自觉（产生期望的社会秩序），其相应的手段则是通过一种弥漫性（几乎贯穿于每个人一生）的社会伦理教化（国家对个体行为构成了强大干预）；在此基础上，所形成的是社会成员集体认可并口耳相传（互相监督）以图确保的共同政治理想，可称之为一种家国同构、差序同步的行为（扩散）机制；只要个体的行为保持在这一理想和规则的范畴以内，就能自然产生（或判定为）一种正当性的心理逻辑；由此，无论对于个人（公众）还是国家（统治者）而言，都可将其理想目标与行为业绩的典型描述为功业、仕途及其所带来的家族荣耀、福泽乡里（所谓"学而优则仕"，在这点上二者具有高度的一致性）；相应地，若个体行为达成或违背了这些逻辑，其自觉的情感表象即体现为一种强烈的荣誉感或内疚感；总之，从根本上保障这一绩效类型合法性的是道德支配。这便是（以传统中国为背景）从理论模型推演而来的伦理型绩效的基本内容，亦构成其存在和区别于其他治理绩效类型的独特价值。

---

① 孟德斯鸠. 论法的精神［M］. 彭盛，译. 北京：当代世界出版社，2008：1-18.

二、基于伦理道德与家国同步的传统中国治理绩效

既然伦理型绩效也是我们所认为的一种典型的绩效类型,并且已对它的内涵特征作了概述,那么,它是否能对应在历史中找到存在的例证,成为检验其真实性的关键步骤。按照前述,伦理型绩效应是古代/传统中国的治理绩效类型。以之为背景尝试分析,这一方面(从学理上讲)是检验绩效类型理论通用性的环节,即考察其是否可用于其他历史范畴、阶段或国别对象的分析,并产生相似的结果;另一方面也是将本书研究范围进行扩展以寻找更多佐证(尽管这不是关注的重点)的尝试。①

首先,中国传统文化中对个体相对于国家的心理和行为有着十分严格的要求,比如:一是作为主流的儒家思想始终强调一种"家国同构""推己及人"的知行原则(作为"礼"的内容及其衍变,强调"同")②,二是费孝通所阐释的乡土中国普遍存在人际处理的"差序"原则(强调"差")③,三是亦有学者认为贯穿整个中国传统社会的一个根本性的文化心理结构即所谓的"同步原则"(包括与他人同步、与家国同步乃至与天地同步,强调动态性)。这些要求无疑侧重点有异,但其内核却是根本一致的,即以"礼""德"作为传统社会文化心理乃至行为逻辑的规范依据和制度根基;显然,它们也是关于公众(个体)与家国(统治者)互动关系及其绩效行为相互作用的重要约束,这便进入了我们所讨论国家治理绩效类型的结构性视野。④

其次,从绩效类型分析的基本框架来看:一是在绩效目标方面,个体基于纲常伦理的规制通常把学优则仕、建功立业当作自己毕生的追求,其根本目的则或为报效国家(体现为"忠")、或为福耀族门(体现为"孝"),而作为统治者亦受儒学感召普遍将象贤崇德、定国安民、治平天下立为崇高理想,由此,君与臣、国与民在其特殊的软环境下形成了绩效目标的高度契合,产生一种家国同构、差序同步的政治及社会理想,这从历代文人(他们一般代表着社会精英和有识之士)抒发其家国情怀的诗文作品中可见一斑。⑤ 二是在绩效行为方面,受制于仁、德、礼、刑等社会规范,个体追求上述理想的绩效行为选择必须亦必然体现以家为主、以国为重的前提,而统治者(随时)可以国家名义对个人行为实施干扰(比如劳动、财产等征缴),家族可以集体名义对个人行为进行审判;这是宗法制度的典型特征,并常被学者援以批判中国传统社会缺乏权利观念乃至自我意识(所谓有集体无个人),可见政府对公众绩效行为形成了强大干预。⑥ 三是在绩效结果方面,延续前者逻辑,国家和家族在个人财产(绩效)的占有和支配上几乎处于绝对主导地位,而由于弥漫的社会伦理教育,个人对这种绩效结果的集体优先处置原则

---

① 当然,要以中国几千年的古代历史为对象必然过于复杂,尽管其在大多数时间内同属封建社会,但经济社会形态随着朝野更替多番变幻,在此我们只能采取一种"大历史"的眼光,暂时忽略细节来试图概览。
② 龚鹏程. 中国传统文化十五讲 [M]. 北京:北京大学出版社,2012.
③ 费孝通. 乡土中国 [M]. 北京:人民出版社,2013:25-34.
④ 放眼世界,似乎其他稍有内涵的民族或国度都可以在这方面寻得素材,就像欧洲中世纪的基督教义可谓在相当长的时期内都支配着人们思想和行为,也可纳入绩效类型分析的基本框架;某种程度上,这似乎意味着在时间精力允许的条件下,亦可将绩效类型学的研讨推向更广的范围。
⑤ 徐忠明. 法律与文学之间 [M]. 北京:中国政法大学出版社,2000.
⑥ 王人博,程燎原. 法治论 [M]. 桂林:广西师范大学出版社,2014:406.

并不倾向于反感（虽然在极端苛政下亦将出现陈胜吴广式的抗争与竹林七贤式逃避），反而会因为不能满足或遵守产生内疚，因为它们体现一种道德支配下的正当性。①

最后，对上述特征进行总结，贯穿中国传统社会的国家治理绩效类型所表现的政府与公众绩效目标的一致性、政府对公众绩效行为的干预程度和绩效结果由政府支配比例都处于较高等级②，而在特定的历史条件下，它的确曾驱使"官民一心"达成过"天下大治""国强民富"的盛世局面（在不同朝代反复出现），由此构成其存在和区别于其他阶段国家治理绩效类型的独特价值。这在一定程度上说明，我们从中华人民共和国的历史中提炼的国家治理绩效类型分析的基本框架亦可用于古代中国史，并产生类似启发，其通用性故得到佐证。

---

① 王人博将之称为一种"道德型人格"，一种顽固的心理意识。参见：王人博，程燎原. 法治论［M］. 桂林：广西师范大学出版社，2014：399.
② 政府与公众作为一组对立范畴似乎是西方近代历史的产物（详见本书第二章"基本假设"部分），而中国传统社会并无此概念（或称"官"与"民"），直接套用可能会被指为陷入研究者所谓的"西方陷阱"；在此我们注意到了该问题，但由于论文的主要视域在现代（古代仅为旁证），并为保持相应表述的前后一致，只好暂且沿用。

第四章 法治型国家治理绩效的体系设计

基于模型推演和历史检视,法治型绩效被确认为一种理论及实践层面都相对理想的国家治理绩效类型。为此,本章将它从四种典型中独立出来,进一步对其具体内容和应有特质进行分析,或说提供一种法治型国家治理绩效的体系设计。本章从以下四个方面来作探讨:一是明确绩效与法治的价值精神及其结构次序,二是分别进行国家治理之绩效化与法治化改革的规划,三是总结法治型国家治理绩效的形式或模型特征,四是提出法治型国家治理绩效的实质标准。本章为回应本书立题及研究问题的提出,旨在提供关于国家治理绩效转型之理想目标的总体或系统性阐述。

第一节 绩效与法治的基本价值精神

一、绩效的价值精神与其次序

顾名思义,法治型绩效即法治化的国家治理绩效(类型),也就是经过法治的价值标准、制度规则和实践要求改造的国家治理绩效形态,其本质是国家法治与国家绩效两种内在精神与行为逻辑的有机融合。关于绩效和法治的内涵及系统构成在本书第一章已做了阐释,在此我们以探讨法治型国家治理绩效的理想范式为目,首先要对其价值体系进行归纳和整理。

法治型绩效作为一种基本的绩效类型,需体现绩效的价值精神与实践导向。但绩效的价值追求又是复杂的。第一,从概念的演变来看,以政府绩效为例,其发端可追溯到 1906 年美国的纽约市政研究局成立,该局为促进政府提高工作效率而定期提交市政管理与公共工程的绩效报告,从 1912 年起在报告中加入了测量公共项目投入、产出及结果的具体数据,并与其他城市进行比较研究,试图对公共资源配置的合理性提出问责。[1] 由此可见,经济性和效率性追求(投入和产出的比较)是绩效(尤其公共部门绩效)这一概念的本源价值。随后美国会计总署于 20 世纪 60 年代提出以经济性、效率性、效果性(有效性)为主体的绩效测量框架,并被 1983 年公布的英国《国家审计法》所沿用,确定为政府绩效结构的"3E"经典范式。显然,在效率的基础上增加有效性(相对于目标条件是特别其价值要求的实现程度)考量将使原本单纯追求进度(时间或物质节省)的努力开始变得重视质量,从而更加贴近公共部门存在的意义。进一步得益于 20 世纪 70

---

[1] 高小平,贾凌民,吴建南. 美国政府绩效管理的实践与启示——"提高政府绩效"研讨会及访美情况概述[J]. 中国行政管理,2008(9).

年代以弗里德里克森（George H. Fredericson）为代表的新公共行政学派兴起，他们猛烈批判了传统公共行政的"效率中心主义"，主张从"效率至上"转向"公平至上"，由此带来政府绩效评估的内容又增加了"公平性"模块，此后便被逐步固定为目前广泛沿用（导入中国）的"4E"经典模型。① 也即是说，效果性与公平性作为绩效的价值追求是后来加入的，其背后蕴含着（西方）公共管理理论以及文化模式的整体转型。但毋庸置疑，强调效果性和公平性的效率目标不仅更能符合政府部门职能的公共属性，也会在实践层面引导政府主体的绩效行为，增强其对组织环境影响乃至各种相互冲突之目标的权衡。

第二，从政府（国家）绩效评估的价值导向来看，不同学者亦有相应的探讨。薄贵利认为价值导向对政府治理的作用包括影响政府的运行方向和工作重点，并直接关系评价的内容与范围，为此应从认真贯彻落实科学发展观、全面履行公共管理与公共服务职能、降低行政成本及提升行政效能等方面努力，树立中国政府绩效评估的正确价值导向。② 刘笑霞也指出价值取向在政府绩效评价系统中具有十分重要的作用，它直接影响到评价指标的构建、评价结果的形成与运用；而维护和增进公众利益是政府对公众的公共受托责任的核心要求，应当作为政府绩效评价的基本价值取向，那么增长、公平、民主、稳定则是这一基本价值取向的具体表现。③ 盛明科与何植民详细研讨了政府绩效评估的价值渊源，他们认为西方国家政府绩效评估经历了一个由效率导向型评估（坚持传统公共行政的"效率中心主义"核心价值）向结果导向型评估（坚持新公共行政与"新泰勒主义"理论）的转型，中国政府绩效评估的价值取向则应结合基本国情和语境，超越西方国家政府绩效评估过程中公平与效率两者的价值交替，并结合政府管理创新的根本目标寻求新的定位。④ 包国宪进一步提出以公共价值为基础的政府绩效治理模型：他首先基于公共性、合作生产及可持续三个方面对新公共管理背景下的政府绩效管理进行反思，认为公共价值对政府绩效合法性具有本质的规定性，其次初步论证了只有源自社会的政府绩效才能获得合法性基础、只有基于政府绩效价值建构的科学管理才能确保政府产出与社会需求一致的两个基本命题，再次以价值管理和管理科学理论为基础构建以公共价值为基础的政府绩效治理模型。⑤

第三，尽管政府绩效评估的价值导向不能直接等同于国家（政府）治理绩效追求的价值精神，但其中所言科学发展、公共服务、行政效能、公众利益以及增长、公平、民主、稳定乃至结果导向、公共价值等目标或理念，无疑亦是思考构成国家治理绩效之政府与公众两个层面绩效行为必须涉及的导向性内容。事实上，基于绩效内涵的复杂性

---

① 盛明科，何植民. 政府绩效评估的价值渊源：从"效率中心主义"到"新泰勒主义"——兼论当前中国政府绩效评估的价值追求［J］. 社会科学家，2009（1）.
② 薄贵利. 政府绩效评估必须树立正确的价值导向［J］. 国家行政学院学报，2007（3）.
③ 刘笑霞. 论中国政府绩效评价的价值取向［J］. 北京理工大学学报（社会科学版），2011（12）.
④ 盛明科，何植民. 政府绩效评估的价值渊源：从"效率中心主义"到"新泰勒主义"——兼论当前中国政府绩效评估的价值追求［J］. 社会科学家，2009（1）.
⑤ 包国宪，王学军. 以公共价值为基础的政府绩效治理——源起、架构与研究问题［J］. 公共管理学报，2012（2）.

国家治理绩效转型的中国实践

(可有经济、政治、社会、文化、环境等领域绩效的区别),所谓价值取向也该有具体结构的划分。但归纳起来,如果从绩效的本源属性上考虑,我们以为国家治理绩效应当体现的普遍价值精神(即各领域治理绩效所共有之价值目标)如下:

一是经济性,是指国家治理以最低/最小量的投入取得一定量的产出,考察政府和公众两个层面绩效行为及所取得绩效结果是否耗费尽可能少的资源与成本;国家治理的经济性价值主要基于资源稀缺性的总体假设,要求各项投入力求节约合理,以建立更为有效的绩效决策(目标设置与行为选择)及其优先排序机制。

二是效率性,既指国家治理是否以一定的投入取得最大产出,又指达成预定绩效目标所花费的时间、人力与其他成本(比如是否在计划期限内或提前完成目标);其中在政府层面所考察的是政府花费一定数量资源所生产(提供)公共产品及服务的数量(充分性)或实现其特定职能目标的速度,在公众层面则关心个人与家庭付出投入或努力后在其绩效目标方向上所能实现的产出数量;简言之,国家治理的效率性价值即要求无论政府还是公众都以固定的绩效投入实现绩效产出最大化。

三是有效性,指国家治理在多大程度上达到预定目标或其他预期结果,相对于前两者("量"上关注)而言,它更加体现绩效行为的产出与成果在"质"上的关联度;其中政府层面治理的有效性大致体现为其公共职能履行比如促进经济发展(质量)、社会进步、民主法治和公众满意等的程度,公众层面治理的有效性则可能包括其实现预期目标后所能感受的合意度、幸福感等。

四是公平性,既指国家治理结果在不同类别对象(比如政府和公众或不同社会人群)之间分配的合理性,也指为获得这种结果的绩效目标设定与绩效行为选择是否造成对组织环境及其他关联方面的不良影响;事实上,公众层面绩效的公平性似乎更局限于后者,因为它(从个体角度)反过来影响(整体角度)绩效结果分配的可能性较小,政府层面绩效的公平性则囊括了前后两者,它既可能通过税收征缴、财政支出、社会保障乃至任意公共政策实现对绩效结果分配机制的左右,又可能因其不同领域职能履行的偏向造成绩效行为本身的不公平(比如为了经济牺牲环境造成后代不公平、为了质量牺牲成本造成社会不公平等);而这也是我们提出对国家治理绩效(类型)进行法治化改造的现实依据和重要起点,并且国家绩效治理法治化的核心及关键应在于政府绩效治理法治化。

综采上述,四个方面既是作为结果的国家治理绩效的固有内涵,也是评价国家(政府与公众两层)治理绩效优劣的模式标准,更是进行理想的国家治理绩效类型追求(转换)所必须瞻仰和看齐的价值精神。从其地位来看,四项价值原则又有一定的优先次序。比如前述,经济性和效率性应作为绩效的本源价值;某种程度上讲,绩效就是从考察人类活动的资源耗费与产出数量之间关系而衍生的,经济和效率为一个硬币的两面,前者侧重固定产出的投入,后者侧重于固定投入的产出,两者组合共同形成政府和公众行为在目标多样性(欲望无限性)与资源稀缺性之间的平衡。有效性则是由经济性与效率性逻辑派生的,因为在主体理性和环境约束下存在只重经济效率而不重效果(结果无效)的经验史证,或说是经济效率性的另外一面(数量与质量在哲学上共为一对基本范畴)。公平性又是从有效性中再度延伸所得,如果将经济效率到有效性之间视为一段距离,那么有效性似乎是这一距离的正向度量，公平性则是对其反向度量（以正当方式达成目的称为有效，偏离正轨才产生公平性问题）。如此说来，作为绩效的基本价值精神，从经济性、效率性到有效性再到公平性，其重要性（次序或位阶）实际存在递减的趋势，即相对于"绩效"这一概念的核心度及本源性逐次衰降。然而在另外的角度，公平性（乃至效果性）却处于法治价值精神序列中的前位（因此绩效与法治两者在价值上存在契合性），这才有了以法治的要求来改造国家治理绩效类型（即国家绩效治理法治化）的可能性。

二、法治的价值原则与其位阶

国家绩效治理的法治化要求以法治精神来改造国家治理绩效（类型），同样地，也需对法治本身所倡导的价值原则进行探讨，这其实构成国家法治状态的实质性内涵。理论上，法治即基于法律的统治，那么法治的价值原则应首先体现为法律的价值原则。而法律的价值原则一者理解为法律相对于主体或某种外部目的的贡献度，二者为法律本身所蕴含、彰显和弘扬的价值理想，分别对应其"工具属性"和"信仰属性"。其次，法治不同于法律，其为一个动态运行系统，则应再体现为这一系统和实践本身的价值诉求。

第一，法律的价值代表着人们对法律应该是什么而不该是什么的理想要求和评价标准。博登海默指出：平等、自由、服从自然或上帝的意志、幸福、社会和谐与团结、公共利益、安全、促进文化的发展等曾被不同时代思想家们宣称为法律的最高价值，但它们必然都不是绝对化的，因为其不能孤立地表现为终极的、排他的法律理想；所有这些价值原则既相互结合又相互依赖。[①] 马克思侧重于从个人与社会、个人与国家的内在统一性来解释，他认为法律价值的更深刻内涵在于：它是对生产力和交换关系发展的基础上形成的一定社会自由、平等和权利的确认，是对社会主体一定利益的维护和实现；似乎在他看来，法律的价值不外乎是建立在一定经济之上的自由、平等、权利和利益。[②] 近几年国内的一些法律价值研究者也提出各自观点。严存生详细罗列了法律的价值体系表，他认为正义、公共幸福、人类进步构成了法律总的价值，这些总的价值又可分为对个人的价值和对社会的价值，都可再作下级分类；对个人的价值包括安全、自由、平等，其中安全有人身安全、财产安全，自由有独立自主、权利与发展，平等有政治上平等和经济上平等；对社会的价值包括和平、秩序、文明，其中和平有国际和平、国内和平，秩序有生产秩序、生活秩序，文明有物质文明、经济发展、制度文明、民主、精神文明、科学文化发展和思想道德进步。[③] 应该说，这是一种相对分层的法律价值梳理的尝试。还有一种观点认为法律包括正义、安全、效率、灵活和简短五种价值目标；[④] 或者说法律的价值应为自由与秩序之和，二者互相依存、互相渗透、互相转化，共同反映着人类需求

---

① 博登海默. 法理学：法律哲学与法律方法 [M]. 邓正来，译. 中国政法大学出版社，1998：227-424.
② 公丕祥. 马克思法哲学思想论述 [M]. 郑州：河南人民出版社，1992：192.
③ 严存生. 法律的价值 [M]. 西安：陕西人民出版社，1991：152.
④ 徐国栋. 法律的诸价值及其冲突 [J]. 法律科学，1992（1）.

变化的千姿百态；① 等等。

第二，作为法治系统本身的价值，许多时候其讨论内容实与法律的价值无明显差异。夏恽先是对法治的工具价值和道德（信仰）价值做了谨慎的区分，然后通过评述哈耶克、德沃金和罗尔斯等人的学说，揭示出法治对维护人的尊严和自由的意义，他认为这是作为法治的核心价值，最后他强调把法治理解为社会实践概念的重要性。② 类似地，尹力也区别了法治的形式价值与实质价值，他认为前者指向法律本身，包括法律的普遍性和可操作性、程序正义及法律至上等原则；后者则是法治理想下的法律在目的与后果上应遵循的社会原则，包括正义、自由和平等原则。③ 张波在批评当代中国法治价值目标定位失当（比如过分强调法治外在价值与"唯立法化"）现象的基础上，指出我们应在法治建设中注重价值目标的双重选择，包括将法治的内在价值目标（正义、公平、自由、平等、人权、民主等）与其外在价值目标（秩序、利益、效率等）协调统一。④ 这些都是在法治的一般或者整体层面，进一步落实到政治经济文化环境等具体层面：比如在政治领域，法治的核心价值应是将公权力置于法律的约束之下，以实现和保障民主（公民权利）；黄英据此概述了法治政府的五个方面价值目标，包括适度政府、合法政府、阳光政府、服务政府、责任政府和诚信政府。⑤

第三，以上所论种种，其实都是基于特定历史及立场、从某一角度对法治（法律）价值精神的局部反映。然而，正因人们对法治的要求（或人的欲望本身）具有无限性一样，法治价值之丰富多样是所谓列举所不可穷尽的。诸如正义、自由、平等、秩序、安全、健康、效率、财产、利益、幸福、和谐社会及美好环境等曾被标榜为法治最显要的价值，亦只是分别对应于不同时代而非永恒不变的。"法律合理性的表现之一就在于法律与社会发展变化相适应，与人的价值追求的变化相适应；因此法律的价值体系是开放的、可变的，同时又可能存在相互冲突。"⑥

尽管如此，在这些已被强调的多项价值目标或价值精神当中，却有两个重要问题值得关注，一是其普遍性与特殊性问题，二是其位阶与层级序列问题。前者系指该价值究竟针对法治系统整体还是某一具体的法治场域，后者系指其原生性和重要程度。比如：胡启忠基于对各种价值原则的概括，论证了法律正义与其他法律价值是逻辑学的上位与下位概念的关系，他认为正义尽管也作为人们对法律的心理愿望或需求，但它是对其他法律诉求进行综合后的抽象性概括，即正义价值对自由、平等、公平等价值具有包容性，属于一个更高层次的价值；⑦ 类似地，夏恽把维护人的尊严和自由当作法治的核心价值；张伟则认为尊重和保障人权才是国家法治的核心价值；⑧ 等等。这些问题自然没有确切答

---

① 谢晖. 法律的双重价值论 [J]. 法律科学，1991（6）.
② 夏恽. 法治是什么——渊源、规诫与价值 [J]. 中国社会科学，1999（4）.
③ 尹力. 法治价值论 [J]. 河北法学，2004（4）.
④ 张波. 论当代中国法治价值目标的定位和选择 [J]. 法学研究，2004（1）.
⑤ 黄英. 论法治政府的价值取向及其现实冲突 [J]. 学术论坛，2010（7）.
⑥ 刘冰，栾景和. 法律价值的二重性 [J]. 学习与探索，2006（6）.
⑦ 胡启忠. 法律正义与法律价值之关系辨正 [J]. 河北法学，2000（3）.
⑧ 张伟. 尊重和保障人权是法治国家的核心价值 [J]. 现代法学，2015（2）.

案。在我们看来，针对本章所要构建的法治型国家治理绩效议题，可将法治价值分为两个层面：一是相对于法治系统整体及其运行所体现或要求的价值，二是相对于人本身以及具体社会领域所体现的价值；比如正义、自由、平等价值具有抽象和普遍性，但限制权力则是对应于政治领域（法治政府）的价值要求。①

一是正义原则。正义作为法律的元价值，也是国家法治所追求的最根本的价值原则。但这里所说的正义原则是抽象的，甚至涵盖了自由、平等、公平等下位与其他更为具体的价值原则。② 简单来讲，法治的正义理想是通过对权利义务的分配、对违法犯罪的惩罚以及对受害损失的补偿三种方式来实现，分别对应于正义的确立、保障和恢复机制。③ 显然，这三者都包含了对法律价值观念、制度机制、组织模式和实践秩序等不同层面的要求，即囊括或镶嵌在国家法治的整体系统里面。

二是平等与公平原则。作为法治的两项基本价值准则，系由正义所派生，但两者又是有层次之分的。正如罗尔斯所言，正义（公平）其实包含两个层级：一是平等意义上公平，即"每个人对与其他人所拥有的最广泛的基本自由体系相容的类似自由体系都应有一种平等的权利"；二是不平等（适当或补偿）意义上的公平，即"社会与经济的不平等应这样安排，使它们在与正义的储存原则一致的情况下，适合于最少受惠者的最大利益"。④ 其中后者正如柏拉图理想的"每个人都获得与其地位和需求相适应的权利义务与资源分配"。⑤ 由此可见：平等存在于国家同时对待不同主体的关系中（侧重其社会地位和尊严），实为较高层次的公平，公平则存在于国家分别对待不同主体的关系中（侧重公共资源分配）；并且平等与公平往往共存，体现为对法律价值观念、制度机制、组织模式和实践秩序等各个层面的要求，构成全局意义上的国家法治公正。

三是自由与秩序原则。亦为正义派生的另外两项基本价值准则，相对于平等和公平（从主体上考虑）来讲，其更强调关系（或状态）的层面。作为法治价值目标之一的"自由"，是指法律主体可以不受外界强制或阻碍，按照自己的意思处置或安排其人身、财产及活动的理想状态，当然这种处置应当在法律所允许的范围之内；藉此形成一种社会生产与生活中各类行为的一致性、连续性、确定性及可预测性的有序结果，即进入"秩序"价值的范畴。应该说，自由和秩序是一对矛盾统一体；"自由和秩序都是一种正义，只有自由和秩序结合在一起才形成良法。"⑥ 国家法治的实践目的则是通过构建科学

---

① 不同学者对该问题有着迥异的看法。1959年在印度召开的"国际法学家会议"通过《德里宣言》，将现代法治的核心内涵界定为立法保护人的尊严、制约国家权力、司法独立和律师自由三个方面；这是迄今为止各国较为普遍接受的观点；至于法律的最高价值原则，基本以认为是"正义"和认为是"保护人的权利、自由与尊严"占据两大主流；而对"限制国家（公共）权力"在此将其归为政治领域的具体价值要求，事实上它也可能是跟"保护人的权利、自由与尊严"相对的普遍性价值。但无论如何，针对同一议题我们只能采取一种立场。

② 历史上关于法律之正义（乃至平等、自由、公平、秩序等）价值的学说与论著已汗牛充栋，正所谓"正义长着一张普罗透斯的脸，变幻无常"，限于篇幅在此不拟赘述。可参见：博登海默. 法理学：法律哲学与法律方法 [M]. 邓正来，译. 中国政法大学出版社, 1998；卓泽渊. 法的价值论 [M]. 北京：法律出版社, 2006.

③ 卓泽渊. 法的价值论 [M]. 北京：法律出版社, 2006：443-446.

④ 罗尔斯. 正义论 [M]. 何怀宏，等译. 北京：中国社会科学出版社, 2001.

⑤ 柏拉图. 理想国 [M]. 郭斌和，张竹明，译. 北京：商务印书馆, 1986.

⑥ 高全喜. 法律秩序与自由正义：哈耶克的法律与宪政思想 [M]. 北京：北京大学出版社, 2006：115.

（法治）的价值观念、制度机制与组织模式以形成有效的社会秩序，进而实现对自由（有限自由）的保障。

四是维护人的权利、自由和尊严原则。说到底，法律以及国家法治的目的在于体现和满足人自身的需求，应当建立一种"人学"意义上的法治，即以维护人的自由、权利和尊严为宗旨。正如夏恿、张伟等学者都把维护人的尊严和自由、尊重与保障人权视作法治的核心价值。法治价值体系的这一层次体现为法律对人的直接的促进价值，与前面三个层次（相对于人类社会或法治系统整体，具有普遍性）相比，其含有一定程度的相对性；因为某种程度上，人的权利、自由和尊严既有抽象的一面，又可落实到具体领域或不同部门的法律文本中，比如未成年人、妇女等特殊群体的权益保护。

五是促进政治、经济、社会、文化环境等具体领域原则。按照前述逻辑，法治以维护和促进人为目的，那么通过对政治、经济、社会、文化环境等具体领域的调整和规制，其本质亦为了实现对人的促进价值。然而，社会生活的不同领域体现为不同的法律部门，其权利义务关系有着迥异的形态。从价值角度讲，比如政治上的目标（法治精神）可体现为人民主权、人权保障、权力制衡、民主法制等，经济上体现为对发展、效率和利益的追求，社会上体现为对公共服务（均等化）及其所产生的社会公正、弱势群体保障等的维护，文化上体现为对人们科学价值观念与核心价值体系的塑造乃至公众文化权益保护及文化需求的满足，环境上旨在创造一个健康、美丽、和谐、宜居的生态环境；而这些在根本的层面，都是为了最大限度实现和增进人的幸福。

六是符合法律条文的原则。作为国家法治最直接也是最基本的价值原则，指的是无论集体和个人，无论组织、制度和实践都应确保其在法律所规定和允许的范围之内，即首先不能违背法律的文本（当然此中法律也应尽为良法）。因为简单来讲，法治的本义则为基于法律的统治，强调一种法律主治、法律权威和法律至上的观念意识。它作为法治价值体系当中最"形式"的一条，居于末端层次。

第二节 国家治理绩效化改革的理想

按照本书的界定，国家绩效治理是一种以绩效为导向的国家治理模式，是现代国家治理的必然要求。治理绩效化通过制定明确的绩效目标、建立规范的评价体系、对执行效果进行评定并将之应用于未来的治理规划和治理问责，以实现治理过程的良性循环。不同学者对国家治理绩效化改革的具体内容有着迥异的解读，并且它在不同国家和历史时期亦存在变化。依据文献梳理及实践经验，我们选择将其分解为国家治理的目标决策、绩效执行、结果评价和信息反馈四个子系统。而基于中国治理绩效化程度不高（改革尚处于探索阶段）的现实，对应四个维度分别进行理想标准的设计——强调其应如何体现和落实善治及绩效的价值精神，成为以绩效治理推进国家治理转型的首要环节。

一、目标决策系统

简言之，国家治理绩效的目标决策是指各级各类治理主体在规划特定未来时段的治理行动时，要根据国家法律法规、有关公共部门/自身及其他相关主体的要求、国民经济与社会发展规划等提出明确、适当的绩效目标,并依此科学合理地编制行动需求;治理主体的管理单位要对其绩效目标的完整性、有效性进行必要审查,作为绩效执行各环节监管特别是结果评估的对照依据。确立绩效目标应是各治理主体进入绩效治理过程的首要步骤,也是实施国家治理绩效化改革的关键前提。

  在国家治理绩效化的理想语境下,对各治理主体目标决策存在一般性的要求。一是目标完整性要求,即有无绩效目标和绩效目标的构成问题。通常情况下,应当按照治理行动的类别、方向和具体内容设立相应的总体或战略性绩效目标,在此基础上分解为各子系统与阶段性绩效目标(或分成投入、产出和效果等维度目标);对目标可量化的,应提出用以衡量的关键指标及其定量目标值,对目标不可量化的,应提供完整、清晰、具体的定性描述与明确的检验要求(或可等级化)。二是目标科学性要求,即目标值的设定是否过高或过低的问题,涉及总体目标和具体目标两个层面,对于两者,其目标值定位都既不能过高(基于现有条件不能达到或虽可达到但需耗费成本过大、脱离单位实际等),也不能过低(绩效导向的国家治理应着眼未来,故有限的挑战性是激发治理主体潜能和推动组织进步的必要),以"跳起来能够得着"为宜。三是目标依据性要求,即治理绩效目标的决策过程是否经过广泛的民主讨论、充分的调查论证和完善的申报程序等,事实上这是保证目标完整性(代表各方面利益)与目标科学性(目标值适当)的基础。治理绩效目标的依据性通过目标设立各环节所留下的佐证材料来反映。

  进一步地,若考虑国家治理行动的层级、所属类别与内容特性,则上述关于其目标决策的一般性要求可能需在保留的框架下有所调整。以财政治理为例试作说明,[①] 比如合计占据中国各级财政支出预算中很大比例的基本支出和项目支出两类,其在绩效目标设置上即有典型差异。[②] 基本支出一般为保障机构正常运转、完成日常工作而编制的基本支出计划,按其性质可分为人员经费和日常公用经费;项目支出则具有明确的目的性用途,需在一定期限内发挥预设的经济社会效益。在不太严格的语境下,可以把基本支出预算

[①] 《中华人民共和国预算法(2014年修正)》规定:政府的全部收入和支出都应当纳入预算,预算包括一般公共预算、政府性基金预算、国有资本经营预算、社会保险基金预算;中央一般公共预算包括中央各部门(含直属单位)的预算和中央对地方的税收返还、转移支付预算,中央一般公共预算收入包括中央本级收入和地方向中央的上解收入。中央一般公共预算支出包括中央本级支出、中央对地方的税收返还和转移支付;地方各级一般公共预算包括本级各部门(含直属单位)的预算和税收返还、转移支付预算,地方各级一般公共预算收入包括地方本级收入、上级政府对本级政府的税收返还和转移支付、下级政府的上解收入,地方各级一般公共预算支出包括地方本级支出、对上级政府的上解支出、对下级政府的税收返还和转移支付。据此,在中国现行财政体制下,各级财政一般公共预算支出从总体上分为本级(部门)支出、对上级(上解)支出、对下级税收返还和转移支付四类,其中本级(部门)支出按其用途又分为基本支出(包括工资福利、对个人和家庭补助、商品和服务及其他资本性支出)和项目支出,转移支付又可分为一般转移支付和专项转移支付。可见,以一级政府为视域讨论,其涉及项目式管理的预算模块至少应包括部门预算中的项目支出和转移支付预算中的专项转移支付两类。参见国家财政部印发《中央本级基本支出预算管理办法》(财预〔2007〕37号)、《中央本级项目支出预算管理办法》(财预〔2007〕38号)等文件。

[②] 以2015年度广东省财政厅(部门)预算公开数据为例,该部门当年支出预算总额24 878.62万元,其中一般公共预算拨款24 078.62万元、财政专户拨款600万元、其他资金200万元;一般公共预算拨款又分为基本支出预算11 653.37万元(占48.4%)和项目支出预算12 425.25万元(占51.6%),基本支出则包括工资福利4775.19万元、对个人和家庭补助5268.7万元、购买商品和服务1529.08万元及其他资本性支出等80.40万元)。参见广东省财政厅网站公开财政数据 http://www.gdczt.gov.cn/adminfo/findata/201503/t20150317_55370.htm。

的绩效目标归结为机构运行顺畅、业务开展正常、管理模式创新和社会公众满意等方面，分别对应其"保运转"和"促进步"的基本职能（节约性和效益性价值），但毫无疑问，这样的绩效目标是不好评价甚至不易衡量的。而与之相对的项目支出预算则通常有明确的经济性、效率性、效果性与公平性目标，或应当在这些方面分别设定理想的追求——发挥特定社会经济效益。也就是说，尽管明确绩效目标作为财政支出绩效治理的普遍性要求，但针对不同的财政支出类别，其绩效目标的设定方式、具体描述和评价标准等都是各有区别的。

整体来看，强调国家治理中的绩效目标设置，其背后所对应或凸显的：一是公共资源有限且存在机会成本的前提假设，必须把钱"花在刀刃上"（划定"为"与"不为"的边界和进行必要性论证），而且要"花出成效"（如解决市场解决不了的关键问题、实现国家战略和人民群众的根本利益等）；二是公共治理所蕴含的核心价值，即建设节约政府（经济性）、效能政府（效率性）、服务政府（有效性）、责任政府（公平性）的要求。

二、绩效执行系统

国家治理绩效的执行保障，即由各相应的治理主体按照既定（已经充分论证并已决定）的绩效目标决策，遵循治理环节的各方面软性及硬性要求，妥善筹集和安排使用治理资源，力求实现预期目标的过程。从其构成要素来看，如前所述，国家治理绩效的执行保障包括组织机构及其职责权限、人事组织、法制规范与监督保障等多个方面的内容，归纳起来则是三个方面：一为组织模式，即治理主体与其管理、监督相关的各类机构与个人所组成的系统及其相互关系；二为制度机制，即这些机构和个人运转所需遵守的规则、程序与纪律，以及违反后的处理办法；三为执行过程，即前两者的综合，并强调其是否倾向于达成有效结果，也可作为治理运行流畅度、制度完备性与被遵守的程度，以及最后相应于治理整体绩效目标达成的有效性等。可见，国家治理绩效的执行保障特点：一是涉及静态组织、动态机制和运行效果三个方面；二是遵循有（边界）约束的轨道，具有成本、效率和规范性要求；三是以实现绩效目标为导向，并受到周围环境的影响。归结起来，其关键则在于服务治理的资源流和绩效目标完成。

基于国家治理绩效化改革的设想，针对绩效执行保障的具体要求：一是在组织机构上，各有关治理主体在各环节都应成立专门的绩效管理组织（领导小组），或指定专人负责且分工明确；二是在制度措施上，各级各环节都应制定有关的规章制度，包括资金、物资和人员管理办法及其他（如监督/检查/验收等）管理要求，不仅形式完整（覆盖不同效力等级与行政层级，具有针对性），而且功能完善（在普遍约束的基础上保持灵活弹性，即力求各类监管规则、程序、措施科学合理）；三是在财务管理上，各级各类保障治理执行的资源应及时足额到位，并符合国家相关法律法规与地方管理要求，支付流程规范，凭证健全有效，账目记录清晰；四是在实施程序上，国家治理投入所支持（相应）的目标任务应按计划推进落实，包括按制度要求完成论证申报、审核批复、推动执行、调整变动、验收评估、违规问责等，同时讲究经济效率（节约时间成本）；五是在执行监督上，应投入必要的人力、物力对治理过程进行监督，主要是为保证前述各项要求都能如愿达成，但也需避免管得过急过死，过于生硬或过于松散。

藉此，可以看出关于国家治理绩效执行保障的各项标准，在相当程度上可被归纳成是对其执行过程的普遍性、规范性、程序性、公平性等要求，而相对来讲，这似乎更倾向于站在法治的立场及视角下思维。那么，若是回归并忠实于绩效的理念，则恐怕在上述设计之上仍需有所凸显和强调——基于绩效的精神，相较于治理过程的程序性和规范性，其实更应该突出的是它的目的性、成本性与时效性等。进一步落实到各具体环节，诸如相关组织机构间的运转协调、沟通流畅、令行禁止，各级各类制度机制的科学灵活、简便可行，财务管理既保障充分又厉行节约、支付流程合理化，实施程序既讲效率又不操之过急，更不图"面子工程"，执行监督力求在单位自主/积极性和普遍/规范性之间取得平衡，等等。这是彰显国家治理过程"绩效"精神的关键，尽管它们更有可能是要建立在"法治"原则已被充分贯彻的基础之上。

三、结果评价系统

国家治理绩效的结果评价有广义和狭义之分：狭义上仅指对治理结果本身的评价，关注其遵循计划过程所达至预定目标的情况（即目标实现程度），主要通过对特定治理方案或行动完成之节点状态的评估来反映；广义上则指对整个国家治理过程的评价，包括绩效目标决策、执行过程保障、目标完成进度及结果反馈应用各个环节，即等同于治理绩效评价的整体概念——评价内容为国家治理各环节的实施质量或效果（相对于绩效化理想标准的距离），如目标设置的完整性/科学性和依据性、实施过程的合规性/程序性与效率性、结果实现的经济性/全面性/有效性、信息反馈的及时性/公开性/公正性等。

根据国家治理绩效化标准，对其各维度的具体要求：一是治理的经济性，要求国家治理投入所支持（相应）的任务/目标完成应作必要的成本控制，即以固定产出为衡量基准力求耗费的资源数量达到最低（应以保障任务完成为前提）；二是治理的效率性，包括任务完成进度及质量两个方面，即应在计划的时间内（或按照预定进度）推进任务落实，并且这一过程应体现科学性、规范性和相对于目标的有效性，可以固定投入为衡量基准力求获得的产出数量达到最大（需以质量/有效为导向避免简单数字追求）；三是治理的有效性，即相对于治理投入所需完成目标（如促进经济社会等某方面事业发展）而言应是真实有效的（与理想距离尽可能小），一般通过其发挥的经济社会效益来衡量，具体又分为经济效益、社会效益、生态效益和可持续性等，可针对治理行动类别或目标任务的具体内容设置个性化的关键指标来反映；四是治理的公平性，治理效率及有效性的达成应以不损害特定治理主体利益为前提，或从整体、战略或长远来讲应当是公平的，这一方面不好以纯客观的方式加以衡量，可通过利益相关者的主观满意度（社会满意指标）来反映。综合起来，国家治理绩效化对治理过程及结果的经济性、效率性、有效性和公平性要求，即要求国家治理目标、投入与执行在总体上是"有绩效"的。

从其构成要件来看，无论狭义或广义的治理绩效评价，都需借助一系列的技术手段，并经过必要的组织流程；故基于系统论的视角，国家治理绩效评价系统可分为理论体系（作为评价理念导向和技术指引）、内容体系（作为评价技术设计的纲领，如对绩效结果如何解构等）、技术体系（包含指标体系/权重系数/评分标准/评价周期等）、制度体系

(包含法律法规/各级各类管理办法、管理制度和其他管理要求)、组织体系(即评价组织流程,如通知发起/自评/外部评价/综合分析等)和智能应用(即管理信息系统/建立长效机制等)等若干部分或子系统。①

但需要指出的是,国家治理绩效的执行结果与实施过程之间其实存在复杂的关系,站在绩效评价的立场来说,对结果的评价内容和对过程的评价内容有时候并不容易截然区分。这一方面源于过程与结果间存在天然的逻辑纽带。通常来讲,过程规范是结果有效的前提,而结果有效是过程规范的导向,可在预设了现实矛盾和体制约束的条件下,两者作用却可能反向——追求治理过程规范与追求治理结果有效的要求甚至互相背离。②另一方面,对过程的要求本身即可能同时蕴含着对结果的要求,比如过程评价的管理合规性、实施规范性、监督有效性及其所体现的经济性、效率性思维,某种意义上也可认为是对结果的评价,两者的边界似乎天然是模糊的,正如"一枚硬币的两面"。③

四、信息反馈系统

国家治理绩效的信息反馈系统,又称为评价结果运用,是指将绩效治理结果或者治理全过程的绩效评价信息反馈给相应治理主体及有关部门,以进行有针对性的绩效问责,或将评价结果通过某种方式关联于后续该(类)治理行动的安排;其总的目的为促使有关组织和个人知晓绩效"短项"和个中原因,从而做出绩效改进的努力。考虑治理绩效信息反馈系统的构成:一是被反馈的绩效信息,主要是治理绩效评价结果(包括总体结果与结构性结果)、典型成绩、存在问题及原因、对策建议等;二是信息反馈的对象或受体,总体上包含治理行动者及相关利益方(如参与资源管理和行动落实的组织与个人)、主管部门(审定、批复或安排治理目标决策)、上级监督与结果应用部门等类别;三是信息反馈的方式或渠道,主要有绩效通报(通常在部门/系统内部)、绩效公开(向社会公布)、绩效应用(比如预算关联等)和绩效问责(奖励先进/违规惩处)四种,前两者基本只是公开范围的不同,后两者也只是形式或作用方向的区别;四是信息反馈的目的和效果,进行绩效公开与应用的直接目的在于增强绩效评价作为一种监督手段及其结果的约束力,强化国家治理的绩效化理念,而其根本目的则为提高治理绩效水平。

在国家治理绩效化改革的语境下,"绩效"应当逐步成为一种共识的信仰和自觉追求,贯彻到国家治理各有关主体的行为当中。具体针对绩效沟通(信息反馈)的环节,即要求上述不同部分或子系统都强化其特定价值,共同服务于一个绩效化的国家治理模式。比如:一是绩效信息或评估结果专业化,既能客观地反映治理行动的绩效现实,又能有效识别其优劣项目和剖析原因,并提出有针对性的改善建议;二是沟通反馈和结果应用组织化,即参与信息反馈的单位(无论是供体还是受体)都以一种主动意识和自觉态度来面对绩效结果,理性看待且积极反应,从而实现整个系统的运转协调、沟通畅顺和目标达成;三是奖优罚劣与违规问责科学化,绩效信息的正向和负向应用都应体现科

---

① 郑方辉,李文彬,卢扬帆. 财政专项资金绩效评价:体系与报告[M]. 北京:新华出版社,2012:79-80.
② 郑方辉,廖逸儿. 财政专项资金绩效评价的基本问题[J]. 中国行政管理,2015(6).
③ 卢扬帆. 法治政府绩效评价内容及指标设计[J]. 甘肃政法学院学报,2016(3).

学化、人性化逻辑，既要充分考虑单位实际又要真正落到实处，或能以一种法制的方式来实现对相关渠道、手段和限度的固化。归结之，推进国家治理绩效信息反馈系统的绩效化，其根本上为体现公共治理和绩效治理的民主性（绩效评价/信息反馈作为公民监督政府的一种民主机制）、公开性（增强社会舆论对评价结果的约束力/被评单位的压力）与回应性（凸显民意表达的功能及政府公信力）等价值精神。

除此之外，国内外的实践经验还表明，后续国家治理决策中对于往期绩效评价结果的应用通常都是有限度的。特别是从预算治理的角度看，安沃·沙赫（Anwar Shah）和沈春丽（Chunli Shen）根据绩效信息对预算决策的影响程度把各国的绩效预算管理划分为报告型绩效预算（绩效信息只是作为绩效报告的部分内容但预算决策者并不利用它们做决策）、信息型绩效预算（绩效信息对资金分配产生较小影响）、基础型绩效预算（绩效信息对预算资源分配有重要影响但不一定直接影响资金分配数量）和决定型绩效预算（绩效信息直接精确地应用于资金分配决策）四种模式。[①] 而综观各国的绩效预算改革，目前没有任何一个国家采用的是决定型绩效预算，大部分国家都属于报告型或信息型绩效预算。[②] 威尔达夫斯基进一步指出预算分配其实是个政治博弈过程，即政府各类资金安排基本出于政治性考虑而不以绩效为导向。[③] 这成为国家治理绩效的信息反馈系统所必须纳入考量的一个重要问题。

第三节　国家治理法治化建设的规划

另一方面，也要对国家治理法治化状态的基本构成作一解析，并且这种解析应是基于现实总结并可被实践应用的操作性内容。如前文所述，法治已被定义为一个包括价值、制度和实践等若干维度，涵盖形式与实质、程序与实体、设立与运行、手段与目的等多组相对范畴的综合、执中以及融通性系统，则需确立一种对之进行有效分解的视角和框架。现有文献关于法治状态（法治化）的解读思路已有很多（对应不同的学科视野），本书第一章就此进行过梳理；而抽象到框架性的层面，我们以为，下述几种仍具有较大的启发价值。一是社会学制度主义学派一般将制度形态分解为规制性、规范性及文化—认知性三类基础要素。二是在政治哲学领域，如任剑涛分析"中国权力政治及其再生逻辑"时，采用了权力哲学、权力史观和权力支配作为基本维度。[④] 可以看出，学者对复杂系统进行解构时通常都从其观念支持、文化基础和组织模式等方面切入。三是具体而言，比如夏恿通过梳理法治的渊源、规诫和价值，将法治依次解释为一项历史成就、一

---

① SHAH, SHEN. Budgeting and budgetary institutions [C]. SHAN, eds. A primer on performance budgeting. Washington D. C. : World Bank, 2007: 137 – 178.
② 牛美丽. 中国地方绩效预算改革十年回顾：成就与挑战 [J]. 武汉大学学报（哲学社会科学版），2012（6）.
③ 威尔达夫斯基，凯顿. 预算过程中的新政治学 [M]. 邓淑莲，魏陆，译. 上海：上海财经大学出版社，2006.
④ 任剑涛教授 2015 年 11 月 16 日晚做客华南师范大学"砺儒讲坛"，演讲题为"权力政治及其再生机制：大国崛起的学理逻辑."

种法制品德、一种道德价值和一种社会实践,大体对应了王子今先生所提出的学术概念分析的基本内涵、历史特质与主体精神三个层次。① 四是江必新认为中国法治社会建设可基于法治自身运行、社会系统发展和国家整体转型"三大维度",尽管这更多只是一种背景性的说法。② 五是更为直接地,王人博、程燎原在《法治论》中,把法治状态的理想构成分解为观念模式、制度框架、组织结构与法律秩序四个基本变量,并依次进行了框架和内容性阐释。③ 事实上,本书此前也提出了从法律价值、法制功能及法治实践三个角度对法治进行简单分析的逻辑;进一步融合上述视角,则相应于法治型绩效解读的需要,可将国家法治状态具体化为四个关键维度:一是价值观念,二是制度机制,三是组织模式,四是实践秩序;其中前两者基本对应价值方面,中间两者对应制度方面,后两者对应实践方面。

一、价值观念宪政化

在观念层面,法治化对国家整体治理的要求是全体公民都自觉树立、坚持与弘扬法治的价值精神与权威观念,包括对法治抱有积极的期望,具有必要的法律常识和评价理性,以及基于法治现实规制形成合适的目标行为取向。具体而言,国家治理法治化是要将这种"以法为治"的实体价值和"法律至上"的权威意识全面贯彻到治理实践中,即要求不同治理主体对治理过程彰显或遵循法治的普遍性、规范性、共识性和自觉性等原则产生相应的积极欲望、评价需求和改善动机。而归根到底,在社会构成的政府与公众两个关键层面中,强化对(政府)公权力的法律监督又成为其中的核心。因为这里所讨论的,主要是与市场经济模式相匹配的公共治理,只有从价值上确立并从制度及实践上恪守对公权力的规范和限制,才能确保治理过程"规则之治"的信仰状态得以实现。正基于此,价值观念宪政化(权力制约)乃是国家法治的灵魂。

进一步地,法治理想对价值观念宪政化的要求体现为三个要点。一是强调治理的公共性。国家法治的价值观念分为权力观念、权利观念和法律主治观念三个部分:在权力维度,即各级各类治理的决策和执行者都应奉行权力来源合法、权力行使合规及权力目的合理的理性精神,力图在相应治理决策的考虑和在落实中反映社会公共而非小团体利益;在权利维度,即公民个体或其所属的代表性组织应对拥有的合法权利高度重视,具有通过民主手段和法治程序争取权益保障的主动性;由此形成在效果维度的权力理性运行和以权利规制权力的法治自觉精神。同时,政府仅以追求公共利益为己任,致力于满足市场满足不了的社会公共需要而不是为了获取相应报酬,归结起来即凸显政府的非营利属性和权利保障(服务性)目的。④ 二是强调治理的民主性。国家治理的目标决策应是一个民主的过程,尤其治理目标和计划安排,应是综合各有关方面立场和利益诉求加以衡平的结果;在现代国家政体下,这种衡平通常体现为依托代议机关及选票市场的民

---

① 夏恿. 法治是什么——渊源、规诫与价值 [J]. 中国社会科学, 1999 (4).
② 江必新. 法治社会建设论纲 [J]. 中国社会科学, 2014 (1).
③ 王人博, 程燎原. 法治论 [M]. 桂林:广西师范大学出版社, 2014:196.
④ 丛中笑. 法治国家视角下的公共财政 [J]. 财贸研究, 2009 (4).

主博弈机制，而代议和选票本身即是法律规定的程序，它构成了治理合法化环节的一道"闸门"。中国政治民主形态与西方不同，但政府重大决策也经过国家权力机关的程序审批，这实际上具有使其"在形式上合法化"和"在实质上体现民意"两重价值，正是在这个意义上，国家治理民主变成通往国家法治的路径，因为民主的过程即可以说是对权力制约的过程（使公权力不能随意为之），或说国家法治的根本是治理民主，两者其实是一体的。三是强调治理的政治性。无论西方和中国的实践都已表明并充分认同，政府决策更多其实是个"政治过程"，尽管其中涉及民主、法治和绩效等要求，但多数情况下它并不（完全）依靠这些来决定。① 在我们看来，国家治理法治化不应全盘否定这一过程的政治性，但要求必须在法律的原则和框架下进行（如前所述，代议和选票的民主博弈本身即是法定程序），同时强化法定程序的约束力，即各方行为都遵循确定的法律限度，不以牺牲和损害公共利益为前提。由此，国家治理的政治性和民主性看似一对矛盾，其实是互相缠绕的两端，共同组成治理观念宪政化的两面。

二、组织模式结构化

在组织层面，法治整体要求存在于该国的各类组织都依法设立、权责法定、运作合法并达成有效目的，藉此形成全社会的一种有序的治理状态。那么相应地，国家治理法治化即需要国家治理决策、执行、分配和反馈有关的各级各类主体都强化其体系完整性、分工明确性、职权法定性、运作程序性和监督有效性，藉此达成国家治理从总体和具体上讲都有人负责、分权制约、协调通畅、执行规范与救济有道的理想；而究其关键，则又在于确保公共权力的依法理性行使和公民权利的依法充分保障。

现实中，对国家治理法治化的组织系统构成及其运作需有若干考虑。一是其治理组织结构具有复杂性，按照不同思维可有不同划分。简言之，其横向涉及了同级治理主体、相关管理和监督单位（分为行政监督和司法监督，前者主要是审计、监察、人事等，后者则是公安、检察、法院），纵向涉及了上下级关联（转移支付）单位、治理权力客体或对象、治理评估机构和治理问责部门等。二是从法治角度和从绩效角度对国家治理组织体系的理解是迥然不同的。比如从绩效视角可分解为治理绩效目标决策、绩效执行保障、绩效结果评估与绩效信息反馈等环节相关机构，而从法治视角则需按照特定治理行为的动议、审查、决定、实施、受众、评价和问责的法定过程来逐项思考。三是作为国家法治的整合系统，其法治化观念、组织和制度之间的相互影响关系亦是千丝万缕。比如我们可能说在法治（宪政）观念的总领下形成完善的治理制度再贯彻于相应的治理主体（组织），也可说成是将治理组织发扬法治（宪政）观念的职权行为固化成完整的治理制度——在法治进程中，究竟是组织创设制度还是制度创设组织并无定论；这时候的组织与制度分别对应实体和程序、静态和动态层面，但其边界却是模糊的——似乎组织

---

① 以预算治理为例，如张馨指出：每年中国的各级人民代表大会只在短短的数周内就完成了从预算草案的提交、审议到批准的全过程，极少有关于人大代表对预算草案的质询、修改和否决等情况见诸报端。这一方面或凸显了预算审定的政治性（各单位编制预算时已内置化地考量了多种因素），但也存在主观/人为属性过高及法定程序遵守不足等弊端。参见：张馨. 法治化：政府行为·财政行为·预算行为［J］. 厦门大学学报（哲学社会科学版），2001（4）.

的职权或运行即产生制度,制度的载体或实现即为组织,特别在法治化的目标蓝图下二者具有不可分割性。

对国家治理组织模式的法治化要求主要集中在对其各环节有关主体(静态的)职能健全/法定与(动态的)运行合法化建设上面。具体地:一是实现治理动议和审定组织结构化,二是实现治理执行和监管组织结构化,三是实现治理评估和问责组织结构化。再以预算治理为例,预算法对中央和地方预决算编制、审查、批准、监督及执行的组织权限和职能程序都作了明确规定,尤其在 2014 年修正案中许多新的科学理念、制度原则及实践经验已被吸纳生效;应该说,三个方面的前两者(从预算编制到执行监管环节)的组织结构化及法治化程度已相对较高;但是后者(预算评估和问责环节)鉴于相关工作起步较晚、市场机制仍不成熟等原因目前则处于零散不系统(不规范)的形态,其组织化与法治化程度亟待提高(应为今后的着力重点)。

归总而言,法治理想对国家治理组织结构化的要求亦体现为三点要旨。一是强调治理决策的法定性。即各级各类治理行动都是由具备相应职权的责任方编制并经合法程序审议确定的,经主管单位批准的治理具有法律约束效力,如果违反则需启动法律问责程序;同时治理有关的规范、准则、制度、方法以及权责关系等都以法律法规的形式固定下来,治理行为若需调整和变动也应经过法定的程序机制。[①] 二是强调治理行为的权威性。即经法定程序审批后固定下来的治理方案具有高度权威性,由此解决治理活动有法可依和有法必依的问题,任何单位和个人都必须强制遵守执行,不允许有例外存在;[②] 同时,方案应保持相对公定力,即便走法律程序也不能经常更改。三是强调治理监督的归一性。除某些特殊行动外,所有的治理过程都必须纳入法制轨道;[③] 既然各有关主体都实现了职权法定,即应尽量按照确定的范围、限度及标准进行治理,适当减少专项或临时行动(即使不能完全避免,也应加强其科学预测和精细管理),藉此推动治理过程监督趋于统一化。

三、制度机制法律化

在制度层面,法治化理想下的国家整体制度安排为(从形式上讲)形成一套逻辑清晰、功能完善、内在一贯、确定可测的实证的法制系统,并且(从实质上讲)它是对法治价值观念的体现、贯彻与弘扬,是对权利和义务、权力和责任、自由和秩序等的合理划分以及配置。进入到国家治理视域,相应的制度机制法治化即要求治理关联的主体职权、决策审定、执行调整、监督评估、反馈问责等都有健全完善的法律制度来加以确定、落实和保障,而这些制度都应当是形式完整、功能完善、逻辑自洽、真实可行的,其根本为实现国家治理各环节的有法可依和有法必依。

从构成来看,法治的制度框架其实质内容包括权力分配和权利实现两个层面,前者又分为权力来源、构成、运行、保障、限制、监督和问责等环节,后者也有主体、内容、实现、责任和救济等要点。那么,国家治理法治化的制度框架自然也应囊括这些内容,

---

①② 王金秀. 以预算法治化推进依法治国 [J]. 经济研究参考,2015 (34).
③ 张馨. 法治化:政府行为·财政行为·预算行为 [J]. 厦门大学学报(哲学社会科学版),2001 (4).

如在权力维度，关于各级各类国家治理主体的地位、职能、权限、行为程序、监督方式、责任兑现（什么样的组织有权进行怎样的治理决策、应如何行动）等都应有明确的法律规定及制度配套；在权利维度，关于各类组织和个人能从国家治理中获得的福利或服务及其资格、限度、类别、义务、救济（如公共预算补贴企业和个人的获取）等亦该有完善的法律说明及制度保障。法治的制度规定其形式内容，若按简单的法律位阶原则即应有宪法、基本法和其他法律、行政法规、地方性法规与行政规章等各个法律层级的规定；与此对应，国家治理各层次尤其关键（基础性）领域的法律制度体系也需涵盖这些层级（至少每个层级都有相应的制度文本），并且不同层级文本对相同或相近内容的规定其具体化程度以及针对性不一，由此达成韦伯所言的现代法制的"形式合理性"标准——其一，各类组织和个体在国家治理中的权利和义务关系都由某种普遍适用并可以实证的原则支配；其二，支配这些关系的法律制度具有逻辑清晰、内在一贯的系统结构，即不会互相矛盾；其三，治理过程关联的法律规范都具有鲜明的外部特征和内在要素，是通过逻辑分析及解释的法律概念来构成系统严密的法律规范；其四，国家治理的法律制度已排除非理性、神秘等手段和因素，即受理性的控制。[①]

更为具体地，法治理想下的国家治理制度体系应是一个由多个门类及层次法律制度构成的有机统一体。比如在预算治理方面，建立与公共预算相适应的法律体系要以宪法为核心，如在《财政基本法》统帅下，以《公共预算法》《公共支出法》《公共收入法》《财政管理体制法》《财政转移支付法》《税收基本法》《政府采购法》《国债法》《国有资产法》和《财政监督法》等为骨干，并以地方性法规、行政规章及其他法律渊源为补充，形成相互协调、完整统一的整合系统。[②] 就目前来讲，国家已经颁布实施了预算法、会计法、审计法、各种税法及其相关实施条例/暂行办法等多个层级种类的法律法规，还有一批相关法律正在加紧修订、起草或进行立法研究中，应该说公共预算及财政执法活动正朝着有章可循、规范化和法制化的方向大步前行。

在此基础上，我们提出进行国家治理法治化的理想制度设计，其目的一是强调治理决策的普遍性，即通过制度和法律约束来实现各级各类治理决策的形式和内容基本模板（口径、标准、目的、方法等）相对一致，同时不同层级法制又有独特的要求，藉此推动法治范围向全面扩展；二是强调治理执行的程序性，无论治理的动议、审定还是执行、监督的各环节都受到法律制度的严格规制，有利于实现对国家治理过程的规范管理即各类治理主体行为的有序化；三是强调治理结果的科学性，通过制度理性及其所蕴含的（法治）价值理性和（组织）行为理性来共同保证治理决策及执行科学，从而使其相对于所支持和保障的事业目标而言是行之有效的。

四、实践秩序共识化

在实践层面，国家整体法治的实践秩序包括广义和狭义两方面：广义既指法治化之价值原则、组织结构与制度机制等自身相互关系的有序性，又指其实践运行所产生的现

---

① 苏国勋. 理性化及其限制——韦伯思想引论[M]. 上海：上海人民出版社，1988：220-222.
② 丛中笑. 法治国家视角下的公共财政[J]. 财贸研究，2009（4）.

实秩序状态；狭义仅指后者，即法治化之组织和个体按规范制度运行所建立起来的社会关系。与此对应，国家法治的实践秩序来源于两个维度：一是法治对国家治理的价值观念、组织模式和制度机制等理想要求的各项原则及内容之间的互洽性与融通性，二是各级各类国家治理主体自觉践行法治之价值、制度所形成的治理过程的组织化和有序化形态。相对而言，前者是虚拟的，后者是实在的，但前者是后者的基础和依据，两者实际上难以完全独立区分——所以对法治化之国家治理实践秩序的探讨，某种程度已包含在对法治化之价值观念、组织模式与制度机制的探讨当中。一言以蔽之，国家治理法治化的实践秩序其实即社会集体在治理决策、审定、监督及执行过程中所共同建立、恪守和维护的一种合法化信仰、一种规范化共识、一种合理化追求乃至一种有序化自觉，它是国家治理之自由与秩序价值平衡以及"规则之治"的科学凝练。毫无疑问，国家治理实践秩序应成为测量国家法治水平、质量与规模的一项重要和关键尺度。

进行国家法治化理想的实践秩序规划，其目的亦为了整合与对应现实当中对国家治理过程的一些价值以及制度性要求。比如：一是强调治理的计划性。计划是秩序的前提，法治化应使各级主体将治理方案编制的时间提前，力争在下个治理行动周期开始之前完成决策审批，或实施更长的治理行动周期，以此确保决策对完整周期内全部治理活动的规制和保障。[①] 二是强调治理的公开性。尽可能公开是保证治理活动时刻受到社会公众监督的基本条件，尤其对公共部门而言，监督是维护其治理实践秩序的客观必要；法治化不仅要求公开国家治理的宏观信息，更应公开其结构化信息，以此减少和克服各类治理行动中现有的浪费、腐败、失误、低效等不良现象。[②] 三是强调治理的公信力。公信力是国家治理活动的终极追求，治理法治化说到底也是服务于治理公信力的需要；无论是治理计划执行还是治理公开监督，都是为了营造和维护一个有公信力的治理模式；在这个意义上，治理公信力又成了检验治理实践秩序的最高标准。

第四节　法治型国家治理绩效的模型特征

在以上对国家法治和治理绩效两个方面具体内涵阐述的基础上，相应于国家治理绩效类型法治化的整体要求，需将两者进行有机组合。进一步说，通过绩效类型理论的模型推演，法治型绩效表现为政府与公众绩效目标的一致性、政府对公众绩效行为的干预程度和绩效结果由政府支配比例三个维度取值均属适中。这些表现的背后有何现实含义？也要针对法治和绩效两个系统分别或共同作出解释。这实际上是要分析在法治型绩效的理想下，法治的价值精神与实践原则究竟如何实现对国家整体（政府和公众两个层面）绩效目标、绩效行为与绩效结果（分配）的调适及规范作用——如何使之相互匹配、相互促进和相互认同。作为当代中国治理绩效转型目标的法治型绩效，其关键的形式/模型特征可从以下三个角度进行分解。

[①②] 张馨. 法治化：政府行为·财政行为·预算行为[J]. 厦门大学学报（哲学社会科学版），2001（4）.

一、政府与公众绩效目标统合性

从绩效目标维度看,前文已经讨论过,基于特定历史阶段的复杂性需求,如政府在某一时期的工作重心恰与公众的主导性需求相互对应,即产生所谓国家整体意义上(两个层面)绩效目标的一致性。更为具体地,这种一致性在法治化的国家治理绩效类型当中容易成为现实。一是在价值观念,在法治型绩效理想下,无论政府和公众的绩效目标设定都自觉以法治的价值原则来作指引,即便两者互异也将受到法治精神的严格制约而保持正当性。二是在制度机制和组织模式,法治国家的各类组织和个体设定绩效目标必将基于其法定的职能导向,并遵循法律所规定的程序机制;尤其涉及公权力的政府绩效目标必将通过民主的手段才得以确定,而公众在执行民主的过程即把其个体的主导性需求加以表达,最终按照一种多数法则实现个体差异(相对性)的集中和内置化,这样所产生的政府目标自然与公众目标保持一致。"任何一项具体行动目标都是以法律的方式获得全体承认而没有异议,且在这个过程中可能表现为试错、反馈以及通过多次反复来达成'合理的合意'。"① 三是在实践秩序,受过法治教育的政府和公众在绩效目标酝酿时即带有一种自觉,包括互相适应的自觉与规范程序的自觉;也即是说两者设定目标会自觉寻求一种匹配,若不匹配将按特定渠道进行调整(个体目标自我调整以响应政府号召,或者使民主运转起来调整政府目标);在这个意义上,法治国家的政府与公众绩效目标不仅表现为一致,而且是一种"主动寻址"式的匹配,即一种统合性。正所谓法治是保证多数人目标相合的利器,而民主恰是其中的奥妙和门道;法治和民主是一体的,构成"民主的法治"。

二、政府与公众绩效行为互促性

在绩效行为的角度,政府对公众绩效行为干预程度以适中为佳;按照此前的划分,若两者(相对于彼此)分别表现出服务和贡献的行为类别,则这一模型状态便可成立。② 关乎法治对绩效的调适作用,一是在价值观念上,政府与公众绩效行为受到法治精神与其价值原则的严格制约,以确保行为本身的合法性;其中政府层面绩效行为的合法性主要体现为其遵循权力有限及制约、服务和保障民主(民生/权利)等方面,公众层面则体现为遵从统一规范(号召)、自觉维护自身以及他人权利(自由)不受侵犯等。二是在组织制度上,政府与公众绩效行为都必须遵循法定的组织模式与制度机制,以此彰显行为的规范性;在此基础上,政府和公众追求各自层面的绩效目标即呈现一种互利和互促的效果,因为政府目标乃至作为规制的法律本身皆由民主产生,必与公众自身需求保持一致。三是在实践秩序上,基于前两项约束与法治型绩效的共同理想,政府对公众服务以及公众响应政府要求(为政府/国家贡献)都将成为一种行动自觉,这是一种主动倾向彼此协调的理性选择,由此产生相互之间的正向激励,共同促成国家整体治理高绩

---

① 季卫东. 通往法治的道路:社会多元化与权威体系[M]. 北京:法律出版社,2014:214.
② 干预适中其实是一种心理感知,在自为行动体假设下,如果政府和公众至少其一采取其他绩效行为类别,都将导致彼此对这一行为关系的感知结果变异(偏离适中状态)。

效并维护其持续性。所谓"法治以及目标导向的政府绩效行为与民间自发秩序保持一致,即可实现国家整体运行的复杂系统近乎一种有意模仿的天然状态,国家治理绩效得以借助于社会的内在化支持而获得长期动力"。①

三、政府与公众绩效分配合理性

在绩效结果的维度,法治型绩效的政府与公众两个层面(两类主体之间)分配处于合理状态。这种合理进一步表现为其成因可能是伴随法治进程的两者长期斗争以致妥协的效果,其存在是双方达成认可性共识并自愿遵循的默契,其维护则是基于历史变迁需要而且依据法治或民主程序的制度性自觉。比如,一是在价值观念上,政府基于法治价值引导总希望理性地履行权力,尽可能多地为公众的民生权利行使创造物质条件,绩效行为从而呈现一种返还性;公众受法治精神感召亦尽可能信任或支持(法治)政府的行动并乐意捐献自身力量。二是在组织制度上,政府与公众间绩效结果分配的现实模式必是以一种民主的方式确立、维持与更替,从而实现双方认可以及对其往复的绩效目标再设置提供正向基础。三是在实践秩序上,政府与公众对于保持其在现有效绩效结果分配机制中的心理倾向和行为类别具有自主性,该模式的遵守也可能表现出主动进入/确认或(迫于变化的现实)被动激发调整并重新达至合理的两个阶段,总体来说会保障其合理性处于一种长期波动平衡的稳态。所谓"政府与公众间其实存在各种形式的经济性和社会性交换,而交涉的结果取决于多方社会力量的对比及其正当化处理,法治不过是把非正式的讨价还价变成了合乎公正的辩论协商程序,仅此而已"②。

由上,在推进国家绩效治理法治化的过程当中,国家法治对于国家绩效的改造作用其实可以归纳为四个方面:一是价值引导作用,即通过法治的一般或具体性价值精神对国家内部各行为主体(如政府与公众)的绩效目标设定、绩效行为选择和绩效结果分配实施引导和感召,以达成其互相匹配、促进以及认同;二是组织协调作用,即通过法治对各级各类组织或个体设立依法、职能法定、运行合法的限定来实现一种社会的组织化和有序化目的;三是制度规范作用,通过符合法治精神的制度机制来对各类主体目标设立、行为运作与结果获取的手段和程序进行约束,确保全社会绩效追求的协调顺畅与彼此互利;四是实践整合作用,进一步把经过价值、组织和制度改造的社会运行状态(国家治理绩效追求)凝成共识,变成一种自觉的实践秩序(图 4-1)。

---

① 季卫东. 通往法治的道路:社会多元化与权威体系 [M]. 北京:法律出版社,2014:218.
② 季卫东. 法治中国的可能性——兼论对中国文化传统的解读和反思 [J]. 战略与管理,2001 (5).

第四章　法治型国家治理绩效的体系设计

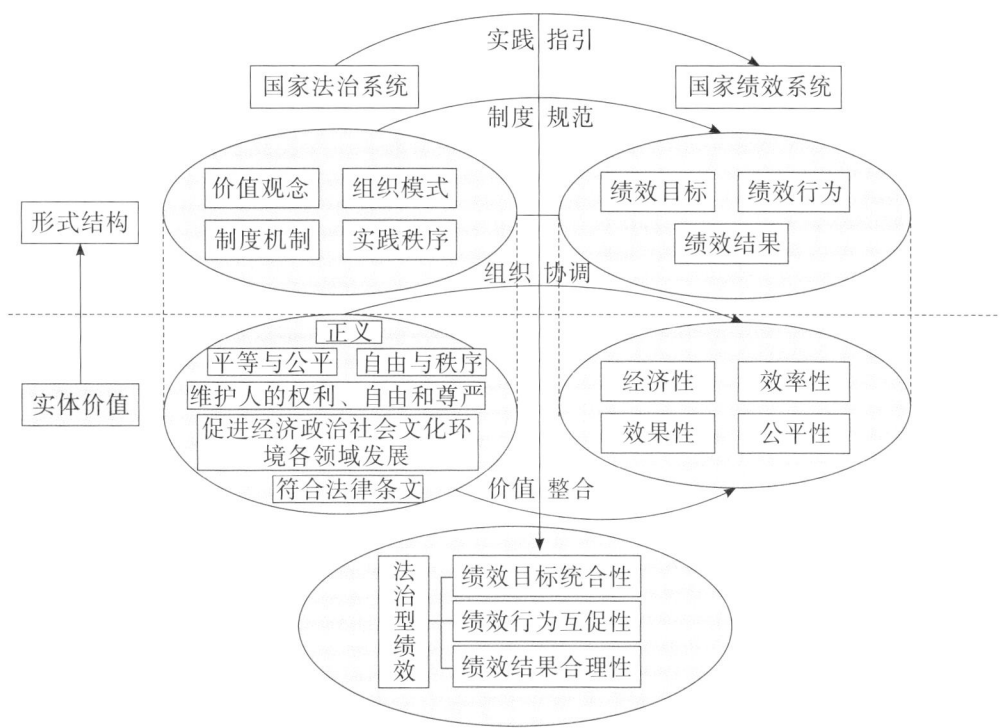

图 4-1　法治型国家治理绩效的系统构成

第五节　法治型国家治理绩效的实质标准

进一步地，以上从模型视角对法治型国家治理绩效的描述似乎仍过于简化和抽象，即便我们知道它具有这些特征，也不能提供其之所以区别于别的治理绩效类型的质的规定性。为此，有必要借助此前梳理的国家治理绩效类型分析的实体维度，再针对法治型绩效若干实质性的内容标准展开设想。需要说明的是，这些实质标准的生成并非随意或无限度的，而是相应于国家治理绩效运行的全过程，从中挑选主要的环节以提出其法治理想运作的具体要求。总的来讲，基于国家治理过程的动态分解，法治型绩效应是对应绩效的价值导向、目标决策、执行保障、结果呈现、分配评价和沟通反馈等主要环节分别进行法治化改造，即这些治理环节在贯彻绩效化要求的同时也要满足法治化的运行规则。正如汪习根所言：在法治视野下，应从公共领域、私人领域和社会领域三个维度入手并最终回归到良法善治这一基本方略上来构建国家治理体系。它表现为一是公域治理的透明性和高效性，二是私域治理的自治性和自觉性，三是社会治理的参与性和互动性，四是依法治理的逻辑性与究责性。[①]

---

① 汪习根. "全面推进依法治国"笔谈之三：国家治理体系的三个维度 [J]. 改革, 2014 (9).

一、绩效导向普适性

首先,法治型国家治理绩效的价值导向,应在治理绩效的价值体系中导入国家法治的价值精神。在我们看来,国家治理的绩效化导向蕴含了对治理过程及结果的经济性、效率性、效果性和公平性等追求,而实现这些追求则是以治理的目标科学性、过程协调性、结果有效性与问责公正性等原则来保障的。与此同时,国家治理的法治化导向则以正义公平有序、权力制约及理性、保护人权与自由、促进经济社会各领域发展及符合法制等理念为支撑,其目的在实现国家治理的法定性、程序性、公共性和民主性要求。可见,两大观念系统之间存在内容倾向上的典型差异;从某种程度上讲,对国家治理绩效的底层要求正是国家法治的顶层呼唤,反之国家法治的末端则成为治理绩效的前端;两者价值体系虽有契合,但其位阶是相错的(图4-2)。

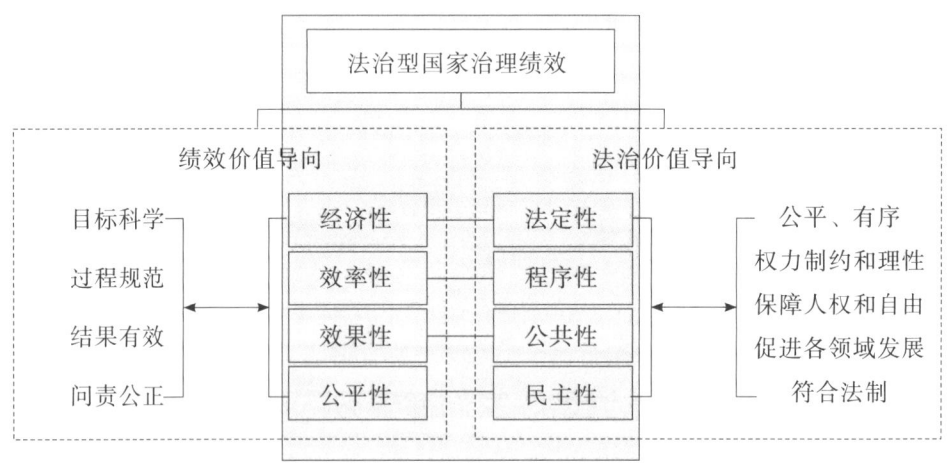

图4-2 法治型国家治理绩效的价值导向

那么,建设法治型国家治理绩效的价值构想,即是要以国家法治的价值精神对治理绩效的价值精神实施改造,也可以说在国家治理讲究绩效原则的同时,也结合讲究法治原则。具体而言:一是国家治理追求经济性应以法定性为前提,比如其成本节约、投入控制等行为应建立在法定形式确定的决策蓝本之基础上,即便是力求节省也不容随意;二是国家治理追求效率性应以程序性为保障,这主要相对于治理的执行过程来讲,即其以目的性为导向讲究时效也需遵循普遍规范的程序规则;三是国家治理追求有效性应以公共性为限度,即治理之结果有效必须是相对于公共利益而非私人(或小团体)利益实现来计量的;四是国家治理追求公平性应以民主性为辅助,因为治理决策按照民主机制的审议和决定将能确保不同群体(不同代际)利益诉求的衡平。归结起来,法治对国家绩效治理的要求要在价值导向上体现一种普适性,所谓公平正义、自由秩序与人权保障等价值精神,都是符合人类社会发展的普遍规律及共性要求的理想标准(而非对应特定时期某一统治阶级的利益偏向),这正是法治型国家治理绩效之所以区别于其他绩效类型的一个关键。事实上,若我们观察《中华人民共和国预算法(2014年修正)》的文本头条——"为了规范政府收支行为,强化预算约束,加强对预算的管理和监督,建立健全全面规范、公开透明的预算制度,保障经济社会的健康发展,根据宪法,制定本法",即可发现其(相对于此前版本)更有意识地彰显和弘扬预算法治(普遍性或规范性)与预算绩效(有效性)价值的融合。

仍需指出的是,国家治理的过程规范与结果有效之间有时构成一对矛盾,因为在预设了组织不协调、制度不完善与信息不对称等约束下,遵循程序的过程是有成本的,并可能出错,而要快速获得有效结果则往往需适度违背程序。这是我们在国家治理绩效实践中遭遇的一个重要问题(本书第六章再对其深入探讨)。也即是说,法治型国家治理绩效从观念上要求效率性(有效性)以程序性(规范性)为前提,现实条件下可能是难以做到的(作为一种理想层面的要求),但这恰是因为目前治理绩效的法治化程度不高所致,也是我们加力追求法治型绩效建设的一个关键理由。

二、绩效决策民主性

其次,国家绩效治理的法治化改革在目标决策环节,既要求各级各类治理主体都应当设立明确的绩效目标,藉此概算治理行动的总体投入并形成整个治理方案决策。针对国家治理的目标决策,绩效化理想下的它必须具有完整性(总体和具体目标)、科学性(目标值合理及量化)和依据性(调查研究与充分论证)特征。法治化的治理绩效目标,则是在满足这几项要求的同时还应符合法治的规矩:一是民主性,即这些完整、科学且有依据的绩效目标是经过民主的程序机制产生或被确立的;二是公共性,这些绩效目标应是服务或有助于促进公共利益的,事实上民主的政治过程即是目标公共性的有力保证;三是法定性,治理绩效目标必须由合法权限之审定机构正式批准,这是从形式上确立其合法性的必要步骤,经此流程的治理绩效目标即具有权威性和约束力。概而言之,国家治理之目标决策的法治化即为了产生一个建立在民主程序之上、具有法定性和公共性的完整、科学的治理绩效目标(体系)。

与此同时,针对国家治理绩效的决策过程本身,所谓决策民主化是指将民主机制引入决策过程,使有关决策方案在经过充分的协商、论证后,再由决策机构集体审议并作出决定的一种制度安排。决策民主化是国家政治民主的一种实现形式,其实质是落实公民的知情权、表达权、参与权和监督权。国家治理决策民主化当然是为了实现决策目标民主化和决策过程民主化的统一,前者要求保证最终作出的决定能够整合各方的利益诉求,充分反映民意,最大限度地增进公共利益;后者则重视构建利益表达与聚合偏好的协商及问责机制,确保决策程序的公开、透明——具体包括决策前应充分听取决策的利益相关方的意见和诉求,决策过程应经过充分的民主讨论、协商。[①] 国家绩效治理的决策民主化作为建设法治型国家治理绩效的重要内涵与理想标准,有助于增强国家治理的政治合法性,增进公共政策的公共性、公平性和普惠性,弘扬社会公平正义,从而降低多元社会利益格局下的政治冲突风险,提高决策体制的柔韧性和适应度。

另外,实现国家治理绩效决策的民主性应以遵循治理决策过程的法制要求为前提,

---

① 周光辉. 推进国家治理现代化的有效路径:决策民主化[J]. 理论探讨, 2014(5).

因为绩效民主和绩效法治本来即相辅相成的一体两面。某种程度上,我们可以说法治型国家治理绩效的制度机制,就是用国家法治过程的各环节制度要求来保障国家治理绩效,比如治理目标设定即应按法治化的动议及审定程序来规范进行,治理绩效评价和反馈也应按法治化的评估及问责制度来科学实施,而法治过程本身即包含了民主协商的程序机制。在另一角度,也可以说是在按照法治标准进行国家治理的各环节工作中进一步体现绩效精神,比如法定的治理决策程序其实更应审定的是治理的绩效目标或绩效计划,法定的治理执行与监督程序(在确保普遍规范性同时)还应力求简便性与灵活性(以突显成本节约和目标效能)。这些设想在一定程度是对制度运行的要求,其实更是对制度本身的要求,体现一种民主文化的价值导向。说到底,则是要把民主和法治两个维度对于国家治理决策之主体、权责、程序、限度和救济等方面的理想规划一起落实成为具体制度内容,并形成健全完善的等级体系——达到韦伯"理想类型"的标准,也就是建立一套体系完备、功能完善、逻辑自洽、精确可行、简便灵活的法治型国家治理绩效决策机制,以使国家治理民主性拥有强大的合法性基础。

三、绩效执行有效性

再次,法治型国家治理绩效的执行保障,即要求国家绩效治理关联的主体(组织和个人)应按照法治化的原则来设立及运转,或说用法治的方式来实现治理绩效追求。这主要涉及对治理组织从绩效管理和法治进程两个维度的权责划分与其运行效果的规划问题。正如前述,国家治理主体是一个复杂系统,它在横向上包括了治理行为的动议者、审定者、执行者、监管者以及外部评估机构,在纵向上又涵盖中央与地方的不同行政层级,形成交错的矩阵结构。在涵盖了这些结构的基础上,要求国家治理绩效之执行保障系统整体运行有效为法治型国家治理绩效建设的理想要求(图4-3)。

那么,对这些复杂机构进行法定的权责划分则是保证其绩效执行有效的客观前提:一是从绩效治理的角度来说,基本可有绩效规划/设计组织、绩效生产/管理组织、绩效监督/问责组织和绩效评价/应用组织等类别,它们各需承担相应的权责。具体比如各级各类绩效主体、主管部门和权力机关需(按程序)共同负责绩效规划或目标设计,然后由绩效主体、主管部门连同相应的下属单位共同负责绩效生产和管理,由主管部门、权力机关、监督部门和社会评估机构共同负责绩效监督和问责(即由其共同完成绩效评价及其结果应用)。进一步对于同属权责,不同机构所承担角度或限度又是有所区分的,如就治理绩效的监督权来讲,权力机关对应于立法监督,主管部门对应于行政监督,司法部门对应于司法监督,外部评估机构则对应社会监督;治理绩效的评价权亦可作此类似的划分。二是从国家法治机制的角度来说,又有治理规划/执行单位、治理审查/批准单位、治理管理/监督单位和治理评估/反馈单位等,它们也需承担相应的权责(其归属和限度划分跟治理绩效管理类似)。

总之,整合法治型国家治理绩效组织运行的构想,是既要在治理绩效执行中遵循法治的原则,又要在国家法治过程中彰显绩效精神。其总体要求有:一是负责绩效执行的各级各类组织健全,即前述各项分权都有确定和专门的机构或人员来承担,特别是在基层,其落实绩效执行的机构、人员、组织都应按法治的标准来配置和规范;二是绩效执

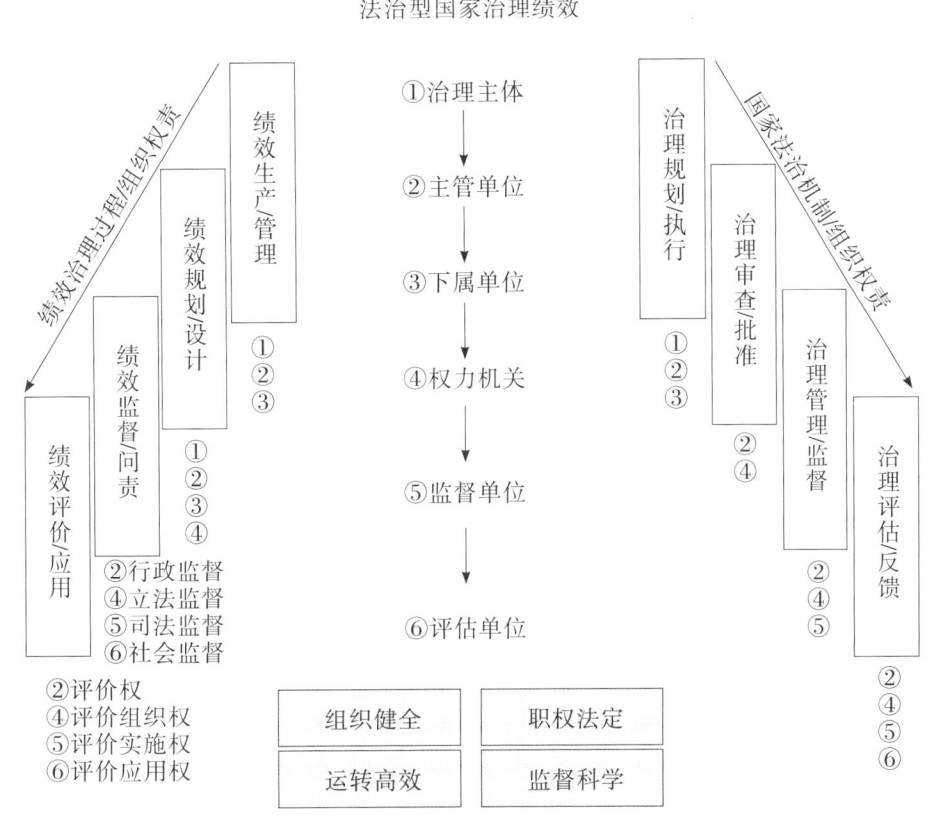

图4-3 法治型国家治理绩效的执行保障系统

行各类组织的权力、责任和相互关系、运行程序等都有明确的法律制度来规定,即治理绩效化导向的模式具有权威性及约束力;三是各级各类组织追求治理绩效的过程都自觉按法治的标准来进行,其监督机制也基于法治的规则实施,以形成一种治理绩效的组织化和有序化运行状态;四是各级各类按照法治程序规范运行的治理实践(其规划、审定、执行、监督等环节),亦需兼顾绩效原则,除了讲究规范性,还应讲究目的性、成本性和时效性等。归结起来,即要建立一个组织健全、职权法定、运转高效、监督科学的法治型国家治理绩效组织模式。

四、绩效结果持续性

然后,在法治型国家治理绩效的结果呈现环节,则是力图实现治理绩效结果和国家法治理想的互相结合,或说以国家法治的程序机制来保障治理绩效的持续性。从其内容来讲,治理绩效可持续性大体分为目标可持续、过程可持续、结果可持续、评价可持续和反馈可持续等若干环节,也就是在国家治理的各个环节都深入贯彻绩效的精神追求;而国家法治既可按逻辑分成观念法治、组织法治、制度法治和实践法治,又可按过程分为决策法治、执行法治、监督法治、评估法治和问责法治,即需在国家治理的各环节都凸显法治的精神追求。那么,两者融合在绩效结果环节的体现,即是说要国家治理绩效

国家治理绩效转型的中国实践

结果及其生成的各有关要素中加入国家法治的要求并形成自觉,或说以法治的规则机理来固化和保障国家治理绩效结果,实现其可持续性。归结起来,法治保障下的国家治理绩效(结果)追求应当凝成各利益相关主体及其行为规制的一种普遍性共识、一种有序化自觉、一种目的化信仰、一种合理化追求及一种持续性忠诚(图4-4)。

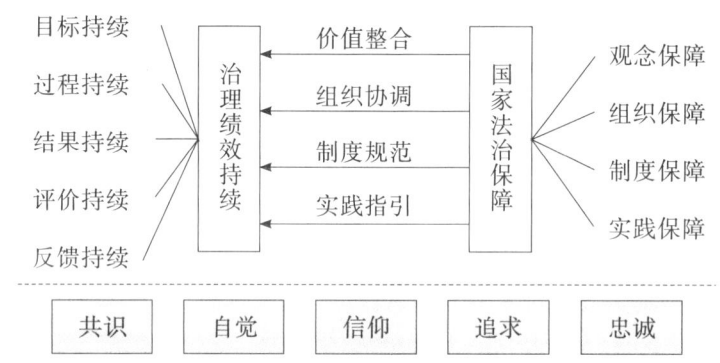

图4-4 法治型国家治理绩效结果持续性机理

实际上,由国家法治保障的国家治理绩效延续在某种程度即追求一种治理实践的秩序化自觉。哈耶克采用"nomocracy"和"teleocracy"来区分秩序的两种不同形态,一般译为"规则的统治(或规则秩序)"与"目标的统治(目标秩序)"。① 更为具体地,"nomocracy"是一个类似于自然规律的概念,它属于一个自发组织系统,不为人力所左右也不服从人类赋予它的目标性;而"teleocracy"则是有不同具体目标的安排或组织。前者存在的一般前提在于它能提供一个抽象的、无目标的秩序,人类为在这个系统内自由地生存而必须服从一些抽象的公正行为规则,国家的基本职责便是为该秩序(公共或普遍利益)提供保证;后者则将目标导向贯彻于每个社团、企业和人的行为序列中,认为共同利益是特殊利益的总和,从而追求个体或群体行动的可测的结果。② 在我们看来,国家法治秩序有点类似于哈耶克谈及的规则秩序,而国家绩效秩序则相应于目标秩序;法治型绩效则是尝试将两者融合,形成一种"有目标的规则秩序"或"有规则的目标秩序",藉此实现这种秩序在总体上的自为以及延续。尽管现实当中,在相当程度上还只停留在预设的层面;哈耶克也指出两种秩序基本不能混为一谈。但逻辑的终点并不是要使二者等同或归一,而是希望其益成分之间的互相汲取和改造(即形成的国家治理绩效中蕴含法治的规则,形成的国家法治进程也服务于绩效的目的),以获得一种叠合的中置状态。

当国家治理的绩效化和法治化程度都到达一定的自觉高度之时(两者契合度增强),这一整合理想是有可能实现的。实际上,法治型国家治理绩效的结果持续性内含了国家法治对于治理绩效的四个层面的改造机理:一是价值引导,通过法治的价值精神来实现对绩效观念的导向指引;二是组织协调,通过法治化的治理组织来实现绩效管理的职权

---

① 哈耶克. 自由秩序原理[M]. 邓正来,译. 北京:生活·读书·新知三联书店,1997.
② 哈耶克. 致命的自负:社会主义的谬误[M]. 冯克利,等译. 北京:中国社会科学出版社,2000.

法定及协调有序;三是制度规范,通过形式法治和内容法治的制度体系来对绩效过程进行约束;四是实践整合,通过法治化的实践自觉来夯实治理绩效的秩序逻辑,最终由此形成一种集共识、自觉、信仰、追求和忠诚于一体(目标秩序与规则秩序叠加)的法治型国家治理绩效结果。

五、绩效分配公平性

复次,法治型国家治理绩效要求其绩效结果分配体现公平性。公平性不仅是治理绩效导向的固有内涵,也是国家法治精神的内核原则。逻辑上,这种分配公平应当包含两个层面:一是对结果分配本身的要求,其中绩效化要求国家治理结果必须符合经济性、效率性、有效性和公平性的"4E"原则,法治化则进一步要求这样的绩效结果应遵循合法性、公平性以及保障人权与自由、促进各领域发展的公共目的,从而实现其在绩效和法治的双重标准之下是可被测量的;二是对结果评估机制的要求,因为分配是否公平不仅只能通过评估手段来反映,而且评估是从技术上确保分配公平的有效工具。其中绩效化要求评估所形成的绩效信息或评估结果应力求专业化,即体现其客观性、真实性和公信力;为此需按照法治化的原则进行评估,比如引入外部评估主体(实现评估主体多元化)、确保评价过程的相对独立性和对评价机构进行必要的法律约束等,即通过法治的方式来获得科学的治理绩效评估结果,并保障治理结果配置的公平性。

按照此前梳理,国家治理绩效的结果分配通过三种机制来确立。一是税收征缴,代表绩效成果从私人部门被转移到公共部门的流向。法治型国家治理绩效要求这一过程的目标设立以及操作程序不仅是由法治的方式确定,即内含不同治理主体之间进行民主协商的机理;而且要求其符合绩效导向的要求,即征缴比例合理以致其既能实现公共部门的绩效追求,又不带来私人部门绩效行动的负面影响。二是财政支出,代表绩效结果通过公共资源配置在各级各类治理主体之间均衡地流动。法治型国家治理绩效要求这一过程既充分考虑公平和对特定需要人群的扶助,又尽量实现财政资源的优化配置令其实现绩效目标;总的来说既满足公共财政的法定职能,又体现财政支出的绩效化诉求。三是社会保障,代表的是绩效结果向特定治理主体尤其弱势人群的补偿性流向。法治型国家治理绩效要求这一过程更加符合法治的价值精神,即充分体现人的权利、自由和尊严保障,强调社会治理的公平;当然,如果能以一种巧妙的方式增加社会保障工作的绩效,则是一种锦上添花的追求。

另一方面,通过国家治理绩效评估技术来测量和保障绩效结果分配的公平性,则需要对绩效评估机制本身的构成及其法治化要求作出探讨。根据前文逻辑,国家治理之绩效执行的法治化问题主要是对治理组织分别从绩效和法治两个维度的权责划分问题,针对治理绩效评估环节亦然。那么,一定程度上讲,只要将绩效评估涉及的各类主体权责分属及其相互制约关系加以明确,并通过法律制度的形式固定下来,即可以说抓住了问题的要旨。理论上,评价管理权、评价组织权和具体评价权构成国家治理绩效评价的"三权"。[①] 但基于近年实践经验,治理绩效评价的真实模式远比之更为复杂,特别是对

---

① 包国宪,曹西安. 地方政府绩效评价中的"三权"问题探析[J]. 中州学刊,2006(6).

国家治理绩效转型的中国实践

于多类型综合范畴的治理评价而言,采用不同的评价思维(权责划分)可能导致截然不同的评估结果。如从评价者和被评价者所处的立场来看,可以将现有的治理绩效评价归为单位自评、系统内评价(由治理主体或其管理部门组织)、委托第三方评价和社会(独立第三方)评价四种基本模式,各自相应的操作机制迥异。① 无论单位自评还是系统内评价,所面临的一个致命问题即其评价者和被评者角色冲突,从而带来评价结果的客观性和公信力天然缺失;但是若将其完全替代成独立第三方的社会评价,在现实体制下又会因为评价专业性要求和绩效信息公开不足等约束,导致不可操作;由此,我们提出作为委托第三方评价的一种典例,即由国家权力机关主导、行政主管部门等协同、第三方实施的模式应具有较高的可行性。②

具体而言,这里又以预算治理为例,提供一种法治型国家治理绩效理想下、有助于保障绩效结果分配公平的绩效评估分权结构。一般地,预算治理绩效评估涉及评价者和被评价者两类主体,其关键在于对评价者拥有的评价权如何进行划分。在平衡科学性与可操作性的基础上,可将预算治理绩效的评价权大致分为五个方面:一是评价权,或称评价主导权。在理论层面,公共预算服务的是公共利益,人民拥有对预算治理绩效的最终评价权。但现实条件下由人民直接评价并不可行性(中国拥有不同于西方选票市场的民主政体),基于代议制政府设计,议会是代表人民实施公共权力监督的最高机构。中国的人民代表大会制度是一种符合国情的根本政治制度设计。人民代表大会作为国家权力机关,拥有立法权(全国人民代表大会及其常务委员会行使)、决定权、任免权及对核心权力的监督权。人大对政府预算支出进行绩效监督,不仅是各级人大及其常委会依法行使对同级政府财政预算(执行)监督职权的延伸,而且从根本上体现"一切权力属于人民"的宪政原则。③ 二是评价组织权。科学、有效的评价结果只有建立在对被评对象相关信息充分掌握的基础上。由于中国现阶段政府信息公开水平较低以及预算支出信息的特殊性,不论是作为主导方的人大还是操作方的评价机构都很难直接掌握评价所需材料,因此预算治理绩效评价必须借助于财政部门的组织效力。三是评价实施权。预算治理绩效评价应由第三方独立实施,这样才能有效避开体制内的各种影响,从根本上树立评价的公信力;并且基于第三方的民间立场,能进一步利用其超然的态度、前瞻性的理念、专业的技术和扎实的政策分析能力,汇聚起人力、智力等方面的强大优势,确保评价结果科学有效。四是评价应用权。基于政府内部权责划分,由第三方机构完成的预算治理绩效评估报告不仅需反馈给被评单位,也需交由相应的监督部门落实应用,包括奖励先进与惩罚后进——可具体化为物质奖惩、表彰批评及与人事调整和后续预算安排相关联等多种形式(若发现违法还需交由司法机关处理),这些形式又分别对应不同的部门机关(如审计、监察、人事、财政乃至人大等,分为行政问责和司法问责两类)。五是评价监督权。无论采用何种评价模式,都需要配合一定监督机制来确保评价的科学性;

---

① 包国宪,周云飞. 中国政府绩效评价:回顾与展望[J]. 科学学与科学技术管理,2010(7);郑方辉,李文彬,卢扬帆. 财政专项资金绩效评价:体系与报告[M]. 北京:新华出版社,2012.

② 卢扬帆,卞潇,颜海娜. 财政支出绩效第三方评价:现状、矛盾及方向[J]. 华南理工大学学报(社会科学版),2015(1).

③ 郑方辉,陈佃慧. 论第三方评价政府绩效的独立性[J]. 广东行政学院学报,2010(2).

针对第三方评价，重要的是保证其第三方立场及过程独立原则的恪守；现实中对评价的监督是通过多个部门多种渠道来实现的，比如人大基于评价权和委托方立场的监督、财政部门基于财政业务管理和评价组织权的监督、其他社会机构基于重复评价的监督以及司法机关基于违规评价处罚的监督等，归结起来是立法监督、行政监督、司法监督和社会监督四类。需要指出的是，目前国内预算治理绩效第三方评价机构不仅市场发育不成熟，且对其监督机制尚处于很不健全的阶段；仅上海市、江苏省、徐州市等若干地区以规章的形式出台了《财政支出绩效委托第三方评价机构管理暂行办法》，广东省人大常委会在2016年9月出台了开展预算资金支出绩效第三方评价实施办法，作为这方面的一个先行示范。

在这一分权设想下，关于中国预算治理绩效评估的操作可由相应层级的人大常委会发起和主导，它拥有提出评价需求、监督评价实施与结果运用的最终权力；人大财经委/预算工委负责将评价组织落实，包括制定或认可评估体系、授权与管理评价实施、验收评价结果、反馈和信息披露等（财政及相关主管部门提供协助）；专业第三方机构负责评价具体实施，包括制定评价方案、组建评价团队、独立完成评价过程并撰写评价报告；审计/监察/人事/公检法等部门负责评价结果应用，根据评价发现的成绩与问题实施绩效奖惩；此外，人大、财政、有关行政和司法部门、其他社会组织都拥有从其自身立场与职权出发的评价监督权，需要制定和实施针对评价权的法制规范，发现和惩处评价违规行为；但是，评价监督权与另外四权并不是平行的关系，而是对应嵌入其中，形成一种矩阵结构，如图4-5所示。若将这一模式通过法律制度的形式固定下来并付诸实践，即是（从权力结构视角探讨）预算绩效评估法治化的理想构成。同时，它也提供了一个以具体组织场域为例进行国家治理绩效评估之分权结构进行设计的典范。

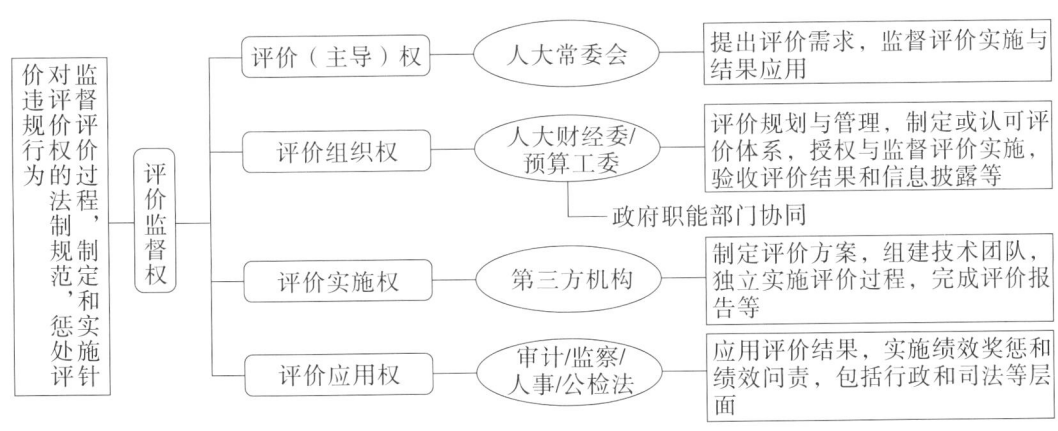

图4-5 预算治理为例的法治型国家治理绩效评估分权模式

六、绩效沟通流畅性

最后，国家治理绩效的沟通反馈（结果应用）环节法治化，亦可参照上述思路从权责划分的角度来理解。在整体上看，绩效化对国家治理沟通反馈的要求，一是其反馈机

国家治理绩效转型的中国实践

制和结果应用应当组织化,二是其奖优罚劣和违规问责应当科学化,合起来即通过法治的程序来保障国家治理绩效之反馈沟通的流畅性。某种程度上讲,这其实也是国家治理法治化的要求。进一步地,若要实现国家绩效治理沟通反馈的法治化标准,亦需在其过程中再加入更多法治的原则,比如:一是强调国家治理绩效信息沟通和反馈应用过程的公开性,二是强调问责机制和奖惩规则的限度,三是明确有关申诉、复议和救济的程序,等等。即通过权力理性行使和广泛监督、有错必究的法律制度及法治秩序来保证这一绩效治理环节的科学有序运行。

综上所述,从动态过程和实体内容角度看国家绩效治理法治化,在内涵上主要是指将(各级)国家治理追求绩效的导向及努力以一种法定的方式固定下来,包括治理绩效的价值导向、目标决策、执行保障、结果分配、评价沟通等,都应当在法律明确规定的基础上以科学完善的制度推进实施,并逐步在全社会形成自觉与共识;在更为根本的层面,它还涉及不同治理主体之间权责与利益关系的理顺。因此,国家绩效治理法治化既是对国家治理领域现有绩效管理模式或治理结构的优化,亦关系国家治理之绩效合法性的延续与当前中国治理绩效转型。在研究层次上,推进国家治理绩效的法治化转型应是一个立足整体研究具体的典型问题。

第五章　当前中国国家治理绩效转型的必要性

本章从现状反思和目标价值两个层面探讨国家治理绩效转型即建设法治型国家治理绩效的必要性。其思路如下：一是对应此前梳理的国家治理绩效类型的实体维度，透过经验数据或典型案例，实证分析中国现阶段国家治理绩效类型的客观状态；二是结合历史检视，进一步评析中国传统绩效基因及现实绩效类型的理想差距；三是讨论法治型国家治理绩效相对于中国国情的理想优势，包括理论价值、技术功能与实践效果三个方面，回应其是否能有效克服传统绩效类型的缺陷以及应对绩效类型渐失的困局。

第一节　中国现阶段国家治理绩效类型的实证分析

相应于第四章构建的法治型国家治理绩效的理想标准，从历史经验中亦可发现，中国现阶段的治理绩效类型仍存在一定差距，这是我们急于对其进行法治化改造的出发点。那么，当前中国治理绩效类型究竟存在怎样的问题，表现在哪些方面，其程度如何，则需进一步借助此前梳理的内容维度来作检讨。需要说明的是，法治型国家治理绩效的实质特征表现在绩效导向的普适性等六个方面，在此仅挑选其中四个方面作为分析重点；因为这四者不仅涵盖了从动态视角观察的绩效治理过程的关键环节，而且就剩下的两个维度而言其实偏于虚拟——"绩效导向的普适性"已在历史经验中作了部分描述，"绩效结果的持续性"则往往要经过较长时间跨度才可判断。本书立足于当下对国家治理绩效类型的实证分析，从绩效治理的决策、执行、分配和沟通四个维度入手，分别考察其存在的典型问题和具体表现。

一、绩效决策方面

在国家治理的绩效决策方面，按照前文界说，其中最主要的内容又集中在决策主体、决策程序和决策成果三者之上。那么，基于不同领域国家治理运作的现实观察，其问题可归纳为以下三点。

（一）决策主体权责配置不明确，公共权力单一化行使较为突出

国家治理范畴的绩效决策问题，说到底即不同治理主体在同一决策过程中的相互关系与彼此作用问题，也就是决策权的配置问题。决策权配置是指在组织的不同位置或组织任务的不同环节赋予不同的人以相应的决策权力。国家治理在某种程度上亦相当于组织治理，科学的决策权配置应力求决策权赋予跟决策主体的知识、能力及责任相匹配。概述不同领域国家治理之绩效决策的共性，其决策主体不外乎三个方面：一是公共权力

及其行政代理主体,二是市场主体或项目业主,三是无利益关系的社会独立主体。① 基于治理的内涵,国家在行使其制度性权力时应与市场、社会协商,充分征得社会同意并寻求社会支持;尽管这一过程看似缓慢,但其中蕴含着各类治理主体间的有效互动,特别是重要决策事先获得公意支持,其执行效率将会大大提高。②

但在现实条件下,国家治理绩效决策中这种政府、市场与社会权力的"三元分配"格局往往不能厘清或被人为打乱,尤其政府权力的单一化使用及其对公共事务决策的影响力过大,导致决策成果不能真正符合公共利益的情况普遍存在。李善波和时现进行了一次政府投资项目中的决策权配置实证研究,他们发现政府投资项目的决策权配置对决策主体行为和项目的绩效有着重要影响,而决策权与相关主体的知识和责任不匹配则是导致项目效益低下的关键因素;具体地,由于中国政府投资决策存在非正式的分管领导制度,主管部门在审批环节起到至关重要的作用,项目经理(行政代理人)可直接与市场主体签订大量的经济合约,决策以政绩为导向往往带有非理性成分,因此造成权力寻租和巨大的公共资源浪费。③ 栗玉香针对公共教育财政支出决策权的思考亦得出类似结论,她指出中国教育财政支出通常为政府单一主体的强势主导决策,这种配置格局强化了政府的相对自主权及其对教育财政支出的干预和矛盾压制,从而使决策沦为政府获得政治支持的手段,而不是满足公众教育需要的途径;不仅如此,政府强势主导下的决策堵塞了社会不同利益主体参与决策的渠道,这将会带来意想不到的社会成本。④ 笔者近年参与广东省省级财政支出绩效评价的经验亦显示:多数政府主管部门在争取设立财政专项资金时对调查研究、科学论证等前置环节重视不够、准备不足,不少单位甚至因为拿到上级分管领导的批示即完全将此省略,草草上马,其结果则是在资金支出和项目监管中遭遇困局,如出台的制度难以操作、资金分配撒胡椒面或绩效目标不能实现等;统计表明,广东省超过五成的省级财政专项资金皆存在绩效目标不明确或设立论证不充分的问题。⑤

(二)决策民主化程序不健全,调研、听证、咨询、表决等制度尚不完善

国家治理绩效决策的民主化要求决策过程遵循一系列的必要程序,大致包括决策前的调查研究、会议讨论、专家咨询、社会听证、民主表决以及决策后的落实执行、跟踪监督、评价反馈等环节。自20世纪末启动行政体制改革以来,中国国家治理决策尤其政府决策的程序机制已日渐完善,决策民主化及科学化程度大为改观。尽管如此,其针对具体领域的实际操作仍存在系列不足。下面根据马宝成对HT县的总结,以地方政府治理中的绩效决策为例具体说明:

一是其制度建设较为滞后。县政府在决策程序方面制定了一些工作守则,但基本只针对重大事项决策。而政府日常事务、突发公共事件和政府职能决策等同样重要的内容却没有作出制度规定,并且这些制度规定都相对单一,多数仅限于重大决策的审议表决

---

① 李善波,时现. 政府投资项目决策权配置构造实证研究[J]. 中国软科学,2008(10).
② 包刚升."国家治理"新思路[J]. 南风窗,2013(24).
③ 李善波,时现. 政府投资项目决策权配置构造实证研究[J]. 中国软科学,2008(10).
④ 栗玉香. 公共教育财政支出决策权配置格局的理性思考[J]. 清华大学教育研究,2005(3).
⑤ 李文彬,卢扬帆,郑方辉. 财政专项资金绩效第三方评价[M]. 北京:光明日报出版社,2015:116.

环节，而对其他环节要求还不多，并未出台正式制度对政府决策的调研程序、会议程序、专家咨询程序、社会公示及听证程序、反馈监督程序等作出规定，这与国家（县域）治理绩效决策的民主化导向是不相适应的。

二是调查研究难以满足决策需要。比如县域治理的主要决策者（领导班子）基本忙于各种事务性工作，很少有时间深入基层开展调研；权力机关专职委员不多，在决策调研上也难有作为；政协机关倒是能定期组织一些调研活动，但其实际不具备决策职能，而只是提出建议，且其调研内容或调研结论还可能在一定程度上与领导班子决策意向发生背离，由此沦为摆设；政府内部专设的决策调研部门（政研室）尽管做了不少努力，但相对理想需求仍有差距，如其调研过程走马观花、形式主义等；这些都直接影响到政府治理之绩效决策的水平与质量。

三是专家咨询论证机制仍欠完善。咨询论证流于形式，多数重大决策的专家咨询都只为符合审批程序要求，并非从专业层面提供真正的评估建议；所邀请专家全面性与针对性不足，常出现专业不对口的情形；事前沟通不足，资料掌握不充分以致论证过于匆忙，结论过于草率；有些决策论证邀请专家的标准不是专业背景，而主要是看其关系强度，能否为自己提供有利帮助等。

四是社会听政制度不够规范成熟。体现在听证制度的内容与程序规定不足，普通公众对有关方面信息掌握甚少，听证实施的总体效能欠佳；听证代表范围选择有偏差，缺乏代表性；部分治理决策中举行听证只是为了应付规定，参加者对听政内容缺乏真正的了解，因而也提不出多少实质性意见。① 事实上，HT县政府决策程序上的这些问题，在其他层级乃至其他领域国家治理绩效决策当中可谓具有共性。

（三）决策成果与治理绩效目标设置不能完全符合社会公共利益需要

正是因为中国现实的国家治理绩效决策有着权力配置和程序机制上的缺陷，导致其决策成果或绩效目标设定出现所谓的"理想偏差"，国家治理决策在许多时候无法满足社会公共利益的需要；更有甚者，可能发生政府与民争利的情况。新制度经济学派曾指出国家存在的双重目的包括实现收入最大化与社会福利最大化。这两者之间有着恒久的冲突与矛盾，不可兼得，而国家却可能选择多些收入少些产出。特别在政府单一决策模式下，公共财政支出往往会倾向于创设政府垄断以使其获得最大租金，由此舍弃最能满足社会需要的服务性投入。②

作为国家治理决策的效果，马亮具体研究了中国省级政府关于其经济增长目标设定的逻辑。他指出：政府设置的目标增长水平会受到"向后看""横向看"与"向上看"三种因素影响，其背后则深刻对应着地方竞争、效仿和攀比或有所保留的政治逻辑；同时上级政府设置的目标可能在下级出现走样或扭曲现象，中央政府的许多宏观调控政策无法落地，同其经济增长惯性与地方政府自主性有很大关系。③ 可以看出，中国各级政府在设置其区域治理绩效目标时都"慎之又慎"，既要避免"枪打出头鸟"的风险，又要

---

① 马宝成. 中国地方政府决策模式探析——以HT县为例 [J]. 国家行政学院学报, 2009 (6).
② 栗玉香. 公共教育财政支出决策权配置格局的理性思考 [J]. 清华大学教育研究, 2005 (3).
③ 马亮. 政府如何定增长目标？[J]. 财经, 2016-03-07.

避免目标无法实现以致不择手段的恶劣后果。总之，现有国家治理绩效决策中完全以社会公共利益为导向、根据客观需要确定绩效目标的可能性偏小。以上三个方面是对当前中国治理绩效类型特征或存在的主要问题的归纳，亦构成其与法治型绩效理想标准的一项重要差距。

二、绩效执行方面

国家治理绩效的执行环节，按照前述界定其应包含各级各类治理主体的机构健全、权责法定、人事组织、法制功能与监督保障五个方面的具体内容，归结起来主要又是组织权责、制度功能与监督保障三者。在本部分论说中，为了更好地展示国家治理绩效类型的现状特征，先以笔者近年参与的财政支出绩效治理方面素材为例提供一个表面分析，再深入到绩效执行系统的具体维度，分别阐述它们存在的问题。尽管这是以广东省为视域、局限在财政支出领域的经验证据，但基于财政治理在国家治理体系中的根本性地位（如第六章详述），其对国家整体治理范畴仍具有一定说服力。

源自广东省 2010 年以来的实践，其省级财政支出绩效治理已形成相对固定的操作模式。具体到绩效评价环节，采用了资金投入、过程管理、目标实现和社会满意 4 项一级指标及其衍生的 15 项三级指标。[①] 聚焦其中的过程管理维度，评价指标主要包括组织机构健全性、管理制度完备性、实施过程规范性、财务执行合规性和项目监管有效性 5 项。显然，这些指标在多次评价中的得分情况即可作为（广东省）财政治理绩效执行环节的总体表现。那么，我们收集了广东省近 6 个年度 9 项省级财政专项资金绩效评价的微观数据，共涉及 9883 个被评单位样本，对其关联指标评分的统计结果见表 5-1。[②]

表 5-1　广东省近年省级财政专项资金绩效过程管理指标评分

评价年度	资金名称	百分制评分				
		组织机构健全性	管理制度完备性	实施过程规范性	财务执行合规性	项目监管有效性
2010	2006—2009 年省级安全生产专项资金	69.6	68.5	63.2	61.2	64.7
2011	2005—2009 年省级现代服务业发展引导专项资金	84.7	84.7	78.1	76.1	84.9
	2010 年全省城乡义务教育补助专项资金	74.4	60.4	54.0	79.5	59.7
2012	2009—2011 年省级民办教育专项资金	69.8	64.0	79.3	75.7	79.5
	2011 年省级造林专项资金	100.0	93.1	92.9	84.2	99.6

---

① 郑方辉，李文彬，卢扬帆. 财政专项资金绩效评价：体系与报告 [M]. 北京：新华出版社，2012：65.
② 关于（广东省为例的）省级财政支出绩效评价指标体系整体结构，以及近年被评专项资金的样本特征，本书在第六章还有详细介绍，此处仅为利用其经验素材作一简单说明。

续上表

评价年度	资金名称	百分制评分				
		组织机构健全性	管理制度完备性	实施过程规范性	财务执行合规性	项目监管有效性
2013	2012年省级"十件民生实事"财政资金	87.7	84.5	82.5	84.5	82.4
2014	第二、三批省级战略性新兴产业发展专项资金LED项目	83.5	83.6	79.6	80.8	80.8
	第二、三批省级战略性新兴产业发展专项资金新能源汽车项目	82.4	83.6	74.5	76.9	78.6
2015	2011—2014年全省农村危房改造补助专项资金	96.0	88.4	93.2	97.3	84.0
总体		83.1	79.0	77.5	79.6	79.4

可以看出，就财政支出绩效治理"过程执行"环节的5项指标而言，其百分制得分并不均衡。组织机构健全性指标得分相对较高，达到"良好"等级；其余4项指标均属"中等"，实施过程规范性指标得分偏低；对应不同年度和专项资金的指标得分率分布情况略有不同，但仍大致接近。这一结果是综观全省不同层级、不同领域、不同类别、不同规模被评单位的反映，而由于全国财政支出结构的相对统一性，即可从中窥视当前中国财政治理绩效执行领域的概貌。其结果揭示出相应于各级各类治理主体在国家治理绩效执行层面的理想要求，诸如组织健全、职责法定、制度完善、运作规范和监督有效等维度的现实表现都不尽如人意，尽管其中的机构权责维度表现略微较好。在此基础上，进一步深入到国家治理绩效执行的三个内容层次中再作分析。

（一）绩效执行单位的机构编制、人员权责和人事组织仍未形成完整体系

法治型国家治理绩效要求各级各类负责绩效执行的治理主体都应保障其组织机构健全、分工明确及权责法定。仍以财政支出绩效治理为例，这几年在实践观察中发现：特别对于主要承担绩效生产任务的基层治理主体来讲，普遍存在人手不足、素质不高且资源有限的问题。一方面，目前相当部分财政支出责任最后都落在市县乃至乡镇一级（事业单位或政府派出机构）。比如各类检测站等，不仅规模较小（编制一般在10人以下），且无固定经费来源；如果落到企业头上更是如此，他们往往疲于应对主营业务，很难有时间精力顾及所谓绩效管理，更无法谈及安排专人负责、职权法定。而落实国家治理决策往往又需要深入各家各户，覆盖整区范围（如核实农作物面积等），行政成本较高，单靠本身力量几乎无法完成，从而可能产生业务外包、转移完成等非理性行为，以致政策末端执行走样或大打折扣。

另一方面，即便是作为主管部门（亦承担一定绩效生产功能）的市、县级政府职能机构，亦常发生其对自身定位与职权认识不清的情况。从纵向来看，绝大多数法律法规、管理制度都未能对市县级有关政府部门在特定决策执行中所扮演的角色进行清晰界定，

只是笼统做一些原则限制,更没有可操作的问责机制和办法;从横向来看,有关职能部门往往以"资金由国库直接划账"为由,甚至不承认本身是责任主体,也就不可能有所作为。同时,部分地区大部制改革后,上下级隶属关系中产生"一对多"或"多对一"的情况,授权与制约关系错位,表面上每个部门均管,实际上没有一个部门真管。或者说,涉及部门利益(如工作经费,部门有形或无形权力及影响力等)则管,无利益的则推。迁移到财政支出以外的其他领域,问题亦然,这是造成国家整体治理的逻辑不能理顺、绩效执行无效的重要原因。

(二)绩效执行管理的法律、规章、制度功能尚不完备或缺乏可操作性

法律、规章、制度作为管理和约束国家治理绩效执行的重要依据,亦是凸显国家治理法治化要求的关键维度。法治型国家治理绩效要求各相应治理主体都应针对绩效落实制定科学的管理办法、程序机制等。但在现实当中,这些法律制度的形式逻辑和内容功能都难以做到完善。财政支出绩效治理方面的这一问题十分凸显。比如2012年评价的广东省省级"十件民生实事"财政资金,共涉及108个专项,却只有59项由国家或省级主管部门制定了专门的资金管理办法(占52%),其他一般通过资金下达文件、实施方案、指导意见或有关通知等对资金管理过程和项目实施绩效提出要求,少部分专项资金未提供相应的规定文件。[①] 一部分资金管理办法的形式内容多于实质内容,尤其是相关要求与规定简单笼统,脱离实际,可操作性不强,甚至相互矛盾。与此同时,现有资金管理办法和财务制度针对所有财政治理对象提出一般性要求,不仅难以兼顾各类实际情况,也存在可操作性不强等问题。比如国家法律和财政资金管理要求针对所有公共项目建立预算约束,即按申报时提出的预算类别及比例进行监管,超过一定幅度即需申请调整;但许多财政资金实际资助了科技研发、成果创作等类别项目,很难提前预估经费支出方向,或说全部属于同类支出。这些都是由于规章制度设计导致执行操作中无法解决的难题,亦是迁移到国家绩效治理的其他领域所共同面对的实况。

(三)绩效执行监督的主体权责感不强、保障力度不够或工作不到位

绩效监督是保证绩效执行得以按照预定目标与规范过程持续进行的必要手段,监督不到位或没有监督都将给国家绩效治理带来系统性风险,从而增加其治理成本。法治型国家治理绩效要求各级各类监督主体都应加强对绩效实施过程的监督检查、督促落实、审核验收等工作。现实操作中,以财政治理为例的财政支出绩效监督缺陷主要体现在两个层面。一是作为资金主管部门协同不够,资源与信息分割,导致监管合力不足。目前财政专项资金绩效管理以部门为单位形成条状分割,各上级主管部门均按现有行政体制逐级往下布置并组织实施,纵向涉及三级政府职能部门,横向涉及主管部门与财政部门之间,构成一个矩阵关系,这样的格局容易导致"各自为政",协同不足,具体如数据信息无法共享、资源分割助力不足、责任耗散形成缺位等。二是作为资金使用单位自我监管意识薄弱,监管手段和方式落后。相当部分基层单位在潜意识里都将财政扶持资金视为对受助者的一种"恩惠",从而忽视对其绩效化要求,所谓"重申请轻监管",出现问题了即向其他利益相关者推诿。这些都是影响财政支出和国家整体治理绩效的重要因素。

---

① 李文彬,卢扬帆,郑方辉. 财政专项资金绩效第三方评价[M]. 北京:光明日报出版社,2015:118.

三、绩效分配方面

国家治理绩效的分配方式通过国家税收、财政支出与社会保障三种机制来共同确定，其本质则为绩效结果（国家财富）是以何种比例实现在不同治理主体间的分配。一种简化的模型将国家治理绩效的相关主体分为公共部门（政府）和私人部门（公众）两类，那么三种机制所代表的绩效分配方向显然是不同的。与法治化理想下的分配模式相比，当前国家治理绩效的结果分配环节主要有以下表现。

（一）税收治理法定体系与税负合理化协商机制尚未成熟

首先，国家税收应以法治的方式获得确定，包括其中的征税比例和征缴方式，因为法治的过程本身即是一个民主协商的过程，所形成的是一个现代意义上的税收法治体系。所谓税收法治，系指依据税收法定原则，通过税收立法、执法、司法和法律监督等一系列税收法律制度的创建，实现将征税与纳税主体的行为一并纳入现代法治的轨道，实现"定分止争"的税收治理结果。当前中国税治与税收法治体系的主要差距体现在，一是税法体系不健全。税收法律的效力等级不高，以规范性文件为执法依据较多，比如现行18个税种中，只有个人所得税、企业所得税和车船税3个税种获得基本法立法；并且《税收征管法》与税收工作的现实需求不相适应问题越来越突出。二是税法约定较模糊，征管机制不严谨，税收政策公开透明度不高。三是税收执法不规范，随意性较大，地区之间、国税与地税之间的执法尺度不统一，为化解税收任务层层加码的现象较多，其根本则是对国家税收的公平性造成损害。①

法治型国家治理绩效的理想应是通过充分的民主协商确定一个合理税负并保持其相对稳定，从而避免因为征税给公众个体绩效追求带来负面影响或形成"相对剥夺感"。但中国现行税收体制尚不成熟，特别是在征纳主体之间、各级政府之间、主管部门与税务机关之间仍然难以取得共识或处理好复杂的利益平衡问题。不仅如此，各级国家专断性权力行使对税收公平性的影响较突出。国家倾向于单方面确定税率而无需与社会协商，其长期趋势可能是税负不断加重；如果专断权力足够大，最终税率可能会高到社会难以承受的程度，其直接后果则是"掠夺型统治"与经济衰败。② 这无疑是与税收法定的原则和标准背道而驰，当然即无法产生法治理想下的国家治理绩效分配模式。国家应当更多采用其制度性权力，如征税需先得到社会的同意，并由国家与社会协商确定一个合理的税率。这样才算是在征税问题上实现"国家治理体系"与"治理能力"的"现代化"。

（二）公共财政投向社会服务与民生保障领域比重偏低

其次，国家治理绩效分配的另一机制是通过财政支出实现不同治理主体间获得绩效结果的均衡化，以给他们自主的绩效追求提供帮助。宪法规定我国政府的基本职能包括经济调节、市场监管、社会管理及公共服务，分别代表着公共财政向不同国家治理领域的投入。如从激励社会治理绩效的角度看，政府无疑该侧重其在社会管理和公共服务方面的支出，以给社会组织和普通公众提供更多的绩效结果返还。但事实上，我们离这一

---

① 张雷宝. 税收治理现代化：从现实到实现 [J]. 税务研究，2015（10）.
② 包刚升. "国家治理"新思路 [J]. 南风窗，2013（24）.

标准还差距较远。

据统计，2017年度中央财政预算内一般公共服务加上教育、科技、文化、公共卫生和医疗保障方面支出累计超过7000亿元，约占中央财政预算内总支出额的23.5%；尽管这一比重近年处于不断提高的趋势，但仍与发达国家相距较远——成熟市场经济国家该项比例一般在80%甚至90%以上。① 从地方财政角度观察的情况或更能说明问题。以专项资金为例，根据广东省人大常委会提供的资料：2015年度广东省省级财政专项资金共有233项，涉及金额683.1313亿元；但其亦是用于经济发展、产业扶持和就业促进等方面比重最大（占比超过50%），而用于公共基础设施建设、科教文卫事业发展的比重不足30%。② 尽管我们不能否认政府在经济和产业方面的法定职能履行确需花费大量财力，但基于公共财政资源总体有限的前提，财政支出投入到公共服务领域的比重着实偏轻。

中央与地方财政支持力度不足给我国基本公共服务发展带来了严重问题。我国基本公共服务的总体供给有限，且非均衡。从结构上看，义务教育、基础设施、公共卫生、社会保障等领域的城乡、地区、群体差异很明显，最突出地表现在公共服务资源占有不均、消费不均以及二元化体制权益不均。城乡差距不仅表现在经济发展和居民收入水平上，而且更多地反映在政府提供的公共医疗、义务教育、最低保障等基本的公共服务上，而公共服务资源不均等又进一步加剧了城乡差距。这些缺失和差距投射到国家治理绩效的视角，则会给城乡居民尤其享受非均等服务人群的自主绩效行为造成重大影响，或使其感觉个体努力与绩效投入跟所获得的结果回报不相匹配，以致从总体上削弱其追求绩效进步的动机。究其根源，这种公共服务及民生供给不足亦有相当程度源于财政支出体制的非民主化定型。或说国家行使专断性权力，单方面确定了提供公共服务的数量与质量。而相反地，国家应更多行使其制度性权力，与社会协商以充分满足其公共服务需求，因为这正是现代社会有效治理的一个重要标志。③

（三）"底线民生"及弱势群体政府扶助的力度相当有限

再次，社会保障尤其弱势群体（"底线民生"）的扶持救助代表了国家治理绩效分配的另一种确定方向。从某种程度上讲，这是公共财政应当履行的法定和"兜底"职能，它作为一种治理绩效结果对特定人群的福利或补偿性返还，不以简单效率为目的。公共财政对"底线民生"和弱势群体的保障不仅是满足该类对象基本生活条件的需要，亦是促使其有能力、有愿望及有行动参与到国家治理绩效之创造性努力的机制，它所彰显的是依法治国的公平正义、保护人权和促进人的自由全面发展等价值诉求。

现实条件下，从中央到地方政府在这一方面的投入力度都还相当有限。比如2012年广东省省级财政安排的"十件民生实事"财政资金，其108个专项累计478.74亿元当中，用于养老服务、失业救济、困难群众住房和教育保障等投入仅约50亿元，占比10%。广东省为全国经济发达省份，其财政收入总量大，但按常住人口计算的人均水平

---

① 资料来源：据《中国统计年鉴2018》公布的财政数据计算。
② 谢能重，吴家清. 法治导向、绩效评价与财政专项资金优化 [J]. 华南理工大学学报（社会科学版），2016（1）.
③ 包刚升. "国家治理"新思路 [J]. 南风窗，2013（24）.

较低，如果剔除经济特区，其实际人均财力反而排在全国后列。若按照"底线民生"保障标准不低于全国平均水平测算，其2012年即需由各级财政投入共800亿～1000亿元；然而截至2018年，相近口径计算的各级财政投入才勉强达到800亿元。应该说，近几年来，广东省对民生保障（尤其"底线民生"）领域的投入是前所未有的，但仍与发达国家甚至国内其他省份的保障水平存在一定距离。统计表明：该省原有的城乡低保、"五保"供养、医疗救助、残疾人救助等各项保障标准不仅低于全国均值，其中城乡低保、"五保"供养、医疗救助等还低于东部沿海其他省份。尽管到2018年这些数据已有明显改观，但总体上中国弱势群体的政府救助和社会保障水平仍属偏低。

四、绩效沟通方面

国家绩效治理是一个由多环节组成的循环系统，在真实的绩效治理实践中，绩效沟通却容易成为最受忽视的环节。国家治理的绩效沟通有广义和狭义之分。按照本书此前的界定，主要将这一概念应用在广义的范畴。从内容上看，国家治理绩效的结果沟通应包括其分别作为一种政策协商、政治参与及社会互动的机制，前者针对绩效治理活动本身，后两者则涉及更加复杂的因素。基于中国现阶段绩效治理的经验，其在绩效沟通方面主要存在以下问题。

（一）治理客体针对绩效结果缺少法定有效的争诉渠道

绩效沟通渠道是保障国家绩效治理系统得以正常运行的基础。以政府绩效治理为例，多年来，中国在政府组织间的绩效沟通方面始终未能形成健全统一渠道，不仅绩效沟通的制度化保障相当匮乏，真实的绩效沟通运作几乎处于停滞状态。正基于此，许多政府组织对于绩效评估结果往往缺乏反馈，即使不甚满意也迫于上级或强势主管部门的压力而选择接受；偶有沟通的尝试亦难免过于粗暴，人性化不够，这就严重影响了政府组织及其成员的绩效积极性。源自广东省佛山市政府绩效主管部门的资料显示，佛山市下辖的5个行政区中，只有两个区发布的绩效考评方案中提到绩效结果的沟通反馈，但也就限于"对初评结果有异议的单位可在系统中向数源单位提出意见，由数源单位通过系统进行答复处理，反馈完毕后提请领导小组核准考评结果"这么一句简单表述。据笔者参与对佛山市有关市直单位及辖区领导的访谈记录，多数单位表示其曾对绩效结果提出异议或争诉，但几乎全被驳回。我们以为，中国现阶段的政府绩效治理仍基本停留在目标考核的范畴，上级领导或主管部门基于行政权力对考核结果有着决定性影响，其工具理性凸显，而作为"治理"或协商民主的价值功能长期被压抑。推而广之，国家绩效治理的客体普遍缺少法定有效的绩效沟通管道，绩效沟通封闭化、神秘化，致使相关政策不能及时发挥其宣传、教育和引导的作用，管理者和被管者被迫通过"小道消息"来满足信息需求，这是绩效治理之法治秩序总难以建立的一个关键原因。

（二）社会公众基于绩效治理的政治参与及协商意识不强

某种程度上讲，国家治理范畴的绩效沟通其实不仅作为一种绩效治理的内在环节，它还标示着多元治理主体通过绩效反馈的方式参与到国家治理决策及其行动中；就后者而言，已上升为一种社会公众的政治参与及民主协商机制。因为绩效治理本身承担着民主文化的技术功能，特别是在社会主义民主政治条件下，倡导并强调多元主体参与的国

国家治理绩效转型的中国实践

家绩效治理不仅从理念上反映了民主和公平的价值追求,更是民众表达利益主张和参与公共政策议程的重要途径,从宏观来看可以发挥民意表达作用。具体地,通过社会公众参与国家治理绩效沟通,将有助于零散、感性、孤立的民意素材升华为系统、集成并与客观实际相印证的民意结果,并将其运用成为鉴别乃至促成公共治理之"善治"以及政府"善政"的重要力量。"民间性与独立性的介入使国家绩效治理拥有了广泛的群众基础,它将绩效治理的沟通环节打造成一个民主参政和政策协商的现实载体。"①

现阶段中国治理过程的绩效沟通还远未达到这样一种理想范式。受制于传统政治文化的熏陶,社会公众普遍对政治权威存在"敬而远之"的态度,以致尽量避免与官方打交道,缺少政治参与和绩效沟通的意识。② 多数公民的政治参与往往需要公共组织或他人的诱导和动员,其通过绩效沟通方式积极主动地参与政治生活的频率总体较少;有相当一部分公民参与政治的目的仅是为了争取和保护自己的利益,而对与自己关系不大的公共性问题则放弃参与。③ 因此,当前中国国家治理的公民参与基本属于自发状态,其组织化程度不高,参与的形式与渠道偏向单一,其绩效沟通和民主协商的效果都显然被"打了折扣"。

(三) 国家治理缺乏绩效沟通乃至社会互动的民主文化

从长远来看,国家治理想要建立起良好的绩效沟通秩序,应当在社会文化的层面进行努力。通过培育政府治理系统内部有效的绩效沟通文化,并在全社会范围弘扬绩效互动的有益氛围,则是实现法治化之国家绩效治理良性循环的根本方法。现实的情况是,中国政府内部的绩效沟通文化氛围并不浓厚,原因如下:一是沟通方式十分简单,沟通持续性不足;二是沟通内容往往空泛,所谓"拿到桌面上来谈的事都不是正事",沟通缺乏针对性;三是沟通达不到很好的效果,通过沟通方式实现绩效问题解决的概率较低,使得国家治理绩效本身失去了救济的功能。不仅如此,在政府以外的社会层面,受到转型期经济社会多元化乃至"原子化"的影响,个体与个体之间、不同绩效治理主体之间存在一种天然的疏离感,其绩效沟通的愿望不强,沟通主动性弱化。④

考察发生这些问题的主要原因有:一方面中国长期处于高度集权的行政体制下,无论政府职员还是普通公众都习惯一种"官本位"的逻辑,一切领导说了算,习惯以"下行"而非"双向"的沟通方式来安排绩效行为;公共和私人领域治理主体都没能认识和把握好非正式沟通的意义,不是积极利用而是力图杜绝非正式沟通。⑤ 这样一种社会互动乃至民主文化的整体缺失,在相当程度上制约了国家治理绩效之法治逻辑的培养与生成。

---

① 张兵. 民意表达制度化的思考 [J]. 江汉论坛, 2008 (9).
② 王洁. 我国公务员绩效沟通的现实困境与路径选择 [J]. 中共太原市委党校学报, 2014 (3).
③ 魏红卫. 协商民主视域下公民有序政治参与探析 [EB/OL]. 青岛市政协网, 2016 - 01 - 12. http://qdzx.qingdao.gov.cn/n6169219/n30710335/n30710363/160113095006586514.html.
④ 郑方辉,卢扬帆,覃雷. 公众幸福指数:为什么幸福感高于满意度? [J]. 公共管理学报, 2015 (2).
⑤ 包国宪,曹西安. 论政府绩效管理中的绩效沟通 [J]. 经济体制改革, 2007 (1).

第二节 当前中国国家治理绩效类型的理想差距

基于历史经验和现实分析，可以获得关于目前中国治理绩效类型法治化之必要性的启发，这种启发包括形式（表层）和实质（深层）两个方面。

一、表层体现

（一）国家治理绩效的动因渐失与非系统性

按照前述，愿景型绩效的动力机制可以概括为一种基于意识形态或政治正确的目标（远景）感召与集体行动，功利型绩效则是基于社会贫富自决多劳多得的经济利益与物质性激励；从结果看，它们的确曾在特定的历史阶段发挥巨大作用并创下辉煌，以致沿着惯性或也对现在产生影响。然而，随着体制转轨、经济现代化和多元社会的到来，"社会原子化"导致政府、公众与其他组织的绩效目标和绩效行为变得更加难以整合，国家整体的绩效动因愈发处于不系统或不协调的状态。本书将绩效类型按其动因来命名，故可把当前中国归入一个绩效类型渐失与亟待重建的阶段。由此看出，现代中国已经历了一个从愿景型绩效到功利型绩效再到如今的绩效类型不明确的转型，其绩效的动力却处于不断滑坡的态势；那么在绩效合法性依赖尚未摆脱的前提假设下，所面临的一个重大问题即是国家治理绩效的动力渐失与不系统（尽管高绩效在短期内一如既往），其根源则在于社会各类别主体的绩效行为及其动机不能协调一致，从而令其绩效结果相互摩擦甚至相互抵消，难以达成共同的合作或有序治理形态。

（二）国家法治进程与目标相比仍有距离

无论是愿景型绩效还是功利型绩效，都不是一种法治型绩效，其表现在社会各类主体（以政府和公众为例）的绩效目标和行为决策更多依据的是意识形态、权力意志或者经济利益，并且在落实执行上都未形成制度性的稳态。乃至现阶段中国正处在国家治理绩效转型与建设法治型绩效的强大努力当中，但就价值观念、组织制度和实践秩序三个角度与理想标准的比较来看，无疑都还相距甚远——表现在近10年人们对政策公平、社会治安、执法公正和政府廉洁等方面满意度始终于低位徘徊（郑方辉等对广东省2007—2015年的调查结果显示，10分制最高值不超过5.75分），国家层面仍不断提出诸如树立核心价值观、加强法制建设和强化法律实践等目标（作为反证）。可以说，决定当今时代国家整体意义上的绩效目标设置、绩效行为选择以及绩效结果分配的仍不是法治因素，或其中还有许多非法治的因素。

（三）法治作为新的绩效动机尚未成型

不仅是绩效的动力不足与法治水平不高，而且法治尚未真正成为驱动国家治理绩效运转的核心机制，这才是现阶段国家治理绩效类型与法治型绩效理想差距的关键所在。简言之，愿景型绩效与计划经济模式相匹配，功利型绩效也较好地适应了计划经济向市场经济转轨（逐步放开计划）的需要；转至如今，我国已进入到经济体制/政治制度改革的深水区（2013年党的十八届三中全会通过了《中共中央关于全面深化改革若干重大问题的决定》），但是一种与蓬勃发展却尚未完善的市场经济模式相适应的国家治理绩效类型却仍未成型。石亚军教授在首届"中国法治经济论坛"上发言指出:"市场经济是法治经济,但目前的法制体系不健全,经济运行的法治化程度不高;市场经济是诚信经济,但整个国家和社会的诚信体系还不健全。"①

从理论上讲,法治型绩效将是一种匹配于市场经济体制的绩效类型,因为市场经济的本质即为法治经济。一方面,党的十八届四中全会通过的《中共中央关于全面推进依法治国若干重大问题的决定》提出:使市场在资源配置中起决定性作用和更好地发挥政府作用,必须以保护产权、维护契约、统一市场、平等交换、公平竞争、有效监管为基本导向,完善社会主义市场经济法律制度;其关键又在于健全以公平为核心原则的产权保护制度和促进商品要素自由流动/维护公平竞争秩序的市场法律制度。2015年中共中央国务院印发的《法治政府建设实施纲要(2015—2020年)》进一步要求:政府要完善宏观调控和加强市场监管(作为法治政府建设的首要任务),包括健全发展规划、投资管理、财政税收、金融等方面法律制度,加强发展战略、规划、政策、标准等制定和实施,清理、废除妨碍全国统一市场和公平竞争的各种规定与做法,破除部门保护、地区封锁和行业垄断,等等。可见,国家层面已充分认识到法治对于市场经济的极端重要性,并致力于通过顶层设计不断作出法治型绩效建设的努力。

另一方面,学者也从不同角度对"市场经济为法治经济"的论断进行了深刻阐述。裴长洪认为该命题的客观依据是中国经济已基本为市场经济(可通过所有制结构、价格机制、劳动力供求、要素配置和对外关系五个标志来判断),而它有三个最基本的内涵:一是其核心要求是打造约束权力的笼子,即处理好市场决定资源配置与发挥政府作用的关系;二是其基础是完善产权制度规范,即构建一个有利于促进产权最优配置的法律体系;三是其主体要求是完善市场运行规则,实现交易成本最小化与资源效率最大化。② 李荣山更具体地指出法治在市场经济中所发挥的作用如下:一是通过自主、平等和程序的法治原则抑制经济决策中的领导人意志,二是通过法治的公平性协调经济行为中的利益偏向和利益纠纷,三是在经济运行中贯彻法的至上性和权威性以致形成自觉。③ 毫无疑问,法治应成为保障市场经济运行流畅和有效(取得经济发展绩效)的关键。

在此之外,市场经济简单来讲即依靠市场所发挥对资源配置的决定性作用来实现社会各部分的协调运转,而无论何种经济模式其根本目的都是促进经济发展;那么法治作为市场经济的本貌和运转规则,其功能则不仅需保证经济的有序性,还需保证其有效性(取得更好的治理绩效)。换言之,法治应当成为市场经济模式下国家治理绩效的根本动因。正如马怀德教授所言:法治(政府)是影响经济健康发展的一个最重要因素,也是一个保障机制。④ 显然,我们距离这种法治型绩效的理想仍有相当远的路程。

二、实质评说

国家治理的绩效类型具有一定历史延续性。如韦伯指出:"相对于'文化阶段'的

---

① 马丽娜,等. 首届"中国法治经济论坛"综述[J]. 经济研究,2013(7).
② 裴长洪. 法治经济:习近平社会主义市场经济理论新亮点[J]. 经济学动态,2015(1).
③ 李荣山. 社会主义市场经济从法制经济向法治经济的过渡[J]. 政法论丛,2000(4).
④ 马丽娜,等. 首届"中国法治经济论坛"综述[J]. 经济研究,2013(7).

研究目的，连续性比较各民族的发展阶段并寻找其相似之处，可用来说明各民族发展之特殊性的原因；但在此如果把不同阶段仅看作生物有机体式的独立存在物，或者当成一个黑格尔哲学的'观念'，甚至为了通过类比得出结论而使用'阶段'的概念，那就违背了严格意义上的方法论。"① 基于经济社会深度转型与法治型绩效尚未成型的定位，目前中国应是伦理型、愿景型和功利型等不同绩效类型的杂合体②——这样一种绩效现实究竟是如何"不法治"的（或其理想差距在哪里），显然我们更该从实质层面（对应其内含的各种元素/类型基因）进行分析。同样地，这一分析也将关注点聚焦在现代中国视域。

（一）愿景型绩效是依靠意识形态或政治正确而非社会的迫切需求来决定其行为选择

按照前文归纳，愿景型绩效作为一种"不法治"的绩效类型，表现在其主要依靠意识形态或政治正确而非社会的迫切需求来决定国家（政府和公众两个层面的）治理绩效行为。这种意识形态或政治正确的背后，则是军事手段与政治斗争的残酷及胜利，尽管它也符合了特定历史时期巩固新生政权和保障国防安全的需要。具体而言，其"不法治"之处，一是意识形态③要求并不等同于法治的价值原则。意识形态往往带有一定偏向（偏向于统治者信奉的思想和利益诉求），比如中华人民共和国建立之初直至"文革"一直强调"割资本主义的尾巴""宁要社会主义的草，不要资本主义的苗"等作为判断政府和公众绩效行为合法性的标准，这与法治所要求的符合人类普遍利益的价值精神形成根本矛盾，如法治提倡平等、公平及普遍的自由/人权保障，即不应存在阶级敌人和阶级斗争。二是坚持政治正确沦为坚持领导意志和个人崇拜。尽管有法（法制趋于完善并仍有空白），但法未能成为人们进行绩效决策和落实绩效行为的主要依据，反而更多依照所谓党的需要/国家号召/集体组织等政策性动员机制，而这种政策动机又在领袖个人魅力（崇拜）和权力影响下几乎被浓缩为个人意志，这与权力制约的法治精神以及民主原则产生冲突。④ 三是背离法治的基本程序和群众的根本利益诉求。无论是依靠意识形态还是领导意志对个体绩效行为（乃至其思想）进行审判，都严重背离了法治所要求的程序正义，甚至从某种程度上讲毫无程序可言；⑤ 不仅如此，政府和公众的绩效行为更直接以政治而非人民利益为导向，比如当时广大群众最为迫切的需要在于保持国家安定和改善物质生活，却苦于不断的阶级斗争与政治运动无法抽身（个人追求私利行动甚至被处以反革命政治判决）。

（二）功利型绩效是根据经济利益最大化而非程序民主公平来判断其行为是非

功利型绩效在法治进程上应该说比愿景型绩效迈出了一大步，表现在其开始重视法

---

① 韦伯. 经济与社会 [M]. 阎克文, 译. 上海：上海人民出版社，2009：18.
② 当然此前各阶段也应该是这样的，不同的是其作为主导（冠名）的绩效类型。
③ "意识形态"一词是孔狄亚克的学生托拉西所创制，试图为一切观念的产生提供一个真正科学的哲学基础；按照马克思主义的观点，它是与一定的社会经济和政治相联系的观念、观点、概念的总和（有政治/社会/文化伦理等类别），特别指统治阶级向所有社会成员提出的一组观念，即统治阶级的意识形态占据社会意识形态中的主导（具有阶级性、相对独立性和依赖性）；参见：俞吾金. 意识意识形态：哲学之谜的解答 [J]. 求是学刊，1993（1）.
④ 王人博，程燎原. 法治论 [M]. 桂林：广西师范大学出版社，2014：293.
⑤ 董必武. 董必武政治法律文集 [M]. 北京：法律出版社，1986：333.

律的作用并逐步做到有法可依，社会整体的法制健全度和依法运行度都有所提升。然而跟理想相比却仍有不小差距，关键在于这是一种依靠经济利益最大化而非民主公平程序来决定和判断行为是非的国家治理绩效类型。具体地，一是经济利益或效率原则居于法治价值体系的末阶。无论政府和公众的绩效行为都以经济利益为重，但按照本书此前的梳理，经济或效率原则在法治的价值序列中其实处于后位（作为促进经济领域的具体原则，本该让位于平等与公平、人权与自由保障等更高的原则），所以从观念上讲，这仍是一个对法治不予足够重视（至少未达到崇尚程度）的社会。二是决定利益追逐的绩效行为通常都是领导意见或"一言堂"。在公共权力运行的层面，政府追求地方经济增长的行为决策更多受领导因素的影响，因为在威权体制传统和行政首长负责制下（加上法制不完善与有法不依的现象），说到底经济绩效的背后都是官员的政绩以及职位升迁（在个体层面则体现为财富地位和社会荣耀）①，其本质为权力未受严格制约（相应即权利未有充分保障）。三是忽视绩效结果在不同领域、人群和代际之间的公平性。几乎作为前两者的必然推导，则是少数或部分领域、人群乃至子孙后代的利益（权利和自由）可能受到践踏，比如为了经济增长牺牲社会公正与环境保护等。② 事实上，源自邓小平提出"让一部分人先富起来"的思路（这当然是为了摆脱计划经济和平均主义束缚、强调效率以在短时期内实现经济跃升的必要），人们常说改革开放以牺牲了一部分人的权利和自由为代价——改革的副产品③，而党的十六大以来不断强调的"使广大人民共享改革发展的成果"正是为了修复这一逻辑。从根本上讲，这也是因为我们长期在发展决策中贯彻法治的（公平性）原则不够、国家治理绩效的法治化水平不高所致。

（三）法治型绩效受制于传统绩效类型残余而建设依然任重道远

当前中国处于一个绩效类型不明确与法治化重建的阶段，这一阶段大体始于1992年市场经济目标的确立，并在1999年依法治国入宪后大为加速。如今20年已过，国家绩效治理的法治化水平（绩效追求中的法治元素和法治作用）已较此前有了显著提升，然而相对于法治型绩效的标准而言却依然任重道远。具体表现在，一是绩效的战略决策中唯权力论与缺乏（民主）科学性仍旧存在。尽管这些年从中央到地方不断推动行政决策体制改革，其结果却离目标仍差距不小，尤其基层和欠发达地区政府（关乎经济和民生等）重大决策的科学化与民主化程度总体偏低④，包括领导意志、缺乏论证等案例时有发生。⑤ 二是强调逐层号召与表态而不重落实，不利于绩效动因形成法制化的稳态。从中央到地方各项工作的落实，在许多时候其实是依靠（从上到下）逐层开会布置和（从下到上）逐级表态执行来完成（作为压力型体制特点，亦可在某种程度上看成是愿景型绩

---

① 周黎安. 中国地方官员的晋升锦标赛模式研究 [J]. 经济研究, 2007 (7).
② 事实上这可能是法治精神与绩效精神在价值层面的深刻矛盾，后文还将就此讨论。
③ 周乐春. 改革开放三十年的实质与失误 [EB/OL]. 红歌会网.
  http: //www. szhgh. com/Article/opinion/zatan/2015 - 03 - 30/79979. thml.
④ 宁国良, 罗立. 行政决策制度建设：县级政府行政决策优化的保障 [J]. 求索, 2012 (5)；石国亮. 发展中的行政决策：科学化与民主化之博弈关系探析 [J]. 江苏社会科学, 2011 (6).
⑤ 就近几年笔者参与的广东省省级财政资金绩效评价所掌握情况来看，绝大多数财政专项资金设立都未经过科学调研、专家论证及民主评议等程序，相当部分即以领导指示或批示的落实作为设立依据，而这些资金多半涉及经济或产业发展、公共服务和民生保障等重要领域。

效的延续性残余),这成为当前国家治理绩效运作中的一个突出问题;其典型的负面结果则往往是"雷声大雨点小",表面上大家积极拥护其实都没有落到实处,归根结底是没有形成关于工作执行程序的固定的制度化形态。① 三是专项运动式思维以及目标责任制压力造成绩效结果的可持续性不高。王汉生和王一鸽认为目标责任制是中国(基层)政权运作的一个基本特质,它"在权威体系内部以及国家和社会之间构建出一整套'责任—利益连带'的制度性联结关系"。② 事实上,以专项(政治)运动为媒介是1949年以来惯用的工作开展模式,它与目标责任制一起在相当程度上构成了现代中国绩效合法性来源的重要机理。基于广东省的调查显示,市县级公务员40%以上精力用于处理领导交办的任务或专项工作。③ 相应的各地政府绩效考评内容亦一般按中心工作与职能工作分开设置。职能工作是法定的,而中心/专项工作则是政策(临时)性的;这种以后者为主的本末倒置无疑是对法治精神的极大伤害,其背后是法制与权力影响作用的艰难博弈。由此可见,尽管法治型绩效建设已付诸长久努力却仍功绩尚浅,建立在这一情况之上的国家治理绩效动因依旧是不稳定的。

综合起来,无论从其传统(演变)还是现状(实质)看,当前中国国家治理绩效类型的法治程度不高都名副其实(法治尚未成为约束国家治理绩效的核心规则),由此更加佐证进行法治型绩效改造的必要性。在此之外,有两个要点需要指出:一是国家绩效治理法治化应是一个循序渐进的过程,时间是一道不可逾越的鸿沟,既不能拔苗助长,更不能期望它一蹴而就;二是国家治理绩效类型具有基因遗传性,前述分析表明作为中国治理绩效传统的伦理型、愿景型及功利型绩效都在相当程度上缺少法治元素,所以"现代中国法治建设的一大障碍是其法治的文化根基几乎缺失"④,那么转到绩效的语境,这将使国家治理绩效的法治化转型变得更加难以推进。

第三节 法治型绩效作为国家治理绩效转型目标的价值

进一步地,从理论与实践的角度探讨法治型绩效作为国家治理绩效转型目标的价值,即其是否能有效克服以上提及的传统绩效类型的缺陷并突破当前绩效类型渐失的困局。

一、理论价值

(一)法治的普遍性有助于纠正国家治理绩效选择与判断的意识形态和政治性偏向

一方面,法治理想下的法律具有形式的普遍性特征,它是一种包含着允许、命令或

---

① 周志忍教授2015年12月26日在华南理工大学"公共管理名师大讲堂"中作了"依法治国背景下的政府执行力"专题讲座,当中对该问题有具体研讨。
② 王汉生,王一鸽. 目标管理责任制:农村基层政权的实践逻辑[J]. 社会学研究,2009(2).
③ 廖鹏洲,卢扬帆,覃雷. 体制内考评"清理—膨胀"的成因与对策[J]. 中国行政管理,2015(7).
④ 李树忠教授2015年12月19日在华南理工大学"法治中国建设的现状与展望"专题讲座中重点谈及这一问题,其他学者如张晋藩、徐忠明、卓泽渊等亦对该问题进行过深入研讨。参见:张晋藩. 中国法律的传统与近代转型[M]. 北京:法律出版社,2009;徐忠明. 中国百年变法运动的两种话语——一个概括性的评论[J]. 法商研究,1999年"法制变革与教育"专号;卓泽渊. 中国法治的过去与未来[J]. 法学,1997(8);等等.

禁止非特定主体行为的规则和标准。而法律体系的普遍性对于法治而言是事关宏旨的，不仅要求立法过程遵循一定社会结构对法律的共同或一般性需求，更要难得地舍弃统治阶级内部的个别利益和特殊利益，社会越是进步则法律的普遍性应当越强。① 另一方面，法治理想的法律（法治本身）蕴含、彰显及弘扬的是符合人类共同发展规律或普遍性需求的（普适的）价值原则，比如此前所归纳的正义、平等和公平、自由和秩序、人权保障等，都是作为一个成熟的法律制度或现代文明国家所应具有的运行秩序，这些价值精神对于单纯从统治阶级立场出发的思想及利益诉求是根本排斥的。显然，具备这样形式结构与实质特征的法治系统将在国家整体绩效运行中发挥重要的"扶正"和"纠偏"作用，特别是有助于使政府和公众的绩效行为选择（包括对其评价）自觉摆脱特定意识形态和政治立场的约束。其一，法治作为一种抽象规则，将对一定时期政府和公众的绩效目标选择与绩效行为关系构成调控，从而形成其相互适应、相互粘合的稳定的绩效调整体系，避免前者对后者的强制干预性影响。其二，借助公开法律的一般性准则，政府和普通公众都可清晰地预测出自身的绩效目标设置、绩效行为选择以及绩效结果享有的确定性法律后果，而不致受到意识形态或政治性的不可预知的审判。其三，法治为国家整体绩效治理的有序运行提供主导，可有效防止公众尤其政府绩效决策的随意性和擅断性；换句话说，法治把国家治理绩效纳入了合法的轨道，并使其过程具有连贯一致的公正性质而非带有特定阶级的偏向。

（二）法治的民主性有助于避免政府战略性绩效决策的唯权力论和随意性

从广义上讲，法治有多种类型，比如贺麟先生把中国的法治类型分成申韩式、诸葛式与民主式三种。显然，作为法治型国家治理绩效建设理想的是民主型法治，这是一种建立在现代民主体制和宪政意义上的法治形态，民主是其不可分割的部分。一方面，民主是法治的基础，民主意识与民主监督构成协调人民利益之宪法和法律（法治）确立以及实施的根基；另一方面，民主又是法治的目的，因为法治建设即为了保障人权与自由价值的规范制度安排。② 因此，现代民主和现代法治相辅相成、对立统一、不可偏废，共同确保了权力制约、权利保障以及司法公正等共同核心价值的实现。法治的民主性运用到国家治理绩效领域，主要是作为目标类型的法治型绩效能（在政府层面）实现一种绩效决策、绩效运行和绩效分配的民主化机制，藉此达成一种"共同的克制"及"有限的合意"结果。其中：一是公共绩效目标将通过民主的方式确立，考虑并融合了各类主体合法诉求并达至共识；二是公共绩效行为将通过民主的机制推动，若面临新的需要也将按民主机制做出调整，使其具有公定力和相互约束力而不致相互干扰；三是公共绩效结果将通过民主的程序分配，即融合各方贡献度、利益需要与科学博弈后的妥协性方案，故称为"有限的合意"——这是以资源稀缺为前提又尽量不妨碍各自后续绩效目标设定所需依赖的物质基础（不致造成相对剥夺感和负向激励）的理性选择。事实上，因为民主本身是一种程序机制，法治（或绩效）的民主性和程序性作为"一枚硬币的两面"有时难以区分，但二者侧重点不同，民主强调其代表的广泛性和利益融通性，程序则强调

---

① 王人博，程燎原. 法治论 [M]. 桂林：广西师范大学出版社，2014：163 - 164.
② 章楚藩. 民主与法治 [EB/OL]. 共识网，http：//www. 21ccom. net/articles/bihui/20150106118593_all. html.

其规范的确定性与结果的法定性，两者结合才能保证国家绩效治理的科学性和有序性。

（三）法治的程序性有助于推进目标落实并（通过法制）固化国家治理绩效动因

法治的程序性又称为程序法治，是指通过建构完善的法律程序（制度）来实现国家法治的目的，其精髓或灵魂在于整体社会把依法办事、依照确定的程序或规则运作当成一种信仰和自觉。而相对于法治的理想标准，它表现为一是强调法律/制度、规则/程序自身的体系完备、功能完善与逻辑自洽，即达至韦伯所言的"形式合理性"；二是更重要的，程序法治为了实现和保障社会正义、平等、公平有序、自由和人权保障等实体法治，这是在国家及社会运行的动态层面。由此，程序正义其实是融合了法治形式与实质内涵的双重要求。进入国家治理绩效类型的语境，强调法治的程序性则有助于推动其绩效目标的科学产生并确保其得到有效落实执行，使国家整体的绩效动因得以被法制地固化和稳定下来，从而避免陷入所谓"层层号召、层层表态最后了了之"的窘境——因为政府和公众的绩效行为（为与不为）都已按程序严格设定，承诺后不执行或不达标将要承担法律责任。进一步地，其作用又可分为三个维度。一是使国家（主要是政府层面）的绩效目标依程序诞生。政府绩效决策不再受领导权力的影响，消除其价值偏性及随意性，而体现为一种科学性（经过完整的论证程序，比如充分调研和专家评议等）与民主性。二是使国家（政府和公众两个层面）的绩效行为依规范实施。权力和权利皆在法律确定（规范共识）的轨道上行使，一旦绩效目标设定，即可按照确定、稳定、可见的规则约束各有关主体对其权责予以落实，并且政府绩效目标导向的行为不会对公众绩效追求造成负面干扰，国家整体绩效表现为一种合法性、正当性、协调性及有序性。三是使国家整体的绩效结果依合意分配。绩效结果在不同类别主体中的分配机制也是根据规范程序所形成的，表现为平等或非平等者之间的一种理性博弈，以致最终达成一种共同的合意。总之，作为国家治理绩效的正当性目的只能通过正当的程序、手段和公正的场合来达到，后者几乎是保证前者的必要；"如果法律的实现、适用过程不忠于事实和法律，即使公正的法律也会走形变味"。当然，不可否认的即便是法治程序本身亦存在错误或者无能为力的可能，且程序执行是有成本的；这一方面要求程序要有动态完善的科学性，另一方面则需配以有力的救济规则、渠道和方法。

（四）法治的公平性有助于实现不同领域、人群和代际的绩效结果从而保障其权利自由

公平从来都是法治所追求的一个价值目标，居于其价值体系的前列，就如罗尔斯所言，平等和公平作为正义的两种情形，尽管不同时代、不同阶级和思想家对公平的理解各有差异，法治的公平性与保障公民权利和规制政府权力的法律机制紧密相连，只有当人们相信法治是约束权力从而保护权利以及无辜者的公正之时，人们才会自觉拥护和崇尚法治。[①] 不仅如此，公平又是一个复合的概念——从静态意义上讲它有程序公平与实体公平之分，后者以前者为基础，前者以后者为目的；从动态意义上讲它贯穿权力运行与权利存在的一生，包括起点公平、机会公平以及分配公平等多个环节。法治公平性对于国家治理绩效而言应当体现为价值、制度和实践三个层次的综合服务（规范和保障）；并且按照绩效的构成，它主要作用于绩效结果方面——即通过价值号召、制度组织和实

---

① 王人博，程燎原. 法治论 [M]. 桂林：广西师范大学出版社，2014：186.

践自觉来共同帮助国家治理绩效结果在不同领域、人群以及代际之间的分配合理（因为公平已然作为法治之价值、制度与实践的本貌）。具体地，这种分配合理又呈现在三个角度：一是不同领域的公平，包括发展所及的经济、政治、社会、文化、环境等各个维度，即不能以经济发展为由牺牲政治民主、社会公正、文化繁荣与环境保护等方面的利益（经济绩效不能取代其他领域绩效）；二是不同人群的公平，包括不同收入阶层、功能界别和带有不同立场以及合法权益诉求等的群体，不能一味强调大多数人的利益而忽视少数人（尤其弱势群体）的损害——法治型绩效不以功利主义为纯粹导向；三是代际之间的公平，不能为了当代人享受而破坏子孙后代应当拥有的权利和自由——法治型绩效应具有可持续性，这也是公平的一种形式。

二、技术功能

在技术层面，法治型绩效强调的是法治的工具性价值，即把法治当成是治理国家（与其他各种可能的治理方式如人治相比较）的其中一种方式。正所谓"工具的设计和使用是否合理要看工具是否能实现其设计目的"[①]，这时的法治无疑是服务于某种被认为是更高意义的治理目标，比如经济发展、政策成功、国家有序、人民幸福等。法治是一种可被选择的武器而不是社会的本源或者信仰，但这种选择似乎基于一个明确的前提，即法治已被历史证明和人们广泛认同是优于其他的治理方式。该论断源于亚里士多德从柏拉图的理想中脱胎，开始承认"一个完美的哲学王统治在现实中几乎可遇不可求，在人性之缺陷面前，法律才是一种更为理性、稳定或值得托付的依靠"。[②] 在国家治理绩效的语境下，法治通过其价值引导、组织协调、制度规范和实践整合的作用，使整体社会运行（政府和公众绩效目标设定、绩效行为实施与绩效结果分配）得以保持在一个健康、稳定及有序的轨道上；特别是由于权力制约精神的贯彻和制度设计，将有效避免公共权力行使之非理性、扩张性和随意性的本能从而实现对权利自由的保护，这更有助于凝聚广大人民群众来为设定的治理目标共同努力，必能使之更易达成。因此，相应于无论经济、政策还是其他方面的远大理想，人们即有充分的理由拥护和选择法治（或进行原有途径的法治化改造）作为达成目的的科学路径。强调法治之技术功能体现的是一种实用主义思维，如果说绩效（评价）是一种民主文化的技术工具，法治则是一种正义理想的治国手段。

三、实践效果

在实践层面，国家治理绩效类型的法治化改造是一个复杂的系统工程。从发展的维度看，涉及经济、政治、社会、文化、环境等多个范畴；从其具体领域看，国外法治化的研究主要覆盖了国际关系、民主政治、政权结构等十余项主题，国内研究则覆盖了政党自治、党政关系、权力监督等三十余项主题，并且各有理论、文化与实务等不同研究层次的区分。实际上，这些研究背后对应的是国家和社会各组织场域的法治建设（法治

---

① 石佑启，李锦辉. 法治指数背后的价值哲学之争[J]. 哲学研究，2015（8）.
② 夏恿. 法治是什么——渊源、规诫与价值[J]. 中国社会科学，1999（4）.

化）诉求；可以看出，当前中国社会各方面的法制健全度仍然不高，尤其不同领域法治化水平参差不齐，由此带来对法治之理论、制度和实践的强烈呼唤。党的十八届四中全会提出"要运用法治方式推进社会多层次多领域的依法治理"即为此见。[①] 然而，无论政府和公众的能力以及社会资源又都是有限的，在同一时期内其关注焦点和着力重点都不可能全面散开，即法治化建设需要找到一个循序渐进逐步推动的路子。我们强调法治型绩效的实践效果，就是希望借助于法治的思想、制度和法治化行动来对国家治理绩效所及的各个领域逐次进行法治化改造，以达成一种近似于"各个击破"的效果；特别是在绩效合法性依赖（发展不可停滞）的前提约束下，为发展提供服务、支持和保障的相关领域（比如经济管理、政府治理、民生保障等）应当优先实现法治，以带动其他领域乃至国家整体绩效运行处于有序的稳态，即形成绩效目标导向的绩效行为合力。这不仅是法治型绩效的题中之义，更是法治相对于国家治理绩效的规范以及现实效能。

---

① 汪永清. 推进多层次多领域依法治理 [N]. 人民日报，2014-12-11（7）.

第六章 预算绩效治理的法治化实践

本章基于预算治理的案例视角探究国家治理绩效的法治转型经验,主要通过预算绩效治理的法治化实践,管窥法治型国家治理绩效建设中需要面对的困难。拟探讨的关键因素有三:一是预算治理在国家治理体系中的地位和功能,即选择该案例的理论依据;二是中国预算绩效治理的法治化经验,以及其重要启示;三是预算绩效治理法治化进程中的一个关键问题——绩效与法治之价值要求的相互冲突(从经验描述和技术检验两个方面)。本章是国家治理绩效的法治化转型落实到某个组织场域的具体呈现,将从操作上提供克服障碍的帮助。

第一节 预算治理在国家治理体系中的地位

一、公共财政与绩效预算的治理导向

公共财政对应的英文是 public finance,其重点在"finance",源自古拉丁语,最早为结束之意,此后渐次衍生为解决、付清(债务等),直至 19 世纪才有了管理(或提供)钱财的含义。① 早在前封建时代,无论中国还是西方,国家财政都源于经营王室领地所取得的收入,其本质与私人财务并无区别,因此被经济学家称为"家计财政";随着中央集权(封建君主专制)政体乃至近代民族国家的兴起,财政权得以集中到政府手中并建立起全国统一的财政制度,自此开创了财政主要依靠赋税而非财产或经营性收入及用于满足社会公共需要的"国家财政"模式。② 国家财政经过历代经济学家的努力已发展出一套成熟的理论体系,其基本思路是从分析市场机制的缺陷入手揭示国家财政的正当性与必要性,进而界定国家财政的职能范围;作为现代西方财政学三大支柱的市场失败理论、公共物品理论和公共选择理论正是在这个思路下得以展开并相互联结,前者主要解决财政存在的必要性与正当性问题,中者解决财政的规模与职能问题,而后者在一定程度解决了公共物品生产与定价也即是财政收支与监控的"效率最大化"问题。③ "公共财政"也正是基于这样的理论和现实才被提出的概念,它其实是指市场经济条件下专门为

---

① 哈德. 牛津英语词源词典 [Z]. 上海:上海外语教育出版社,2000:171 页;Online Etymology Dictionary [DB/OL]. http://www.etymonline.com/index.php? term = finance&allowed_in_frame = 0.
② 周刚志. 论公共财政与宪政国家:作为财政宪法学的一种理论前言 [M]. 北京:北京大学出版社,2005:18.
③ 王传纶,高培勇. 当代西方财政经济理论 [M]. 北京:商务印书馆,1995:15 – 25.

满足社会公共需要（公共服务）而构建的国家财政模式。① 关于这一定义学界仍有争议，但在我们看来，确立"公共财政"的理论地位有两个关键：一是它以全国统一的政府收支体系为前提，在这个意义上区别于"家计财政"并为"国家财政"的部分；二是它以市场经济而非计划经济更非自然经济为土壤，这又使之脱离了封建集权与国家分配体制而成为"国家财政"的一种特殊乃至更高形态。事实上，在 finance 前面加上 public 的用意正在于此，即为凸显其"公共"的本质属性，具体要点有四：第一，公共财政的本质是国家为满足社会公共需要而从事的经济收支活动；第二，公共财政的内容包括公共收入、公共支出和公共财政管理三种活动；第三，公共财政的职能是为了弥补市场经济的缺陷；第四，公共财政推动人们形成"有限政府"的宪政思维。一言以蔽之，公共财政的精髓是一种"市场型财政"、一种"民主型财政"和一种"宪政型财政"。

近代以来，随着国家强化、政府扩张以及民主政体的落实，财政收支不得不越发依赖于一种提前规划、全面监控和定期清算的制度性办法，以使国家达到一种整体上的"数目字管理"②。这是现代预决算制度的起源。简言之，预算（budget）是经法定程序审核批准的年度集中性财政收支计划（文本），它不仅规定了财政的来源、用途和数量，也反映了政府活动或政策的范围及方向；当然，由于中英文词性的差异，预算（budgeting）亦指对财政的计划性管理活动。③ 但无论如何，预算都旨在强化财政管理的预测性、系统性、程序性和周期性，它是整个财政系统运作的重心或蓝本。而"预算所包含的内容不仅是预测，还涉及有计划与巧妙地处理各种变量，这些变量决定了政府未来努力所能达成的绩效"。④ 可见作为公共财政的预算治理，绩效亦为其中一项至关重要的追求，所以公共财政的精髓还应是一种"绩效型财政"。按照本书的逻辑，财政是联结政府与公众两个层面绩效行为的关键，它的绩效化是实现两者相互促进的最短路径，而预算是财政的核心，那么推行绩效预算便构成建设绩效财政乃至实现法治型国家治理绩效的首要环节。依据一般定义，绩效预算（performance budgeting）是指一种以绩效为导向的预算治理模式，它通过整合不同的预算关联主体、制定明确的公共收支绩效目标、建立规范的绩效评价体系、对目标实现程度进行评价并将评价结果与预算编制和行政问责紧密结合起来，实现财政治理上的闭合循环；⑤ 马骏概括了绩效预算的目标控制、手段分权与对结果负责三个方面的典型特质⑥，显然，它所强化的正是公共财政的效率和责任意识与其为民服务的理念。实际上，从预算编制及实施控制的基础来看，西方和中国都正

---

① 高培勇. 公共财政：经济学界如是说 [M]. 北京：经济科学出版社，2000：6.
② 黄仁宇. 中国大历史 [M]. 北京：生活·读书·新知三联书店，2014：8.
③ 卢洪友. 政府预算学 [M]. 武汉：武汉大学出版社，2005：1-9.
④ 刘国永，等. 预算绩效管理概述 [M]. 镇江：江苏大学出版社，2014：7.
⑤ 国家财政部. 关于推进预算绩效管理的指导意见（财预〔2011〕416 号文）[Z]. 2011-07-05. http://www.gov.cn/gzdt/2011-07/27/content_1915094.htm；关于绩效预算概念更为详细的梳理，参见：刘玉栋. 公共支出的人本绩效预算研究 [D]. 青岛：中国海洋大学，2010：7-9.
⑥ 马骏. 新绩效预算 [J]. 中央财经大学学报，2004（8）.

在经历一种从"投入预算"向"产出预算"再向"绩效预算"转变的趋势;[①] 而我国推进预算治理绩效化改革的努力早在 21 世纪初便已启动,并成为深化行政管理体制变革与落实"阳光财政""效能财政"及"责任财政"的重要举措。[②]

二、预算是约束权力和保护权利的法定财制

预算作为财政活动的一项管理工具或制度化形态,与公共财政相对应的是公共预算,当我们使用"公共预算"概念时,无疑强调的是公共财政的计划性和控制性;事实上,公共预算及其所规制的公共财政行为始终居于(市场经济条件下)政府各项职能履行的基础性地位,并由于预算本身所包括的民主、程序、法治和公开等特性,它在现代政治经济环境中产生了普遍的宪政价值。[③]

首先,公共预算是保证公共权力正常行使的经济前提,具有宪政属性。亨廷顿指出:"20 世纪 70 年代以来,尽管遭遇抵制和挫折,但民主化已成为势不可挡的世界潮流,我们在民主的进程中从一个胜利走到了另一个胜利。"[④] "民主"作为现代国家政权合法性的重要基础和政治活动的基本规则,政府通过预算申报方式向议会负责构成现代民主制度存续的标志,而议会审议并批准财政预算即是对政府最大的政治支持;[⑤] 这不仅是资本主义国家的专利,社会主义国家(至少在形式上)也都如此。可见,公共预算已成为确保现代民主价值实现的一个主要或关键的宪政设计,它在保证公共权力正常运行方面的功能体现在:其一,满足公共权力正常行使的需要。政府的一切活动有赖于财政,但其一切资财又都取于社会,公共预算是政府向社会征取资财的合法依据,当然也就成为其全部权力活动的经济前提。其二,确保政府在政治领域的合法权威。因为代议机关审议和通过财政预算本质上是一个代表民意行使立法权的行为,它标明了民选代表和人民对政府的政治信任以及支持,是政府取得民众合法性认同的宪政机制。

其次,公共预算是敦促政府权力理性运作的法定程序,蕴含宪政逻辑。其一,公共预算通过控制公共财政收支实现对政府财政征收和资金使用的节制,从而截断其滥用权力的需要、可能以及物质来源。强化预算将迫使政府更加自觉地使用权力,而不会随意逾越法定的权限范围以致损害公民的自由权利;政府越是清醒地认识到预算安排的公共资金极为有限,就会越谨慎地使用公共资财,从而抑制其贪污腐化的政治行为——这是从财政上限制政府权力的一种卓有成效的方式。其二,审议、质询与通过预算法案是代议机关威慑政府的一种常态化且行之有效的手段——代议机关一旦控制了政府的财政预算,就等于是扼住了政府的经济命脉——预算审批权成为确保责任制政府存续的基本权

---

① 王雍君. 从投入预算到产出预算 [J]. 河北经贸大学学报,2005(5);刘伟,张磊. 浅谈中国政府部门绩效预算制度改革的宏观战略选择 [EB/OL]. 国家审计署网站 http://www.audit.gov.cn/n1992130/n1992150/n1992576/3084567.html.

② 牛美丽. 中国地方绩效预算改革十年回顾:成就与挑战 [J]. 武汉大学学报(哲学社会科学版),2012(11).

③ 卢洪友. 政府预算学 [M]. 武汉:武汉大学出版社,2005:7-11.

④ [美] 亨廷顿. 第三波:20 世纪后期民主化浪潮 [M]. 刘军宁,译. 上海:上海三联书店,1998:21.

⑤ 周刚志. 论公共财政与宪法国家——作为财政宪法学的一种理论前言 [M]. 北京:北京大学出版社,2005:136.

力，财政预算则是限制政府权力最重要的宪政制度之一。① 其三，公共预算的编制和执行是法定的，其修改也必须是法定的，经过法定程序意味着进行充分的科学性、必要性与经济性等考量，这就在实践层面对政府滥用权力为自己谋取额外的行动经费提供了限制，使民选成立的代议机关取得对政府职能及其权力行为的全面支配权。

再次，公共预算是保障人权以及增进自由的有效路径，彰显宪政目的。理论上，人权是应有权利、法定权利和实有权利三者的统一。② 无论从法治或宪政的角度看，限制权力都不是最终目的，保障人权才是，即是为了避免权力滥用以僭越和损害到权利行使才要求宪政和实行法治。而要保障人权，就必须建构一种合理的财政预算制度，使维持警察、监狱等政府机构运转的物质基础拥有法定的来源——国家在物质财用上对社会民众的依赖性，乃是人民主权原则和人权保障原则存在的正当性及合理性依据。另一方面，保护人权更应促进人权，即公共权力运作应为个人权利以及自由实现创造更加有利条件和便捷、充分的物质基础，这也是现代政府存在的必要性或其（绩效）合法性目的。所以公共预算作为政府职权履行的经济前提、制度体现和物质载体，应当树立明确的绩效导向，追求一种"绩效预算"。通过预算引导政府在发展经济、提供公共服务、维护社会公正和保护生态环境等方面积极作为并取得成绩，则是使公民权利保障和自由实现有了更为厚实的基础。因此，"人权的宪法保护作为宪政制度的终极价值和根本目标，不是唯理主义的空洞设想，也不是社会弱者苍白无力的道义要求，而是市场经济条件下政府存在的必然要求，这是公共预算蕴含之宪政原理的最精粹的体现"。③ 现代社会对于人权的保障无法离开公共财政所提供的物质支持，更无法离开公共预算所决定并支撑的宪政制度（公共预算所确保的公共财政行为的稳定和法治属性）。

三、预算是公民评价和监督政府的关键窗口

西方民主政体下，依托于选票市场，国家的政权、宪制和执政团体存在周期性更迭的可能，应该说政府的产生和运作都是民意的结果——在最高形式上表现为政治（或政权性）民意；④ 而在日常形式上，遍布于国家各层次的预算（议会）审议制度、重大决策的民意咨询或民主论证程序乃至常态化的民意调查手段等，都为民意表达提供了成熟且广泛的一般渠道。但在社会主义的中国，共产党作为执政党长期居于国家政治体系和政府运作的核心地位；尽管仍有不断扩展完善的政府预算和公共政策等人大监督及民主评议程序（某种程度的"协商式民主"⑤），但这些程序囿于政治传统、体制特性、民意环境和技术条件等约束亦多半处于"打折"运行的状态。因此，无论是民意的高级还是日常性表达途径可以说在中国都是不健全的。基于这一特定的政治及社会条件，有学者

---

① 周刚志. 论公共财政与宪政国家——作为财政宪法学的一种理论前言 [M]. 北京：北京大学出版社，2005：136-137.
② 李步云. 走向法治 [M]. 长沙：湖南人民出版社，1998：425.
③ 周刚志. 论公共财政与宪政国家——作为财政宪法学的一种理论前言 [M]. 北京：北京大学出版社，2005：118.
④ 余致力. 民意与公共政策：表达方式的厘清与因果关系的探究 [J]. 中国行政评论，2002（9）.
⑤ 高建，佟德志. 协商民主 [M]. 天津：天津人民出版社，2010.

提出了应将公民评议政府作为一种相对现实且行之有效的民意表达机制。郑方辉等认为公众满意度导向的政府绩效评价具有民主和技术的双重功能（作为一种民主文化的技术工具），提供了适合于社会主义政体的民意表达以及应用方式。[①] 笔者亦曾指出政府绩效的公众满意度评价具体作用在于：一是增强公众的民主权利（知情权、参与权、监督/评价权等）意识，推动公民社会逐步走向成熟；二是实现政权体系与社会系统的有效沟通，改善政群关系；三是促进政府科学决策，针对性地改善政府绩效。[②]

然而，公众评议政府却需依赖一定的技术前提，如政府信息公开即是其中客观层面的关键，旨在令评价者掌握一个全面、充分且稳定（最好是法定）的评价标准。基于前述财政预算在政府职能体系中的基础性地位，预算又是政府活动最为直接、完整的制度化体现；并且对应公共预算范畴，它已是一项经过科学编制、民主论证、法定授权的公开文本，故（公共）预算可谓提供了公民评价和监督政府的最为直观且完全的依据，成为公众行使监督权（表达民意）的重要窗口。那么，预算法治则有助于实现这一窗口或渠道的规范化、法定化以及科学化。正如爱伦·鲁宾所说："多数公共预算都能精确地反映政府活动及其收支决策，它们不仅提供了一个观察政府的有利位置，还提供了一种维护政府可信度的方法；公民可能受到政府的强迫力从而为自己不愿意的项目纳税，但只要民主机制存在他们就会反抗，也确实进行了反抗。公民是最重要的预算行动者。"[③] 只有全体公民才是一个民主社会的最终保障力量，财政预算为公民了解和评价政府的活动提供了一个关键的"镜像"，也为形成民主国家的最后一道屏障提供了必要的资讯。[④]

四、预算是联结政府与公众绩效行为的最短途径

进一步地，在国家治理绩效的语境下，预算亦承担着相应的特殊职能。基于绩效合法性依赖尚未摆脱的事实，我们所追求的无疑是（通过法治化转型）使国家治理绩效获得一个健康持续的动力机制，从而为其政权稳定提供有力保障。那么在理论模型中，借用绩效系统论和二元对立的视角将国家治理绩效视为政府和公众两个层面绩效的叠加，两者绩效目标、绩效行为与绩效结果都对彼此产生影响，构成相互激励和约束的关系。由此，要想提升国家整体绩效，就要通过一种合理的制度设计或治理结构来实现两个层面的有效对接，以消除其相互抵触[⑤]，增加其相互促进。建立在现代法治基础上的绩效预算制度即可承担这种功能。其一，这不仅由于前述财政预算作为国家职能履行的物质前提，居于国家体制的基础性地位（具有宪政价值），更由于它是联结政府与公众两个层面行为逻辑的核心机制，而公共预算本身是种"绩效型预算"，其绩效化成为推进政府

---

① 郑方辉，吴轶. 地方政府绩效评价中的公众满意度调查［J］. 市场研究，2007（3）.
② 卢扬帆. 民意表达、公众满意度测量与政府整体绩效评价［D］. 广州：华南理工大学，2011.
③ 鲁宾. 公共预算中的政治：收入与支出、借贷与平衡［M］. 叶娟丽，马骏，译. 北京：中国人民大学出版社，2001：330.
④ 周刚志. 论公共财政与宪政国家——作为财政宪法学的一种理论前言［M］. 北京：北京大学出版社，2005：137.
⑤ 当政府的绩效目标设置、绩效行为选择与绩效结果分配（方案）与公众现实需要及其绩效追求发生背离时，不仅将给后者正常运行造成巨大阻碍（负向激励或强大干扰），也会给国家发展带来严重损伤。本书第三章所描述的愿景型绩效以及第五章所归纳其"不法治"的特点若仅从绩效视角来看，即可归结为这一根本。

与公众绩效互为激励的关键环节；换句话说，政府以绩效为导向的预算安排传递给普通公众即构成对其的绩效行为的重要激励，反之亦然。其二，现代公共预算是一个复杂的系统，但从其最为本质的资金流来看主要涉及国民财富（国家治理绩效结果）在政府、公众乃至各类社会主体之间的分配和流向①——预算包含收支两方面，其中收入代表资金从公众或社会主体向政府转移的过程，支出则为反向（共同作为财富的二次分配）。研究表明，无论政府和公众作为自主行动体的绩效目标设置以及绩效行为选择都将以获得的物质财富基础和行为正向支持力度（或其预期）为前提，也就是说，如果公众预期能在未来的绩效结果分配中取得较大程度占有（或政府将为其绩效追求提供物质帮助/政策支持），他们会倾向于设定更高的绩效目标和付出更大的绩效努力。②所以，通过绩效预算安排实现政府对公众绩效行为的支持，相比于其他方式而言更加便捷和直接。其三，从经验上讲，目前中国各地预算治理的绩效化改革遭遇瓶颈，其深层障碍概括起来：一是由财政部门组织评价与引入社会力量（第三方机构）参与的矛盾；二是财政信息公开不足与财政民主化需求的矛盾；三是预算绩效系统复杂性与评价资源有限及评价（机构）专业性的矛盾。③造成这些障碍的根源，则主要又是中国绩效预算的法律地位不明确、绩效治理相关法制体系不健全，以致在操作上带来预算绩效的评价权、组织权与实施权之间关系长期不能理顺④，评价资源缺少法定保障。这成为我们急于从该领域切入、通过推进其法治化来引导和塑造法治型绩效预算的直接动机。正如学者指出："法治化是财政预算治理的重要内容和主要手段。"⑤"预算治理法治化构成全面落实依法治国的突破口，也是推进国家治理体系现代化的主阵地。"⑥应该说，通过预算绩效治理的法治建设来固化政府与公众之间绩效联结的这一管道并使之日趋规范和科学，将为我们确立一个推动国家治理绩效转型与建设法治型国家治理绩效的"事半功倍"的突破口。

第二节 中国预算治理的绩效化与法治化探索

聚焦到一个特定的组织场域作为案例，若要能比较好地展现其进行法治型绩效建设的思路设计，则还需有相对成型且充分的过往经验——无论从正面还是反面佐证其方案

---

① 以民生财政预算为例，2012 年度广东省省级财政共安排"十件民生实事"财政资金 478.74 亿元，分 108 个专项下达，如按资金用途可分为基本建设、奖励补贴与公共服务等类别，按资助对象可分为企业、公共组织与特定公众等；从资金落实来看涉及省、市、县三级财政和业务主管部门以及用款单位、受益人群等，每类主体的责任有别。参见：郑方辉，廖逸儿. 第三方评民生财政专项资金绩效实证研究 [J]. 华南理工大学学报（社会科学版），2015（1）.

② 如果将功利型绩效和愿景型绩效所包含的形态相比，这一结论自然可证。事实上，基于笔者近年参与的广东省省级预算绩效第三方评价经验，至少在作为市场主体的企业层面，若它们预期单位整体或即将运行的某个项目会获得政府支持（财政补贴），则其一般会加倍努力推动项目上马，并可能借此将企业经营的业绩目标提高一个档次。

③ 卢扬帆，卞潇，颜海娜. 财政支出绩效第三方评价：现状、矛盾及方向 [J]. 华南理工大学学报（社会科学版），2015（1）.

④ 廖鹏洲，卢扬帆，覃雷. 体制内考评"清理—膨胀"的原因与对策 [J]. 中国行政管理，2015（7）.

⑤ 陈祖华. 财政预算法治化的发展方向与重要途径 [J]. 学习与实践，2013（11）.

⑥ 郭维真. 以"预算法治"推动现代治理 [N]. 人民日报，2014 – 08 – 27（A5）.

是可行的。那么本章选择的预算治理领域，其绩效化和法治化探索都已持续多年，且为笔者长期亲历并深度关注，积累了较为丰富的实证素材，可以提供生动的说服力。

一、中国预算治理的绩效化改革

中国预算治理的绩效化改革有自身的发展历程。2001 年，财政部组织力量开展专项研究，专门组团对美国、德国、英国、瑞典等的财政预算绩效评价进行了考察，召开了全国财政预算绩效评价研讨会，成立课题组对财政预算绩效评价重点问题进行了专题研究。从 2003 年起，财政部一些司局就开始制定各行业绩效评价管理办法，组织部分中央部门开展预算支出绩效评价试点工作，并选择了一些重大项目进行绩效评价试点。① 2003 年 10 月党的十六届三中全会决定指出，财政要"建立预算绩效评价体系"。2006 年在总结前几年经验的基础上，财政部从绩效评价对象选择、程序设计、指标体系设计、结果运用等方面入手，对绩效评价试点工作作了进一步规范，其中在编制当年部门预算"一上"阶段，就要求中央部门申报绩效评价试点项目。2007 年，财政部确定了教育部"高校构建节约型校园修购"等 6 个项目作为绩效评价试点。2009 年 6 月财政部下发了《财政支出绩效评价管理暂行办法》，2011 年 4 月又对其进行了修订，2011 年 8 月出台《绩效评价工作考核暂行办法》。2012 年 9 月下发《关于印发〈预算绩效管理工作规划（2012—2015 年）〉的通知》。2018 年 9 月《中共中央国务院关于全面实施预算绩效管理的意见》出台，财政部紧接着在同年 11 月下发贯彻落实《意见》的通知。这些都是在中央层面关于财政支出"绩效评价"的探索，与此同时，全国部分省市相继展开了预算治理绩效化改革，各地实践丰富，不胜枚举（表 6 - 1）。

以广东省为例，该省是全国探索预算治理绩效化改革的先行省份。在 2005 年以前即成立了全国首个省级预算绩效评价组织机构（省财政厅绩效评价处）并发布《广东省财政支出绩效评价试行方案》，2009 年开始着手构建较为规范的评价技术体系（重点为指标体系），2010 年起试点将省级财政专项资金委托第三方实施绩效评价，2014 年又首度探索由人大主导、财政部门协同、第三方实施的省级财政支出绩效评价模式，开了全国先河。② 截至目前，已委托第三方评价的省级专项资金累计不少于 30 项，评价金额超过 1000 亿元。应该说广东省省级财政支出绩效评价技术体系已基本成熟，评价范围不断扩大，相关工作程序渐趋规范。

---

① 从逻辑上讲，预算由收入预算和支出预算两部分组成，则相应的预算绩效也应包括预算收入绩效和预算支出绩效两方面。但因为预算收入的过程相对固定，按照国家法律规定的税利债费等若干形式路径取得财政收入即告完成（尽管它跟预算支出基本算是同步的），这一过程更多是讲究合法性、程序性、民主性和规范性（强调法治）而非绩效性的（法治与绩效的价值要求不一，已在本书第四章讨论，本章后文还将就两者的实践互抗再作探讨），或简单说按照法定机制取得各级财政收入就是预算收入绩效的本义及目标。所以在研究预算绩效之时，我们更多地侧重在预算支出绩效的维度进行探讨，而暂时或相对性地忽视了预算收入绩效的范畴。

② 卢扬帆，卞潇，颜海娜. 财政支出绩效第三方评价：现状、矛盾及方向［J］. 华南理工大学学报（社会科学版），2015（1）.

表6-1 全国部分省市进行预算治理绩效化改革的基本情况

省市	绩效管理组织	绩效管理/评价方案	发布时间	绩效管理/评价实践
北京	北京市财政局和各预算部门	《北京市市级财政支出绩效评价管理暂行办法》	2010	主要采用成本效益分析法、比较法、因素分析法、最低成本法、公众评判法等,逐步建立绩效评价信息公开制度,将绩效评价结果在一定范围内公布
		《关于开展2011年度财政支出项目绩效评价工作的通知》	2011	
上海	上海市财政局和各预算部门(单位)	《上海市财政支出绩效评价管理暂行办法》	2011	主要采用成本效益分析法、比较法、因素分析法、最低成本法、公众评判法等。通过引入独立第三方作为评价机构参与评价,聘请相关社会学者和行业专家对绩效评价具体方案和指标体系进行认证等方式,提高绩效评价的质量
		《2011年市级财政支出绩效评价工作方案》	2011	
天津	天津市财政局、预算部门和预算管理部门	《天津市市级财政项目支出绩效评价管理办法(试行)》	2007	绩效评价方法主要包括比较法、因素分析法、成本效益分析法、专家评估法、公众评价法以及市财政局确定的其他评价方法。市财政局负责统一制定绩效评价的制度办法,组织实施重大支出项目的绩效评价工作
		《关于进一步加强市级财政项目预算管理的意见》	2009	
海南	省直主管部门和财政部门	《海南省财政支出绩效评价实施意见》	2009	此次评价采取综合打分法,根据考评得分,评定项目的绩效级别,出具详细的综合考评结论。深化财政支出管理体制改革,提高政府管理效能和财政资金使用效益
		《财政支出项目绩效评价操作指南(试行)》	2010	
四川	各级财政部门和各级预算部门(单位)	《四川省财政支出绩效评价管理暂行办法》	2009	评价结果采取分与评级相结合的形式,具体分值和等级根据不同评价内容设定,部门(单位)根据部门的绩效目标和绩效评价结果,及时调整和优化本部门(单位)以后年度预算支出的方向和结构,合理配置资源,加强财务管理,提高财政资金使用效率和效益
		《四川省财政厅关于推进财政支出绩效评价工作的通知》	2009	
		《2010年省级财政支出绩效评价[监督]工作方案》	2010	
广东	财政部门或由省委、省政府指定的牵头单位	《广东省财政支出绩效评价试行方案》	2004	财政支出绩效评价方法包括成本—效益比较法,目标预定与实施效果比较法,摊提计算法,最低成本法,因素分析法等,财政项目支出绩效评价结果将作为下年度安排部门预算的重要依据
浙江	各级主管部门和单位	《杭州市财政支出绩效评价办法(试行)》	2007	目标比较法、成本效益法、综合指数法、因素分析法、历史比较法、横向比较法、专家评议法、问卷调查法、询问查证法,以及财政部门、主管部门和单位确定的其他评价方法
		《浙江省财政支出绩效评价实施办法》	2009	

续上表

省市	绩效管理组织	绩效管理/评价方案	发布时间	绩效管理/评价实践
江苏	财政部门、主管部门以及项目实施单位	《江苏省财政支出绩效评价办法（试行）》	2006	财政支出绩效评价应采取定量和定性相结合的方式，以成本—效益分析法为基础，并综合运用比较法、因素分析法、评估法等评价方法，财政支出绩效评价结果将作为以后年度财政预算安排的重要参考依据
		《江苏省省级财政项目支出绩效评价暂行办法》	2008	
山西	省财政厅和省级部门或具备资质的中介机构	《省级项目支出绩效评价办法（试行）》	2005	绩效评价方法主要包括比较法、因素分析法、公众评价法、成本效益分析法等。省财政厅根据绩效评价中发现的问题，及时提出改进和加强省级部门和项目单位预算支出管理意见，并督促省级部门和项目单位落实
湖南	财政部门、主管部门和单位	《湖南省财政支出绩效评价管理办法（试行）》	2005	绩效评价方法主要包括比较法、因素分析法、公众评价法、成本效益分析法等。财政部门和主管部门应当建立财政支出绩效评价信息公开发布制度，适当公布绩效评价结果，增强政府公共支出的透明度
湖北	财政部门和省级各部门	《湖北省省级部门预算项目支出绩效考评管理办法（试行）》	2008	绩效考评方法主要包括比较法、因素分析法、公众评价法、成本效益分析法等。省级部门应当根据部门的项目绩效目标和绩效考评结果，及时调整和优化本部门以后年度预算支出的方向和结构，合理配置资源
		《湖北省省级部门预算项目支出绩效评价工作规范》	2008	
广西	自治区财政厅、扶贫办	《广西壮族自治区财政扶贫资金绩效考评实行办法》	2006	各市的财政扶贫资金绩效考评依据所设定的指标逐项计分，之后分别计算各市得分。各市应根据绩效考评结果，及时总结经验教训，不断提高资金管理水平和使用效益。
河南	财政部门和各预算部门（单位）	《河南省财政支出绩效评价试行办法》	2010	主要采用比较分析法、成本效益法、因素分析法、专家评议法、社会评价法等。被评价部门（单位）根据绩效评价结论及整改意见，完善资金管理制度，严格执行相关政策
河北	省直部门	《河北省省级财政支出绩效评价办法（试行）》	2006	主要使用比较法、因素分析法、公众评价法等。评价结果经报省人民政府同意，向省人大常委会报告或在一定范围内公布，以增强省直部门责任感，加强社会公众对财政资金使用效益的监督
		《河北省省级财政支出绩效评价试行方案》	2006	

续上表

省市	绩效管理组织	绩效管理/评价方案	发布时间	绩效管理/评价实践
山东	省财政厅、省直部门	《山东省省级预算重点项目支出绩效考评管理办法（试行）》	2007	绩效考评方法主要包括比较法、因素分析法、公众评价法、成本效益分析法等。省直部门应当根据项目的绩效目标和绩效考评结果，及时调整和优化以后年度预算支出的方向和结构，合理配置资源
江西	财政部门、主管部门（单位）	《江西省财政支出绩效评价办法（试行）》	2009	财政支出绩效评价方法主要包括比较法、因素分析法、公众评价法、成本效益分析法等。财政部门将绩效评价结果作为下年度安排部门预算的重要依据，并逐步建立财政支出绩效激励与约束机制
黑龙江	省财政厅	《黑龙江省市县财政绩效评价暂行办法》	2006	省财政厅根据确定的评价标准，综合定性、定量评价指标及有关情况计算出的评价结果为绩效评价结果。绩效评价结果经财政绩效评价工作领导小组认定，报厅党组批准后，在一定范围内公布
云南	省级财政部门、项目实施主管部门及项目实施单位	《云南省财政支出基本建设项目绩效评价工作指南》	2005	评价方法主要有：比较法、成本效益分析法、最低成本法、因素分析法等。各部门和单位对财政支出绩效评价中发现的问题要及时整改，把绩效考评结果作为调整和优化本部门和单位财政支出方向和结构、合理配置资源的依据
		《云南省省级财政支出绩效评价暂行办法》	2006	
贵州	州委督查室、绩效办和相关行政管理部门	《贵州省财政支出绩效评价管理办法（暂行）》	2009	绩效评价主要采用绩效分析法、比较法、因素分析法、最低成本法、公众评判法等。评价结果达到规定标准的，可采取适当方式在一定范围内予以表扬；反之，在一定范围内予以通报并责令限期整改
		《黔西南州财政支出绩效评价管理办法》	2010	
福建	财政部门和预算部门（单位）	《福建省财政支出绩效评价管理暂行办法》	2010	绩效评价方法主要采用成本效益分析法、比较法、因素分析法、最低成本法、公众评判法等。根据评价对象的具体情况，可采用一种或多种方法进行绩效评价。评价结果采取评分与评级相结合的形式
		《福建省财政支出绩效评价专家管理暂行办法》	2010	
陕西	绩效考评领导小组	《陕西省省级财政科技支出项目绩效考评试行办法》	2006	省财政厅是绩效考评的管理部门，统一组织实施，设计考评指标体系，确定考评项目，对各部门绩效考评工作进行指导、监督和质量控制，审核各部门绩效考评报告，组织专家或委托中介机构实施绩效考评

续上表

省市	绩效管理组织	绩效管理/评价方案	发布时间	绩效管理/评价实践
辽宁	各级财政部门、相关资金使用部门	《辽宁省财政专项资金绩效评价工作规程》	2004	财政专项资金绩效评价结果以百分制表示,依据不同的评价方法、指标体系和评价标准,设定不同的指标权重,通过综合计算得出评价结果
杭州	财政部门、主管部门和单位	《杭州市财政支出绩效评价办法(试行)》	2007	绩效评价的主要方法:目标比较法、成本效益法、综合指数法、因素分析法、历史比较法、横向比较法、专家评议法等
		《杭州市财政支出绩效评价实施意见》	2007	
抚顺	市财政局	《抚顺市财政支出绩效评价管理办法(试行)》	2006	绩效评价方法:比较法、因素分析法、成本效益分析法、公众评价法等。绩效评价结果是确定以后年度项目和安排支出预算的重要参考依据
厦门	市级财政部门、市财政审核中心、主管部门	《厦门市市级财政专项支出预算绩效考评试行办法》	2005	市级财政部门、主管部门根据事中绩效跟踪、事后绩效检查发现的问题,提出改进和加强专项支出管理的措施和整改意见,督促项目单位落实整改意见
		《厦门市市级财政专项支出预算绩效考评实施细则》	2006	
		《财政专项支出绩效考评质量的提升与深化》	2011	
广州	财政部门	《广州市财政支出项目绩效评价试行办法》	2008	绩效评价可单独或同时采用下列方法:目标评价法、比较法成本效益分析法、最低成本法、因素分析法、公众评判法、财政部或省财政部门制定的其他方法
绍兴	市本级财政部门、有关主管部门和单位	《绍兴市财政支出绩效评价管理办法(试行)》	2008	绩效评价方法主要采用成本效益分析法、比较法、因素分析法、最低成本法、公众评判法等。对评价方法的选用应当坚持定量优先、简便有效的原则,在具体实施评价时,可同时采用多种评价方法
		《绍兴市财政支出绩效评价管理实施办法》	2010	

资料来源:郑方辉,尚虎平. 2011 中国地方政府绩效评价红皮书 [M]. 北京:新华出版社,2011:188 - 197.

可见,中国预算治理绩效化改革基本是在 2000 年以后起步,至今已历近 20 年,取得了长足的进步。如果考虑与之关联的"政府绩效审计"概念,则这一起点还能再往前推。国家审计署成立于 1983 年,1984 年开始在全国范围内开展试审,充分关注经济效益问题,通过试审对改善单位经营管理、提高经济效益、增收节支起到了积极作用;1991 年,在全国审计工作会议上,审计署首次提出"在开展财务审计的同时,逐步向检查有关内部控制制度和效益审计方面延伸";此后一些学者和地方政府开始就其中的理论与实践问题展开研究,推动了绩效审计学科整体发展。[①] 比如深圳市 2001 年出台《深圳经济特区审计监督条例》,自 2002 年起进行绩效审计试点,并逐步推广。2003 年 7 月国家审

---

① 沈翠玲. 中国政府绩效审计的发展历程 [J]. 国际商务财会,2009 (4).

计署发布《2003—2007 年审计工作发展规划》，明确提出此后 5 年审计工作的主要任务之一就是"积极开展效益审计，促进提高财政资金的管理水平和使用效益"。这标志着中国政府绩效审计进入全面探索阶段。基于中国特殊的行政体制及其伦理环境，预算绩效审计或评价几乎成为预算治理绩效化改革的一个主要内容。

二、中国预算治理的法治化进程

另一方面，中国预算治理的法治化改革已取得明显进展。从预算治理的法制化建设来看，自 1990 年起国务院相关部委陆续颁布了一系列的法律法规，具有全国性的规范作用；2009 年 6 月，财政部出台了《财政支出绩效评价管理暂行办法》，成为较早的财政绩效评价全国性行政规章，2011 年对其作了修订。北京、湖北、广西等 20 多个省份也陆续颁布了本级财政预算绩效管理办法，其中广东、湖南等 4 省出台办法早于财政部办法的颁布时间；海南、北京、广西等 8 个省份还同时颁布了实施细则、工作规程或评价专家（中介机构）管理办法等相关法规。拥有地方立法权的 50 个城市中，成都、青岛等 23 市颁布了关于财政预算绩效评价的地方行政规章；哈尔滨市 2009 年 6 月起制定并实施了国内首部政府绩效管理地方性法规——《哈尔滨市政府绩效管理条例》；南昌、抚顺等 3 市还颁布了关于绩效评价专家或聘用第三方机构的管理办法；厦门市虽没有颁布关于财政支出绩效评价等地方性法规，但颁布了有关工作规程；等等（表 6 - 2）。

表 6 - 2 中国预算治理的法制建设进展

时间	颁布单位	法律法规名称	位阶
1990	国家计划委员会	《关于开展 1990 年国家重点建设项目后评价工作的通知》	部门规章
2003	财政部	《中央级教科文部门项目绩效考评管理试行办法》《中央级行政经费项目支出绩效考评管理办法（试行）》	部门规章
2004	财政部	《中央政府投资项目预算绩效评价工作的指导意见》（财建〔2004〕729 号）	部门规章
2005	财政部	《中央部门预算支出绩效考评管理办法（试行）》（财预〔2005〕86 号）、《中央级教科文部门项目绩效考评管理办法》	部门规章
2006	国家发改委、建设部	《关于建设项目经济评价工作的若干规定》《建设项目经济评价方法与参数》（第三版）	部门规章
2009	财政部	《财政支出绩效评价管理暂行办法》（财预〔2009〕76 号，2011 年进行了重新修订）	部门规章
2009	哈尔滨市人大常委会	《哈尔滨市政府绩效管理条例》	地方性法规
2014	全国人大常委会	《中华人民共和国预算法》（2014 年修正案）	基本法律
2018	中共中央国务院	《中共中央国务院关于全面实施预算绩效管理的意见》	中央/国家规范性文件
2018	财政部	关于贯彻落实《中共中央国务院关于全面实施预算绩效管理的意见》的通知	部门规章

资料来源：李波，张洪林. 财政支出绩效评价法制化建设［J］. 华南理工大学学报（社会科学版），2015（1）。

国家治理绩效转型的中国实践

2014年通过并于2015年起实施的新预算法，首次在国家法律的战略层面提出"预算应遵循绩效原则"基本要求；这无疑是对传统预算观念的一次具有深远影响的重大变革，其顶层架构、立足点高，堪称为中国预算体制由传统预算向绩效预算转型奠定了法理基础。据统计，"绩效"一词在新预算法的文本中共出现6次。预算"讲求绩效"的总则要求是：在预算编制环节，要参考有关支出绩效评价结果；在预算审查和批准环节，各级人民代表大会有关专门委员会的审查结果报告应当包括提高预算绩效的意见和建议；在预算执行和监督环节，要求各级政府、各部门、各单位对预算支出情况开展绩效评价；在决算环节，要重点审查支出政策实施情况和重点支出、重大投资项目资金的使用及绩效情况。还有专项转移支付定期评估和退出、预算公开等方面都要体现绩效化要求。中国财政预算及其绩效管理的法治化改革自此翻开一个新的篇章。①

在党的十九大报告相关阐述基础上，2018年出台的《中共中央国务院关于全面实施预算绩效管理的意见》把预算绩效管理工作提到了前所未有的高度，指出它是"推进国家治理体系和治理能力现代化的内在要求，是深化财税体制改革、建立现代财政制度的重要内容，是优化财政资源配置、提升公共服务质量的关键举措"。《意见》主要从"三个全面、三个保障"角度界定预算全面绩效管理的内涵，提出了总目标并进行了相应的顶层设计：一是全方位，要求各级政府收入和支出预算、部门和单位预算、政策和项目预算都入绩效管理；二是全过程，即形成预算目标管理—运行监控—绩效评估—结果应用的完整链条；三是全覆盖，即建立一般公共预算和其他三本预算的绩效管理体系；四是健全绩效管理制度，即完善管理流程、加强信息化与绩效标准/指标体系建设；五是强化绩效管理约束，即落实各级部门与个人主体责任、落实评价结果与预算安排/政策调整挂钩；六是强化保障措施，即加强组织领导、监督问责和工作考核。

概括中国预算绩效治理的法治化现状，胡税根、金玲玲认为：一是缺乏专门立法，二是缺乏程序保障，三是缺乏监督机制，四是事后救济制度不完善；而对其中的原因：一是缺乏中央政府的有力推动，二是受到评估技术的限制，三是官僚主义的抵抗，四是传统文化和观念的影响。② 随着中发〔2018〕34号文落地，这些情况有了一定改善。蔡伟和滕明荣认为中国地方政府绩效管理的法制障碍首要的是行政机关之间的层级制度，其次是政党与政府的关系缺少明确的法律规定，再次是缺少专门立法。③ 此外，宋兵兵认为，由于"法律至上"的法治观念没能形成，经人大批准的预算约束力不强，政府主要官员可以随意改变预算，行政自由裁量权过大。④ 陶清德指出，中国政府绩效评价理论研究和实践偏重技术化，轻视法制化，没有形成对政府具有强制约束力的规则系统，导致绩效评价沦为了干部人事调整的工具，或者财政分配上的形式依据。⑤ 尚有一点需要指出的是，目前中国财政预算（绩效管理）的法治建设中，基本是将政府（部门）绩效与财政（预算）绩效分立成两条并行的路线。《意见》提出将预算绩效评价结果纳入成为党

---

① 佚名. 四大特征关注"绩效"新《预算法》传递新要求［N］. 苏州日报，2015-01-01.
② 胡税根，金玲玲. 中国政府绩效管理和评估法制化问题研究［J］. 公共管理学报，2007（1）.
③ 蔡伟，滕明荣. 论中国地方政府绩效管理的法制障碍及合理构建［J］. 宁夏社会科学，2010（11）.
④ 宋兵兵. 中国财政绩效评价思考［J］. 现代商业，2010（7）.
⑤ 陶清德. 法制化：当前中国政府绩效评价制度化的关键步骤［J］. 甘肃理论学刊，2014（1）.

政领导干部政绩考核的重要指标,但离落地仍有差距,而没有对二者关系多作考虑——把"钱"和"事"分开,这在相当程度上亦成为制约中国财政预算法治化进程的重要障碍(表6-3)。

表6-3 广东省近年委托第三方绩效评价的财政资金范围及有关依据

评价时间	专项资金名称	涉及金额(万元)	相关法制依据
2010年	2006—2009年省级安全生产专项资金	25 000	1.《中共中央国务院关于全面实施预算绩效管理的意见》(中发〔2018〕34号); 2.《中华人民共和国预算法》《会计法》《审计法》《招标投标法》等; 3. 财政部《贯彻落实〈中共中央国务院关于全面实施预算绩效管理的意见〉的通知》(财预〔2018〕167号)、《预算绩效管理工作规划(2012—2015年)》(财预〔2012〕396号)、《预算绩效评价共性指标体系框架》(财预〔2013〕53号)、《关于推进预算绩效管理的指导意见》(财预〔2011〕416号)、《财政支出绩效评价管理暂行办法》(财预〔2011〕285号)等; 4.《广东省财政支出绩效评价试行方案》; 5. 各被评价项目的资金管理办法; 6. 各被评价项目的资金下达文件、业务主管部门对支出绩效目标设定和资金管理其他要求、项目承担单位绩效目标设定及相关管理制度等
2010年	2005—2009年省级现代服务业发展引导专项资金	26 892.4	
2010年	2008—2009年省级节能专项资金	30 336	
2010年	2008—2009年粤东西北地区污水处理设施建设专项资金	189 740	
2011年	2009年小型水库除险加固省级补助专项资金	120 500	
2011年	2010年城乡义务教育补助资金	453 800	
2011年	2010年新型农村合作医疗补助资金	255 186.46	
2011年	2010年新型农村社会养老保险补助资金	16 159	
2012年	2009—2011年民办教育发展专项资金	8144	
2012年	2010年首批战略性新兴产业发展专项资金	173 620	
2012年	2011年经济欠发达地区基层医疗卫生机构补助资金	24 500	
2012年	2011年国省道新改建专项资金	34 799	
2012年	2011年农村饮水安全省级补助专项资金	48 000	
2012年	2011年省级沿海防护林及红树林专项资金	3500	
2013年	2012年省级"十件民生实事"财政资金(含108个专项)	4 787 359.73	
2013年	2011年高端旅游项目发展专项资金	5000	
2014年	省级第二、第三批战略性新兴产业发展专项资金LED与新能源汽车项目	142 610	
2014年	2012—2013年省级旅游产业园区竞争性扶持资金	60 000	
2015年	2011—2014年全省农村危房改造补助专项资金	440 000	
2015年	2012—2015年全省基础教育创强奖补专项资金	989 443	
2016年	2014—2015年省级产业园扩能增效专项资金	1 059 956	
2016年	2014—2015年省级企业技术改造专项资金	373 000	
2017年	2015—2016年省级促进珠江西岸先进装备制造业发展专项资金	976 625	
2017年	2015—2016年省级企业研究开发补助专项资金	352 661	
2018年	2016—2017年全省扶贫开发资金	748 574	
2018年	2017年全省基层医疗卫生服务能力建设资金	1 014 118	

资料来源:根据广东省财政厅官方网站公布信息与华南理工大学政府绩效评价中心掌握的其他资料整理,http://www.gdczt.gov.cn/topco/dsfdlpjjggk/;http://www.gdczt.gov.cn/topco/jxpjzs/。

三、广东省省级预算绩效评价实证素材

广东省自 21 世纪初即开始探索省级预算治理绩效化改革,并于 2010 年开始委托专业第三方机构实施省级财政专项资金绩效评价(表 6-4)。华南理工大学政府绩效评价中心全程关注及参与了这一历程,近年已承担完成全省范围的财政预算绩效第三方评价项目累计 30 余项,评价范围覆盖科技、能源、环保、教育、安全生产、民生保障、产业发展等领域,累计纳入预算资金超过 1000 亿元。而按照评价流程,每项评价至少分为用款(或主管)单位自评、第三方书面评审和第三方现场核查 3 个环节,各涉及成百上千乃至上万个基层(子项目)单位。该团队借此机会在评价中得以跟各行各业、不同层级和类别的单位密切接触,了解他们对预算体制以及资金使用等方面的真实意见,从而获得大量的实务经验和案例素材。① 这些成为进一步思考和推动财政预算领域的绩效化与法治化改革的必要积累,也是选择预算作为案例视角探讨国家绩效治理法治化进程的充分前提。

表 6-4 广东省省级预算绩效评价样本结构(按评价年度及方式分)

专项资金名称	样本(个)	按评价年度(个)									按评价方式(个)	
		2010	2011	2012	2013	2014	2015	2016	2017	2018	书面评审	现场核查
2017 年全省基层医疗卫生服务能力建设资金	691	—	—	—	—	—	—	—	—	691	676	15
2016—2017 年全省扶贫开发资金	120	—	—	—	—	—	—	—	—	120	105	15
2015—2016 年省级企业研究开发补助专项资金	35	—	—	—	—	—	—	—	35	—	20	15
2015—2016 年省级促进珠江西岸先进装备制造业发展专项资金	245	—	—	—	—	—	—	—	245	—	202	43
2014—2015 年省级企业技术改造专项资金	242	—	—	—	—	—	—	242	—	—	204	38
2014—2015 年省级产业园扩能增效专项资金	105	—	—	—	—	—	—	105	—	—	89	16
2011—2014 年全省农村危房改造补助	25	—	—	—	—	—	25	—	—	—	—	25
第二、第三批省级战略性新兴产业发展专项资金 LED 项目	68	—	—	—	—	68	—	—	—	—	43	25

---

① 比如在评价中发现了诸如预算的绩效追求(结果导向/效率性)与其法治内涵(过程控制/公平性)之间存在深层矛盾、上级单位的预算法治意识/法制健全度和规范化实践都明显优于基层等有趣现象,这些是进一步推进预算绩效治理法治化改革所必须面对和解决的重要问题。

续上表

专项资金名称	样本(个)	2010	2011	2012	2013	2014	2015	2016	2017	2018	书面评审	现场核查
第二、第三批省级战略性新兴产业发展专项资金新能源汽车项目	36	—	—	—	—	36	—	—	—	—	22	14
2012年省级"十件民生实事"财政资金	684	—	—	—	684	—	—	—	—	—	—	684
2009—2011年省级民办教育专项资金	377	—	—	377	—	—	—	—	—	—	335	42
2011年省级造林专项资金	49	—	—	49	—	—	—	—	—	—	—	49
2010年全省城乡义务教育补助	7957	—	7957	—	—	—	—	—	—	—	7679	278
2005—2009年省级现代服务业发展引导资金	598	—	598	—	—	—	—	—	—	—	419	179
2006—2009年省级安全生产专项资金	89	89	—	—	—	—	—	—	—	—	—	89
合计	11 321	89	8555	426	684	104	25	347	280	811	8498	1385

更为具体地，以各被评专项资金书面评审和现场核查涉及的子项目为对象，第三方机构基于近年所掌握的资料整理，形成"广东省省级预算绩效评价样本数据库"，藉此进行实证素材的更为深入的结构分析。我们共获得总样本量达11 321（个）的数据库，其基本构成如下：一是以"2017年全省基层医疗卫生服务能力建设"等13个专项资金为例，其中个别专项（如"2010年全省城乡义务教育补助"）贡献样本较多，其余相对平均，这主要跟各专项被评的资金总额与抽查范围有关；二是涉及2010—2018年9个评价年度①，其中2011—2013年样本量较多，这既受制于当年被评资金的特点，又因评价技术改进才使（此后年度）抽查样本得以减少；三是从评价方式来看，纳入的样本包括书面评审和现场核查两类（皆由第三方评定但评分依据不同），其中书面评审样本量大于现场核查样本量；② 四是从地区分布来看，贡献样本量超过600个的有汕头等6市，其

---

① 评价年度指评价开展时间，所针对资金为此前一年或若干年度安排，与满意度对上一年评价的内涵指向匹配。
② 书面评审样本量主要由"2010年全省城乡义务教育补助专项资金"贡献，因为该专项具体分为公用经费、免收课本费、校舍维修和困难学生生活费4类补助，涉及全省城乡义务教育20 000余所学校，抽取2600余所进行评审。

中湛江、茂名两市最多，深圳最少；五是从行政层级和样本单位类别来看，以县级和县级以下样本为主，其中属于基层用款单位的占90%（表6-5、图6-1、图6-2）。

表6-5 广东省省级预算绩效评价样本结构——按行政层级分

所属地市	样本层级（个）			
	省直	市直	县直	县级以下
广州	23	347	151	127
韶关	—	155	220	203
深圳	2	11	26	—
珠海	—	67	75	58
汕头	—	194	346	135
佛山	—	85	164	110
江门	8	190	109	180
湛江	—	271	225	553
茂名	5	277	215	486
肇庆	—	113	170	268
惠州	3	56	308	164
梅州	—	150	488	145
汕尾	—	75	172	285
河源	—	71	200	210
阳江	—	97	126	229
清远	4	149	280	252
东莞	7	125	66	109
中山	8	51	55	87
潮州	—	53	219	217
揭阳	—	91	255	443
云浮	—	89	100	313
全省	60	2717	3970	4574

第六章 预算绩效治理的法治化实践

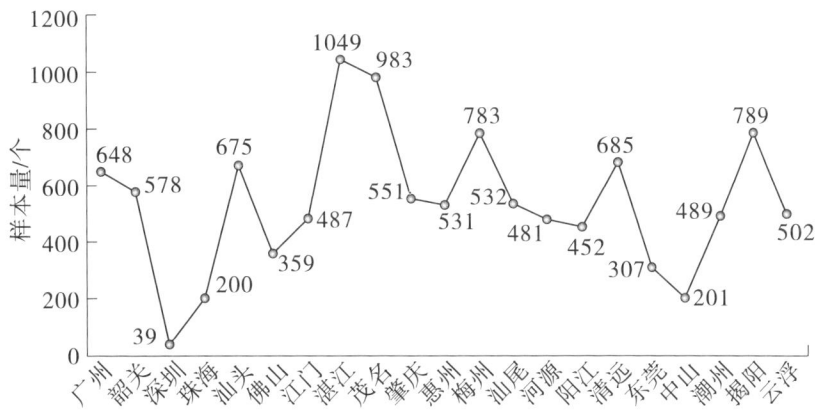

图 6-1 广东省省级预算绩效评价样本结构——按地市分

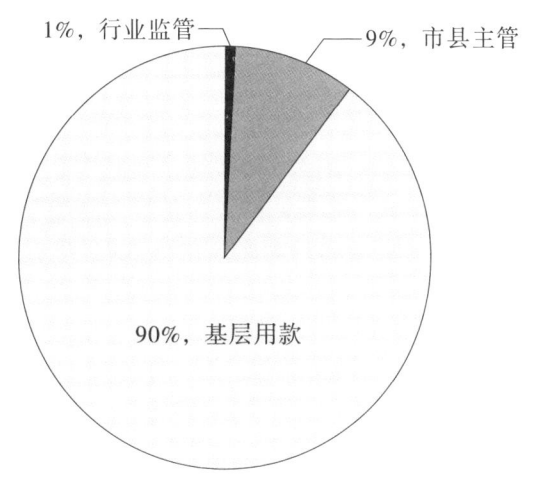

图 6-2 广东省省级预算绩效评价样本结构——按单位分

第三节 绩效预算和法治预算价值导向的互相干扰：经验性描述

预算绩效治理法治化的影响因素归纳起来，主要是绩效因素和法治因素两类，其中各有可量化及不可量化的成分。在此基础上，通过近年广东省省级预算绩效评估掌握的材料，从经验层面对这两类因素各自和共同的作用展开分析，发现了一个十分重要的问题：预算绩效治理法治化作为一个整合性的目标进程，同时兼有预算治理的绩效化和法治化两种诉求（目前来说两者水平皆不高），这两种诉求对应到实践领域，似乎呈一定的不一致或相互干扰特性。个中原因也许十分复杂，如前面章节谈到，绩效和法治两个概念系统所蕴含的价值精神及其位序迥异。绩效的价值体系包括了经济性、效率性、有效性和公平性原则，而法治的价值体系则有正义、平等和公平、自由和秩序、保护人的权利/自由和尊严、促进经济社会政治文化环境具体领域、符合法律条文

185

等要求;其中又有重要程度的显著区别,比如经济性和效率性应是绩效的本源价值,有效性和公平性则是由其所派生,正义是法治的元价值,它与平等、公平、自由、秩序和人权保障一起作为法治之整体或普遍性的价值精神,居于法治价值阶梯的前列(高于其他具体领域价值位序)。简而言之,当我们考虑绩效的时候,更多的是强调其经济性或效率性要求;当我们考虑法治的时候,则更加侧重其平等、公平、秩序和权利保护等要求。由此看来,法治与绩效这两种导向之间的纠结和错位可能是与生俱来的,影响预算绩效治理法治化的绩效因素和法治因素之间存在互扰乃至冲突也几乎成为必然;尽管两者在价值体系的整体上具有契合性,比如都有公平性要求(只是公平性所处的重要程度不同)——这是法治型绩效作为一种国家治理绩效类型的表述以及预算绩效治理法治化的改革目标得以确立之精神根基(其互抗性则是法治型绩效与预算绩效治理法治化之改造转型的现实必要性)。但问题是,在预算过程中一些符合绩效要求的做法却未必能符合法治精神,反之亦然,这构成各级各类政府预算治理中既意想不到又难以衡平的真实矛盾。而在省级财政专项预算的层面,该矛盾集中体现为三个背离。

一、预算投入方向与公共财政职能的背离

我国宪法规定,政府承担的基本经济职能包括宏观经济调节、市场监管、社会管理和公共服务;预算作为政府职能履行的保障和体现,其结构必也主要指向这些方面。四者当中,前两项涉及政府与市场间的复杂关系,即是说,利用公共预算进行经济调节和市场监管作为政府的法定职能(法治精神对政府的要求)。但在另一角度,现代经济学理论却达成共识,政府的经济职能履行应当是有边界的,尤其在市场经济环境下,政府更应找准其角色定位,以免发生越位、错位和缺位。站在预算治理绩效的角度,凡是目标明确可量化的都应该由市场机制来解决,只有当目标难以确立或不可量化、风险较高及投入巨大之时,政府才应介入并给予扶持(政府主要针对公共产品、知识性与风险性的技术领域进行投资,产业化则应交给市场)。换言之,政府实施宏观经济调节和市场监管都应讲究恰当的方式方法(讲究绩效)。① 这不仅是一个民主的政治文明国家应有的风貌(政企分开),也是贯彻公共财政作为一种"绩效型财政"的理性要求——至少从长远或战略的角度和人民群众根本利益的立场上评价,它应当是卓有成效的。那么事实上,无论对于国家还是地方的财政预算,这两者之间就发生了深刻的摩擦,造成预算治理实践跟理想的差距明显。

一是公共预算投入经济发展或市场调节领域的总体规模较大。因为一般性财政支出

---

① 具体地,政府以公众幸福最大化为施政的根本目标,即应在其与市场的关系中更加明确角色,主要聚焦于设计合理的产权结构、提高经济发展效率和提升社会福利效用三个方面,其根本则是通过增加生产性、服务性和保障性基础设施供给来促进公众的幸福感知。参见:卞潇. 政府基础设施供给对居民幸福感的的影响[D]. 广州:华南理工大学,2015.

的统计未列明经济或市场类资金所占规模①，这里以专项财政资金的结构来试作说明。②根据广东省人大常委会提供的资料，2015年广东省省级财政专项资金共有233项，涉及金额683.1313亿元，约占省级预算总额的20%，其结构特征从主管部门看，负责经济发展、产业促进和市场监管的发改、经信、科技、人社等部门获得资金最多（按金额排在52个省级主管部门前5位）；从使用领域看，亦是用于经济发展、产业扶持和就业促进等方面比重最大（占比超过50%）。进一步地，就笔者参与绩效评价的2012年广东省"十件民生实事"财政资金（108个专项累计约478.74亿元）而言，涉及此类用途的共有20个专项115亿元。③尽管不能否认政府在经济和产业方面的法定职能履行确需花费大量财力，但鉴于公共财政资源总体有限且有更需要支持的领域（如民生保障），不得不对其进行经济性和效率性（必要性）的考量。

二是公共财政参与经济调节或产业扶持的手段仍欠科学。基于近年财政专项资金设立内容及资助范围的观察，政府通过预算支持的方式进行经济调节或产业扶持的具体手段包括生产补贴（比如"十件民生实事"中的渔业成品油价格补贴、能繁母猪饲养补贴等专项）、研发资助（比如战略性新兴产业的技术研发补助）、信息平台（比如现代服务业的发展平台类引导资金）、销售奖励（比如LED与新能源汽车的示范应用补贴）、出口退税和价格调控等。但这些手段相对于不同行业千差万别的地方实际与瞬息万变的市场行情，却难免捉襟见肘。举例："能繁母猪饲养补贴"是国务院在2007年生猪价格持续上涨形势下启动的，为鼓励饲养户增加生猪供给以平缓猪价，但实际上生猪供给是饲养户作为市场主体的理性经济行为，取决于成本、投入、市场预期和繁养规律等多种因素，那么按照100元/头定额补助给养猪户的方式不仅对降低饲养成本作用有限，难以刺激供给，而且在政策实施中给基层带来庞大工作成本，造成执行变样；"渔业成品油价格补

---

① 据财政部资料，2007年政府收支分类改革后中国财政支出实行国际通行的按职能用途和经济性质两种分类。其中：按职能用途即按公共财政所承担的主要职能对其支出方向进行划分，设置了一般公共服务、外交、国防、公共安全、教育等23个大类，类下再分款、项两级；按经济性质分类则具体体现财政资金是以什么形式花出去的，可分为工资福利支出、商品和服务支出、对个人和家庭补贴、对企事业单位补贴、转移性支出等12类，类下设款。但现有公开的各级各类财政统计资料中仅有按职能用途划分的收支数据，无法从中分析政府对企业（市场）补贴类资金支出的占比。http://www.mof.gov.cn/pub/yusuansi/zhuantilanmu/yusuanguanligaige/zfszflgg/200806/t20080630_55275.html.

② 无论在中央还是地方，财政专项资金都已占据中国财政支出体系中的重要部分。财政部官员透露中央层面的财政专项资金约有280余项，约占整体财政支出的30%；李洪辉测算仅2013年除专项借款外，全国财政预算安排的各类专项资金（包括项目支出）近10万个，涉及数万亿元。各省财政支出结构与中央大体对应，其专项资金数量相近。参见：郑方辉，廖逸儿. 财政专项资金绩效评价的基本问题[J]. 中国行政管理，2015（6）；李洪辉. 财政专项资金管理存在的问题及改革建议[J]，财政研究，2014（6）.

③ 郑方辉，廖逸儿. 第三方评民生财政专项资金绩效实证研究[J]. 华南理工大学学报（社会科学版），2015（1）.

贴"也存在类似问题①。也即是说，现有基于法定目的的公共预算，其具体执行方式却可能是低效甚至无效的。

三是经济、产业及市场类财政支出的绩效不高或未达预期。仍以"十件民生实事"为例，前述经济、产业和市场类的 20 个专项资金绩效评价结果：（按照表 6-7 指标）宏观评分均值为 80.12 分，低于全部专项均值（83.9 分）；微观评分均值 79.8 分，亦低于全部专项均值（85.1 分）。可见省级财政在这方面的投入其实是"拖了整个公共预算绩效的后腿"。2015 年笔者参与评价的"广东省战略性新兴产业发展引导资金 LED 项目"资助则更为典型。基于评价结果，可以认为：广东省乃至全国 LED 产业现已进入快速增长期，但核心技术仍受制于国外；基于历史和国际经验，政府在这一条件下应着力于产业基础性原材料与关键技术装备研发，可采用重点资助专项攻关的扶持方式；但是目前执行的却是"全产业链"的资助模式（多以 1000 万～5000 万元支持单个企业为主），其结果不仅资源不够或合力不足，无法完成重大技术攻关，而且均被企业用于提高自身利润的"边际技术改进"及产业化方面，在决定行业生命力的基础材料与核心技术方面并未取得可观效益，背离了政府扶持战略性新兴产业发展的初衷。② 总体来看，各级财政预算投入的方向（或其所对应的政府职能领域）是法定的，但实际执行的效果却远离了绩效的导向③，或说从绩效的理念看存在更值得投入的领域。

二、预算执行过程控制与结果导向的背离

过程控制与结果导向原是管理科学中关于任务及质量控制的一组概念。简而言之，过程控制即强调管理过程的合规性，包括制度健全、组织完备、实施规范与监督有效等，尤其看重对既有规则的遵守和执行，故体现的是法治的普遍性、程序性、民主性及公平性要求；结果导向则强调任务目标的达成，包括实现预定计划的经济性、效率性和有效性等，体现的是绩效的价值精神。④ 过程控制与结果导向作为在预算绩效评价中遭遇的一组现实矛盾，贯穿于预算执行、评价设计乃至结果应用的各个环节，比如针对指标体系构建，其过程类与结果类指标应占比重如何；同时它也是法治与绩效精神之实践互抗的重要体现，比如某项预算执行若合符法定程序则未必有良好的绩效结果——其背后问题

---

① 其主要目标为降低国家成品油价格和税费改革后渔业生产成本、增加渔民收入、稳定和促进捕捞业发展，但所用的补贴方式却于事无补：一是在补助对象上，办法要求补给生产者（即实际从事捕捞或养殖作业的渔民和渔业企业），而目前根据登记/持有证件核补的方式，实际上补给了所有者（对于渔船转租/代理等情况渔业主管部门掌握并不充分或难以监管，造成政策受益者偏离）；在补助条件上，要求受补渔船正常作业（每年从事养殖/捕捞活动不低于 3 个月）并通过填写捕捞日志监管，而渔民总体文化程度不高且海上生产条件较差，实际上很难执行；在补助标准上，现有通过渔船主机功率或养殖面积测算用油量的方法，既不能平衡不同作业种类（如近海/远洋捕捞、网箱/滩涂养殖等）实际成本的差异，也不利于受补船只真实从事渔业作业的监督；不仅如此，还要求基层渔业主管部门付出大量时间、人力和经费在核实统计、质量把关与层层申报等方面。
② 魏红征，卢扬帆，郑方辉. 广东省 LED 与新能源汽车发展专项资金绩效第三方评价 [J]. 南方经济, 2015 (7).
③ 当然这也有可能是在执行过程中未严格贯彻法治精神所致（所谓过程控制与结果导向的矛盾），比如地方政府/主管部门出于追求"短平快"的功利主义心态，主动或被动地放弃了更为科学有效的职能履行方式。
④ 郑方辉，廖逸儿. 财政专项资金绩效评价的基本问题 [J]. 中国行政管理, 2015 (6).

则是法定程序或规则本身仍有缺陷（法治程度不高），抑或法治与绩效的实践导向是天然相悖的（图6-3）。

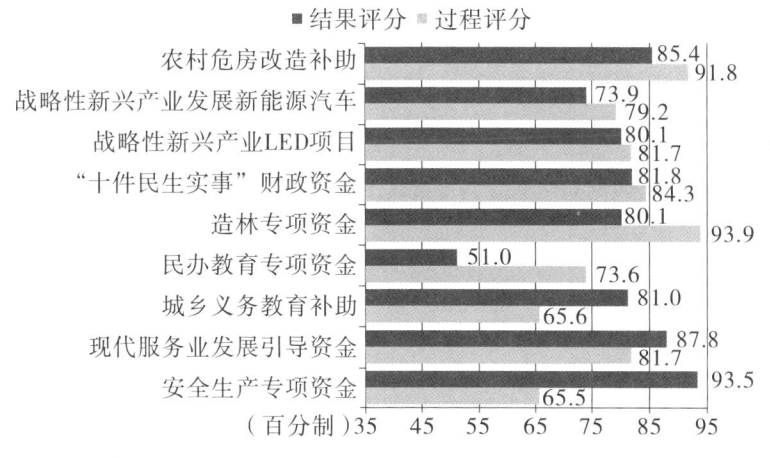

（a）按专项资金分类

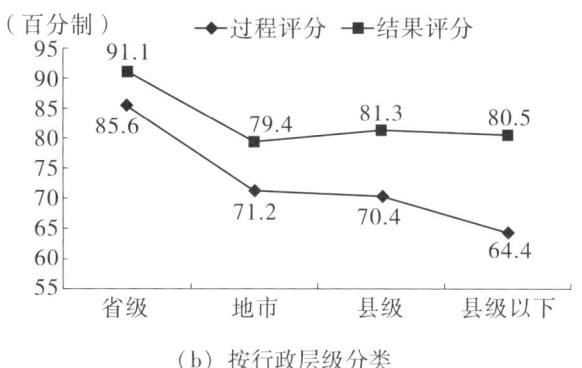

（b）按行政层级分类

图6-3　2010—2018年广东省省级财政专项资金绩效过程评分与结果评分对比

从评价结果来看，2010—2018年第三方评价的30余项广东省省级财政专项资金绩效中，其"实施过程"（组织机构、制度措施、财务合规性、实施规范性4项指标）评分均值为68.3分（百分制，下同），"目标实现"（预算/成本控制、完成进度及质量、社会经济效益、可持续发展4项指标）评分均值为80.5分，前者与后者反差明显（差了两个绩效等级）。更为具体的表现有：在专项资金层面，2010—2011年评价的安全生产、现代服务业发展引导和城乡义务教育补助3项资金的结果评分高于过程评分，其余专项均为过程评分较高，其中反差最大的是安全生产和民办教育2项；在行政层级方面，被评单位按省、市、县和县级以下分类统计的结果评分都高于过程评分，并且越往基层，两者差距越大。由此可见，在现有的程序规则与评价体系内，省级财政专项预算在执行过程中往往表现出困难；即若按规则执行，则难以获得好的绩效，而要获得好的绩效就意味着要违背规则，尤其在特定年度、专项、对象及行政层级约束下，过程规范与结果有效甚至可能反向。① 这在基建工程类专项资金实施过程中体现得最为明显：因为基建工程类资金使用通常需要复杂的审批环节，涉及多个层级多重主管部门，前期准备耗时很长；如果完全按程序走通常无法在计划时间内完成建设（不能达成预期目标），其结果评分必然较低，但如果"先上车后补票"又势必违背规则，也会影响其过程评分。如此两弊相权，左右为难，预算执行中法治与绩效精神（过程控制与结果导向）要求互为抵抗，由此可见一斑。

三、预算绩效评估经济性与有效性、效率性与公平性的背离

进一步在预算执行结果的层面，经济性、效率性、有效性和公平性既是绩效价值精神的要求，又体现为预算绩效之"目标实现"维度的具体评价指标，但四者却不是完全同向变化或共进退的。正如其重要程度位阶有别一样，它们也存在一定的相互干扰乃至冲突，并在具体预算项目绩效中成为典型，即经济性好的项目其结果不一定有效，效率性高的项目可能以公平性损伤为代价。这一方面表现在预算项目设立的环节。威尔达夫斯基认为预算分配其实是个政治博弈的过程，即政府各类资金的安排可能出于政治性考虑而不完全以绩效为导向。② 基于近年的财政专项资金绩效评估经验，不难发现：一是部分产业扶持类专项资金往往为追求效率而轻视了有效性，比如前述的战略性新兴产业发展资金即是如此，尽管它促成了产业规模和专利数量的快速增长，但在关乎核心竞争力的领域却未能取得突破，显然不能称之为有效；二是部分政治宣传类资金可能为达成效果而牺牲经济性，比如"十件民生实事"安排了全省建设思想道德高地、文艺精品创作和群众文化活动等若干专项，耗费上亿元用于宣传普及"新时代精神"等主旋律的思想意识，不论实际效果如何，其经济性和必要性（是否有更加迫切的替代性投向）亦值得商榷；三是部分民生补贴类资金却过分强调公平反倒牺牲了效率，如 2015 年评价的农村危房改造补助专项资金，基层工作者为减轻分配不均可能带来的压力，倾向于采取低额度分散化（而不是重点投入逐步消除）的补助模式，所提供的每户 2 万元补贴金额一般仅够短期修缮使用或需农户自行筹资较多（近两年提高至每户 4 万元但仍然不够），最终导致真正最为急需的住房困难农户无法享受政策待遇，不仅损害了效率，也反过来影响了公平（部分地区仅用补贴资金为农户新建面积很小的平房，从长远考虑又是种公共资源浪费和变相的不公平）。另一方面，这些专项资金绩效评价的结果亦佐证了我们的上述判断：战略性新兴产业 LED 项目的专家满意度中，行业规模扩大（效率性）评分为 89.5 分，但基础材料与关键技术突破、行业标准体系与公共服务平台建设（有效性）评分均低于 75 分；③ 建设思想道德高地资金总体目标实现程度（有效性）评分为 95 分，但资

---

① 基于 8 年数据库，分别在控制年度、专项、对象与行政层级等变量后进行过程评分与结果评分的相关度分析，发现两者在上述变量的若干取值组（比如 2010 年、2011 年、安全生产专项、民办教育专项、县级以下单位等）内呈显著负相关，其 Pearson 相关系数绝对值在 0.2~0.3 之间，显著水平 P 值均达到 0.01。

② 威尔达夫斯基，凯顿. 预算过程中的新政治学 [M]. 邓淑莲，魏陆，译. 上海：上海财经大学出版社，2006.

③ 魏红征，卢扬帆，郑方辉. 广东省 LED 与新能源汽车发展专项资金绩效第三方评价 [J]. 南方经济，2015 (7).

金设立论证、预算/成本控制（经济性）评分都仅有82分；① 农村危房改造资金的补助达标/落实配套率（公平性）评分有83.3分，但目标人群覆盖率、总体目标实现程度分别只有74.3分和73.6分；等等。法治与绩效两套价值标准其实具有内在契合性，即便在绩效系统内部，其经济、效率、有效和公平四项原则亦有分野——经济性、效率性更靠近绩效的本源，而公平性、有效性则偏向法治的元素，所以这两个组别评估结果的背离，无疑成为预算过程之法治与绩效精神互抗的又一展现。

第四节 绩效预算和法治预算实践要求的互相冲突：技术性检验

在追求绩效化和法治化的预算实践中，法治与绩效两个维度要求表现出一定的相互干扰乃至冲突特性。结合已经获得的广东省预算治理绩效评价实证素材，考虑进一步利用数理统计的技术方法对该互抗性作出实证检验，以验证其真实性并分析其结构性特征。这一尝试具有重要的实用价值：一是直观而言，识别并分析法治化的动因和阻力是推动法治化的基础性工作，检验结果将为更有针对性地开展全省乃至全国预算绩效治理法治化建设提供帮助；二是以往的研究在探讨法治化影响因素时更多地针对法治内涵的某一方面（比如法律意识、法律实施、司法公信力等），而我们通过测量法治化程度的综合水平，包含主客观两个层面及分别对应制度与实践范畴，这有助于实现对法治化影响因素研讨所关注视点的全面扩展；三是现有文献探究法治化的影响因素都主要在定性层面（见表6-6），几乎不涉及定量方法，即便涉及也只有简单的描述统计，这里是将数量分析与法理思考进行深度融合的一次大胆设想，并致力于寻找对法治化影响因素的更为精确可靠的检验方法，这在某种程度上具有开创性意义。

表6-6 法治化影响因素研究代表性文献的分析视角和方法

论文题目	作者	刊物及卷期	法治内涵域	影响因素	分析方法
法治建设社会条件与影响因素思考	刘汉锋	《人民论坛》2014年29期	综合性	基本国情、党的领导、民主建设、法制现代性与文化属性	定性分析
民族地区法律意识影响因素评价分析	杨代成，王建军	《青海民族大学学报（社会科学版）》2014年第3期	法律意识	法律认知水平、法律情感状况、法律意志程度、法律实施的区域环境、法律运行状况、法律软环境	层次分析法

---

① 郑方辉，廖逸儿. 第三方评民生财政专项资金绩效实证研究[J]. 华南理工大学学报（社会科学版），2015（1）.

续上表

论文题目	作者	刊物及卷期	法治内涵域	影响因素	分析方法
法律实施的概念、评价标准及影响因素分析	张骐	《法律科学（西北政法大学学报）》1999年第1期	法律实施（实效/效益/效果）	个人因素（理想/道德/文化/纪律）、体制因素（机构/职权/手段/效率）、环境因素（经济/政治/文化/自然）、法律本身因素（形式/实质）	定性分析
背离与统一：司法公信力的法治因素分析	张国全	《社会科学辑刊》2014年第1期	司法公信力	社会法治意识、权利救济、党风廉政、司法行政工作、民主政治参与、市场秩序规范性等	描述统计

一、技术体系

从逻辑上讲，要进行法治化建设，首先要了解目前所处的法治水平，这样才能与法治的理想标准进行比较，识别其中的差距和短板，从而找到着力点。① 也就是说，使法治化程度变得可测量是探讨与实施法治建设的首要步骤。综观现有文献，衡量法治化程度（所谓"法治指数"）的研究起源于美国20世纪60年代的"社会指标运动"及"法律与发展运动"，其实践可回溯到1971年梅里曼等人从事的法律制度定量分析，并在20世纪80年代催生了"世界银行治理指数""世界正义工程法治指数"等一系列影响深远的建构。② 然而，就其所用的方法和评估指标而言，确系五花八门，不胜枚举。从技术的角度看，目前衡量法治化程度都以（多项）指标测评的方法为主。按照指标类型与评分规则的不同，大致又可分为客观评价、主观评价与综合评价三类，分别对应不同的评价体系设计。

（一）客观评价：基于广东省财政支出绩效评价指标的建构

聚焦预算绩效治理领域，针对其法治化所进行的研究并不多，有关测量技术及实践应用的尝试就更少。基于前面概述，在客观评价的维度，关于预算绩效治理法治化的测量思路，是从现有（通用或代表性）的预算绩效评价指标体系中，设法截取跟法治内涵关联密切的若干指标，就其评价结果进行加总或合成；换言之，即通过预算绩效治理中的法治性元素来反映其法治化进程。而在目力所及的范围内，广东省省级预算绩效评价指标体系应在各地形形色色的同类中堪称典型。

针对评价的技术体系，广东省预算绩效评价指标体系经过2009年的设立论证与2011、2013两个年度的优化③，形成如表6-7的架构。该体系对应资金主管部门、用款单位和受益公众等利益关联群体，主要通过客观（指标）评价的方式，其中在微观层面

---

① 汪全胜. 法治指数的中国引入：问题及可能进路 [J]. 政治与法律，2015（5）.
② 鲁楠. 世界法治指数的缘起与流变 [J]. 环球法律评论，2014（4）.
③ 郑方辉，李文彬，卢扬帆. 财政专项资金绩效评价：体系与报告 [M]. 北京：新华出版社，2012：51-67.

对资金使用绩效采用了前期工作、实施过程、目标实现、社会满意4项一级指标、9项二级指标和15项三级指标所组成的综合评价体系。实践证明，该体系能较好地适用于不同类别的专项资金、不同层级的被评对象、不同区域的现实条件以及不同主体的评价需求等。故以之为例探讨预算绩效治理法治化的客观测量技术，将有助于使整体研究从一开始就建立在一个相对成熟的基础之上。进一步地，遵循设想思路从该体系中提取跟法治内涵关联密切的若干指标，合计包括组织机构、制度措施、管理办法可行性、财务执行合规性与实施程序规范性5项，其具体说明与评价规则见表6-8。归纳起来，这些指标主要体现预算绩效治理相关法制体系的形式完备与功能健全，以及对之遵守执行的两个层面，彰显所谓法治化的制度性进路。在研究视域内，倘若以广东省市县级行政区为研究对象，则可通过整理利用近年评价实践中积累的丰富的实证数据，获得其预算绩效治理法治化程度的客观衡量结果。

表6-7 广东省省级预算绩效评价指标体系

评价层次	评价维度	评价方式	一级指标	二级指标	三级指标	
微观评价	自评组织质量	第三方评价（占总分10%）	材料完整性（30%）、报送及时性（30%）、材料有效性（40%）			
	资金使用绩效	第三方评价（占总分60%）	前期工作	前期研究	论证与申报	7%
				目标设置	目标完整性	3%
					目标科学性	3%
				保障机制	组织机构	3%
					制度措施	4%
			实施过程	资金管理	资金到位	5%
					资金支付	4%
					财务合规性	8%
				项目管理	实施程序	8%
					项目监管	5%
			目标实现	经济性	预算（成本）控制	5%
				效率性	完成进度及质量	10%
				效果性	社会经济效益	25%
					可持续发展	5%
				公平性	社会满意度	5%

续上表

评价层次	评价维度	评价方式	一级指标	二级指标	三级指标
中观评价	资金监督绩效	专家评价（占总分30%）	明确监督职责（20%）、制定监督办法（20%） 采取监督措施（20%）、及时下达资金（10%） 审批资金支付（10%）、违规项目问责（20%）		
宏观评价	资金管理绩效		论证决策充分性（15%）、目标设置科学性（15%） 管理办法可行性（20%）、专项资金公共属性（15%） 总体目标实现程度（20%）、专家满意度（15%）		

资料来源：魏红征，卢扬帆，郑方辉. 广东省 LED 与新能源汽车发展专项资金绩效第三方评价 [J]. 南方经济，2015（7）.

表 6-8 预算绩效治理法治化的客观评价指标

指标名称	指标说明	评分标准
组织机构	保障资金实施的机构是否健全、分工明确及规范运行	1. 省级领导机构（主管部门或业务处室）占20分，市/县级主管部门占30分，有：得满分，无：得0分（如资金未拨给市县不扣分）； 2. 分工明确或指定专人负责占30分，有相关文件证明得满分，否则得20分以下； 3. 提供组织机构运行记录占20分，酌情扣分
制度措施	是否针对资金支出制定了（形式）健全的法律法规与政府规章，包括资金管理办法、财务管理制度、监督验收办法等	1. 资金管理办法占30分，有省级与地方各级办法得满分，仅有省级或地方级办法得15～25分（如资金未拨给市县不扣分），无办法得15分以下； 2. 财务管理制度占40分，省级与地方各级均有针对本专项资金的财务管理制度得满分，仅省级或地方级有针对性制度得15～35分（如资金未拨给市县不扣分），无针对性制度得15分以下； 3. 其他如项目管理制度等占30分，有省级和地方各级制度得25分以上，仅有省级或地方级得10～25分（如资金未拨给市县不扣分），无制度得10分以下，有制度但不完善酌情再扣3～10分
管理办法可行性	所制定与资金管理相关的法规、制度和办法功能是否完善，是否具有科学性及可操作性	1. 管理制度功能完善占40分，包括法律法规、管理办法、项目指南、指导意见、实施细则、资金及项目监管上的其他要求等，按其彰显法治价值于功能完善的程度分等级给分，每级分差为10分； 2. 管理办法可操作性占60分，其中设定绩效目标给20分，明确各方权责给20分，具体措施可行给20分，视实际情况酌情扣分

续上表

指标名称	指标说明	评分标准
财务执行合规性	资金支出流程是否规范,是否遵循国家相关财务法规,符合地方管理要求,支出凭证是否健全有效,账目记录是否清晰	1. 财务合规专款专用占30分,出现重大财务违规情况本项不得分,其余视具体情况评分; 2. 支出流程规范占30分,考核专项资金执行国库集中支付和报账制两种支付方式的情况,是否按规定程序支出(有审批)等,视具体情况评分; 3. 凭证健全有效占25分,银行凭证健全、支出票据合法有效得20分以上,仅有银行凭证或其他支出票据得10~20分,无凭证或凭证无效得10分以下; 4. 账目清晰占15分,视具体情况评分
实施程序规范性	资金实施过程是否规范,是否严格执行相应法规及管理制度,包括按规定进行申报审批、计划调整、落实推进和监督验收等	按规定程序申报审批占20分,按规定程序招投标与采购占20分,按计划进度实施占30分,按规定手续调整及验收(总结)占30分,均视具体情况评分;如根据要求或实际不涉及申报审批、招投标、调整、验收等环节,则该环节得满分;不能提供佐证材料在总分基础上酌情扣分

资料来源:李文彬,卢扬帆,郑方辉. 财政专项资金绩效第三方评价 [M]. 北京:光明日报出版社,2015:136-139.

(二)主观评价:基于广东省法治政府绩效评价指标的理解

在主观评价的维度,类似地,则是通过对政府预算绩效治理有过体验或感知的人群,以他们的主观判断(满意度)为依据来反映预算绩效治理的法治化水平。当然如前所述,由于作为个体的公众对政府预算绩效治理(特别是其法治化进程)的体验未必那么深刻和具体,甚至并非每个评价者都是预算绩效治理法治化的直接经受人,所以他们的评价所依赖更多只是一种概念性或综合性的事实。自2012年起,笔者所在团队开始探索建立法治政府绩效的主观评价指标体系(见表6-9),并以广东省为例展开实证研究,目前已连续6年向社会公布(针对上一年度的)评价结果(2012年以前已持续5年进行全省政府整体绩效公众满意度调查,两者指标大体吻合故可测算此前年度结果)。[①] 从其内容来看,法治政府的主观与客观评价指标之间形成了良好的互补与互证关系。[②] 这些指标虽然是针对整体的政府法治化进程进行测量,但某种程度上讲,绩效预算作为政府职能的一个具体方面,对其法治化程度的(主观)评估亦可从中获得重要参考。正基于此,我们将表6-9对应预算绩效治理法治化的具体内涵作了必要的调整和延伸,形成如

---

① 郑方辉,卢扬帆,卞潇. 2014中国政府绩效评价红皮书 [M]. 北京:新华出版社,2014:83-90.
② 郑方辉,卢扬帆,卞潇. 2014中国政府绩效评价红皮书 [M]. 北京:新华出版社,2014:126-127.

表 6-10 的预算绩效治理法治化主观评价指标体系;① 并且与前者一致，这些指标亦采用李克特 10 级量表、通过特定人群的抽样调查取得数据。

表 6-9 广东省法治政府绩效满意度测量指标体系

一级指标	二级指标	三级指标	权重（%）
法治政府绩效（满意度）	法治政府作为	B1. 政策公平满意度	10.0
		B2. 执法公正满意度	10.0
		B3. 政务公开满意度	10.0
	法治政府表现	B4. 服务态度满意度	10.0
		B5. 服务效率满意度	10.0
		B6. 政府廉洁满意度	10.0
		B7. 市场监管满意度	10.0
	法治政府产出	B8. 社会治安满意度	10.0
		B9. 依法行政满意度	10.0
		总体表现满意度	10.0

表 6-10 预算绩效治理法治化主观评价指标体系

一级指标	二级指标	三级指标	权重（%）
绩效预算法治化程度（满意度）	绩效预算法治行为	B1. 依法收支满意度	10.0
		B2. 市场调节满意度	10.0
		B3. 执法公正满意度	10.0
		B4. 财政公开满意度	10.0
	绩效预算法治形象	B5. 预算公平满意度	10.0
		B6. 服务态度满意度	10.0
		B7. 政府廉洁满意度	10.0
	绩效预算法治产出	B8. 支出绩效满意度	10.0
		B9. 社会治安满意度	10.0
		总体表现满意度	10.0

（三）综合评价：基于主客观评价指标的关联与合成

以前面两项设计为基础，遵循主客观相结合的综合评价思路，对预算绩效治理法治化程度的更为全面的测量技术，即可将前两者通过某种方式进行关联与合成；而其中主流的做法则是按照确定的权重（比例系数）将两类指标（结果）加以组合，形成图 6-4 所示的综合评价指标体系。进一步对于主观和客观评价分别所占比重，又是通过查找并分析现有国内外代表性的法治评价指标体系中同类设计，最终决定客观评价占 60%、主观评价占 40%。其理由主要有：一是从理论上讲，一切评价都应是主观评价，即主观指标所占比重越高越好，但受制于诸多现实条件需以客观指标作为修正和补充；二是从现有同类评价指标体系来看（表 6-11），60% 对 40% 已是把主观评价置于一个重要程度很高的位置；三是从掌握的实证资料考虑，客观指标对应数据仍占较大比重。关于这一指标体系的特点：一方面，作为相对独立的客观评价和主观评价系统本身，不仅逻辑清晰、内容周延，且彼此联结、结构严密，其中客观评价的法制功能与法治实践分别构成法治化（制度性进路）的两个基本层面，主观评价的法治行为、法治形象和法治产出则成为相互之间的前因后果；另一方面，客观与主观评价在结构层面上产生了良好的互补与互证，包括客观评价的法制功能与主观评价的法治形象、法治产出之间互为补充，以及客观评价的法治实践与主观评价的法治行为之间互为印证。

---

① 因为调整仅涉及少数指标，且基本是在原有指标论域内截取其部分内涵，故可通过对原有调查数据的结构性处理，比如遴选出在政府预算绩效治理方面具有直接经验或专业判断力的受访者答卷（一般为本地户籍、公务员或科教文卫工作者、研究生以上学历等），从而获得新的评价结果（实际是当作一种搭车调查）。在这一逻辑下，调整后的指标体系维持了各项指标权重（相对重要程度）不变。

第六章 预算绩效治理的法治化实践

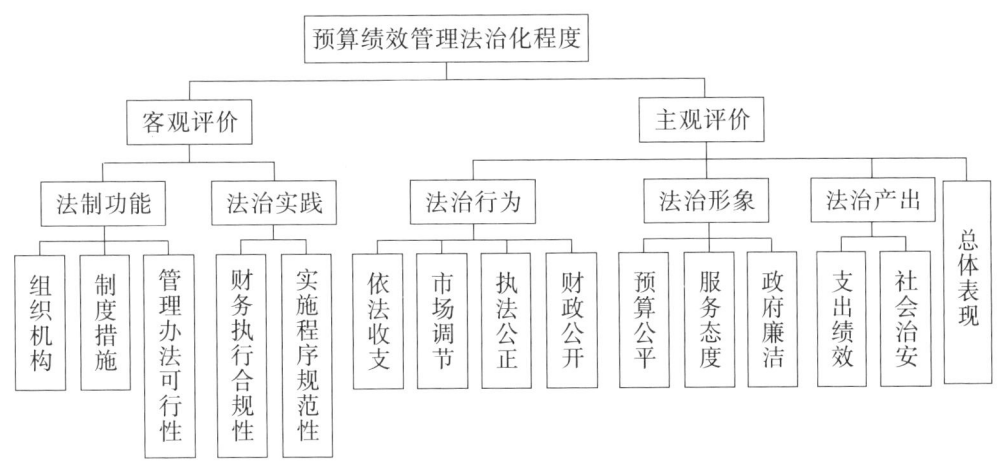

图 6-4 预算绩效治理法治化程度综合评价指标体系

表 6-11 预算绩效治理法治化的主客观评价权重

单位:%

地区	客观指标比例	主观指标比例
香港	85	15
余杭区	88	12
昆明市	80	20
四川省	83	17
广东省	62	38

资料来源:周尚君,彭浩.可量化的正义:地方法治指数评估体系研究报告[J].法学评论,2014 (2).

(四)广东省各市预算绩效治理法治化程度的测量结果

利用构建的评价指标体系,首先希望进行实证测量,一是检验指标的合理性及可操作性,二是发现预算绩效治理法治化程度的现实水平与理想差距。我们的考虑是基于现有经验素材,以广东省为例或具有较高的可行性。但即便如此,针对哪个层次何种对象展开测量仍是一个值得思考的问题。一是从客观指标来看,涉及不同的专项资金、不同评价年度、不同主管部门与用款单位、不同行政层级乃至不同地区和数源,对其测量的方式、重点、范围及结果都存在差异;二是从主观指标来看,每个受访者经验值域和专业理性的不同亦导致其对政府预算绩效治理法治化的切身感受迥异;故一个总体性的原则,即评价的指向不能过于具体,以避免因个体模糊判断而造成的结果失真。综合诸项因素,以地区为单位进行测量或是一个较好的选择;① 进一步说,由于客观指标数据在县级层面覆盖不完整,对地市一级实施评价则更为现实。若按此设想,所构建的客观(针

---

① 另一种可能是以(主管)部门/系统为单位,但其弊端如下:一是目前省级预算绩效(第三方)评价所涉及资金范围有限,不能覆盖全部或多数的主管部门;二是作为主观评价者的公众个体未必对各个部门服务都有直接感受,可能对其法治化程度无法判断;三是绩效预算法治化问题从根本上触及了财政和法律制度的顶层设计,因此作为同一层级的部门该项工作开展(推进程度)或在相当程度形成共性,削弱了评价的逻辑基础和价值功能。

对地区/部门、指向资金/预算周期）和主观（针对当地/政府，指向年度）指标体系，其评价涵域或指向将在地市的层面得到统一，使预算绩效治理法治化的测量变得可操作。①

藉此常识，具体在客观层面，评价以前文所述的广东省省级预算资金被评子项目为指标数源，因为样本结构已在本章第二节"广东省省级财政预算绩效评价实证素材"中作了介绍，这里不再赘述。仍需说明的是，按照最新的省级预算绩效评价指标体系（表6-7）：法治化测量（表6-8）的组织机构、制度措施、财务执行合规性与实施程序规范性4项作为微观指标，评分以子项目（个体样本）为单位；管理办法可行性作为宏观指标，评分以专项为单位。在主观层面，预算绩效治理法治化评价指标借用华南理工大学政府绩效评价中心开发的广东省法治政府绩效满意度（2013—2018年）和市县级地方政府整体绩效满意度（2010—2012年）调查数据库。两项调查所用指标结构大致匹配（表6-9），并且范围均覆盖广东全省21个地市121个县（市、区），每县区按经济发展水平及人口特征分别抽取2～3个镇（街），每个镇（街）再抽取3～5个村（居），主要采用定点拦截访问（电话访问为辅），并以性别、年龄、户籍等为现场配额条件。调查对象为18～70岁常住人口，调查时间为每年2月至3月（针对上一年度，以春节为限）。针对本项研究，通过筛选具有固定特征的公众答卷作为样本，以获得被访者对经过内涵调整的若干指标（表6-10）的评价结果。筛选后样本结构情况如表6-12所示。经当地常住人口比对发现其代表性良好。

表6-12 广东省预算绩效治理法治化程度主观评价样本结构

调查执行年度		2010	2011	2012	2013	2014	2015	2016	2017	2018
调查针对年度		2009	2010	2011	2012	2013	2014	2015	2016	2017
总样本量（人）		27 291	27 640	25 517	27 139	24 706	25 253	26 239	24 502	22 798
样本筛选依据		本地户籍、公务员或科教文卫工作者、研究生以上学历及其他关联公众								
筛选后样本量（人）		3622	3412	3532	3622	4041	3778	3912	3639	3123
筛选比例（%）		20.6	23.2	25.6	24.4	28.5	30.8	30.1	31.2	31.2
样本性别（%）	男	49.9	50.9	50.1	52.1	52.9	50.1	51.0	49.5	51.2
	女	50.1	49.1	49.9	47.9	48.1	49.9	49.0	50.5	48.8
样本年龄（%）	18～30岁	39.3	37.6	30.1	32.7	31.8	35.1	32.4	34.1	33.3
	31～50岁	41.7	44.2	40.2	40.8	42.7	41.3	40.6	39.4	42.5
	51～70岁	19.1	18.2	29.8	25.8	25.6	23.6	27.0	26.5	24.5

---

① 通过财政专项资金绩效指标来评价地区预算绩效治理法治化程度之所以可行，一个重要的原因还在于从一般内涵来讲，预算绩效治理法治化具体应体现为：一是落实绩效预算的组织机构体系健全与职能法定；二是规定预算绩效化要求的法制形式完备与功能完善，即这些制度及要求具有科学性和可操作性；三是各类有关组织和个体对其法定职能与制度要求的切实履行和规范遵守，及此所表现出来结果的合法合规性与共识性。而这些既是我们所设定预算绩效评价客观指标的理想内容，又在现行体制下受制于地区党政领导（"块状管理"）的因素，即表现出明显的地方属性（地区差异）；换言之，各地推进预算绩效治理法治化工作做得怎样，在相当程度上是各地自己（而非上层）的事。

基于以上指标和基础数源,计算广东省21个地级以上市预算绩效治理法治化程度,其百分制衡量的结果如表6-13所示。

表6-13 广东省各市预算绩效治理法治化程度测量结果

(百分制)

城市	2010年 客观	主观	综合	2012年 客观	主观	综合	2014年 客观	主观	综合	2015年 客观	主观	综合	2016年 客观	主观	综合	2017年 客观	主观	综合	总体 客观	主观	综合
广州	—	—	—	74.6	55.5	66.9	60.9	55.8	58.9	86.6	56.2	74.4	80.3	59.1	71.8	—	—	—	74.6	55.6	67.0
韶关	62.3	49.4	57.2	69.5	50.9	62.1	85.7	53.1	72.7	85.3	55.8	73.5	75.8	58.0	68.7	92.3	56.3	77.9	71.4	51.4	63.4
深圳	—	—	—	—	—	—	87.0	56.2	74.7	—	—	—	83.3	59.3	73.7	—	—	—	83.7	59.0	73.8
珠海	—	—	—	63.7	54.2	55.9	67.0	57.4	63.2	88.8	60.0	77.3	80.8	60.3	72.6	—	—	—	67.2	55.4	62.5
汕头	66.6	53.2	61.3	68.3	53.5	62.4	87.9	53.1	74.0	85.0	55.8	73.3	81.0	53.1	70.3	85.2	53.4	72.5	70.2	53.7	63.6
佛山	—	—	—	71.9	52.6	64.2	86.2	55.6	74.0	83.4	57.7	73.1	81.6	60.8	73.3	—	—	—	74.2	53.5	65.9
江门	66.5	54.0	61.5	66.3	51.9	60.5	83.5	51.3	70.6	84.2	54.9	72.5	78.2	57.0	69.7	—	—	—	67.8	52.2	62.1
湛江	67.9	49.9	58.9	65.1	51.5	59.7	55.9	50.4	53.7	82.9	54.2	71.4	77.3	52.6	67.5	93.7	53.8	77.8	65.8	51.6	60.1
茂名	65.7	51.6	60.1	62.5	50.1	57.5	83.9	50.2	70.5	83.0	51.9	70.6	80.3	50.5	68.4	92.6	50.9	75.9	63.7	50.2	58.3
肇庆	67.8	54.1	62.3	67.9	50.0	60.7	79.7	54.7	69.7	82.6	56.4	72.1	—	—	—	94.6	54.6	78.6	70.0	50.9	62.4
惠州	67.5	53.4	61.8	69.3	53.3	62.9	67.4	55.6	62.7	85.3	55.8	73.5	80.5	57.7	71.4	93.8	58.6	79.8	71.0	53.8	64.1
梅州	67.2	55.0	62.4	64.9	54.2	60.7	82.5	55.2	71.6	84.6	55.6	73.0	79.9	54.9	69.9	93.0	54.0	77.4	66.4	54.3	61.6
汕尾	65.5	44.5	57.1	68.3	50.2	61.1	78.7	50.8	67.6	83.1	44.1	67.5	—	—	—	85.6	51.0	71.8	70.1	49.7	62.0
河源	—	—	—	58.5	51.9	55.9	77.1	54.5	68.0	86.3	55.7	74.1	70.8	48.1	61.7	89.3	51.0	74.0	61.4	52.3	57.8
阳江	—	—	—	65.4	51.9	60.0	66.2	51.7	60.4	85.9	55.2	73.7	58.3	52.2	55.9	96.8	55.1	80.1	66.7	52.1	60.8
清远	62.3	55.8	59.7	70.4	52.9	63.4	75.1	52.1	65.9	83.8	54.6	72.2	85.4	52.5	72.2	93.7	53.5	77.6	71.4	53.0	64.0
东莞	—	—	—	67.3	54.0	62.0	73.1	52.8	65.0	86.2	54.7	73.6	82.7	57.6	72.6	—	—	—	69.9	54.1	63.6
中山	70.2	53.3	63.4	71.1	52.1	63.5	81.3	59.3	72.5	86.7	59.3	75.8	82.8	61.6	74.3	—	—	—	74.0	53.8	65.9
潮州	—	—	—	63.9	50.5	58.5	75.2	48.5	64.5	82.2	51.3	69.8	79.8	49.9	67.9	—	—	—	66.2	50.5	59.9
揭阳	63.1	50.9	58.2	64.7	51.2	59.3	77.7	50.4	66.7	84.7	52.9	72.0	77.3	49.7	66.3	92.1	51.1	75.7	66.4	51.3	60.4
云浮	—	—	—	65.3	48.0	58.4	79.4	51.4	68.2	84.4	54.2	72.3	86.2	52.7	72.8	93.8	52.9	77.5	67.4	48.6	59.8
均值	65.9	52.7	60.6	66.8	51.9	60.8	77.1	53.2	67.5	84.4	54.3	72.4	81.0	57.2	71.5	91.8	53.4	76.4	68.6	52.2	62.0

注:1. "—"为当年省级预算绩效第三方评价及法治化客观指数,未涉及地市;2. 因排版限制,2011年和2013年结果未列出。

二、检验方法

（一）模型选择

在此基础上，需要遴选出用以分析预算绩效治理法治化影响因素（又能有效厘出其中法治与绩效两类因素是否存在互抗）的具体方法。毫无疑问，学界开发的影响因素分析技术早已汗牛充栋，若只关心其中定量研究的模块，相对主流的有方差分析、回归分析、（探索性）因子分析和（模糊）层次分析法等。针对本项操作的目的（进行实证探索、旨在测量影响的向度和效力）与数据特征，回归分析是一种比较适合的方法；特别地，基于 Logistic 模型的多元回归分析应该说最为恰当。其主要理由有三：一是从现有法治领域的实证研究文献来看，杨晓丽针对刑事犯罪率的影响因素分析采用的是结构方程模型，具体讨论了罪犯的人口学特征、家庭经济因素和入狱后心理变化等与其犯罪次数、犯罪严重性的相互关系；[1] 刘仁彪、何品磊进行中国法治绩效综合评价及预测时，选用的是层次分析法对案发率等 8 项指标无量纲化数值予以合成；[2] 曾鹏对中国省域法制现代化进程的相关社会影响因素进行分析，则采用了灰色关联度方法，分别将立法、诉讼、律师、法律教育 4 项指标与人均 GDP 等社会指标进行相关分析和比较；[3] 这些方法无疑都具有效度，亦在一定程度上达到了研究目的，但在笔者看来，无论结构方程还是灰色关联分析似乎都只讨论了一种变量间的相关关系，而非严格意义上的相互影响（作用机制），并且它们无法将这种相关性发生所依赖的条件（即模型的适配度与修正问题）纳入考量，故不能做到精确，关于法治化的影响因素研究亟需探索新的实证方法。二是回归分析已被广泛应用于各领域（定量）的影响因素研究，其理论逻辑简便易懂，可操作性强，且针对不同样本情况的（检测和修正等）辅助技术成熟，可靠度较高。三是基于法治化影响因素的多元复杂性，采用多元回归模型即可将这些复杂的因素分门归类——比如归成预算绩效因素和预算法治因素两类，这样通过对比它们回归系数的符号（对因变量造成影响的方向）即可获知两者是否存在相互冲突。

然后，在具体设定方程的函数形式（如线性、指数、弹性、概率等）时，考虑到预算治理绩效的法治化程度本质上应是一个定序变量——一方面，因为其包含主观评价的等级属性（满意度通过量表测量），即便在客观维度，其具体指标内涵与评分标准亦是在一定的评分区间（级别）内由评价者依据掌握的客观信息进行主观判定[4]；另一方面，尽管采用百分制表达（为显直观和便于比较），但因为不同年度评价者和评价环境迥然不同，其评分基准水平必然存在差异，也即是说精确评分的多少（比如 85 分与 88 分相比）其实并无严格含义，但是评分的等级之差却真实可鉴（基于评价者专业理性，他们一般不会把 30 分的项目评成 80 分，可在 80 分至 85 分之间抉择却是其主观把握的分内之事），即评分具有限定范围的相对性。正基于此，在进行法治化影响因素的实证检验之

---

[1] 杨晓丽. 刑事犯罪率影响因素的实证分析[J]. 学术论坛, 2015 (8).
[2] 刘仁彪, 何品磊. 中国法治绩效综合评价与预测[J]. 江西财经大学学报, 2000 (1).
[3] 曾鹏. 中国省域法制现代化进程非均衡差异及其相关社会影响因素的实证研究[J]. 现代法学, 2009 (3).
[4] 所以说到底，一切评价在根本上都是主观评价，结果为一家之言。

前,拟将因变量数据先从百分制转换成等级制——转换为5级,其中40分以下归为"(法治化程度)很低"、40～60分归为"较低"、60～70分归为"一般"、70～80分归为"较高",80分以上归为"高"。这样做的主要依据一是学者通常以包含概率的Logistic模型进行主观定序变量回归分析,利用因变量属于多等级的Ordered Logistic方程特有的估计结果,可以计算自变量变动一定单位所带来因变量离开某一等级进入相邻等级的"边际"概率,那么将较多的法治等级归并则有助于更好显示这一结果,因为若采用太多等级(比如10级),则计算某地从第9级进入第10级的边际概率其实意义不大(所反映的法治化程度实际差异不明显);二是现有关于定序变量的实证研究文献中,一般都对其采用3级、4级或5级度量(如对幸福感的分析即把幸福感分成非常不幸福、较不幸福、一般、比较幸福和非常幸福5个等级),超过5级度量的实例较少;三是基于本研究的基础数据特征,将原值40分以下统归为"很低"、80分以上统归为"高"等级,一方面因为这部分样本比例很小,另一方面也无必要探究某地法治化程度从"极低"变到"较低"(或从"高"变到"很高"的概率),而更应关心它们从"较低"变到"较高"的概率。当然,采用不同尺度的等级归并方法也许会对模型估计结果造成影响,我们在分析中也将就此作出检验和探讨。

利用转换后的数据,结合前文对预算绩效治理法治化影响因素的归纳,所构建Ordered Logistic形式的多元回归方程为:

$$PBRL_{st} = \Omega PB_{st} + \Lambda RL_{st} + \prod RG_{st} + \eta_s + \mu_t + \varepsilon_{st} \quad (6-1)$$

式中,被解释变量$PBRL_{st}$为s地市第t年的预算绩效治理法治化程度;解释变量PB_{st}为预算绩效方面因素的变量矩阵;RL_{st}为预算法治方面因素的变量矩阵;RG_{st}为地区经济社会特征的(控制)变量矩阵;Ω、Λ、$\prod$依次是三类变量所对应的回归系数矩阵;η_s为s地市虚拟变量,当样本属于该地市时$\eta_s = 1$,否则$\eta_s = 0$;μ_t为年度虚拟变量,当评价为该年度时$\mu_t = 1$,否则$\mu_t = 0$;ε_{st}为随机扰动项。

这一模型的含义可解释为:当$PBRL_{st}$低于一定临界值C_1时,(该地)预算绩效治理法治化程度属于"很低"等级,高于临界值C_1但低于临界值C_2时,属于"较低"等级,以此类推。由于$PBRL_{st}$是潜变量,我们无法观察和得到这些临界值,但可以通过(指标体系)计算各地法治化程度的观测值$PBRL_{st}^*$,如$PBRL_{st}$"很低"时取1,$PBRL_{st}$"高"时取5,即

$$PBRL_{st} = 1, \quad PBRL_{st}^* < C_1;$$
$$PBRL_{st} = 2, \quad C_1 \leq PBRL_{st}^* < C_2;$$
$$PBRL_{st} = 3, \quad C_2 \leq PBRL_{st}^* < C_3;$$
$$PBRL_{st} = 4, \quad C_3 \leq PBRL_{st}^* < C_4;$$
$$PBRL_{st} = 5, \quad C_4 \leq PBRL_{st}^*.$$

假设模型的ε_{st}服从标准正态分布,用$\phi(*)$表示其累积分布函数,则被解释变量$PBRL_{st}$的分布可描述为:

$$Pr = \phi(C_1 - X\beta), \quad PBRL_{st} = 1$$
$$Pr = \phi(C_2 - X\beta) - \phi(C_1 - X\beta), \quad PBRL_{st} = 2$$

$$Pr = \phi(C_3 - X\beta) - \phi(C_2 - X\beta), \quad PBRL_{st} = 3$$
$$Pr = \phi(C_4 - X\beta) - \phi(C_3 - X\beta), \quad PBRL_{st} = 4$$
$$Pr = 1 - \phi(C_4 - X\beta), \quad PBRL_{st} = 5$$

通过构造被评样本预算绩效治理法治化指数落入每一个等级的似然函数，即可利用极大似然法估计出参数集 Ω、Λ 和 Π 的值；只要随机扰动项和解释变量之间是相互独立的，这样得到的参数便是一致估计量。

（二）变量描述

进一步地，对式（6-1）所包含的解释变量，需作如下说明：

一是预算绩效方面的因素 PB_{st} 矩阵中，具体为绩效目标完整性（Objclr）、目标科学性（Objsci）、资金支出率（Expdrt）、完成进度及质量（Objrlz）、社会满意度（Scostf）6 项，分别对应于绩效目标、预算执行、结果评价和信息反馈 4 个维度；之所以将这些因素纳入回归方程，是因为它们既是绩效预算（体系）的组成部分，也可能对预算绩效治理的法治化进程产生重要影响（逻辑上若无绩效预算，将谈何法治化？并且对于预算目标、执行、评价和应用的法治化本身则为预算法治建设的题中之义）；而对变量的构造，其中资金支出率对应各样本子项目采用客观数据，另外 5 项指标源自广东省省级预算绩效评价体系（表 6-7）并参照预算绩效治理法治化指数（因变量）的构造方式，将其百分制评分作了等级转换（1～5级）[①]。

二是预算法治方面的因素 PL_{st} 矩阵中，考虑到法治化内涵的法律价值、法制功能与法治实践 3 个维度（或说价值观念、制度机制、组织模式与实践自觉 4 个维度）皆不易量化，特别是法制功能与法治实践其实已包含在所构建的预算绩效治理法治化测量指标体系中（即为因变量的组成部分），若再加入回归则增加了模型的共线性，故只能寻找既包含预算法治影响又相对外围的工具变量作为代理；通过考察发现评价对象类别（Objcls）、行政层级（Admlv）、所属经济区域（Ecozon）3 项值得纳入考量；这些因素尽管不与法治化直接相联，但其背后却蕴含着深刻的制度与实践逻辑（比如不同对象类别/行政层级基于其专业素质与行为惯性、不同区域基于其历史传统和文化心理等都可能对法治化构成强大影响），是探究预算绩效治理法治化的制约及挑战所不容忽视的重要内容；在变量构造上，对象类别分为行业监管部门、市县主管部门和基层用款单位 3 类，行政层级分为省级、地市、县级和县级以下 4 类，所属区域分为南部、东部、西部、北部 4 类，都为虚拟变量，即所属类别赋值为 1，其余赋值为 0。

三是地区背景方面的因素 PG_{st} 矩阵，参考现有同类研究文献的做法并结合数据可得性考虑，具体为人均 GDP（Pcgdp）、地方财政预算支出（Pcfexp）、公务员研究生以上学历占比（Pcgrdp）3 项，这些作为模型的控制变量，采用公开统计源采集或计算的客观数据。另外还控制了评价方式（Evamth），即样本数据是由现场核查还是书面评审取得，因为它也可能对预算绩效治理法治化的客观指数造成影响（表 6-14）。

[①] 其理由亦不外乎如前所述，因为不同年度评价者和评价环境的差异可能对评分尺度造成一定影响，进行等级归并则是保留评价者的专业理性但尽可能矫正其主观相对性（把 30 分与 80 分的差距保留，但 85 分和 88 分的区别已被弥合），以最大限度地促使估计结果准确。

第六章 预算绩效治理的法治化实践

表 6-14 预算绩效治理法治化影响因素回归分析的变量描述统计

变量名	变量描述	平均值	标准差	最小值	最大值
PBRL	预算绩效治理法治化综合指数，基于表6-13计算数据，1=高[80,100)，2=较高[70,80)，3=一般[60,70)，4=较低[40,60)，5=很低[0,40)	3.20	0.76	1	5
	预算绩效治理法治化客观指数（作为替代因变量），基于表5-13数据，1=高[80,100)，2=较高[70,80)，3=一般[60,70)，4=较低[40,60)，5=很低[0,40)	2.62	1.17	1	5
	预算绩效治理法治化主观指数（作为替代因变量），基于表5-13计算数据，1=高[60,100)，2=较高[55,60)，3=一般[50,55)，4=较低[0,50)	2.68	0.44	1	4
Objclr	绩效目标完整性，基于广东省省级预算绩效评价数据，1=高[80,100)，2=较高[70,80)，3=一般[60,70)，4=较低[40,60)，5=很低[0,40)	1.68	1.16	1	5
Objsci	绩效目标科学性，基于广东省省级预算绩效评价数据，1=高[80,100)，2=较高[70,80)，3=一般[60,70)，4=较低[40,60)，5=很低[0,40)	1.92	1.15	1	5
Expdrt	资金支出率，基于广东省省级预算绩效评价客观数据	0.96	0.18	0.00	1.00
Objrlz	完成进度及质量，基于广东省省级预算绩效评价数据，1=高[80,100)，2=较高[70,80)，3=一般[60,70)，4=较低[40,60)，5=很低[0,40)	1.76	1.10	1	5
Scostf	社会满意度，基于G级预算绩效评价数据，1=高[80,100)，2=较高[70,80)，3=一般[60,70)，4=较低[40,60)，5=很低[0,40)	1.83	0.90	1	5
Objcls	评价对象类别：1=行业监管，2=市县主管，3=基层用款	2.90	0.32	1	3
Admlv	所属行政层级：1=省级，2=地市，3=县级，4=县级以下	3.13	0.80	1	4
Ecozon	所属经济区域：1=南部，2=西部，3=北部，4=东部	2.45	1.11	1	4
Pcgdp	人均GDP（万元），源自广东省统计年鉴采集数据	3.1	2.1	1.2	13.8
Pcfexp	地方财政预算支出（亿元），源自广东省统计年鉴采集数据	187.0	221.8	53.2	1690.8
Pcgrdp	公务员研究生以上学历占比，基于广东省统计年鉴采集数据计算	0.19	0.02	0.14	0.31
Evamth	评价方式，1=现场核查，2=书面评审	1.87	0.33	1	2

三、实证结果

（一）回归分析

基于预设的变量及数据，利用 SPSS 18.0 统计软件分析，取得预算绩效治理法治化影响因素的 Ordered Logistic 模型估计结果，如表 6-15 所示。首先，针对回归（1）～（7）的平行线检验显示，平行线卡方统计量相应的 P 值均大于（或接近）0.05，即不论因变量的分割点在什么位置各自变量系数都保持不变，该数据适用于多分类 Ordered Logistic 回归；其次，对数似然比检验（卡方统计量）所对应的 P 值均接近于 0.000，说明所引入的自变量作用显著；再次，拟合优度检验的卡方值统计显著和伪 R^2 值（供参考）亦表明，模型总体适配度良好（表 6-15）。

表 6-15 预算绩效治理法治化影响因素的 Ordered Logistic 回归分析结果

被解释变量：预算绩效治理法治化程度			(1) 综合指数	(2) 综合指数	(3) 综合指数	(4) 综合指数	(5) 综合指数	(6) 客观指数	(7) 客观指数	(8) 主观指数
预算绩效因素										
目标完整性	较低	-0.054** (0.023)		-0.195 (0.146)	-0.231 (0.143)			-0.205* (0.124)	-0.635*** (0.172)	-0.227* (0.109)
	一般			-1.086*** (0.160)	-1.017*** (0.156)			-1.017*** (0.136)	-0.535*** (0.169)	-0.166 (0.149)
	高			-0.988*** (0.143)	-0.966*** (0.1411)			-0.938*** (0.123)	-0.145 (0.168)	-0.146 (0.137)
	较高			-0.505*** (0.135)	-0.666*** (0.133)			-0.490*** (0.116)	-0.511*** (0.167)	-0.189* (0.110)
目标科学性	较低	0.822*** (0.023)		0.265 (0.212)	0.301 (0.218)			2.917*** (0.195)	0.661*** (0.254)	0.217** (0.109)
	一般			0.865*** (0.204)	0.770*** (0.210)			3.760*** (0.199)	1.000*** (0.241)	0.104 (0.168)
	较高			1.853*** (0.203)	1.750*** (0.209)			4.720*** (0.199)	1.739*** (0.240)	0.164 (0.167)
	高			2.468*** (0.201)	2.410*** (0.208)			5.414*** (0.199)	2.354*** (0.241)	0.172* (0.105)
资金支出率			0.156 (0.133)	0.018 (0.134)	0.483*** (0.127)			0.079 (0.126)	0.017 (0.085)	0.039 (0.113)

续上表

被解释变量：预算绩效治理法治化程度		（1）综合指数	（2）综合指数	（3）综合指数	（4）综合指数	（5）综合指数	（6）客观指数	（7）客观指数	（8）主观指数
完成进度及质量	较低	-0.305*** (0.022)	-1.115*** (0.206)	-1.292*** (0.206)			-0.820*** (0.166)	-0.337 (0.344)	-0.377** (0.158)
	一般		-0.018 (0.206)	-0.194 (0.206)			-0.179 (0.167)	-0.691** (0.345)	-0.258 (0.163)
	较高		-1.354*** (0.206)	-1.665*** (0.206)			-1.248*** (0.167)	-0.549 (0.346)	-0.367** (0.162)
	高		-1.522*** (0.205)	-1.819*** (0.204)			-1.409*** (0.165)	-0.887** (0.346)	-0.437*** (0.159)
社会满意度	较低	0.356*** (0.025)	1.606*** (0.287)	1.870*** (0.279)			1.282*** (0.276)	1.298** (0.523)	0.973*** (0.313)
	一般		1.342*** (0.287)	1.589*** (0.279)			0.859*** (0.277)	0.234 (0.482)	0.131 (0.314)
	较高		1.091*** (0.283)	1.286*** (0.275)			0.752*** (0.274)	0.156 (0.482)	0.550* (0.312)
	高		0.380 (0.284)	0.415 (0.277)			0.068 (0.275)	0.723 (0.482)	0.590* (0.313)
预算法治因素									
评价对象类别	行业监管	0.865** (0.432)	0.902** (0.443)		1.769** (0.405)		1.735** (0.800)	1.684** (0.706)	0.349** (0.155)
	市县主管	0.957*** (0.082)	1.000*** (0.084)		1.349*** (0.074)		0.693*** (0.081)	0.908*** (0.061)	-0.133* (0.075)
所属行政层级	省级	1.923*** (0.708)	2.110*** (0.718)		2.539*** (0.676)		2.086*** (0.772)	1.406** (0.583)	0.743 (0.713)
	地市	0.378*** (0.057)	0.405*** (0.058)		0.455*** (0.052)		0.331*** (0.053)	0.223*** (0.035)	0.367*** (0.062)
	县级	0.301*** (0.054)	0.297*** (0.055)		0.330*** (0.049)		0.228*** (0.049)	0.191*** (0.032)	0.250*** (0.060)
所属经济区域	南部	0.386*** (0.120)	0.367*** (0.123)		0.147** (0.064)		0.325*** (0.113)	0.150** (0.075)	5.152*** (0.143)
	西部	0.685*** (0.087)	0.615*** (0.088)		0.683*** (0.067)		0.441*** (0.081)	0.258*** (0.054)	2.304*** (0.106)
	北部	0.263*** (0.065)	0.265*** (0.066)		0.229*** (0.058)		0.228*** (0.060)	0.091** (0.040)	1.173*** (0.063)
地区背景因素									
人均GDP对数		0.360*** (0.109)	0.370*** (0.111)			0.295*** (0.067)	0.406*** (0.101)	0.249*** (0.067)	3.060*** (0.127)

续上表

被解释变量：预算绩效治理法治化程度	（1）综合指数	（2）综合指数	（3）综合指数	（4）综合指数	（5）综合指数	（6）客观指数	（7）客观指数	（8）主观指数
地方财政预算支出对数	0.281*** (0.060)	0.253*** (0.061)			0.305*** (0.054)	0.046 (0.056)	0.053 (0.037)	1.248*** (0.066)
公务员研究生以上学历占比	3.383 (2.909)	5.333* (2.955)			15.366*** (2.074)	1.376 (2.831)	0.016 (1.908)	56.044*** (2.884)
其他因素								
评价方式：现场核查	-1.099*** (0.084)	-1.081*** (0.086)				-1.043*** (0.083)	-0.825*** (0.062)	-0.930*** (0.078)
控制地市	是	是	是	是	是	是	是	是
控制年度	是	是	是	是	是	是	是	是
样本量	19 764	19 658	19 797	19 845	19 876	19 759	19 593	19 601
Wald Chi2	5357	5911	5101	2255	2168	6435	5076	6610
伪 R^2	0.253	0.279	0.241	0.107	0.103	0.228	0.231	0.488

注：1. 本表给出各解释变量对预算绩效治理法治化程度的 Ordered Logistic 模型估计系数，括号内为稳健性标准误；

2. ***、**、*分别表示在1%、5%和10%统计水平下显著；

3. 回归（7）对作为因变量的预算绩效治理法治化客观指数和作为自变量的目标完整性、目标科学性、完成进度及质量、社会满意度4项作了重新编码，1 = 高 [80, 100)，2 = 较高 [60, 80)，3 = 一般 [40, 60)，4 = 较低 [20, 40)，5 = 很低 [0, 20)，跟回归（6）对照检验不同编码方式对估计结果影响。

（二）结果解释

首先，在回归（1）中，把因变量设为预算绩效治理法治化综合指数，并将预算绩效因素的目标完整性、目标科学性、完成进度及质量、社会满意度4项视为数值型协变量，由此估计结果显示：目标科学性与社会满意度对预算绩效治理法治化影响显著为正，目标完整性与完成进度及质量影响显著为负，资金支出率影响不显著。预算法治因素中：从评价对象类别来看，相对于基层用款单位而言，市县主管与行业监管部门的预算绩效治理法治化程度显著更高；从所属行政层级来看，相对于县级以下而言，省级、地市和县级预算绩效治理法治化程度显著更高；从所属经济区域来看，相对于东部而言，南部、西部和北部地区预算绩效治理法治化程度显著更高。地区背景因素中，人均 GDP（对数）和地方财政预算支出（对数）2项对预算绩效治理法治化影响显著为正，公务员研究生以上学历占比影响不显著；其他因素中，相对于书面审核方式取得的样本而言，现场核查样本预算绩效治理法治化程度显著更低。由此各项因素对预算绩效治理法治化的影响效力和影响方向得以初步判断。

在此基础上，进一步做了回归（2），区别是将预算绩效因素的目标完整性、目标科学性、完成进度及质量、社会满意度4项视为分类变量。这样做的主要理由在于：尽管4项指标取值均为1～5递进等级，但事实上各等级之间的差距并不完全等同，其一方面

第六章　预算绩效治理的法治化实践

源自我们对变量进行编码时没有严格按等距离归并①；另一方面，从某种程度上讲，如同目标完整性/科学性、完成质量和社会满意等的程度递增关系实际难以衡量（目前所谓量化只是一种操作性尝试），因为从等级"很低"变到"较低"与从"较高"变到"很高"所反映的难易程度（背后付出的努力）必定不同，若完全将其当作数值变量则势必忽略于此。考虑这一情况之后的估计结果显示：4 项指标皆以"很低"等级作为参照组，目标科学性（"较低"组不显著除外）与社会满意度（"高"组不显著除外）处于其他等级的个案预算绩效治理法治化程度显著更高，但目标完整性（"较低"组不显著除外）与完成进度及质量（"一般"组不显著除外）处于其他等级的个案则显著更低；也就是说，前两者对预算绩效治理法治化的影响方向为正，后两者影响方向为负，这与回归（1）结果保持一致（从同一变量不同取值组的估计系数绝对值比较可更有力说明，比如目标科学性的"较低""一般""较高"和"高"组估计系数值依次递增，即距离"很低"组的差值越来越大②）。其他变量回归系数估计值的符号和显著性都与回归（1）接近，其中公务员研究生以上学历占比的正向作用变得显著。

其次，在回归（3）~（5）中，分别将预算绩效、预算法治和地区背景三个类别因素加入方程，以考察其对预算绩效治理法治化的独立影响作用及显著水平变化。可见仅就加入的变量而言，其估计系数的符号和显著性与回归（2）相比都无特别明显差异③，其中公务员研究生以上学历占比的显著程度还有了较大幅度提高，表明变量（维度）复合后对预算绩效治理法治化的影响方向及影响力与其独立作用时并无改变。

再次，回归（6）将因变量从预算绩效治理法治化的综合指数替换成客观指数，回归（7）针对客观指数和目标完整性、目标科学性、完成进度及质量、社会满意度 4 个变量采用了不同的编码方式（将其原始数据按等距离归并成 5 个等级），回归（8）将预算绩效治理法治化客观指数替换成主观指数；这些作为稳健性检验的操作，结果显示各变量及其取值分组的估计系数符号与显著水平较此前均无明显变化，仅采用主观指数的回归（8）个别系数绝对值发生一定差别（这可能是因变量的不同组别频数分布差异较大所致），总体上说明我们采用的分析模型具有较强的可靠性（结果信度）。

最后，利用 Ordered Logistic 模型的（平均）边际预测概率，以回归（2）基准模型为依据，计算各自变量及其取值分组对预算绩效治理法治化程度的（平均）边际影响效果，如表 6-16 所示。其中正向影响以目标科学性为例，比如其"较高"组变动一个单位（从 0 变到 1）将带来个案进入预算绩效治理法治化程度"很低"和"较低"等级的比例分别下降 3.72% 和 15.29%，带来其进入预算绩效治理法治化程度"很高"和"较高"等级的比例分别增加 6.10% 和 17.74%，显然目标科学性对因变量的作用为正。类

---

① 基于原始数据分布考虑，若完全按等距离归并可能会使变量的某些组别无数据，最终导致回归分析不可行。
② 根据 Ordered Logistic 模型回归系数的含义，以目标科学性为例，就因变量"绩效预算法治化程度"进入更高一级的可能性来讲，目标科学性处于"很低"等级的 OR 值（发生比）为 $\exp(\beta)$ 即 $\exp(0)=1$，"一般"等级为 $\exp(0.865)=2.38$，"较高"等级为 $\exp(1.85)=6.38$，"高"等级为 $\exp(2.47)=11.8$，后三者分别是前者的 2.38 倍、6.38 倍和 11.8 倍，显著较高。
③ 个别变量或其个别取值组系数绝对值有变化，这主要是跟引入方程的总体自变量个数有关，即引入更多自变量可能使原有变量的影响效应被其他关联变量所分离。

似地，负向影响以完成进度及质量为例，比如其"较高"组变动一个单位（从0变到1）将带来个案进入预算绩效治理法治化程度"很低"和"较低"等级的比例分别增加2.72%和11.17%，带来其进入预算绩效治理法治化程度"很高"和"较高"等级的比例分别下降4.46%和12.96%，显然目标科学性对因变量的作用为负。

表6-16 预算绩效治理法治化影响因素的边际效果

变量及取值		回归系数	边际预测概率（%）				
			很低	较低	一般	较高	高
预算绩效因素							
目标完整性	较低	-0.195	0.39	1.61	-1.42	-1.87	-0.64
	一般	-1.086***	2.18	8.96	-7.92	-10.39	-3.57
	高	-0.988***	1.99	8.15	-7.21	-9.46	-3.25
	较高	-0.505***	1.02	4.17	-3.68	-4.83	-1.66
目标科学性	较低	0.265	-0.53	-2.19	1.93	2.54	0.87
	一般	0.865***	-1.74	-7.14	6.31	8.28	2.85
	较高	1.853***	-3.72	-15.29	13.51	17.74	6.10
	高	2.468***	-4.96	-20.36	18.00	23.62	8.12
资金支出率		0.018	-0.04	-0.15	0.13	0.17	0.06
完成进度及质量	较低	-1.115***	2.24	9.20	-8.13	-10.67	-3.67
	一般	-0.018	0.04	0.15	-0.13	-0.17	-0.06
	较高	-1.354***	2.72	11.17	-9.88	-12.96	-4.46
	高	-1.522***	3.06	12.56	-11.10	-14.57	-5.01
社会满意度	较低	1.606***	-3.23	-13.25	11.71	15.37	5.29
	一般	1.342***	-2.70	-11.07	9.79	12.84	4.42
	较高	1.091***	-2.19	-9.00	7.96	10.44	3.59
	高	0.38	-0.76	-3.14	2.77	3.64	1.25
预算法治因素							
评价对象类别	行业监管	0.902**	-1.81	-7.44	6.58	8.63	2.97
	市县主管	1.000***	-2.01	-8.25	7.29	9.57	3.29
所属行政层级	省级	2.110***	-4.24	-17.41	15.39	20.20	6.95
	地市	0.405***	-0.81	-3.34	2.95	3.88	1.33
	县级	0.297***	-0.60	-2.45	2.17	2.84	0.98
所属经济区域	南部	0.367***	-0.74	-3.03	2.68	3.51	1.21
	西部	0.615***	-1.24	-5.07	4.49	5.89	2.02
	北部	0.265***	-0.53	-2.19	1.93	2.54	0.87
地区背景因素							
人均GDP对数		0.370***	-0.74	-3.05	2.70	3.54	1.22
地方财政预算支出对数		0.253***	-0.51	-2.09	1.85	2.42	0.83
公务员研究生以上学历占比		5.333*	-10.72	-44.00	38.90	51.04	17.55

续上表

变量及取值		回归系数	边际预测概率（%）				
			很低	较低	一般	较高	高
其他因素							
评价方式	现场核查	-1.081***	2.17	8.92	-7.88	-10.35	-3.56

四、重要发现

通过上述分析，回应本章从实证角度探寻和检验对预算绩效治理法治化构成制约及挑战因素的目标，可有以下重要发现：

一是目标完整性、完成进度及质量与目标科学性、社会满意度影响反向，表明预算的绩效导向与其法治内涵之间有着深层矛盾。在前述讨论中，将预算绩效治理法治化的影响因素分成了预算绩效和预算法治两个层面，分别对应于其中的绩效和法治两大系统（这两者在价值精神上存在基本差异）。从实证结果来看，这一差异不仅得到验证，而且在实践领域表现出更为复杂的相互制约关系。仅在预算绩效方面，我们所遴选的5项指标中目标科学性、社会满意度对预算绩效治理法治化产生显著的正向影响，而目标完整性、完成进度及质量则产生显著的负向影响，两者截然相反。从某种程度上讲，这一结果让人匪夷所思：其一，5项均为预算绩效层面指标，理当共同进退，即对法治化产生方向一致的影响，然则非也；进一步说，既是讨论预算绩效治理法治化，理应绩效越好，法治化程度越高，但现实也非如此。这便构成了从实证角度进行影响因素分析的第一个重大发现。尽管如是，似乎亦可对这一发现稍作解释。一方面，绩效的内涵及价值追求与法治具有天然差别，简单而言，前者更讲究经济性、效率性、有效性，即强调做事情的一种结果和功利主义导向，后者着重关心其对不同关联群体利益所造成的影响，即一种公平性的权衡；当然新公共管理运动以来在绩效的经典内涵中增加了公平性，使原本的绩效追求行动亦变得关乎不同群体利益，即引入了公平性考量——这是实现绩效与法治精神内在契合所迈出的关键一步，也是使得绩效治理法治化命题得以成立的重要基础，但两者在价值序列上仍然有别。另一方面，引入实证的5项指标即便同在绩效预算的内涵之下，遵循前述视角，则其导向亦有了重大区别：比如目标完整性从其指标内容来讲主要关心绩效目标的设立与层级分解、目标量化等，体现经济、效率、有效的思维，而目标科学性则关心目标值的合理性、论证充分及其照顾不同方面利益的全面性，彰显公平和秩序的原则；完成进度及质量显然对应或服务于目标完整性（关注目标的实现程度），社会满意度便服务于目标科学性；它们两两之间互异实际上成为绩效和法治精神背离的微观镜像。这样就可能在一定程度上找到了对于该"奇妙"结果进行解释的症结所在，因为预算的绩效导向与法治内涵之间本身具有深刻矛盾。同时，这一发现在实践领域还有着重要启示价值——（财政预算乃至国家整体的）绩效追求和法治建设存在互为干扰，换言之，若我们过分追逐绩效则会对法治精神造成损伤（已有史证），反过来如果过分强调法治也可能造成"低绩效"甚至"无绩效"；总之，若不能妥善处理好绩效与法治的（价值）关系，将使法治型绩效建设陷入两难的境地。

国家治理绩效转型的中国实践

二是省市级预算绩效治理法治化程度明显高于县乡，监管部门高于用款单位，凸显基层法治意识、法制健全度与规范化实践亟需改善。从实证结果看，在个案所属的行政层级方面，层级越高者表现出了明显越高的法治化水平；同时在评价对象类别方面，资金主管和行业监管者的法治化水平又明显高于用款者。这与近年开展广东省省级预算绩效第三方评价所掌握的现实情况一致，特别对于县级以下的用款单位，其对预算资金（财政补贴）"重申请轻监管"的现象较为普遍，并在一定程度上表现出法治意识淡漠、机构职责不明确、管理制度不健全以及财务执行（实施程序）不规范的问题；而相对来讲，地市级以上单位或省级主管部门在这些方面呈现给评价方的面貌明显较好。鉴此，财政政策的设计和监督者法治化程度高于执行者，凸显了预算绩效治理法治化进程中所遇到的真实难题，即如何加快提升基层的法治意识、法制健全度与实践规范化程度，成为亟需破解的强大障碍。

三是经济发展水平与公务员队伍素质成为影响预算绩效治理法治化推进的关键因素，这给全省区域协调发展以及教育（人才配置）均衡化提出了更高要求。一方面从经济区域来看，南部地市预算绩效治理法治化程度明显高于东西北部地区；另一方面从人均GDP和地方财政预算支出额来看，经济发达地区（这两项指标值一般较高）的预算绩效治理法治化水平亦显然更高；此外，公务员队伍高学历（研究生以上）占比越高，则当地预算绩效治理法治化程度越好。这些都说明了经济发展水平与公务员队伍素质（专业化程度）成为制约预算绩效治理法治化进程的关键。而反观广东省现实可以看出：其一，不同区域和市县经济差距悬殊，2018年度数据人均GDP最高的深圳市为19.3万元，高出最低的梅州市（2.54万元）7倍有余，地方财政预算支出额最高的深圳市更是最低的潮州的50倍以上；其二，地区之间教育公共服务水平与高素质人才吸引力有着天壤之别，仅以公开统计源可得的中职在校生数与每百名中职学生拥有专职教师数为例，2017年度南部9市均值分别是东西北部地区的1.1倍和1.2倍，其实南部（尤其中心城市）在各行各业就职的高学历人才数量必然更大幅度领先于欠发达的东西北部地区。[①] 应该说，这是伴随广东省改革开放40年（截至2018年）来经济高速增长所形成的区域发展严重不协调以及基本公共服务不均等的"副产品"，某种程度上，亦正是我们所言以往长期注重绩效追求而忽视法治价值以致产生"缺少法治的绩效"的典型例证。那么基于实证研究的结论，这种不协调与不均衡便构成当前实施绩效（预算）法治化建设首先必须面对和摆脱的困局。

---

① 数据来源：基于《广东省统计年鉴2015》公布相关指标计算。

第七章 推进国家治理绩效转型与合法性扩张

在利用预算治理的实证素材分析其绩效化与法治化改革设想以及所面临的现实障碍之后，本章将会有针对性地进行相关对策探究。回到宏观层面，即应在当前国家治理绩效类型中进一步加快法治精神的融入，推进当前国家治理绩效法治化转型。我们先选择美国、丹麦和印度三个典型国家，通过政府和公众视角对其国家治理绩效的法治之路作出整理，以为中国提供关联性经验；然后结合前述章节的研讨，分别从价值观念、组织机制和实践秩序等维度提出国家绩效治理法治化即建设法治型国家治理绩效的具体建议——这些建议也是对接在预算绩效治理法治化之案例剖析中发现的困难，以及回应当代中国治理合法性之可持续危机的重要考量。

第一节 国家治理绩效的法治之路：他国经验

从逻辑上讲，讨论国家治理绩效的法治化转型，必然基于当前国家治理绩效类型之"欠法治"的现实，其本质为通过法治的价值观念、组织制度和实践秩序来对国家治理绩效追求的各个环节进行规范化改造，以使之获得协调可持续的动力。而在这一方面，尽管存在体制及文化等巨大差异，西方发达国家毕竟为我们提供了宝贵的经验。为此，本章首先对他国经验作一简单梳理，以考察它们是如何运用法治的方式来完成各级各类绩效目标的设定、绩效行为选择与绩效结果分配，比如出台了怎样的有关法案、其内容为何、成立了什么机构及其运作效果等。当然，这种经验也可能是反面的。

一、美国经验

美国是当今世上公认的超级大国，其经济总量（工业总产值）早在19世纪末即跃居全球第一；特别是"二战"以来，尽管经历几次危机，但其总体保持了经济的高速增长，国家治理绩效的"霸主"地位得以巩固并延续至今。[①] 总结美国国家治理绩效成功的启示，无疑涵盖了过于复杂的因素。其中关键一项即其始终依靠市场的基础作用来推动生产要素及资源合理配置，依据市场机制、价格规律和公平竞争来实现效率最大化；

---

① 资料显示：若按当时的工业总产值计算，美国经济在1890年前后超越英国成为世界第一；此后分别经历了"一战""二战"、20世纪80年代中后期、1992年以来等高速增长的时期和1930年前后"经济大萧条"、1970—1982年"滞胀"、1990—1992年"赤字"等若干典型危机；但其GDP从1950年的0.29万亿美元跃升至2018年的20.5万亿美元，名义增长逾70倍，远超世界第二的中国（2018年为13.04万亿美元）及其他国家。参见：休斯，凯恩. 美国经济史 [M]. 7版. 邸晓燕，邢露，等译. 北京：北京大学出版社，2010；世界银行数据库. 美国经济发展数据 [DB/OL]. http://data.worldbank.org.cn/country/united-states.

国家治理绩效转型的中国实践

而市场经济的本质为法治经济,无论政府、企业和个人都在法律设定的框架内完成自身绩效追求,由此,法治化管理成为其催生国家治理绩效持续的利器。

(一)绩效目标设定

一方面,美国严格遵循法治的规则和程序进行各级各类绩效目标的设定。从历史上讲,其在不同阶段面临的经济现实需要调整或新增国家政策,都是通过一个个充分调查、科学论证及规范程序出台的法案来确定。① 比如1946年通过的《就业法》即为了应对"二战"后美国经济可能重回萧条的预期以及美元成为世界货币的需求,作为一种凯恩斯主义的措施授权政府"插手"经济;此后于1962—1972年间又建立了诸如《谢尔曼反托拉斯法》《食品和药品法修正案》《正确包装和标识法》《农业公平交易法》《信贷法》《证券投资保护法》《经济稳定法》《国家环境政策法》等一系列干涉性的规范;在这些法案中,明确设定了关于国家治理绩效(国民经济运行)各方面的纲领或总目的,如1970年《清洁空气法》的基本目标为"保护并提高环境空气质量,促进公共健康和福利,提高人口素质"。② 另一方面,正因为美国信奉法治逻辑的市场经济,它始终恪守政府跟市场责任分开的底线,政府只做该做的事情(尽管不同时期由于现实经济需要采取政府干预的程度不一)。政府的职责基本定位在经济调节、市场监管、金融规制与环境保护等领域,旨在给参与经济的主体确定具体行为标准和活动边界,稳定经济波动而非(像中国一样)拉动与保持经济的高速增长。所谓"美国的经济体系兼有资本主义和混合经济的特征,在该体系内,企业和私营机构做主要的微观决策,而政府(尤其对国内经济)的角色较为次要;在发达国家中,美国的社会福利网相对较小,政府对商业的管制也较低"③。

基于绩效管理的维度,1993年《政府绩效与结果法》及随后建立的PART层级式绩效管理体系,要求联邦政府各部门必须制定自身的战略规划和绩效计划,具体包括以结果为导向的战略规划(涉及部门宏观使命、环境约束及总体目标等内容)和以年度为单位的绩效目标/计划(可供实际操作和量化评估)两个层面,并由总统授权的预算管理办公室统一协调和监督,部门预算需与其绩效目标实现状况挂钩。④ 更为广泛地,美国联邦政府和各州都形成了比较完善的规划编制体系。与其联邦—州—市县三级行政管理体制对应,美国规划体系亦大体分为两个层面:一是战略性的综合规划,包括国家发展战略(如总统国情咨文)、各部门/各州/各市县乃至各社区/邻里的总体规划,作为指导未来一段时期相应层级/区域综合发展(绩效目标设定)的政策性文件,其中设想的原则和要求需落实到具体的法规及行动中才能发生效力;二是实施性的专项规划,包括各级各类法规制度、基础建设、调整更新、环境评估以及其他补充性的政策,作为推动绩效

---

① 需要指出的是:美国在法律体系上不同于中国,其作为英美法系的法律渊源既包括制定法也包括判例,因此法律至少在形式上表现出很强的(一个个法案)累积或叠加的特点;而作为大陆法系的中国主要通过事先规划的制定法/成文法系统来表达。尽管如此,它这种依靠确定的权威法案和司法程序来规划、规制与管理国家治理绩效运行的高度法治化的经验仍非常值得借鉴。
② 休斯,凯恩. 美国经济史 [M]. 7版. 邸晓燕,邢露,等译. 北京:北京大学出版社,2010:558,638.
③ 财安网综合新闻. 美国经济简述 [EB/OL],2013-02-25,http://www.caian.net/cjyw/zhxw/30963.html.
④ 朱立言. 从绩效评估走向绩效管理——美国经验和中国实践 [J]. 行政论坛,2008 (2).

行为规范、协调与延续的法定依据。归纳起来，尽管美国坚持"小政府大市场"的格局，其在政府层面关于国家治理绩效（经济发展）目标的设定可看作以下四类：一是增长目标，通过综合开发治理落后地区，实现国民经济人均收入的最大增长；二是稳定目标，在全国范围内促进各区域尤其落后地区产业的平稳发展，增强各地适应经济周期的能力；三是均衡目标，旨在解决地区发展的差距问题；四是可持续目标，为受援助地区创造经济机会，使之走上可持续发展之路。

转至普通公众的视角，基于自由、平等、民主、法治和个人主义的美国核心价值观与文化传统（其根本为个人主义），作为公众个体在其经济社会政治生活中的绩效目标设定拥有很强的自主性。[①] 这种自主性表现为：一是尊重自我和他人的机会均等，所谓"我信我的个人主义，也尊重你的个人主义"，其中蕴含着强烈的"等价交换"信条；[②] 二是个人从自身信仰偏好及现实需求出发设定绩效目标而不受他人或集体的限制，其政府与公众两个层面绩效系统的相互影响作用远不如威权主义政体和集体主义传统下的其他国家那么明显——同时奉行市场秩序和美国精神的各级政府必也认同这一逻辑，而不会轻易干涉个人追求。由此造成政府及公众都在法律的框架内规划、规制其行为，即一种法治理想下的国家治理绩效状态。进一步根据"世界价值观调查"2015年的结果分析可知：美国公众对其"在个人生活中的重要性"评价，宗教、休闲、政治的重要程度远高于中国，而中国公众认为工作、家庭的重要程度超过美国。[③] 显然，基于特定的发展阶段和文化环境，美国社会并不如中国那么普遍热衷于经济/收入增长的速度（其国家政权不存在绩效合法性依赖，不需通过牺牲法治来换取绩效），从而得以更加注重生活质量、身心调适和精神信仰等方面追求，这可能是导致其国家治理绩效类型的法治化水平走高的深层基础。

（二）绩效行为选择

聚焦到国家治理绩效的行为选择上，美国联邦和各州政府都十分重视在经济调控中的法律手段运用，而对采取行政手段非常谨慎，包括在追求经济效率的同时更注意公平，确保在提升经济绩效的努力中不损害市场经济的公平竞争原则。公平作为法治精神的内核，立法、依法及守法无疑是保障公平的必由之路。这一导向具体在实现不同区域平衡发展的领域彰显充分，联邦政府区域政策的价值判断标准十分明确，好的区域政策必将使落后和衰退区域的经济有显著改善，并且不妨碍其他地区的发展。同时各级政府严格恪守与市场分离的职责立场，如《阿巴拉契亚开发法》规定：在需要政府支持的地区，联邦政府投资将集中在交通运输、能源等基础设施和教育方面，解决非市场所能及的问题。

---

① 周文华. 美国核心价值观建设及启示 [M]. 北京：知识产权出版社，2014：58-102.
② 李大玖. 中国人的核心价值观与美国人的核心价值观 [EB/OL]. http://blog.sina.com.cn/s/blog_5223ef410100ccls.html.
③ 按"非常重要"和"相当重要"两项累计受选比例统计：美国数据为工作（76.9%）、政治（53.0%）、宗教（68.4%）、家庭（98.2%）、朋友（93.3%）、休闲（90.5%）；中国数据为工作（79.6%）、政治（38.7%）、宗教（10.6%）、家庭（98.5%）、朋友（91.0%）、休闲（69.8%）。参见 The World Values Survey Association. World value survey wave documentation（2010-2014）[R]. http://www.worldvaluessurvey.org/WVSContents.jsp.

国家治理绩效转型的中国实践

针对国家治理绩效之法治化管理（法治为治理绩效服务）的过程，美国经验在以下几个方面值得圈点：① 一是以确定和可推断的法律框架保护经济长远预期。因为"立法给私人对未来价值的估计增加实质的可靠性，并为所有被设计用来获得远期利润的合同契约增加动力，合法框架的稳定性极大地降低了私人承担的计划成本"。二是强调私有产权保护以延续个体为自身利益而努力工作的动机。美国是一个视私有财产如天赋般重要的国度，人们愿意付出最大的牺牲来获得产权，因此政府关于财产权的保护除了宪法一致意见外不再设置任何的特殊限制，以使每个个体或家庭都能怀着从财产所有权中获得利益的希望去从事具有远期利润的事业。三是基于私人合约保护的传统来促进私人交易。由私人间产品和服务交易所支配的任何经济都要求未来承诺有稳定的保证，对此没有什么比合同法与社会组织来实施更有效；美国联邦宪法的相关条款中，私人合约的效力被提高到州层级立法的效力之上，如达特茅斯学院诉伍德沃德案。四是通过大众民主程序来增加政治与经济生活的长期稳定性（即使它们在特定时点可能是混乱无序的）。作为一个依靠集体斗争取得胜利的民族，美国社会已广泛建立起稳定对抗暴力冲突及根本性社会变革的机制，这便是选票政治和大众民主的程序；大众民主因其固定的规则产生效率，而议会程序是政府合法权力的唯一来源，对政府形式的不规则改革较少有助于增加投资和经济的动力。

从公众的角度看，尽管我们一再强调美国的价值文化与制度设计有助于每个公民都在法律的框架内自由地实施绩效追求，但其犯罪率居高不下却是一个不容回避的事实。这一方面或从反面印证了法律普遍而广泛的约束力，另一方面也传达一个理念——法治的目的可以不在于确保每个公民都始终如一地守法（这似乎是难以做到的），其核心价值更应体现对政府及公权力的约束，或政府应创造条件支持和保障私人的绩效行为。同时针对个人领域，应提供合法行为的底线和普遍规则秩序以使违法者获得相应制裁，触犯法律者也将得到依法申诉、辩护和救济的权利保障，因为这是确保个体自由的绩效努力及其动机得以延续的关键。正如王立峰所言，要实现公民自愿守法，至少需要具备国家认同、程序正义、立法良好及公民美德四个基本条件，程序正义和立法良好则是其中不可或缺的灵魂。②

（三）绩效结果分配

国家治理绩效结果的分配机制，考察的是国民财富究竟以一种怎样的比例和程序在政府和公众等各类社会主体之间配置或流动，而这相对又集中体现为税收、财政、公共服务与社会保障等方面的政策，显然美国在这些领域管理亦呈高度法治化的状况。比如，其一是根据不同地区经济发展水平实施灵活的税收制度，具体以保证联邦和各州财政不出现严重赤字为前提，允许各州实行相对独立的税收系统，但需由各州议会依照法定程序设定和修改。这些因地制宜的差别税制创造了有利的区域投资环境，如有的州给予到贫困地区投资的企业一定年度的税收减免，为投资、购买本州物业者提供低息甚至贴息

---

① 休斯，凯恩. 美国经济史 [M]. 7 版. 邸晓燕，邢露，等译. 北京：北京大学出版社，2010：558，669 - 670.

② 王立峰. 论公民自愿守法的条件 [J]. 人权，2015（1）.

贷款等，有效增强了各州经济的自我发展能力。其二是实行稳定有力的财政转移支付制度，美国联邦财政收入占全国收入的一半以上，基于每个财政年度由国会通过的预算案，联邦政府得以通过转移支付对欠发达地区提供丰富的财力支持，以促进其社会经济发展。联邦政府对用于转移支付的财政资源实行严格的法治化管理，每笔资金需由地方政府说明用途并由联邦监督其使用过程，或是联邦政府直接指明专项用途，不得挪作他用，并落实完善的绩效跟踪与社会评估。

事实上，因为合法之财政或税制调整所带来的对经济发展或国家治理绩效的影响，从历史上看是立竿见影的。正如现代经济史学家赫伯特·斯泰因的总结："1957 年秋开始的经济滞后主要是个人投资的滞后，（归因于）投资收益的高额税率。"[①] 对此美国在 1964 年实施减税方案——该方案是由当时的前任总统肯尼迪（1963 年 11 月 22 日遇刺身亡）确定，但到后任总统林登·约翰逊时才由国会通过，果然更多的产品和就业刺激了个人可支配收入的增加，这又再度引发新的私人投资增长，至 1965 年失业率已下降到 4.5%，当年物价上涨率达到 1.6%。[②] 但税收的增减与公共财政收入及可提供的社会福利水平又是高度关联的，20 世纪 70 年代的减税与高通胀、经济弱增长叠加一起，造成联邦政府无力偿债的幽灵，于是他们通过 1983 年修正的《税收改革法》再次提高了税收，降低了福利水平。[③] 同样的效果也发生在其他领域，如 1968 年美国颁布的《城市轨道交通法》，即由于大规模的基础设施建设带来部分地区发展的"黄金时代"。[④]

站在公众的立场，他们无疑渴望拥抱的是更低的税率、更高的公共福利（社会保障）和更好的公共服务水平，这将为其个人经济社会生活的规划（绩效目标及行为选择）提供更优的起点（带来正向激励）。但这不可能是无限度的，因此前文所述的大众民主机制和国会程序——最终表现为通过的法案——即提供了各方利益合法博弈的科学管道；由此在每一个阶段时点所实行的公共政策，都已是多种诉求相互妥协的"合意"结果，即以法治保证了国家治理绩效运行的合法性及可持续性。

二、丹麦经验

丹麦作为北欧四国之一，被普遍认为是全球生活质量最高的地区。无论是联合国人类发展指数、英国"幸福星球"指数还是盖洛普世界民意调查等，结果均显示其为"最幸福的国家或地区"。[⑤] 与此同时，"透明国际"连续多年发布的世界清廉指数排行榜，丹麦亦常名列榜首，其政府清廉度与其他国家相比可谓遥遥领先。[⑥] 丹麦及其所在的北欧还是全球能源消耗最少与"低碳经济"贯彻最佳的地区，而这并未妨碍其经济的持续进

---

① STEIN. The fiscal revolution in America (1969) [M]. Chicago: University of Chicago Press, 1969: 398.
② 休斯，凯恩. 美国经济史 [M]. 7版. 邱晓燕，邢露，等译. 北京：北京大学出版社，2010：636-637.
③ 休斯，凯恩. 美国经济史 [M]. 7版. 邱晓燕，邢露，等译. 北京：北京大学出版社，2010：660.
④ SEELY. A republic bound together [J]. Wilson Quarterly, Winter 1993: 35.
⑤ UNDP. Human development report [R]. New York: Oxford University Press, 1990; ABDALLAH S., THOMPSON S. The happy planet index 2.0 [R]. London: New Economics Foundation, 2009; 驻丹麦经商参处. 丹麦——如何使国民生活得如此幸福 [EB/OL]. 环球网国内新闻，2014-02-28，http://china.huanqiu.com/News/mofcom/2014-02/4866140.html.
⑥ 郑方辉，卢扬帆，覃雷. 公众幸福指数：为什么幸福感高于满意度？[J]. 公共管理学报，2015 (2).

步——据世界银行数据,丹麦近10年GDP增速维持在-4.91%到2.24%适度区间。① 经济进步、环境友好、政府清廉以及人民幸福共同形成一种国家治理绩效类型的理想状态,以致福山在其《政治秩序与政治衰败》著作中提出并试图回答"如何到达丹麦"的问题。② 从本书视角看,这无疑是在经济增长中考虑了持续、在效率追求中兼顾了公平、在政府管制中融入了法治的结果,其主要经验亦是通过将国家治理绩效的各维度都纳入法律之价值观念、组织机制与实践秩序以内,即强化法治对发展之引导、规范及调节作用。

(一)法律价值观念

首先,法治所蕴含的平等、公平等价值观念早已深刻地嵌入其国家治理绩效的各领域,这或是基于全社会的共识以及每个人从小到大所接受的教育所致,某种程度甚至比追求经济和收入的增长更为重要。据旅居该国的人反映:丹麦人日常交往遵循一种不成文的"叶特尔法则",即任何人不得自称比别人好、聪明或者富有,他们也不认为别人会比自己更好、更聪明或更富有;即便在搭乘公共交通工具时也不提倡让座行为,因为这是一种特权的表现;同时,法律规定在丹麦的外国人也要遵守平等原则,比如外交部法令要求只有外国元首正式来访时才能在机场铺红地毯,其他(哪怕为本国带来福利的)高官不享有此礼遇;将平等的原则迁移到拥有不同出身、能力和受教育水平的人群上,丹麦人一直重视并致力于缩小地区、行业、阶层和城乡之间的贫富差距以体现公平,藉此出台了一系列有效的公共政策、税制和政府补偿措施。③ 这种公平的理念还扩展至对当代人和后代人所享有发展权利的平等保障上,他们深谙经济增长和环境保护之如鱼和熊掌不可兼得的逻辑,因此十分注重在经济发展中对能源消耗与"低碳模式"的贯彻,这一逻辑在其20世纪70年代以来的各类国家层级的规划中彰显深刻。④

对平等与公平的掌握来自于丹麦人根深蒂固的文化和宗教传统,并且跟其相配的道德与法制教育贯穿于小学到大学的全过程。⑤ 丹麦家庭和学校从小就教育孩子们要平等待人,要帮助穷人和弱者,不要巴结强者。即便到了职业教育的层面,它仍构成公务员和企业职工培训的重要组成部分。应该说,正是这些教育和文化的力量在很大程度上遏制及减少了人们对金钱膨胀的欲望,才使得"法治(背后的平等与公平等价值观念)高于发展(经济、效率、有效等导向)"成为国家治理绩效的普遍自觉,藉此换来丹麦乃至整个北欧地区为人颂称"幸福天堂"的美誉。

(二)法制组织规范

其次,在上述价值观念的引导下,丹麦人开发出了一系列为保证国家治理绩效之法

---

① 世界银行数据库,丹麦发展数据[DB/OL],Http://data.worldbank.org.cn/country/denmark.

② 这里的丹麦不仅指一个国家,而是包含一种现代意义上美好近如童话般的状态,具体到政治上,即是一个国家既有法治又有民主、政府还高效且廉洁的理想。参见:福山.政治秩序与政治衰败[M].毛俊杰,译.桂林:广西师范大学出版社,2015;刘瑜.如何到达丹麦[EB/OL].东方早报·上海书评,2015-09-20,http://www.dfdaily.com/html/1170/2015/9/20/1302546.shtml.

③ 佚名.欧洲"民主社会主义"国家丹麦在民主法治建设上的成就[EB/OL].凯迪社区·中间地带,2004-11-02,http://club.kdnet.net/dispbbs.asp?boardid=24&id=536586.

④ 董小君.低碳经济的丹麦模式及其启示[J].国家行政学院学报,2010(3);张福林,王桂兰,倪伯云.丹麦的生活条件和城市发展规划[J].国外建材科技,1998(4).

⑤ 许春华.丹麦为什么不腐败[N].南风窗,2012-10-31.

治逻辑而存活的组织机制。一是通过科学税制和补偿政策来缩小收入差距。"二战"后丹麦逐步出台系列平衡地区发展的政策,至20世纪70年代,主要以补偿金制度来运作,中央政府对地方基础设施、医疗、教育等进行资助,对财政收入低的地区给予特殊资助;此后这一制度转为更具有法律效力的中央对地方"一般性财政补贴拨款"。1984年丹麦正式实施"地区补贴与均等化计划",把建立地区平衡发展体系、缩小地方政府收支差距与实现各地福利水平均衡化作为国家治理的战略目标;1995年,该项计划调整强化了对大城市弱势群体的保护力度。① 二是建立权威机构与长效机制来发展"低碳经济"。丹麦一早即把降低能耗置于国家战略高度,在1976年成立国家能源署作为一个强有力的牵头主管能源的政府部门;此后,该部门从国家利益高度出发,调动各方面资源,统筹制定了国家能源发展战略并组织监督实施,其管理重点逐渐涵盖国内能源生产、能源供应和分销以及节能领域;同时为保证新能源战略实施进行了全方位的制度设计和政策支持,包括开征碳税,利用价格杠杆、税收优惠和政府补贴对采用绿色能源企业予以扶持,开发新的投资方式以打破传统能源垄断等。② 三是加强法制监督来确保政府廉洁高效。丹麦的政治与行政崇尚公开透明,作为其国家运作的一个主要原则,具体内容包括政党透明制度(政治筹款规范、限额及公开)、现代公务员制度(考录及常任)、政府信息公开和公共预算制度(公布绩效目标及绩效过程)等。而以上这些方面,无疑都有明确的法律法规与完善的配套机制来作支撑,相关的如《城市与农村区域管理法》《国家与区域规划法》《城市规划法》《可再生能源法》《公务员法》等。

丹麦的国家法治及其对绩效运行的帮助建立在一个以宪法为核心的运作良好的司法体系之上。这一体系的根基为1849年颁布的首部宪法,它确立了国家民主的基本框架,强调对公权力进行分割,藉此形成立法、行政、司法三权分立的政体结构。丹麦的司法实行三级管理制度,最高检察院检察官和最高法院法官均由国王或女王任命,此外还设有专门法庭;司法承担着保障公民权益、监督和遏制腐败以为国家健康发展服务的重要职能。完善的财产申报和公开制度也是值得圈点的一项法制设计,它由税务部门负责统计国内全体公司和个人的财产,并对其经济价值作出评估,所有人都必须如实申报。丹麦的调查官制度在1955年推出,它由议会选出并直接对之负责的调查官专门听取公民对政府部门工作的意见,调查官员的舞弊事件,处理公务员的过失行为,等等;这一制度旨在保证民众免受政府部门的不公正待遇,得以有效减少官员腐败,提升政府效能。③

(三)法治实践效果

再次,正基于以上的观念与组织机制,丹麦得以在适度追求经济效率的努力中维持一种法治理想下的公平秩序,从而获得被称为法治化的国家治理绩效。一是在法治水平上,包含法治指数、清廉指数、经济自由度等在内的国际权威机构测量的结果,丹麦均居前列。"世界正义工程"2015年公布的全球102个国家法治指数均值(0~1标度)为

---

① 佚名. 欧洲"民主社会主义"国家丹麦在民主法治建设上的成就[EB/OL]. 凯迪社区·中间地带,2004-11-02, http://club.kdnet.net/dispbbs.asp?boardid=24&id=536586.
② 董小君. 低碳经济的丹麦模式及其启示[J]. 国家行政学院学报,2010(3).
③ 许春华. 丹麦为什么不腐败[N]. 南风窗,2012-10-31.

0.5683，排名前3的依次为丹麦（0.87）、挪威（0.87）和瑞典（0.85）；"透明国际"近10年发布的清廉指数中，丹麦有7年居于世界第一或并列第一；由《华尔街日报》和美国传统基金会共同完成的全球经济自由度报告涵盖全球155个国家和地区，丹麦亦始终处在前10位。① 二是在发展态势上，丹麦始终处于一种"中等增速""适度发展"却是"健康环保"的状态。过去35年间（1980—2015），其国家经济总体增长约45%，能源消耗却只增长了7%，二氧化碳排放量更是减少了13%；1980—2015年丹麦能源结构不断优化，石油和煤消费量均减少了约36%，天然气消费比重达到20%，可再生能源比重超过15%，尤其在风电领域，丹麦已成为全球风能发电和发电风轮生产大国，其风电设备占世界市场的40%以上。② 三是在生活质量上，多个渠道多种方式的调查均表明丹麦为全球幸福指数最高的国度。荷兰鹿特丹大学"世界幸福数据库"和美国"世界价值观调查"数据均显示，在过去20多年间，世界上"最幸福的人"都是斯堪的纳维亚半岛居民，丹麦民众尤为突出；盖洛普的一份"国民生活满意度"调查亦显示，2005—2009年全球155个国家中，丹麦为"最幸福国家"；世界经合组织2011年的一份报告指出，丹麦人的相互信任指数高达89%，亦居全球之冠，远超59%的平均水平。③

三、印度经验

从地缘上看，印度与中国是邻国，都是具有辉煌而悠久历史的东方文明古国；从经济上看，印度与中国一样自20世纪下半叶便进入高速增长的时期，二者同被国际社会列入"金砖四国"，并为亚洲经济的"火车头"。应该说，中印的发展模式在许多方面具有共性，相比于前两者，其国家治理绩效的法治化经验或有着更加贴近的参考价值。

（一）绩效模式特征

一方面，中印两国发展模式有很强的相似之处。两国都是从1970—1980年代开始探索经济体制改革，其典型特征为在保持政治稳定的前提下，基于自身国情充分利用比较优势和国际机遇增强经济活力，带动国民经济向好发展和整体增长。具体有：一是推行以市场为导向的改革，两国都把市场化当作经济改革的长远目标，并面临从计划经济向市场经济艰难转型的挑战，可以说都经历了"摸着石头过河"的漫长历程；二是鼓励私营经济发展，政府向私人投资开放了更多的部门，使私营企业能够参与重要的经济活动；三是实施对外开放，采用全方位的态度和渐进式的策略鼓励先进技术"引进来"和本国

---

① AGRAST M，BOTERO J，PONCE A. WJP rule of law index 2015 [R]. Washington：The World Justice Project，2015；Transparency International. The corruptions perceptions index（2006 - 2015）[R]. https：//www. transparency. org/research/cpi；The Heritage Foundation & The Wall Street Journal. 2003 - 2014 Index of economic freedom [R]. 人大经论坛，http：//bbs. pinggu. org/thread - 3557736 - 1 - 1. html.

② 世界银行数据库. 丹麦发展数据 [DB/OL]，http：//data. worldbank. org. cn/country/denmark. 笔者进行了计算。

③ 驻丹麦经商参处. 丹麦——如何使国民生活得如此幸福 [EB/OL]. 环球网国内新闻，2014 - 02 - 28. http：//china. huanqiu. com/News/mofcom/2014 - 02/4866140. html.

企业"走出去",强调对经济全球化的参与及融入世界经济。①

另一方面,两国又有相对差异的发展思路或发展策略。一是中国以制造业、印度以服务业特别是软件业为发展的重点。中国遵循传统的工业化发展战略,制造业在整个国民经济中占据超过40%比重,并且工业制成品大量出口;印度则重视的是服务行业,其IT产业尤其软件业是最具有国际竞争力的产业,年均增长率一直在50%以上,截至2006年其软件开发与特种软件已占全球市场20%的份额。②二是印度的私营企业比中国发达,国际竞争力更强;在2002年"福布斯"评出的世界最好的200家小公司中,印度就有13家,中国只有4家,且全都在香港。三是中国利用外资规模比印度大,但印度增速更快。③2018年中国的实际外国直接投资为1349.7亿美元,同比增长3%,印度为377.6亿美元;而在2001年,前者仍高出后者14倍有余。④四是中国的基础设施建设强于印度,但印度的金融体系和法律制度更加完善。印度的特殊国情使之建立起运转良好的金融体制和健全的市场经济法律体系,这既得益于其对英国经济立法的继承,体系完善且与欧美国家兼容性较好,也跟20世纪90年代以来为适应经济全球化的法制建设努力不无关联,目前其在民法特别是知识产权、电子商务方面的立法已臻于完善,公众的法律意识也大为增强。根据2013年世界正义工程的法治指数评价结果,印度拥有强大的监察与衡平体系(全球排名37,下中等收入国家中排名第2)、独立的司法、言论自由及相对开放的政府(全球排名50,下中等收入国家中排名第4),虽然行政机构和法庭体系的效率欠佳,但它毕竟为印度产业和经济的崛起提供了有益的制度设计。⑤

(二)绩效成功经验

印度的国家治理绩效与经济发展模式是成功的。20世纪50年代初到70年代末其年均经济增长率仅为3.5%,但实施经济改革以后的30多年,年均经济增长率已达到6%,在2012年以后的分季度GDP增长率更是经常超过8%;印度是以服务业见长的国家,其服务业增长速度超过整体经济增速。过去的30余年里,1981—1990年印度服务业年均增长率为6.6%,1991—2000年为7.5%,2001—2009年为9.1%。⑥尽管总体规模和平均增速尚不及中国,但这些数据表明印度经济的基本状况是健康良好的,"印度模式"具有强大的生命力。

以法治为基本特征的现代治理结构有效保障了印度的国家统一与社会稳定,并为经

---

① 中国经济市场化和改革开放的详细历程已在本书第三章作了阐述。印度自1991年来加快经济市场化改革的步伐,其主要内容是减少政府对经济干预、取消审批许可、扩大对外开放和自由市场竞争,至2003年国际货币基金组织有关报告称(印度决策高层认为)这些改革目标已经实现;为允许私人经济参与更重要的经济活动,印度国有企业垄断的行业已由17个逐步减少为6个,包含电力、钢铁、采矿、交通等领域皆鼓励私营企业参与;同时其积极改善投资环境、简化审批手续以提高对外资的引进和利用,1996年底对9种工业的外国直接投资的参股率已提高到74%。参见:尹倩. 中国模式与印度模式之比较[J]. 理论与现代化,2006(7).

② 陈东山. 简论21世纪印度的发展[J]. 广东青年干部学院学报,2002(1).

③ 文富德. 印度经济增长速度有可能赶上中国[J]. 南亚研究季刊,2004(4).

④ 世界银行数据库. 中国、印度发数据[DB/OL]. http://data.worldbank.org/country. 笔者进行了计算。

⑤ AGRAST M, BOTERO J, PONCE A. WJP rule of law index 2013 [R]. Washington: The World Justice Project, 2013.

⑥ 世界银行数据库. 印度发展数据[DB/OL]. http://data.worldbank.org.cn/country/india. 笔者进行了计算。

国家治理绩效转型的中国实践

济转型和长期增长提供了稳定的心理预期和制度支持。除了限制政府权力之外,法治也使公众不但得以参与公共治理,而且能够获得赋权并以多元化的方式充分发挥其潜力。[①]法治还加大了违法的成本,独立媒体则保障了信息披露的及时和真实,这都有利于吸引更多的资金和人才进入其支柱产业,并使之不断扩展。[②]与此同时,邓常春和邓莹进一步认为印度的长期经济增长和社会发展绩效来源包括其1947年独立之时建构的三项基本公共制度,即政治上的民主体制(包括成熟的议会/多党政治/选票市场/联邦制/宪政/三权分立/司法独立等)、经济上的市场化改革(由政府主导转向自由化)和社会领域的分享政策(与种姓制度相对立);[③]尤其民主体制不仅有效地保护了私人产权,促进了合同的执行,提供了法律和秩序,并通过社会保障与再分配机制及冲突管理,有利于民众分享经济增长的成果,推动收入分配向低收入人群倾斜。[④]尽管这些制度或由于经济形势的迅速转变而其改革未能完全跟上,也产生了一定的负面效果。正如1996年罗伯特·巴罗主导的一项实证研究所表明:"法治对经济增长有明显促进作用,但民主与经济增长的关系却相当弱""民主既不是经济增长的充分条件也不是必要条件";即如果控制其他条件,对于经济增长而言,民主是中性的。[⑤]

(三)参考借鉴价值

"印度模式"的成功给同是亚洲国家且面对转型也发展迅猛的中国提供了参考。一方面,印度的改革是渐进和有限的,其经济却加速增长,这或在一定程度上说明只要拥有合理的制度设计,即使改革相对温和也能获得较大的制度红利。另一方面,中国与印度同样面临日益严重的能源和环境危机,其国家治理绩效的长期延续不能再依靠增加要素积累,而只能通过制度变革来促进经济转型;但得益于民族文化的熏陶,中国社会拥有高度的同质性、民族团结和效率政府,这是印度无法比拟的优势,如果能在此基础上不断深化市场机制改革。建立健全与之相配的法治体系,则将使之更有力地支撑未来长期的经济增长和社会发展。[⑥]

此外,"中国模式"和"印度模式"都在特定历史条件下适应了本国的国情,并且都不断发展和补充新的内容,其本身无优劣之分。这是无论分析哪国经验之时都应当保有的思维。并且中国与印度两种绩效模式所依赖的要素不同,中国模式的选择无法与政体分开,印度则无法与社会结构(种姓制度)分开;当然,印度实行议会民主制,这可能是西方世界普遍更加认同印度的一项理由。[⑦]对此,更重要的问题是,我们既要看到与印度在一些方面的差距,看到努力的方向,尽快地弥补这种差距;也要坚定制度自信和道路自信,更加保护及夯实自身的比较优势,走出中国特色的国家治理绩效的可持续发展之路。

---

① 邓常春,邓莹. 公共制度与经济转型——印度的经验、教训与启示[J]. 南亚研究季刊,2015(2)
② 邓常春,邓莹. 法治、市场化改革与印度服务业的增长[J]. 东南亚南亚研究,2014(3).
③ 邓常春,邓莹. 公共制度的经济绩效与社会影响:印度的经验及其启示[J]. 管理现代化,2012(4).
④ 邓常春,邓莹. 印度民主体制与社会分享制度:绩效与借鉴[J]. 河南社会科学,2015(2).
⑤ 巴罗. 经济增长的决定因素——跨国经验研究[M]. 李剑,译. 北京:中国人民大学出版社,2004.
⑥ 邓常春,邓莹. 公共制度的经济绩效与社会影响:印度的经验及其启示[J]. 管理现代化,2012(4).
⑦ 尹倩. 中国模式与印度模式之比较[J]. 理论与现代化,2006(7).

四、总结与评析

综合上述，典型三国的绩效治理模式都有其独特之处。相对而言，美国经济社会的成功尽管是多种因素综合的结果，但法律制度的有效运作无疑为其中的重点；① 究其要旨，即利用法律背后的权力逻辑以及政治理念实现对私权利的保护，使之能充分对抗来自公权力的侵害。② 丹麦的成功经验在于通过新能源及其品牌化战略，很好地将政府、社会与公众多方主体进行有效融合，并实现法治之价值观念、组织机制和实践要求对其行为的全面贯彻，从而在三者互动中得以推进国家及城市的绿色发展。③ 印度的经济增长以服务业为基础，特别是司法、金融体系健全使之拥有一个更利于本土私营企业发展的商业环境，包括私有产权、知识产权的保护，法制完善及媒体监督等，都构成吸引外资的最有利的软优势。④ 可以看出，虽然各国经验不同且与中国国情体制的契合度不一，但其一个显著的共性即法治对经济发展的贡献度很高，或说法治发挥了对国家治理绩效的强有力的规范与调节作用。这正是本书提出要进行中国国家治理绩效类型的法治化转型所需重点借鉴的方面。

第二节 正确处理绩效与法治价值导向的关系

一、充分认识绩效和法治作为国家发展导向的根本性地位

从历史上看，中国长期经济社会发展是以追求高增长为导向的，这一方面源自特定时期的现实需要，另一方面也是集权式国家体制所促成。不论是中华人民共和国成立之初恢复性的大规模工业建设，还是改革开放以来以经济建设为中心的基本路线，都发挥了稳定新生人民政权、提升中国综合国力与国际地位的重要作用。纵观40年中国的发展导向，主要经历了两次大的转变，形成三个阶段。第一，1979—1994年以经济发展为导向。其具体表现：在发展重点上强调GDP的快速增加，实现工业化与"四个现代化"；在发展战略上强调非均衡发展，先富带后富；在政府治理上以经济指标考核官员政绩，制造地方竞争以提升效率；在人民生活上强调经济兼顾社会，积累和消费并举的粗放模式。⑤ 第二，1995—2012年以全面科学发展为导向。其具体表现：在发展重点上强调经济优先但注重绿色GDP；在发展战略上强调经济社会相协调的全面科学发展；在政府治

---

① 齐延安认为美国法治的基础包括社区自治、法律家精神和法治教育三个方面，其基本原则一是宪法和法律为最高权威、二是人的权利和自由为本位、三是分权制衡为核心、四是司法审查为保障，相应地，其制度设计有联邦制、三权分立和司法审查等。本章主要是围绕法治对国家治理绩效（经济发展）的贡献展开研讨，故未就其基本架构先做详述。参见：齐延安. 美国的法治经验及启示 [J]. 法学论坛，2005（6）.
② 闫卫军. 试论私权利保护的制度与逻辑——以美国经济法治的历史为参照 [J]. 理论与现代化，2015（1）.
③ 周长城，徐鹏. "新绿色革命"与城市治理体系的创新——丹麦可持续发展经验对中国的启示 [J]. 人民论坛·学术前沿，2014（22）.
④ 尹倩. 中国模式与印度模式之比较 [J]. 理论与现代化，2006（7）.
⑤ 赵凌云，张连辉. 新中国成立以来发展观与发展模式的历史互动 [J]. 当代中国史研究，2005（1）.

国家治理绩效转型的中国实践

理上转向对官员落实科学发展观的考核；在人民生活上强调社会全面进步和人的全面发展。① 第三，2012 年至今以法治规范发展为导向，包括加强法治建设对经济社会发展的规制作用，适度放缓增长速度，强调发展质量与结构转型，同时加快全面依法治国建设，打造法治政府及法治社会于一体的社会主义法治国家。② 这一转变的趋势，与本书提出并阐述现代中国治理绩效转型的历史及目标高度契合，足见发展观或发展导向的变迁对国家整体运行存在着重大影响。而归纳起来，其中前两个阶段基本可概称为"绩效"导向的发展模式，因为绩效本身内含了经济、效率、有效和公平的价值追求；无论是 GDP 增加还是 GDP 兼顾社会进步与环境友好，其外延都在"绩效"概念的系统以内——效率性相对公平性是更加本位的原则，只是从第一阶段迈入第二阶段，逐步扩展了经济性和有效性的内容。第三阶段则进入到"法治"导向的发展追求，此时法治所要求的平等公平、规则秩序和保障人权等价值目标被提到更加显著的地位，（推进供给侧结构性改革、追求经济高质量发展和全面依法治国等理念的反复提出和不断强化）在某种程度甚至比往常倚重的经济效率更为重要——只是所规划的法治经济（法治型绩效）的理想状态尚未真正实现，国家仍处在整体绩效的法治化转型的过程当中。③

由此，绩效和法治也可看作是中国现实发展模式（混合类型）中的两种根本性的价值导向，它们在最为核心的内容或价值倾向上是相互区别的。一方面，若发展是以绩效为目的，即无论政府和公众的努力都旨在追求经济增长、社会进步、科技或知识扩张以及成本节约等指标。经济和收入水平提升对一国无疑是不可或缺的，特别是对于发展中国家乃至落后地区，经济绩效几乎是使其他问题得以处理和解决的基础（即所谓的"绩效合法性"依赖）；④ 然而一味地追求经济高速增长，则又会带来社会不公、环境破坏等系列严重的后果，或使广大人民不能充分分享国家治理绩效成果，其生活质量不能提高或感到不幸福。如前所述，这都是经济发展模式（国家治理绩效类型）中缺少法治的精神及其规则秩序所致，即"不法治"将可能导致国家治理绩效的不可持续。但是反过来一味强调法治（陷入其中的平等、公平乃至平均主义陷阱），则又会损伤发展的效率而失去生活改善的物质基础。⑤ 回归古典经济学的原理，追求幸福最大化构成人类生存和发

---

① 赵凌云. 科学发展观形成的历史逻辑与历史启示 [J]. 学习与实践, 2006 (6).

② 李曙光. 让法治成为经济发展的主要推动力 [N]. 经济参考报, 2015 - 01 - 06；裴长洪. 法治经济：习近平社会主义市场经济理论新亮点 [J]. 经济学动态, 2015 (1).

③ 说市场经济的本质为法治经济，是因为：第一，市场经济的体制需要法律来确立；第二，市场经济的主体需要法治来确认；第三，市场经济的规则需要法治来提供；第四，市场经济的纠纷需要法治来解决；第五，市场经济的成果需要法治来保护。参见：卓泽渊. 运用法治思维和法治方式推动经济社会发展 [N]. 学习时报, 2015 - 12 - 31 (A4).

④ 正如邓小平所言："发展才是硬道理"，"当代中国解决所有问题的关键，就是要靠自己发展"。只有深刻认识取得经济增长（国家治理绩效）的重要和根本性地位，才能处理好经济与其他事业发展的关系。参见：邓小平. 在武昌、深圳、珠海、上海等地的谈话要点 [M] //邓小平文选. 北京：人民出版社, 1991：265 - 377.

⑤ 尽管国际经验表明，经济收入与居民幸福感并无必然的联系；但在发展中的中国，经济收入却仍构成居民幸福感的重要影响因子，特别是在收入达到一定水平（"拐点"）之前，随着收入增长，居民幸福感呈显著递增态势。参见：郑方辉，卢扬帆. 收入满意度："拐点值"估算及其经济政策导向——基于 2007—2012 年广东省的实证研究 [J]. 南方经济, 2013 (8)；郑方辉，卢扬帆，覃雷. 公众幸福指数：为什么幸福感高于满意度？[J]. 公共管理学报, 2015 (2).

展的终极目的;逻辑上,无论增加收入、促进公平与保护环境,其根本都在于提升人的生活质量或幸福水平(实现人的权利、自由和尊严)。① 由此,就当前中国而言,即应在确认绩效和法治分别作为发展的两种价值导向及其存在冲突的基础上,科学处理、正确协调与有效平衡两者相互关系,以实现国家治理绩效的长期健康延续。

二、因时因地制宜协调绩效和法治内含价值原则的冲突关系

正确处理绩效和法治两种发展导向的关系,需要擦亮眼睛、锤炼智慧,既要认清国家或地区目前所处的发展阶段、面临的发展形势和所需解决的最为紧迫的问题,又要对本国或本地实际进行充分剖析,以熟练掌握自身的优劣势,从而得以用一种全局性、战略性和前瞻性的思维,明确设立用于指导本国(地区)未来较长时间发展的价值精神。以中国为例,中华人民共和国成立之初乃至改革开放以前所面临的最为紧迫的问题即经济水平提升和人民物质生活条件改善,由此确立了经济增长(效率最大化)作为发展的根本导向;而转至如今,经济发展,社会进步以及人民生活都有了彻底的好转,社会的核心矛盾已为一是国家治理的高绩效或绩效合法性能否延续,二是经济增长对社会公平的挤占以及对生态环境的践踏等带来发展的无序,三是市场化与现代化带来多元的风险冲突急需整肃或化解,而其根本则涉及法治力量对国家整体发展模式的规范、调适及整合,由此我们才将"法治型绩效"奉为转型的理想目标与战略导向(图7-1)。

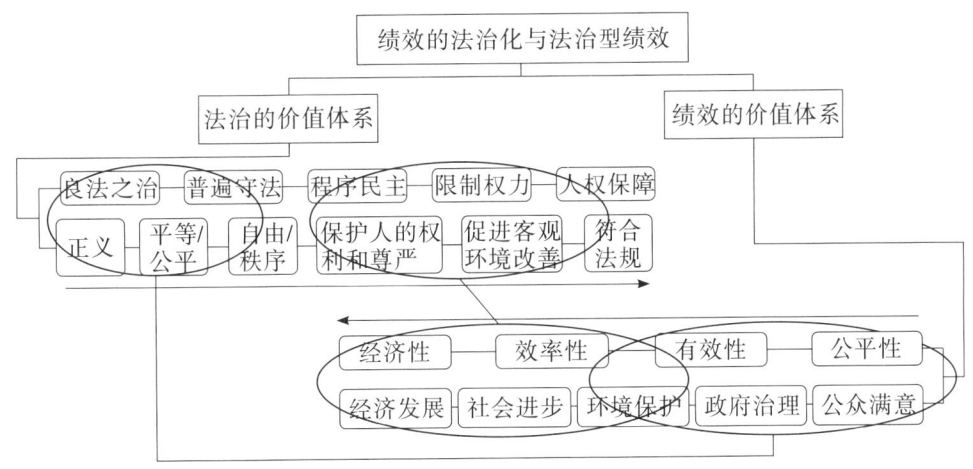

图 7-1 法治型国家治理绩效的价值原则与其内在关系

事实上,无论任何社会,其对绩效与法治两种发展逻辑的取舍亦不可能是绝对的。因为绩效和法治都有其内在的价值结构。如前所述,绩效导向依次追求的是发展的效率性、有效性、经济性和公平性价值原则;而法治导向则优先追求发展的正义性、公平性与秩序性及其对人的权利、自由和尊严的保护,其次才考虑应推动政治经济社会文化环境等具体领域的进步。两类价值体系的纠结与错位是与生俱来的,正因如此,才有了运

---

① 休谟. 人性的高贵与卑劣:休谟散文集[M]. 杨适,等译. 上海:上海三联书店,1988.

用法治的价值、组织、制度和实践来对绩效运行加以改造的必要性,即要求在发展效率及经济有效性的追求中充分融入公平性、有序性与人权保障的考虑。但同时法治与绩效的价值体系又是有共性的,比如两者都包含了公平性与经济社会进步的目标,说到底法治导向在价值上强调的是法治为主、绩效为次,绩效导向则反之。① 因此,当我们在进行国家或社会发展之根本导向的规划时,其更应回答的问题,似乎是两者的优先次序(谁为重点)或各自占比的问题。比如一国处于战火甫熄、百废待兴之时,则无疑应将绩效设为优于法治的地位;而当其落入发展无序、矛盾频发的陷阱,又需将二者调整反置。进一步地,这种设置和调整都应当是因地制宜,结合国家和地区的文化传统、体制根基等因素通盘考虑的结果,比如集体文化、威权主义政体通常更倾向于绩效高于法治的追求。总之,一切关于绩效和法治作为发展之根本导向及其内含价值关系的协调,都应站在人类发展终极目标与本民族整体利益、长远规划的战略层面进行思考并有所取舍,以强化一种全局的视野、前瞻的眼光与系统的思维。

三、基于绩效现实与转型需要力求法治型绩效的价值平衡

法治型绩效被确定为现阶段中国经济社会发展或国家治理绩效转型的理想目标,在推动这一转变的过程中,基于法治优于绩效的现实导向,颇为关键的是充分认识法治对推进经济健康发展的重大意义,从而不断加强法治的价值、组织、制度和实践建设,以更好地发挥法治引领和规范经济社会进步的作用;而其中首要的,又是在法治型绩效涵域之内实现法治与绩效内在价值的有效平衡。具体来讲:

一是要实现发展速度与发展质量的平衡。当前中国正面临增长向发展、速度向效益、单一向全面、粗放向集约转变的严峻挑战;为此应更加贯彻落实全面科学发展的理念,放弃盲目的经济增速追求,某种程度甚至要有牺牲速度以优化结构、提升质量的决心和勇气,包括更关心发展的法制环境、资源节约及环境友好,注重核心技术掌握和创新驱动基础上的产业转型升级,防控产能过剩与经济失衡,等等。这其实是在绩效的范畴内适当进行轻效率重效益(经济)的平衡,当然为保证国家稳定的物质基础,维持一定的经济增速仍是必要的。

二是要实现效率与公平原则的平衡。追求发展的效率无疑才能最大限度地发挥有利因素,创造更高的物质文明;但经验表明当物质文明到达一定阶段,其对人类可感知福利(主观幸福感)的帮助即将锐减趋零;② 不仅如此,因为长期倚重效率所带来贫富差距、政府失败和社会失范等负效应累积,反而对公众幸福形成损害,而这又是因为对公平正义的严重忽视所致。当前中国已进入需从效率优先转向公平优先的时期。其根本是要确立一种"道德意义上的符合正当社会需要和人类社会可持续发展目标的效率",即在发展方式上强调保证公平基础上的效率。因为若没有确定程度的结果公平,想要持久

---

① 按照本书理解,法治与绩效价值精神的内在背离与实践冲突构成了国家绩效治理法治化问题研讨的现实必要性,而法治与绩效精神的内在契合性则是这一问题真实成立且可被研讨的理论基点。

② 物质因素对人类幸福的增量作用"边际递减"构成一种"幸福悖论",美国学者 Easterlin 等对此作了广泛的研究和解释。参见:郑方辉,卢扬帆. 收入满意度:"拐点值"估算及其经济政策导向——基于2007—2012年广东省的实证研究[J]. 南方经济,2013(8).

地维持社会秩序稳定是不可能的,在一个秩序混乱的国家必是毫无经济效率可言。[①] 如果将法治型绩效的价值体系视作一架天平,法治与绩效的价值精神作为加在两端的砝码,则这种对效率(绩效之核心)和公平(法治之核心)原则的平衡即为处在中间拨动的游码,它将导致天平最终倾向于法治的一端。

三是要实现符合大多数人利益与保护弱势群体权益的平衡。正如马克思所言,社会主义经济发展的本质是促进人的自由全面发展,其根本则是实现和维护人民群众中的大多数人以谋生为目的的劳动需要和劳动所得的各种利益,以彰显一种优于资本主义的公平性。那么,基于人民群众之内部结构和个体差异的客观存在,这种以大多数人为导向的逻辑必然会面临集体选择与个人诉求的背离;社会主义理想的方式在处理这种冲突之时,要求个体利益服从集体利益——它所强调人民群众的概念是整体的,所产生的公平是以功利主义为衡量标准或说是效率意义上的公平。然而,这种公平不仅无益于多数人权利对少数人自由之僭越的防止,且由于现代民主机制的系统缺陷(弱势群体的话语权和议价能力天然较低),容易造成一种"多数人的暴政"。[②] 国家发展要实现真正公平正义,就必须设法削弱这些深层体制和观念上的功利取向,如在立法中更加凸显弱势群体保护的原则,在政府投入及管理中增加向弱势群体倾斜的力度,以创造条件尽可能地保证其生活各领域的机会公平与结果公平。某种程度上讲,强调弱势群体利益保障所体现的是一种福利主义或慈善意义上的公平,而这种功利和慈善作为法治(公平)范畴内不同衡量标准间的取舍,又构成我们确立法治型绩效(法治优于绩效)之根本导向以后所必须谨慎面对的重要方面——不是说讲法治或公平就一定要追求慈善或平均主义,是公平本身即蕴含效率的元素,正如效率本身亦蕴含公平的元素一样,两者孰轻孰重,需因时因地而异。

第三节　不断完善法治规范和引领国家治理绩效的组织机制

一、健全与市场经济相适应并能推动国家治理绩效转型的法律体系

市场经济为法治经济,建立以市场为基础的法治型国家治理绩效需要完善的法律体系来跟进。这一方面源自现代经济活动对法律需求的日益复杂化、专门化与精细化,无论政府和公众在市场框架下追求绩效的自主行为及其相互作用都要靠法律来协调、规范与整合;另一方面尽管改革开放以来中国已形成初步完整的法律体系,但距离跟现代市场经济相适应的标准依然较远,比如立法存在空白、结构不均衡、质量不够好以及法律

[①] 陈泽亚. 试论科学发展观下的新经济公平与效率观 [J]. 伦理学研究, 2004 (9).
[②] 该现象在公共服务领域体现尤为明显,比如假借资源有限逐步发展等托词实为其代表力和重视程度不足,农村的公共服务质量远不如城市、残障人士的公共服务远不如正常人。参见:托克维尔. 论美国的民主(上卷)[M]. 董果良, 译. 北京:商务印书馆, 1989: 765 – 789.

配套服务跟不上等。① 为此:

一是要不断完善立法体制,加快立法步伐,增强其与市场经济及法治型国家治理绩效相适应的程度。在中国已初步形成社会主义市场经济法律体系的基础上(原有法律更多为一级法或说是理念性的法律,条文趋于粗线条与原则化),后续立法工作的重点是细化二级法、三级法,并加强立法程序的科学性和立法内容的细致性,使法律更具有操作性,贴近且服务于普通人的绩效追求。② 同时规范法律清理机制,减少并尽量消除不同部门、层级和角度立法的内容冲突,逐步纠正法律体系结构不平衡的态势。

二是要求立法与改革相协调,通过法律规范和推进国家治理绩效类型的法治化转变。当前中国正处在经济社会深刻转型与全面深化改革的关键期,要继续保持国家稳定和较长时期的繁荣发展,尤其要靠法治推动。按照本书的逻辑,即要以规范法律来约束和协调政府及公众两个层面各环节的绩效行为,比如通过产权结构和分配机制的完善来增强个体努力与其绩效结果的关联度,从而增加其绩效投入,实现对国家治理绩效动因的法治化整合。党的十八届四中全会提出要使立法和改革决策相衔接、做到重大改革于法有据以及立法主动适应并推动改革与经济社会发展三大要求。具体而言,主要是提高法律立改废释的工作效率,如改革发生的法律空白处要补充立法,现有法律不适应的要加紧修改,一些恶法要尽快废掉,还要根据法律实践中出现的新情况(如新的法律关系形态)进行司法解释,等等。③ 总之,让法治成为经济社会改革与国家治理绩效转型的价值目标和动力机制,用良法善治来提升国家治理能力。

二、建立法治规范、引领和服务国家治理绩效发展的制度与组织

进一步说,要让法治成为规范、引领和服务国家治理绩效的核心动力,其关键仍在法律的组织实施。必须加快建立高效的法律实施体系、有力的法律保障体系、严密的法律监督体系以及科学的党内法规体系,它们作为中国特色社会主义法治体系的主要内容,是确保法律能有效规范市场经济运转并推进国家治理绩效转型的基础。④ 而实际上,无论法律的实施、保障和监督,又都包含了相应的组织机构和制度机制两个层面。

一是建立高效的法律实施体系。法律的生命力及其权威实现都在于法律实施。既要重视与经济社会发展关联的科学立法,实现有法可依,更要重视相关法律的实施,做到"法之必行"。要在坚持科学立法前提下,大力推进严格执法,确保法律得到正确实施;大力推进公正司法,确保审判机关、检察机关依法独立公正行使审判权、检察权,努力让人民群众在每一个司法案件中感受到公平正义;大力推进全民守法,使全体人民都成为社会主义法治的忠实崇尚者、自觉遵守者、坚定捍卫者。究其根本,除了守法方面以外,立法、行政、司法领域的法律实施都需由相应各级各类机构以强化其体系完整性、

---

① 改革开放后中国立法数量以年均逾20%的速度递增,至2011年已基本形成中国特色社会主义法律体系;但就2010年统计结果看,行政、经济部门现存法数量大幅领先于民商、社会、刑事及程序法部门(参见本书第三章图3-5,尽管立法源于需求,但数量并不能完全说明问题),这一状况毕竟反映了中国法律体系结构不均衡的事实;同时诸法同构、互有冲突,法律清理机制尚未健全。
②③ 李曙光. 让法治成为经济发展的主要推动力[N]. 经济参考报,2015-01-06.
④ 孟祥锋. 更好发挥法治的引领和规范作用[J]. 求是,2014(23).

分工明确性、职权法定性和运作程序性来保证，即要求服务于国家治理绩效的法律组织共同做到有人负责、分权制约、协调通畅、执行规范与救济有道。

二是形成有力的法律保障体系。要通过完备的法律保障体系来实现法治为经济建设提供优质高效的服务，因为它将是各类经济主体了解法律知识和解决法律问题的重要助手。中共中央《关于全面推进依法治国若干重大问题的决定》明确了具体的措施：加强民生保障的法律服务，推进覆盖城乡居民的公共法律服务体系建设；完善法律援助制度，扩大援助范围，健全司法救助体系；加快律师、公证等法律服务行业发展，健全统一的司法鉴定管理体制。尤其为应对日益严峻的发展环境约束、国际行业标准越趋细密、经济纠纷更加复杂等国家治理绩效急需法治化转型的背景，重点着力提高知识产权、融资并购、合作投资、海外经营等紧缺门类法律服务的供给能力，创新法律服务和法学教育模式，培养具有国际眼光、精通涉外法律业务的高素质法律人才。①

三是打造严密的法律监督体系。经过改革开放几十年的发展，中国已形成相对完整的法律监督体系，包括权力机关、司法机关、新闻媒体、社会公众等监督主体。由此，要从国家体制上不断健全常设的法律监督组织，经常性专门地实施法律监督，并根据监督结果有效处理违法人员；应形成各级各类机关、企事业单位就其法律实施情况进行述职的制度，并增强奖惩措施的效力；还应完善新闻媒体、社会公众获取有关信息和监督法律实施的渠道，法律监督机关要充分听取一定范围一定数量公众（尤其专业性公众代表）的意见。② 为进一步与市场经济条件下的国家发展相适应，要把转变观念、解放思想、改变计划经济模式下的法律监督取向、狠抓民法和经济法等直接反映经济活动的薄弱环节、充实基层检察与办案队伍等作为工作重点；更要不断健全政务公开、财产申报、干部考核、人事任免等方面的立法及其配套机制建设，增强法律监督权力运行的透明度和结果规范性的制度保障。③

四是建立科学的党内法规体系。党和法治的关系是法治建设的核心问题，尤其在市场经济条件下，把党的行为自觉纳入依法治国总体框架，则是真正实现法治规范国家发展模式的关键之举。④ 要切实完善党内法规制定体制，党内立法应严格遵守部门职权、规定程序并适时予以公布，鼓励党员、专家学者甚至党外群众有序参与党内立法及提出意见建议，将党内法规和国家法律有机融合；同时加大党内法规备案审查和解释力度，确保党内法规不与党章及党的理论、路线、方针、政策相抵触，不与国家宪法、法律和上位党内法规相抵触，要通过制法机关按照法定程序、标准及原则的解释说明来彰显和增强党内法规的严肃性、权威性；要注重党内法规同国家法律的衔接和协调，实现二者相辅相成相互补充，且为保持党的先进性，党内法规应当严于国家法律。⑤

---

① 蔡宝刚. 求解当代中国法治经济建设的路线图 [J]. 江海学刊，2016 (1).
② 鄂振辉. 论建立合格的市场经济法律监督机制 [J]. 法学杂志，1999 (3).
③ 盛瑾，李镜清. 关于建立市场经济法律监督机制的探讨 [J]. 检察理论研究，1994 (1).
④ 许耀桐. 论党与法治的十大关系 [J]. 科学社会主义，2015 (1).
⑤ 肖立辉. 推进党内法规制度建设的重要举措 [EB/OL]. 中国青年网，2014 - 11 - 17. http：//renwu. youth. cn/qnsh/201411/t20141117_6063014. htm.

三、培育法治型国家治理绩效的经济法治意识与社会法治文化

一方面,要确立政府与公众在市场经济活动中的法治意识即法治经济意识。通过法治规范经济活动的效益远远大于其成本,政府及公众在经济活动中尊重和遵守法律不仅是事关个体经济利益的私事,也是事关国家整体利益的大事。针对当代中国,与法治型国家治理绩效相适应的法治经济意识主要如下:一是法律权威意识,即任何组织和个人都必须遵守法律,经济领域的各类行为规范必须得以严格遵守;二是权利法治意识,即经济活动主体充分享有各种权利和自由,从而能够进行市场交易和利益保障,依法维护自己和他人的合法权益;三是平等法治意识,即市场经济主体依法与其他主体一样具有平等的发展机会和平等的利益诉求;四是诚信法治意识,市场主体之间包括作为监管者的政府在经济往来交易中必须诚实守信,杜绝欺诈行为,排斥投机取巧,减少交易的成本,达到双赢或多赢的经济目的和效果;五是责任法治意识,经济活动中各类主体的权利义务和责任都由法律予以界定,各项权利须依法行使,各项义务须依法履行,从而依法维护市场经济的稳定有序发展。①

另一方面,要扎实推进社会主义法治文化建设。因为法治文化是更好地发挥法治引领和规范作用的重要支撑。要坚持法治与德治齐抓共建,深入开展公民道德与诚信体系建设,把他律和自律紧密结合起来,实现法律和道德相辅相成、法治和德治相得益彰;要大力培育和弘扬社会主义核心价值观,加快建设具有中国特色、民族特性及时代特征的社会核心价值体系;要大力弘扬社会主义法治精神,加强法治宣传教育,努力提高人民群众的法律意识和法治观念,引导全体公民尊重法律、敬畏法律、维护法律,使法律内化为每个人的价值观念和行为准则,在全社会及每个公民的自主绩效追求中形成守法光荣、违法可耻的良好法治自觉。②

第四节 加快推进国家治理绩效基础性领域的法治化建设

推动国家治理绩效的法治化转型是一个复杂的系统工程,基于中国法治水平总体不高的事实,这一过程必然是循序渐进的。其中,关系国家绩效合法性之健康持续的关键领域,无疑应成为加快发展的着力重点。在此,结合前期研究经验,以产业扶持、政府治理、公共服务和民生保障四个方面为例,对其法治化的路径与对策试作探讨。事实上,从本书的逻辑视角看,这四者已基本贯穿了国家治理绩效的全过程,比如产业扶持即涉及国家长期发展绩效目标的规划,政府治理、公共服务属于绩效行为的具体规制,民生保障则关乎则绩效结果最终分配,而它们又可分别从政府和公众相对的立场进行剖析。究其精髓,四个领域法治化的要旨都在于通过完善的法制给各类主体设立明确的行为界限,并通过价值、组织、实践的导向促使其追求绩效的努力达至协调、规范和有效的良好秩序。

---

① 蔡宝刚. 求解当代中国法治经济建设的路线图 [J]. 江海学刊,2016 (1).
② 孟祥锋. 更好发挥法治的引领和规范作用 [J]. 求是,2014 (23).

一、产业发展领域

引导、扶持和规范产业发展是现代政府存在的合法理由之一,也是确保经济社会健康发展的必要举措。产业政策的本质是政府对产业经济活动的主动干预,其中蕴含政府对产业布局以及经济绩效目标的设定。一般而言,政府产业政策包括了组织规划、结构布局、技术攻关、质量监管、营销服务等类别。应该说,产业政策法治化构成国家经济法治化的重要内容,因为"如果政府制定和执行产业政策的行为不受法治原则的制约,则其可能变成行政专权,增加其任意性并产生严重的后果"。[①] 由此,要推进产业发展尤其政府产业扶持政策的法治化,就应做到以下几点:

一是要明确政府在产业发展领域的角色定位与行为边界。公共经济学理论及世界产业发展经验表明,政府若要扶持产业发展应主要针对公共产品、知识性与风险性的方面进行投资,致力于解决资金需求大、预期风险高、回报周期长等市场不能或不愿去解决的问题。特别是在关系国家长远利益的战略性产业方面,应主动承担起整合产业力量、专注基础性原材料与核心关键技术研发等任务,并允许一定的尝试和失败(不苛求短期效果);而对于扩大产业规模、通过边际技术的改进降低生产成本等方面,则应交由市场机制决定的企业自主实施。[②] 同时,政府还应根据产业发展的不同阶段分别实施不同的产业政策。如在行业导入初期,可利用财政补贴、税收优惠等降低起步门槛与鼓励生产投资,实现产业规模的快速增长;而一旦步入充分竞争的阶段,则应转向加快健全产品和技术标准体系,推动行业规范化发展——从某种程度上讲,这才是政府产业政策的本职。

二是要贯彻产业政策法定原则,建立规范的产业政策法律体系。《中华人民共和国立法法》规定基本经济制度以及财政、税收、海关、金融和外贸的基本制度只能制定法律。产业政策为经济领域的基本制度之一,应属全国人大及其常委会的立法权限范围。无论是各级重要和全局性产业扶持政策的制定,都应当贯彻法定原则,即由相应层级的权力机关经过法定程序论证并以法令性文件落实,以解决目前产业政策偏于随意、缺乏制度约束及民意体现的问题。从结构上看,产业扶持政策的关联法律体系可由基本法和部门法两类组成。基本法以一般性法律规则为主,致力于产业扶持的实体规则与程序性制度及救济制度设计,而不涉及具体产业的扶持或限制,后者应由部门立法来解决。[③] 总之,中国产业扶持政策的法治化路径应推动产业扶持从行政主导的制度范式逐渐向部门立法为主体的制度范式过渡。

三是要厘清部门权责,完善法治化的产业发展组织制度。应对政府扶持产业政策的组织机制进行法治化的"顶层设计",解决关键部门之间权责界定不清或者职能缺位、错位的问题。具体如下:界定财政部门与主管部门的责任边界,比如主管部门应负责制定产业扶持资金的分配方案、组织扶持项目申报与评审、开展监督检查并力图确保扶持

---

① 张波. 论中国产业政策的法治化及实施制度重构[J]. 当代法学, 2008 (1).
② 魏红征,卢扬帆,郑方辉. 广东省LED与新能源汽车发展专项资金绩效第三方评价[J]. 南方经济, 2015 (7).
③ 叶卫平. 产业政策法治化再思考[J],法商研究, 2013 (3).

目标顺利实现，财政部门亦需会同或参与完成上述工作，主要对扶持资金分配的合理性、支付的及时性和违规项目追查等方面负责；加强部门间的相互沟通、业务协同与信息共享，建立问责机制，针对项目立项、审批、报建、采购、付款及验收等环节应形成多部门的监管合力，避免"各自为政"的现象；健全产业扶持资金管理办法等配套机制，形成相对统一的范本，如设置可检验的绩效目标、界定相关部门职责等，在基本内容框架下允许根据被扶持产业特点补充细则。

四是要形成科学的产业发展决策、评估以及救济机制。一方面需从打造良好的政企关系入手，把产业政策的制定从政府单向决定逐步变为政府和产业界共同决定，尽管在一些区域性产业扶持中，地方政府仍该发挥主导作用，此时也要协调好地区和全国同类产业政策的矛盾；另一方面要建立健全产业扶持政策的绩效评估机制，包括培育和选择适当的评估主体、完善评估管理办法、落实评估结果应用等，要在绩效评估中引入经营者、消费者等多元主体的参与，以获得全面客观的评估结果；此外，要探索建立起畅通的产业政策救济渠道，使由于该项政策实施受损的个人、企业及其他社会群体利益获得有效申诉和补偿。

二、政府治理领域

政府治理实际上包含了政府自身管理及其对经济社会的公共管理两个层面。政府治理现代化是实现国家治理体系和治理能力现代化的必然要求，而法治化又是政府治理现代化的先导。[①] 特别是基于中国单一制集权的体制形态，政府在引领经济社会发展取得国家整体绩效方面发挥了显著作用，那么推进政府自身及其公共管理行为法治化，即成为追求国家治理绩效法治化转型与其动因持续的关键环节。在此过程中：

一是要培养政府依法履职与权力规范行使的法治理性。政府权力法治化不仅在于观念层面，要树立公共权力行使必须接受法律监督的意识，每个掌权者都是监督与被监督的双面体，应增强其自觉服从监督的平等及公仆思维。而且在于实践层面，包含三个维度，在改革与法治的关系中，应以法治的方式限定政府权力，使推进改革在法治的框架内进行；在政府与市场的关系中，应正视政府权力在经济生活中的越位和缺位，以法治的方式厘清政府权力的边界，构建参与协作的主体间关系；在政府财权与事权的关系中，应坚持两者相一致的原则，即以法治方式合理划分政府的财权和事权。总之是要遵循凡是公共权力都来源于法律并依照法律运行的规则，要根据职权法定原则实现政府的组织法定与职责法定。[②]

二是要健全行政执法监督程序机制，提升依法行政能力。包括切实加强各级权力机关对政府抽象行政行为的监督，如发现公务员有渎职、失职行为即按法定程序罢免其职务；人民法院在行政诉讼中应当敢于对违法行政行为依法判决，并通过司法建议有关机关处分在违法行政行为中有过失的公务员；行政法制部门应加强行政机关内部系统的行政法制监督工作，依法处理行政复议案件，保障政府及其工作部门的依法行政；应鼓励

---

① 焦石文. 推进政府治理法治化须解决四大问题 [J]. 领导科学，2015 (11).
② 赵德勇. 政府权力法治化的三个维度 [J]. 马克思主义与现实，2014 (6).

社会公众依靠各种舆论工具对违法行政行为加以揭露，提供有效信息使有关国家机关能及时采取监督措施。① 还要不断提高领导干部的法治素养，推进法治人才培养正规化和专业化，通过改进人才遴选机制加强立法、行政及司法队伍建设。②

三是要加强政府内部管理及成本节约，塑造廉洁效能政府。要按照社会主义市场经济的客观规律加快政府职能转变，理顺各级行政管理体制，比如把相同和相近的职能交由一个部门承担，力求各部门之间职能边界明确，各负其责，协调运转，从而减少相互争权或推诿的现象，从根本上降低行政成本。还要建立政府廉洁高效的监督保障机制，包括重视反腐败和廉政建设的领导机制建设，注重推进党务、政务公开，依靠群众支持和参与反腐败，强化报刊、电视、广播等新闻媒体的采访权和舆论监督权，推动信息平台、网络问政成为新的廉政监督方式；同时加强行政领导问责，加强违法违纪案件的惩处力度，重视腐败专项治理及其常态化与法治化。

四是要提高公务员法律素质，建设勤政自律的行政队伍。通过加大行政机关领导和执法人员法制培训力度，以各级党校、行政院校为培训基地建立法制教育网络，完善执法人员乃至行政领导的上岗考试与定期培训考核制度；并以政府机构改革为契机，把政治业务素质高的人员通过严格考核择优录用，在同一部门不同机构、同一机构不同岗位乃至不同部门之间定期进行执法人员交流。③

三、公共服务领域

提供和改善基本公共服务构成现代服务型政府的重要职能。这不仅是从政府层面推动实现国家发展绩效的必要举措，亦关系整体绩效结果在社会不同类别主体中分配的效能。而政府公共服务职能法治化，则是确保该领域行为及结果始终遵循法定程序并获得法定资源保障的必然渠道。在某种程度上，"服务型政府法治化的实质即通过法律来规范和约束行政权力的有效运作，建立健全符合中国国情的切实有效的基本公共服务体系，以更好地强化其社会管理和公共服务功能"。④ 由此，为推进政府基本公共服务法治化，需加强以下几个方面的工作：

一是明确基本公共服务供给的政府角色和模式定位。政府提供基本公共服务的职能行为亦是有边界的。以基础设施供给为例，政府若要通过有效的基础设施供给来促进国家治理绩效和公共福利增长，其核心的关注点不外乎对应基础设施的三个层面内涵，包括增加生产性设施以提高经济效率、改善服务性设施以强化社会福利、明确保障性设施以厘清产权结构。究其关键，则是要科学界定不同类别基础设施供给的责权分属，并发挥其在基础设施供给中的决策和引导功能，同时要重视区域、城乡及不同人群间基础设施享有均等化，加强政府自身质量与公共服务效能的改善。简而言之，不仅要提升政府自身在基础设施供给中的工作效能及工作质量，更要建立政府、市场与社会分工明确且

---

① 孟大川，黄仕红，张为波. 地方政府管理法治化研究 [J]. 西南民族大学学报（人文社科版），2004（1）.
② 焦石文. 推进政府治理法治化须解决四大问题 [J]. 领导科学，2015（11）.
③ 赵德勇. 政府权力法治化的三个维度 [J]. 马克思主义与现实，2014（6）.
④ 陈国芳. 服务型政府法治化的基本理念 [J]. 湖南社会科学，2011（6）.

良好合作的治理模式。

二是树立法治理想的公共服务均等化价值理念及行为取向。基本公共服务均等化强调全体国民共享国家发展绩效的机会均等或结果相当，需将基本公共服务水平的差距控制在合理范围之内，以体现公平正义的法治原则。从根本上看，基本公共服务均等化应采用经济法对国家行使公权力以配置社会经济利益的行为进行规范调整，帮助实现公众尤其是困难群体的基本权利，维护社会公平。但是，均等化并不是追求平均主义和绝对相等，而是要正视各地发展程度以及公共需求存在差异的现实特性，如普及义务教育、实施社会救济和基本社会保障等，应根据各地情况给予必要与适当的供给保证，不可以形式上的均等掩盖实质上的不均等。

三是完善区域经济结构合理化与区域协调发展的法律制度。健全区域经济协调发展的法律制度，促进全国经济结构合理化，这是从根本上提高欠发达地方政府提供基本公共服务之经济实力的举措。当前中国区域协调发展措施主要停留在政策层面，付诸立法较少，且多为原则性而非具体性规定。未来的方向应是加快推进区域经济政策的法律化，比如借鉴日本《北海道开发法》等国外先进经验，形成一部全国性、综合性的区域经济协调发展法；同时应加紧完善区域合作以及区域经济互动等方面的相关制度支持，将区域协调开发纳入法制化的管理轨道，以保证开发过程的稳定性及连续性。

四是规范转移支付建立城乡统筹的公共服务财政体系。转移支付在协调政府间财政分配关系上发挥了巨大作用，应通过制定完善的法治机制对该公共服务领域财政转移支付进行规制，从而尽量避免人为因素干扰，保证政策目标顺利落实。具体来说，首先要强调宪法的有关规定，可借鉴加拿大或德国有关经验确立财政转移支付在宪法中的地位，并对其中一些基本制度做出规定，保障全体公民享有基本均等的公共产品和服务的权利；其次要制定转移支付法，按照事权与财权统一的原则合理划分央地和各级地方政府间有关基本公共服务的权责范围；再次要健全法律监督制度，由各级人大对相应层级的公共服务转移支付进行预决算监督，并进一步发挥审计与绩效评估等监督方式的重要作用。[1]

四、民生保障领域

从绩效角度看，民生保障是确保国家整体绩效结果在公众层面分配合理尤其社会弱势人群之福利享有的关键领域；而从法治角度看，它又是彰显公平正义及人权保护之法治价值与实践秩序的重要内容。那么，基于建设法治型国家治理绩效的目标要求，民生保障法治化即构成其中努力的要旨和焦点。不仅如此，法治化的民生保障还体现一种治国理念或治国方式，它是法治社会之理想秩序的显在标志。[2] 根据近年的研究经验，推进民生保障法治化：

一是要构筑民生保障领域的专门规范的法治系统。要设法廓清民生保障概念的科学内涵，确定民生事务及有关法律的部门、类别、层级与其所需解决的关键问题；在立法方面，要按照法制统一的原则和法定的立法权限，进一步提升民生法律体系的系统性，

---

[1] 阳建勋. 基本公共服务均等化之经济法路径 [J]. 法学, 2008 (5).
[2] 王官成, 彭德军. 民生法治论 [J]. 探索, 2009 (4).

针对社会普遍关注的民生重点如教育、医疗、卫生等领域，应做好拟制定有关部门规章与规范性文件的可行性论证，提高民生立法的质量，增强其民主性和可操作性；在执法方面，尽快组成严格的民生保障执法制度，各级有关行政执法主体要自觉履行职责，明确执法程序，加大民生保障规范执法与违法处罚的力度，保障民生立法的顺利实施；在司法方面，尽快健全民生保障问题申诉救济的程序机制，加强法院和行政部门的沟通，充分运用行政复议、行政诉讼等多种渠道，妥善处理各类权益纠纷问题。①

二是要增加民生投入，建立民生财政"专项资金库"。民生保障尤其"底线民生"属于各级政府理应承担的"兜底"职能。应通过整合与新增财力安排，不断加大民生保障财政资金投入规模，特别是要优先提高养老、医疗、失业等"底线民生"保障水平，切实增加对困难群众"保命钱""救命钱"的投入；同时针对目前民生保障多以"专项资金"投入、体制固化、绩效不佳等问题，应着力改善民生财政支出结构，如适当减少专项转移支付项目，降低甚至减免欠发达地区配套资金要求，建立民生财政"专项资金库"制度与动态调整、定期清理和稳定增长的机制，以法律方式保证民生财政投入不受其他因素影响。②

三是要强化目标管理，完善民生保障均等化的监督机制。当前民生保障及其财政支出的绩效目标不明确似乎是一种常态。对此，应在现代财政制度的框架下大力加强其绩效目标与资金管理，包括：建立目标指标库，可考虑民生资金的特点逐步完善绩效指标的内容，尤其是补充可检验的衡量目标质量的指标，科学论证目标值，并将绩效目标作为各级资金管理的"法定内容"。在此基础上，还要加强民生保障均等化的财政预算监督，如增加对社保基金的预算管理，不断完善基本公共服务方面的规章制度，为民生保障均等化提供良好的法制环境，以及加强舆论引导和广泛听取群众意见，建立民生保障均等化公开透明的监督机制。

第五节　以法治建设来充实和扩展国家治理的合法性根基

一、整合多元社会利益格局打造依法治国实践秩序

在法治型国家治理绩效之价值平衡、体制构建与逐步推进的基础上，我们仍面临的一个重大问题，即由于经济市场化与社会现代化带来个体利益诉求及其所驱动行为模式的多样化，一个整体社会的协调性自觉秩序及其系统风险防控变得愈发艰难。我们可能正在经历一种"原子化"的社会状态，有关国家发展的许多积极性动因都将被瓦解成内部交易成本，而这显然是法治理想的绩效运行模式或法治社会所不能容忍的。那么，科学认识和妥善利用法治力量的社会整合作用即成为扭转这一局面的关键，因为"现代法治的本质归结起来，就是用一元化的法律体系来支撑多元化的权力结构，使分权的制度

---

① 陈翔，肖兴燕. 民生领域法治建设之问题与对策研究[J]. 人民论坛，2013（17）.
② 郑方辉，廖逸儿. 第三方评民生财政专项资金绩效实证研究[J]. 华南理工大学学报（社会科学版），2015（1）.

国家治理绩效转型的中国实践

设计能依照统一的法律规则来运转自如与协调自洽"①。具体来讲,则是以法治化的思维与实践来积极面对经济社会深度变革的要求,既要充分认识当前社会成员利益需求多元化的特点,又要建立起妥善化解其中矛盾与冲突的工作机制,解决好人民最关心最直接最现实的问题。

一是要强化权利、公平与规则、秩序的法治思维。权利与公平是实现整体社会公平的基础。立足于社会主义初级阶段的基本国情,要实现发展成果惠及全体人民,要求政府及社会的每一个成员都对权利与公平的内涵及其实现形式有更深入的认识,确立新的权利与公平观念;不仅要严格依照法律规定行使自己的权利,还要采取正当的法律途径维护自身权益。要在经济领域充分保障各类市场主体享有平等公平的市场权利,在政治领域确保人民当家作主权利的制度实现;同时注重法治在国家和社会治理中的重要作用,进一步形成以公开、透明、民主、平等为价值指向的现代规则意识,形成维护国家法制统一、尊严及权威的自觉意识,崇尚社会的一致与和谐,反对各种形式的特权与僭越行为,反对潜规则与暗箱操作。② 从本质上讲,法治秩序就是要改变"人治"与行政命令、家长制的思维和做法,在全社会养成社会成员普遍尊重规则的思维及行动模式,进而保证社会生活的有序运行。

二是要建立多元社会相适应的民意征集和表达机制。经济社会变革使传统的"单位人""政治人"转为"社会人",其根本目的是要以合法合理的行为方式去创造财富和实现个人利益。那么在制度层面,要搭建适应于多元社会特征的民意表达平台,建立民意征集机制,进而使公权力机关能准确地了解和把握民意,真正成为最大多数人根本利益的代表。具体到我国,要不断推动人民代表大会制度的与时俱进,如通过建立健全代表联络机构、网络平台信息交流等形式密切人大代表同人民群众的联系,通过座谈、听证、评估、公示等扩大公民有序参与立法的途径;要大力推进民主协商,特别是有关经济社会发展和民生保障的重大问题应在全社会开展广泛协商,在基层组织中推动协商制度化,加强社会各种组织系统中民主化治理的制度建设。

三是要发展多元公众参与的权力制约和监督方式。不仅要求民众参与权力监督的形式是多样有序的,可以是直接、公开、自主、独立、合法以及均衡地参与,其根本是要让公共政策反映绝大多数人的利益需求;而且要不断丰富民众参与权力监督的内容,比如增加人民代表大会制度中普通代表的人数、代表联系民众的机制,发挥参政党的作用,加强和完善民意调查制度、信息公开制度、听证会制度、协商谈判制度、社区自治制度等;还要更多地发挥网络在民众参与监督中的作用,同时加强网络舆论的引导。③ 此外,公众参与监督必须建立在公权力信息公开的前提之上,必须进一步完善政务公开、党务公开、司法公开和各领域办事公开制度,健全质询、问责、经济责任审计、引咎辞职、罢免等制度,增强党内生活和国家政治生活的原则性和透明性,畅通民主监督的知情渠道,让人民群众真正基于真实信息的进行权力监督。

---

① 季卫东. 通往法治的道路:社会多元化与权威体系 [M]. 北京:法律出版社,2014:6.
② 莫纪宏. 依法治国根本目标:建立法治秩序 [N]. 学习时报,2014-09-08(A5).
③ 王莉. 以法治思维和方式实现群众利益需求 [N]. 学习时报,2014-03-25(A5).

二、协调不同主体绩效行为固化国家治理绩效合力

从绩效的视角看,实现多元社会利益格局下国家治理合法性延续或转型的关键,不外乎有效处置不同主体利益诉求与行为模式的冲突关系,力图使之相互协调产生积极合力。而按照本书的逻辑,自为行动体的绩效系统可由彼此联结的绩效目标、绩效行为与绩效结果三部分组成;进一步以抽象的政府和公众两个互相影响的层面为例,则是要在两者的目标一致性、行为干预程度及结果分配模式三个维度上下功夫:

一是要增强政府绩效目标设置回应公众迫切需求的程度。政府与公众绩效目标在更高的程度达成一致作为理想追求,且基于法治型国家治理绩效的标准,这种一致应通过法定的程序机制来完成。为此,要在法治政府建设的总体框架下,不断健全各级各类政府绩效目标(规划编制)的设定和出台程序,比如严格按照科学调研、充分论证、民主讨论与公开表决的步骤,尽可能广泛地了解民意、反映民意和回应民意,即将公众最为迫切需求的方面(一般为当地公众个体绩效目标最普遍的核心内容,如简单分为经济提升、社会公正、政治民主与环境改善等)通过合理机制转化为政府施政目标,借助于公共权力资源来推动与帮助其实现。更重要的是,法治政府要将这种反映民意及公众需求的政府目标设定机制落实为法律确认和保障的规范内容,切实提高政府决策的科学性及民主性。

二是要放宽政府管制并创造条件支持公众自主绩效行为。法治型国家治理绩效理想的政府和公众都是按照法律自觉规范自身言行并自主实施绩效追求的行动体,两者行为在符合法律普遍性要求的层面达至相互协调。不仅如此,政府与公众绩效行为存在重要的相互影响。政府应当放宽以行政命令对公众自主绩效行动的过多的方向及内容性限制,彻底转变计划经济体制下统一组织集体行动的模式思维;要创造条件,鼓励一切公众个体合理合法的对自己和家庭有利的绩效追求。政府应通过体制环境、政策优惠、资源帮助和服务保障等,给普通公众的绩效行为提供有利的正向激励,引导其在总体方向上与国家核心利益的战略性需求保持一致,形成强大的绩效合力。对于具备杰出才能的公众个体,还应不拘一格为其设置更加人性的制度规则,提供必要的资源支持,以助其能最大限度发挥潜力,获得杰出的绩效成果。

三是要完善结果分配机制凝聚不同主体绩效再造的动机。政府与公众层面的绩效追求都分别构成一个闭合循环,即其后续绩效目标的设定及投入的行动努力是由所得的绩效结果来决定,某种程度可以说是取决于其绩效努力与获得预期绩效结果的关联程度。因此站在政府层面,应通过科学的税收与公共财政(支出)等制度设计,确保国家整体绩效结果能以一种合理的比例分配于公共和私人部门之间,而不至于使个体产生努力与回报不一致的相对剥夺感。政府还应利用可能的其他二次分配方式,在保证国家职能有效运转的前提下,将绩效结果(国民财富、改革成果或社会红利等)尽量充分地返还给普通公众,增加其所能感知的后续绩效投入可供依赖的物质基础,从而提升并凝聚其绩效再造的更大动机。

三、基于法治逻辑实现国家治理合法性的持续扩展

中国经济发展进入新常态，从表面看是经济增长的减速换挡，但从本质上说是发展动力的转换和重塑。基于前文所述的政府与公众乃至社会各类主体间绩效追求的协调一致，作为法治型绩效更为重要的，是要将这些相对整合的绩效动因通过一种法治的逻辑机制加以固化，以使国家治理合法性获得更加广泛、稳定及可持续的基础。具体措施如下：

一是要弘扬法治精神重塑社会价值体系，增强治理合法性的意识形态根基。现代法治所提倡的正义、平等与公平、自由与秩序、人权保障等基本价值精神具有很强的普适性，以及法治凸显的良法之治、普遍守法、限制权力、民主机制等实体价值要求具有明确的实践导向功能。基于多元风险社会条件下社会核心价值体系缺失的现实，应在中国特色社会主义内涵下进一步弘扬现代法治的价值精神，并将之贯彻到社会生活的各领域，用以指导国家各类管理机制的制定和不同主体绩效行为，形成法治化改造后重塑的社会价值标准，使国家治理从意识形态层面获得更多的合法性来源。具体到法治环境中的市场经济建设，则要按照建设统一开放、竞争有序的现代市场体系的要求，加快建立公平开放透明的市场规则，以保护产权、维护契约、统一市场、平等交换、公平竞争、有效监管为基本导向，抓紧推进法治化的营商环境改善；要培育市场主体坚持权利平等、机会平等与规则平等的价值理念，不断清理和废除对非公有制经济的不合理规定，以政府权力的"减法"换取激发市场活力的"乘法"；同时要改革市场监管体系，打破行政性垄断，反对地方保护主义，加快健全守信激励和失信惩戒制度，增强市场主体自我管理、自我约束能力。[①]

二是要健全法治程序推动社会民主进程，扩大国家稳定的程序合法性支持。社会主义国家的民主实现方式与西方选票市场存在典型差异。特别是在共产党长期执政的中国，面对西方所谓"程序合法性"天然缺失的挑战，应通过加强法治所要求的民主程序建设，使广大群众获得更加多样、畅通及有效的民意表达渠道，进一步扩充国家治理的民意基础，夯实国家治理合法性的程序性基础。具体来讲，要切实建立村务公开制度，在公开的内容上充分体现民意，切实保障基层群众的知情权，让群众参与村务公开的全过程，把村务管理纳入规范化、制度化、法制化轨道；要依法规范基层民主决策，如将所有基层重大事项都按照决策启动、民主表决、组织实施、监督评议的运行模式进行民主管理，科学配置村级组织权力，充分利用党支部、村委会会议、党员会议和村民代表会议等渠道进行酝酿讨论，取得一致意见后再行实施，切实保障基层群众的决策权；还要依法强化民主制约和监督机制，切实保障基层群众的监督权。

三是加强法治组织巩固社会创新驱动发展，保障治理绩效合法性健康持续。增强国家治理绩效创新动力要突出法治的引领和保障作用。要完善创新领域的法律法规体系，如建立以企业为主体的技术创新机制，打造一批企业主导、产学研合作的产业技术创新战略联盟，依托高校、院所和大型企业等创新基地不断提高原始创新能力与集成创新能

---

① 王晓东. 用法治力量推动转型发展 [J]. 求是，2015（21）.

力；要完善科技管理体制，鼓励先行先试，形成有利于创新的金融、财税、人才激励、科研经费等政策体系和投融资环境，吸引社会资本进入创新领域，形成多元化的创新投入和人才培养、引进及使用机制；还要加快创新成果转化与知识产权保障等法律体系完善，健全科技成果推介和交易长效机制，筑牢法治保障创新发展的生命线（图7-2）。

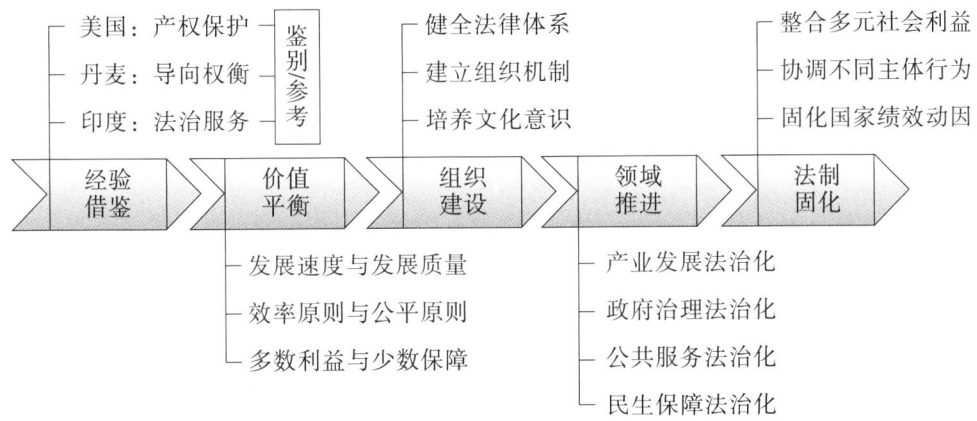

图7-2 推进国家治理绩效法治化转型的对策树

结束语

本书旨在探讨"国家治理绩效转型与法治型绩效建设"这一核心命题。作为全书的结论，基于中国特定的政治体制和"绩效合法性"的依赖前提，不论其传统的治理绩效基因和现实治理绩效类型都不足以提供充分及可靠的治理合法性来源，而因为法治对国家治理绩效动因具有整合与固化作用及其与当前经济社会形态的契合，应通过夯实国家治理绩效的法治基础、推进国家治理绩效法治化转型来实现治理合法性的有效扩展。

本书涉及交叉学科，主要又是立足经济学范畴的一项法经济学研究尝试，目的为利用法治化来优化国家体制和治理结构，以提升经济效率促进持续发展。本书力求在以下三个方面有所突破：一是尝试建立国家治理绩效类型分析的理论框架，把绩效从以往的建构性概念推向一个分析性概念；二是以现代中国为背景进行治理绩效转型的经验分析，助力国家治理和绩效问题研究的中国化发展；三是基于价值和实践层面的矛盾探讨，给国家治理现代化与绩效类型法治化的转型工作提供有益启发。应该说，这三项研究任务都在一定程度取得成功。但是本书也存在诸多尚未解决的问题：一是本书在不同部分梳理了若干不同的分析框架，但其内在关系与逻辑一致性未能细致说明；二是现有关于中国国家治理绩效转型的历史和现实经验分析仍较为单薄；三是所提出的推进国家治理绩效法治化转型的对策建议仍偏于笼统。以上问题有待于后续的修正和完善。

最后，法经济学为一门复合学科。正如学者所言，法经济学存在两种基本逻辑：一是站在经济学角度的法经济学研究，主要探讨法律制度如何影响经济效率或稳定，以改革与完善经济制度；二是站在法学角度的法经济学研究，即用经济学的工具方法来分析法律制度，以改革与完善法律制度。就本书来讲，可能更偏向于前一种。但本书在论述中发现了一个重要的理论和实践问题，即法治与绩效价值精神本身存在深刻的内在矛盾及相互冲突。我们把它提到国家发展之根本导向的高度进行研讨，则使这一问题变得颇有深意。国家治理要在未来的发展战略中自觉将两者加以平衡。那么，究竟是用法治（正义）的规则来优化绩效（效率）追求，即以绩效的法治化谋取全面可持续发展——这是本书的逻辑；还是用绩效的导向来调整法治发展，即以法治的绩效化增强法治的经济性和有效性——这便进入到前述第二种逻辑。我们以为，在本书基础上进一步忠实法学的视角，转而探讨"国家法治的绩效化与建立绩效型法治"，也是另一个颇有价值的命题。

参考文献

[1] ACKOFF G, MINAS J. S. Scientific method: optimizing applied research decisions [M]. New York: Wiley, 1962.

[2] DECI, RYAN. Handbook of self-determination research [M]. Rochester: University of Rochester Press, 2002.

[3] HENRY, MURRAY. Explorations in personality [M]. New York: Oxford University Press, 1938.

[4] HERZBERG, MAUSNER, SNYDERMAN. The motivation to work [M]. New York: Wiley, 1959.

[5] KELSEN. The pure theory of law [M]. Berkeley: M. Knight Press, 1967.

[6] LINZ. Legitimacy of democracy and the socioeconomic system [M] //DOGAN M. . Comparing Pluralist democracies. Boulder: Westview Press, 1988.

[7] LIPSET, MARTIN. Political man: the social bases of politics garden city [M]. New York: Doubleday, 1981.

[8] MASLOW. Motivation and personality [M]. (3rd ed). Upper Saddle River: Pearson Education Inc. , 1997.

[9] MCCLELLAND. The achieving society [M]. New York: Van Nostrand Reinhold, 1961.

[10] MCGREGOR. The human side of enterprise [M]. New York: MeGraw-Hill, 1960.

[11] MILL. Philosophy of scientific method [M]. New York: Hafner, 1950.

[12] MOYNIHAN. The dynamics of performance management [M]. Washington: Georgetown University Press, 2008.

[13] POUND. The spirit of the common law [M]. Boston: Marshall Jones Co. , 1921.

[14] SHAH, SHEN. Budgeting and budgetary institutions [M] // SHAH, et al. A primer on performance Budgeting. Washington D. C. : World Bank, 2007.

[15] SIMON. Administrative behavior: A study of decision-making process in administrative organization [M]. New York: The Free Press, 1976.

[16] SKINNER. Contingencies of reinforcement [M]. East Norwalk: Appleton-Century-Crofts, 1971.

[17] STEIN. The fiscal revolution in America (1969) [M]. Chicago: University of Chicago Press, 1969.

[18] JENSEN, MURPHY. J. Performance pay and top-management incentives [J]. Journal of Political Economy, 1994, 92 (2): 225 – 264.

[19] QIAN Y. Y. , WEINGAST. Federalism as a commitment to preserving market incentives [J]. Journal of Economic Perspectives, 1997, 11 (4): 83 – 92.

[20] SEELY. A republic bound together [J]. Wilson Quarterly, Winter 1993.

[21] SILVER, LUSTER. Reinventing government series: performance measurement and budgeting [J]. World Policy Journal, 1995, 6 (2): 127.

[22] STAJKOVIC, LUTHANS. Self-efficacy and work related performance: a meta-analysis [J]. Psychological Bullein, 1998, 9: 240 – 261.

[23] TUBBS. Goals setting: a meta-analytic examination of the empirical evidence [J]. Journal of Applied Psychology, 1998, 8: 474-483.
[24] 威尔达夫斯基, 凯顿. 预算过程中的新政治学 [M]. 邓淑莲, 魏陆, 译. 上海: 上海财经大学出版社, 2006.
[25] 鲁宾. 公共预算中的政治: 收入与支出、借贷与平衡 [M]. 叶娟丽, 马骏, 译. 北京: 中国人民大学出版社, 2001.
[26] 吉登斯. 现代性的后果 [M]. 田禾, 译. 南京: 译林出版社, 2000.
[27] 博登海默. 法理学: 法律哲学与法律方法 [M]. 邓正来, 译. 北京: 中国政法大学出版社, 1998.
[28] 哈维. 地理学的解释 [M]. 高泳源, 等译. 北京: 商务印书馆, 1996.
[29] 诺思. 制度、制度变迁与经济绩效 [M]. 杭行, 译. 上海: 格致出版社, 上海三联书店, 上海人民出版社, 2008.
[30] 邓正来. 导论: 国家与市民社会——一种社会理论的研究路径 [M] // 邓正来, 亚历山大. 国家与市民社会——一种社会理论的研究路径. 北京: 中央编译出版社, 1999.
[31] 库珀, 等. 二十一世纪的公共行政: 挑战与改革 [M]. 王巧玲, 李文钊, 译. 北京: 中国人民出版社, 2006.
[32] 福山. 政治秩序与政治衰败 [M]. 毛俊杰, 译. 桂林: 广西师范大学出版社, 2015.
[33] 哈耶克. 自由秩序原理 [M]. 邓正来, 译. 北京: 生活·读书·新知三联书店, 1997.
[34] 傅高义. 邓小平时代 [M]. 冯克利, 译. 北京: 生活·读书·新知三联书店, 2012.
[35] 高全喜. 法律秩序与自由正义: 哈耶克的法律与宪政思想 [M]. 北京: 北京大学出版社, 2006.
[36] 龚鹏程. 中国传统文化十五讲 [M]. 北京: 北京大学出版社, 2012.
[37] 哈贝马斯. 在事实与规范之间: 关于法律和民主法治国的商谈理论 [M]. 童世骏, 译. 北京: 生活·读书·新知三联书店, 2014.
[38] 季卫东. 通往法治的道路: 社会多元化与权威体系 [M]. 北京: 法律出版社, 2014.
[39] 科斯. 企业、市场和法律 [M]. 盛洪, 陈郁, 译. 上海: 格致出版社, 上海三联书店, 上海人民出版社, 2009.
[40] 李步云. 走向法治 [M]. 长沙: 湖南人民出版社, 1998.
[41] 李林. 新中国立法60年 [M] // 李林. 新中国法治建设与法学发展60年. 北京: 社会科学文献出版社, 2010.
[42] 林毅夫, 等. 中国的奇迹: 发展战略与经济改革 [M]. 上海: 格致出版社, 上海三联书店, 上海人民出版社, 1999.
[43] 路遥. 平凡的世界 [M]. 北京: 北京十月文艺出版社, 2009.
[44] 巴罗. 经济增长的决定因素——跨国经验研究 [M]. 李剑, 译. 北京: 中国人民大学出版社, 2004.
[45] 特里尔. 毛泽东传 [M]. 何宇光, 刘加英, 译. 北京: 中国人民大学出版社, 2010.
[46] 韦伯. 经济与社会 [M]. 阎克文, 译. 上海: 上海人民出版社, 2009.
[47] 奥尔森. 集体行动的逻辑 [M]. 陈郁, 等译. 上海: 格致出版社, 上海三联书店, 上海人民出版社, 2014.
[48] 孟德斯鸠. 论法的精神 [M]. 彭盛, 译. 北京: 当代世界出版社, 2008.
[49] 邱均平, 王日芬, 等. 文献计量内容分析法 [M]. 北京: 国家图书馆出版社, 2008.
[50] 全球治理委员会. 我们的全球伙伴关系 [M]. 牛津: 牛津大学出版社, 1995.
[51] 亨廷顿. 第三波: 二十世纪末的民主化浪潮 [M]. 刘军宁, 译. 台北: 五南图书出版公

司，1994.

[52] 罗宾斯，贾奇. 组织行为学［M］. 孙键敏，等译. 北京：中国人民大学出版社，2012.

[53] 斯科特. 制度与组织——思想观念与物质利益［M］. 姚伟，王黎芳，译. 北京：中国人民大学出版社，2010.

[54] 苏国勋. 理性化及其限制——韦伯思想引论［M］. 上海：上海人民出版社，1988.

[55] 海贝勒. 中国是否可视为一种发展模式？——七个假设［M］//俞可平，黄平，等. 中国模式与"北京共识"——超越"华盛顿共识". 北京：社会科学文献出版社，2006.

[56] 亚诺斯基，希克斯. 福利国家的比较政治经济学［M］. 姜辉，等译. 重庆：重庆出版社，2003.

[57] 孟子［M］. 蓝旭，万丽华，译注. 北京：中华书局，2006.

[58] 王传纶，高培勇. 当代西方财政经济理论［M］. 北京：商务印书馆，1995.

[59] 王人博，程燎原. 法治论［M］. 桂林：广西师范大学出版社，2014.

[60] 武建敏，董伯壹. 法治类型研究［M］. 北京：人民出版社，2011.

[61] 波伊斯特. 公共与非营利组织绩效考评：方法与应用［M］. 肖鸣政，等译. 北京：中国人民大学出版社，2005.

[62] 徐忠明. 法律与文学之间［M］. 北京：中国政法大学出版社，2000.

[63] 亚里士多德. 政治学［M］. 吴寿彭，译. 北京：商务印书馆，1995.

[64] 严存生. 法律的价值［M］. 西安：陕西人民出版社，1991.

[65] 杨国枢，等. 社会及行为科学研究法［M］. 重庆：重庆大学出版社，2005.

[66] 俞可平. 治理与善治［M］. 北京：社会科学文献出版社，2000.

[67] 麦克里兰. 西方政治思想史［M］. 彭淮栋，译. 北京：中信出版社，2014.

[68] 布坎南. 公共物品的需求与供给［M］. 马珺，译. 上海：上海人民出版社，2009.

[69] 郑方辉，李文彬，卢扬帆. 财政专项资金绩效评价：体系与报告［M］. 北京：新华出版社，2012.

[70] 郑方辉，张文方，李文彬. 中国地方政府整体绩效评价：理论方法与"广东试验"［M］. 北京：中国经济出版社，2008.

[71] 周刚志. 论公共财政与宪法国家——作为财政宪法学的一种理论前言［M］. 北京：北京大学出版社，2005.

[72] 卓泽渊. 法的价值论［M］. 北京：法律出版社，2006.

[73] 福山. 什么是治理？［J］. 郑寰，译. 国家行政学院学报，2013（6）.

[74] 包国宪，王学军. 以公共价值为基础的政府绩效治理——源起、架构与研究问题［J］. 公共管理学报，2012（2）.

[75] 蔡宝刚. 求解当代中国法治经济建设的路线图［J］. 江海学刊，2016（1）.

[76] 蔡伟，滕明荣. 论中国地方政府绩效管理的法制障碍及合理构建［J］. 宁夏社会科学，2010（11）.

[77] 陈大明. 试论江泽民的领导观［J］. 学习论坛，2001（4）.

[78] 陈平，李梦虺. 政府行为外部性的界定和分类探讨［J］. 广东外语外贸大学学报，2007（11）.

[79] 陈翔，肖兴燕. 民生领域法治建设之问题与对策研究［J］. 人民论坛，2013（17）.

[80] 陈祖华. 财政预算法治化的发展方向与重要途径［J］. 学习与实践，2013（11）.

[81] 丛中笑. 法治国家视角下的公共财政［J］. 财贸研究，2009（4）.

[82] 崔自力. 从人治走向法治——新中国法治建设中法治理念的变迁［J］. 改革与开放，2009（6）.

[83] 邓常春，邓莹. 公共制度与经济转型——印度的经验、教训与启示［J］. 南亚研究季刊，2015（2）

［84］丁志刚．如何理解国家治理与国家治理体系［J］．学术界，2014（2）．
［85］董小君．低碳经济的丹麦模式及其启示［J］．国家行政学院学报，2010（3）．
［86］甘阳．中国道路——三十年与六十年［J］．读书，2007（6）．
［87］高小平，刘杰．试论中国国家治理体系的价值目标、结构及层次［J］．工程研究——跨学科视野中的工程，2015（2）．
［88］公丕祥．法制现代化的理论逻辑［M］．北京：中国政法大学出版社，1999．
［89］郭道晖．人权六十年：从否定到回归［J］．炎黄春秋，2011（4）．
［90］何增科．怎么理解国家治理及其现代化［J］．时事报告，2014（1）．
［91］胡启忠．法律正义与法律价值之关系辨正［J］．河北法学，2000（3）．
［92］胡税根，金玲玲．中国政府绩效管理和评估法制化问题研究［J］．公共管理学报，2007（1）．
［93］黄英．论法治政府的价值取向及其现实冲突［J］．学术论坛，2010（7）．
［94］黄宗智．中国发展经验的理论与实用含义——非正规经济实践［J］．开放时代，2010（10）．
［95］江必新．法治社会建设论纲［J］．中国社会科学，2014（1）．
［96］江平，季卫东．对谈：现代法治的精神［J］．交大法学，2010（1）．
［97］李洪辉，财政专项资金管理存在的问题及改革建议［J］，财政研究，2014（6）．
［98］李荣山．社会主义市场经济从法制经济向法治经济的过渡［J］．政法论丛，2000（4）．
［99］李艺，钟柏昌．绩效结构理论述评［J］．技术与创新管理，2009（3）．
［100］刘冰，栾景和．法律价值的二重性［J］．学习与探索，2006（6）．
［101］鲁楠．世界法治指数的缘起与流变［J］．环球法律评论，2014（4）．
［102］马得勇，张蕾．测量治理：国外的研究及其对中国的启示［J］．公共管理学报，2008（4）．
［103］马骏．新绩效预算［J］．中央财经大学学报，2004（8）．
［104］马亮．政府如何定增长目标？［J］．财经，2016-03-07．
［105］孟祥锋．更好发挥法治的引领和规范作用［J］．求是，2014（23）．
［106］齐延安．美国的法治经验及启示［J］．法学论坛，2005（6）．
［107］盛瑾，李镜清．关于建立市场经济法律监督机制的探讨［J］．检察理论研究，1994（1）．
［108］盛明科，何植民．政府绩效评估的价值渊源：从"效率中心主义"到"新泰勒主义"——兼论当前中国政府绩效评估的价值追求［J］．社会科学家，2009（1）．
［109］石茂生．论法治概念的实质要素——评亚里士多德的法治思想［J］．法学杂志，2008（1）．
［110］石佑启，李锦辉．法治指数背后的价值哲学之争［J］．哲学研究，2015（8）．
［111］汪习根．"全面推进依法治国"笔谈之三：国家治理体系的三个维度［J］．改革，2014（9）．
［112］王立峰．论公民自愿守法的条件［J］．人权，2015（1）．
［113］夏恿．法治是什么——渊源、规诫与价值［J］．中国社会科学，1999（4）．
［114］肖滨．中国国家治理现代化战略定位的四个维度［J］．中国人民大学学报，2015（2）．
［115］徐忠明．解读本土资源与中国法治建设［J］．中外法学，2002（2）．
［116］姚洋．中国道路的世界意义［J］．国际经济评论，2010（1）．
［117］张波．论当代中国法治价值目标的定位和选择［J］．法学研究，2004（1）．
［118］张文显．法治与国家治理现代化［J］．中国法学，2014（4）．
［119］张馨．法治化：政府行为·财政行为·预算行为［J］．厦门大学学报（哲学社会科学版），2001（4）．
［120］郑方辉，廖逸儿．财政专项资金绩效评价的基本问题［J］．中国行政管理，2015（6）．
［121］周弘．全球化背景下"中国道路"的世界意义［J］．中国社会科学，2009（5）．
［122］AGRAST，BOTERO，PONCE．WJP rule of law index 2015［R］．Washington：The World Justice Pro-

ject,2015.

[123] 郭维真. 以"预算法治"推动现代治理[N]. 人民日报,2014-08-27(A5).

[124] 刘瑜. 如何到达丹麦[EB/OL]. 东方早报·上海书评,2015-09-20,http://www.dfdaily.com/html/1170/2015/9/20/1302546.shtml.

[125] 吕志奎. 国家治理体系构建的基本框架[N]. 学习时报,2014-04-21(6).

[126] 强世功. 法律移植、公共领域与合法性——国家转型中的法律(1840—1949)[D]. 北京:北京大学,1996.

后 记

　　本书写到这里，恍如隔世。已再没有了开篇立题时的惊喜，没有了受阻顿悟时的兴奋，也没有了颠覆重整时的谦卑，只剩下词不达意、文不对题以及内心之堂皇大厦被自己亲手建得千疮百孔的苍凉。但世间万事，皆相如此。难的是既有所起，便有所终。时间是一条嵌着魔镜的隧道，让人从前往后看，每一步都可能跌宕起伏、九死一生；但是从后往前看，又觉得一切是那么顺理成章、波澜不惊。人在偶然中锻造着未来。回望灯如花，写完此书，我想至少有三种获益值得提点：一种冒险的冲动——特别在重要的关头都需要一点冒险精神，要选择从心所向、兴趣所指的路径，哪怕它充满挑战和抵抗力最大；一种家国的情怀——要把自己放到一个家国前途、民生社稷的视野中对照和思考，以扩成本能的历史责任、习惯的客观气度与开阔的宇宙胸怀，使从心不断变成从真，从真即是从善；一种工匠的精神——要养成工匠的毅力、专注与坚持，每日加强自律，宽以示人，为匠以致为师。而这三点，加上"以出世之心做入世之事"，恰是煮好一本社科专著必不可少的配料，也是作为新晋学者谨需牢记的良训。书稿杀青自然不足一提，但拙作涉及本人以粗浅的眼光对现代中国历史的一点反观以及期盼。在我眼中，历史永远是一个厚重的存在，只有牢记历史、学习历史才能定国养民、致远未来。所谓"板凳要坐十年冷，文章不写一句空"，更所谓"春风大雅能容物，秋水文章不染尘"，谨以此书向影响我的诸位历史文化学者致敬。

　　读书才发现，每个人的前途命运其实与家国、时代的遭遇是紧密相连的。前些年老家一位长辈赠联于我，书曰"若无上品惊今古，空负天生入世行"。乍看觉得其言太过，人生何必太出头。直至现在我才觉悟，他说得没错，人生自是为了"上流"而走的，特别是如我这般信奉自立的人。而当你不断追求"上流"，又会在很大程度上受限于你所处的家国环境，乃至世运昌衰。一般学识越高的人，对个人修养、精神境界与自由生活的要求越高。比如读了博士，好不容易通过"独木桥"进入到你的祖辈、父辈所未达到甚至未曾想过的"上一层楼"时，你多么想抛掉一切，振翅高飞，永久地摆脱曾经遭遇的外在或内在的束缚，为自己，也为下一代。然而这时，你的父辈、祖辈乃至整个家族都开始反复在你耳边絮语：不要忘记传统，不要只顾自己，不要太过潇洒……事业也一样，你每往前一步，都有许多要感谢的人。虽然没有他们，你也许走得更快、更远；但没有他们，你根本到不了这里。传统是什么？这不只如李佩甫在小说里写的"我的背后站着有人"这么简单，正是这些站在背后的人，他们时常无意识地、不自觉就成了你"再度高飞"和"进一步上流"的牵绊。当然你不能只为自己而活，所以你的生存永远处在了复合的状态；简单即如"忠孝不能两全"的道理，自己和家庭，离开与逗留，有时会让人陷入一个无法调和的漩涡。在我看来，这其实可归结为一种经验与理想、观念

后记

与行为层面的传统跟现代的截然对立,作为一个上数三代皆为农民的现代化转型中的大国,这一对立深刻而广泛地存在于神州大地的每一个家庭细胞,存在于上一辈与下一辈人连通的血脉当中——除非生来即含着金钥匙的族群(那属于阶层固化与代际转移的话题)。现代又是什么?现代不仅意味着精神高于世俗,意味着挣脱与自由,同时也意味着割裂。个人在转型,家庭在转型,国家和民族也在转型,现代变成了一个恒久的整体性目标。而这,正是我所言个人与家国之前途相互串联的根基所在,也是我在本书中提出并试图探讨现代中国治理绩效转型之宏大命题的部分动机。我想那个赠联于我的老者,他也许是早明白了这个深刻的道理。

本书的完成多有不易。感谢我的硕士生导师中山大学的周运源教授。感谢我的博士生导师华南理工大学的郑方辉教授。在我人生最为关键的一段时期,幸得有遇如此恩师,无论学识、处事、为人皆让我受益不浅。我的求学之路弯折回环,横跨了几个学科,但核心的部分一直未变;这使我得以博采各路思维以及方法,有时可获得意想不到的启发。当然这也亏得恩师指点。感谢华南师范大学的颜海娜副教授对本书初稿提出中肯的意见,感谢华南理工大学出版基金资助。感谢中山大学粤港澳发展研究院(港澳珠三角研究中心)、华南理工大学公共管理学院和法学院以及其他有关师长、领导的关心、指点和帮助。感谢我的父母、家人对我的辛勤养育和无私奉献。感谢老家的长辈、亲戚、朋友。感谢我的同门、同学、兄弟及红颜。感谢我喜欢的和我爱的人。对我曾经伤害的人,感谢你们报以善良与宽谅。

"当思想退却,学术渐明。"这里虽是一段结尾,却是另一段旅程的开始。

无风·静航
2019 年 3 月 12 日